FIX-IT
and
FORGET-IT®

Favoritos con
ingredientes **5**

FIX-IT
and
FORGET-IT®

Favoritos con **5**
ingredientes

Recetas confortantes de *cocimiento lento*

Autor de mayor venta
New York Times
Phyllis Pellman Good

Good Books®

Intercourse, PA 17534
800/762-7171
www.GoodBooks.com

Portada e ilustraciones interiores por Cheryl Benner
Diseño de la portada por Cliff Snyder
Diseño interior por Dawn J. Ranck

FIX-IT AND FORGET-IT. FAVORITOS CON 5 INGREDIENTES
Derechos del autor © 2007 por Good Books, Intercourse, PA 17534

Número Estándar Internacional del Libro: 978-1-56148-605-2

Número de Ficha de Catálogo de la Librería del Congreso: 2007029597

Library of Congress Cataloging-in-Publication Data

Good, Phyllis Pellman, 1948–
  [Fix-it and forget-it. Spanish]
  Fix-it and forget-it: favoritos con 5 ingredientes : recetas confortantes de cocimiento lento / por Phyllis
Pellman Good.
     p. cm.
  ISBN 978-1-56148-605-2 (alk. paper)
  1. Electric cookery, slow. 2. Quick and easy cookery. I. Title
TX827.G6318 2007
641.5'884~dc22   2007029597

Contenido

Acerca de
Fix-It and Forget-It: Platos Favoritos con 5 Ingredientes

¿No tiene bastante tiempo para cocinar?

¿Preocupada acerca de sus destrezas culinarias?

Fix-It and Forget-It: Platos Favoritos con 5 Ingredientes puede ser su compañero de cocina confiable.

Esta colección contiene más de 700 recetas, cada una con 5 ó menos ingredientes.

Y las instrucciones para cada receta explican cada paso para que usted no se desampare a lo largo de su viaje culinario. Este libro hace manejable el cocinar.

Piense en *Fix-It and Forget-It: Platos Favoritos con 5 Ingredientes* como su inspiración y animador. Todas sus recetas vienen de cocineros caseros. Estos son sus platos favoritos, queridos por familias y hogares a través del país. Así que saque su olla de cocción lenta—u ollas—y escoja entre estas recetas flexibles, disculpadoras y absolutamente riquísimas.

¿Qué califica como una receta de 5-ingredientes?

1. Cualquier receta con 5—o menos—ingredientes.
2. El agua no cuenta.
3. La sal y la pimienta cuentan como un ingrediente.
4. Los ingredientes enumerados como opcional no cuentan.
5. Aerosol antiadherente para cocinar no cuenta.
6. La "base" sobre la cual la receta debe ser servida (por ejemplo, galletas saladas, chips, arroz, pasta o papas) no cuenta.

Una palabra acerca de las ollas de cocción lenta

Estos electrodomésticos pueden variar considerablemente en su intensidad de calor y velocidad de cocinar. Modelos más antiguos con frecuencia requieren más tiempo de cocimiento que los nuevos. Por eso es que damos una variedad de los tiempos de cocimiento para varias de las recetas. Experimente usando el tiempo de cocimiento más corto primero. Después haga una nota en la página de la receta acerca de lo que usted descubrió trabaja lo mejor posible para su olla. ¡Personalice este libro de cocina!

Variables a tener presente

Idealmente, usted debe llenar su olla de cocción lenta aproximadamente 2/3 llena. Puede que necesite aumentar el tiempo de cocimiento si usted excedió esa cantidad, o reducirlo si puso menos que eso.

- Cuanto más llena esté su olla de cocción lenta, más tardarán sus contenidos en cocinarse.
- Cuanto más densamente empaquetados estén los contenidos de la olla, más tardarán en cocinarse.
- Cuanto más largos los trozos de carne o verduras, más tardarán en cocinarse.

Si usted pone los ingredientes en la olla directos del refrigerador, puede que necesite añadir 20-30 minutos al tiempo de cocimiento

Si pone carne congelada en la olla, usted debe añadir 4-6 horas de tiempo de cocimiento en Bajo, o 2 horas en Alto

Si está usando una olla de cocción lenta en una altitud sobre 3,500 pies, necesitará cocinar sus contenidos algo más de lo que la receta indica. Permita tiempo para experimentar, y despúes escriba lo que dio éxito al lado de la receta.

Si quiere revisar que la carne en la olla de cocción lenta está completamente cocinada, utilice un termómetro de comida:

- La carne de res debe alcanzar una temperatura interna de 170° F;
- El cerdo debe alcanzar una temperatura interna de 180° F;
- La carne de aves debe alcanzar una temperatura interna de 190° F.

No se pierda los Acompañantes Ligeros al final del libro

Si usted quiere dar el toque final a una comida que tiene un plato principal para la olla de cocción lenta, diríjase al capítulo "Acompañantes Ligeros" empezando en la página 253. La mayoría de estas recetas tienen más de 5 ingredientes, pero yo las añadí porque concurren dos pruebas importantes: 1. Son rápidas para preparar; 2. Son irresistiblemente deliciosas. No se las pierda.

La tradición de pasar a otros

Los buenos cocineros les encantan compartir sus recetas. No las poseen; las pasan a otros. La colección es copiosa debido a todas las cocineras caseras quienes generosamente ofrecieron sus recetas favoritas, para que todos nosotros pudiéramos preparar alimentos satisfactoriamente deliciosos. Gracias a cada una de ustedes quienes ha compartido sus gemas. Este libro contiene sus tradiciones preciosas de comida, y todos nosotros somos agradecidos.

Así que relájese y permita que esta colección de recetas con 5 ingredientes sea su compañero amistoso de la comida. Marque sus favoritas—pero no vacile en tratar recetas nuevas.

Fix-It and Forget-It: Platos Favoritos con 5 Ingredientes hace posible que usted pueda sentarse en la mesa a cenar juntos con su familia y sus amigos, alrededor de comida absolutamente sabrosa, sin importar tan bárbaro y loco que su día haya estado.

—Phyllis Pellman Good

Sopas, guisos y chilis

Sopa de frijoles y tocino

Jeanette Oberholtzer
Manheim, Pennsylvania

Rinde 6 porciones

Tiempo de preparación: 25 minutos
Tiempo de cocción: 11–13½ horas
Tamaño ideal de la olla de cocción lenta: 4 cuartos de galón.

1¼ tazas de mezcla seca de sopa de
    frijoles, o cualquier
    combinación de mezcla de
    frijoles secos
5 tazas de agua
1 cebolla, picada
3 tazas de agua
4 lonjas de tocino frito (tocino
    precocido funciona bien),
    desmenuzado
1 sobre de condimento de taco
2 latas de 14 onzas de tomates
    picados en cubos, con su jugo

1. Coloque los frijoles secos en una olla grande. Cubra con 5 tazas de agua. Cubra la olla hasta que hierva. Cocine por 2 minutos a fuego fuerte.

2. Retire la olla del fuego y permita que se asiente, cubierta, por 1 hora. Transcurrido ese tiempo, vuelva a llevar la olla al fuego y cocine cubierta por 2½–3 horas, o hasta que los frijoles estén tiernos. Desagüe.

3. Combine los frijoles cocidos, la cebolla, 3 tazas de agua, el tocino y el condimento de taco en la olla de cocción lenta. Mezcle bien.

4. Gradúe la olla a "Bajo" y cocine por 8–10 horas.

5. Añada los tomates. Mezcle bien. Cocine otros 30 minutos más.

Consejo útil: Si le gusta una sopa más espesa, aplaste algunos de los frijoles antes de añadir los tomates.

Sopa de frijoles negros

Dorothy VanDeest,
Memphis, Tennessee

Rinde 8 porciones

*Tiempo de preparación: 10 minutos
para precocer los frijoles*
Tiempo de cocción: 6¹/₂–8¹/₂ horas
*Tamaño ideal de la olla de cocción
lenta: 4 cuartos de galón.*

---

1 libra de frijoles negros secos
9 tazas de agua
3 tazas de agua
¼ libra de tocino frito, crocante y
   desmenuzado, ó ½ libra de
   jamón ahumado, picado
2 cebollas medianas, picadas
1 cucharadita de sal de ajo
¼ cucharadita de pimienta
   molida gruesa

1. Coloque los frijoles secos en una
olla grande. Cubra con 9 tazas de
agua. Cubra la olla hasta que hierva.
2. Hierva por 10 minutos.
Disminuya el fuego y hierva a fuego
lento, cubierto, por 1½ horas, o hasta
que los frijoles estén tiernos. Desagüe
el agua en que hirvieron.
3. Combine los frijoles cocidos, 3
tazas de agua, el tocino, las cebollas, la
sal de ajo y la pimienta en la olla de
cocción lenta, mezclando bien.
4. Gradúe la olla a "Alto", cubra y
cocine por 4-6 horas.

*Consejo útil: Para servir los frijoles
como acompañamiento, añada una lata
de 4 onzas de chiles (ajíes) verdes picados, 1 cucharadita de comino en polvo
y ¼ de cucharadita de orégano seco a
5-6 tazas de frijoles completamente
cocidos. Hierva a fuego lento por 25
minutos para que se combinen los
sabores.*

— **Bonita Ensenberger**
Albuquerque, New Mexico

Sopa de día festivo

Ruth Retter
Manheim, Pennsylvania

Rinde 12–16 porciones

*Tiempo de preparación: 10 minutos
para precocer los frijoles*
Tiempo de cocción: 6¹/₂–9 horas
*Tamaño ideal de la olla de cocción
lenta: 4 cuartos de galón.*

---

1 libra de mezcla de sopa de día
   festivo o frijoles secos o su
   elección de 1 libra de frijoles
   secos mixtos
9 tazas de agua
6 tazas de agua
1 cebolla grande, picada
1 lata de 14 onzas de tomates
   guisados o enteros
jugo de un limón (amarillo)
2 jarretes de jamón

1. Coloque los frijoles secos en
una olla grande y cubra con 9 tazas
de agua. Cubra la olla hasta que
hierva en su cocina. Continúe
hirviendo por 10 minutos.
2. Retire los frijoles del fuego,
manteniéndolos cubiertos. Permita
que se asienten por 1 hora.
3. Vuelva a poner la olla cubierta
de frijoles al fuego hasta que hiervan.
Entonces hierva a fuego lento y continúe la cocción, cubiertos, por 2¹/₂–3
horas, o hasta que los frijoles estén
tiernos. Desagüe.
4. Coloque los frijoles sin agua en
una olla de cocción lenta. Añada 6
tazas de agua, la cebolla picada, los
tomates, el jugo de limón y 2 jarretes
de jamón. Mezcle bien.
5. Cubra y gradúe la olla a "Alto"
y cocine por 3 horas, o si gradúa la
olla en "Bajo", cocine por 5 horas.
6. Retire la carne de jamón del
hueso. Corte la carne en trozos
pequeños y mézclelos en la sopa
antes de servir.

Variaciones:
   *1. Añada 1 cucharadita de polvo de
ají al paso 4.*
      — **Ruth Ann Hoover**
      New Holland, Pennsylvania

   *2. Añada 1 taza de zanahorias, 1
hoja de laurel y sal y pimienta a gusto
al paso 4.*
      — **Deb Herr**
      Mountaintop, Pennsylvania

Frijoles con tomates y jamón

Kristin Tice
Shipshewana, Indiana

Rinde 10 porciones

Tiempo de preparación:
10–20 minutos
Tiempo de cocción: 7¹⁄₂–9¹⁄₂ horas
Tamaño ideal de la olla de cocción lenta:
5 cuartos de galón hasta un galón y medio.

---

3 tazas de frijoles (norteños, blancos, negros o pintos o una combinación de cualquiera de ellos)
12 tazas agua fresca
4 tazas de tomates frescos, picados, o una lata de 28 onzas de tomates guisados o tomates picados en cubos
¹⁄₂ taza cebolla
1 cucharadita sal
4 tazas agua
2 tazas jamón

1. Coloque los frijoles y 12 tazas de agua en una olla grande. Cubra hasta que hierva.
2. Destape e hierva por 2 minutos.
3. Cubra, retire del fuego y aparte a un lado por 1 hora. Desagüe los frijoles.
4. Coloque los frijoles en la olla de cocción lenta. Añada tomates, cebolla, sal y 4 tazas de agua.
5. Cubra y gradúe la olla a "Alto" y cocine por 6–8 horas, o hasta que los frijoles estén tiernos.
6. Cuando los frijoles están tiernos, mezcle jamón, gradúe la olla a "Bajo" y cocine 30 minutos adicionales.

Sopa tradicional de frijoles

Shirley Sears
Sarasota, Florida

Rinde 8–10 porciones

Tiempo de preparación: 10 minutos
Tiempo de cocción: 13–20 horas
Tamaño ideal de la olla de cocción lenta:
4 hasta 5 cuartos de galón.

---

1 libra de frijoles blancos secos, remojados durante la noche
16 tazas de agua, *divididas*
1 libra de huesos carnosos de jamón, *o pedazos de jamón*
1 cucharadita sal
¹⁄₂ cucharadita pimienta
¹⁄₂ taza hojas de apio picadas
1 cebolla mediana, picada
1 hoja de laurel, *opcional*

1. Coloque los frijoles secos y 8 tazas de agua en una olla grande. Cubra y permita que se remojen por 8 horas o durante la noche. Desagüe.
2. Coloque los frijoles remojados y 8 tazas de agua fresca en su olla de cocción lenta.
3. Añada todos los ingredientes restantes.
4. Cubra y gradúe la olla a "Bajo" y cocine por 10–12 horas, o gradúe la olla a "Alto" y cocine por 5–6 horas o hasta que la carne se caiga del hueso y los frijoles estén tiernos pero no blandos.

Sopa de chucrut (col agria) y salchicha con frijoles

Bonnie Goering
Bridgewater, Virginia

Rinde 8–10 porciones

Tiempo de preparación: 10 minutos
Tiempo de cocción: 2–3 horas
Tamaño ideal de la olla de cocción lenta:
3 hasta 4 cuartos de galón.

---

3 latas de frijoles blancos de 15 onzas, con su jugo
1 lata de 16 onzas de chucrut, drenada y enjuagados
1 libra de salchichitas de desayuno, en rodajas
¹⁄₄ taza de azúcar morena
¹⁄₂ taza de salsa de tomate

1. Combine todos los ingredientes en una olla de de cocción lenta.
2. Cubra. Gradúe la olla a "Alto" y cocine por 2–3 horas.
3. Sirva con pan de maíz, compota de manzana o ensalada de col.

Nota: Usted puede añadir jugo de tomate o agua si usted prefiere una sopa menos espesa.

Un consejo útil —

Añadir sal a los frijoles secos antes de cocinarlos blandos impedirá que se pongan blandos.

Sopa de guisantes majados con jamón

Elena Yoder
Carlsbad, New Mexico

Rinde 8 porciones

Tiempo de preparación: 15 minutos
Tiempo de cocción: 4 horas
Tamaño ideal de la olla de cocción lenta:
4 cuartos de galón.

2½ cuartos de agua
1 jarrete de jamón o pedazos de jamón cortado
2½ tazas guisantes majados, secos
1 cebolla mediana, picada
3 zanahorias medianas, cortadas en pedazos pequeños
Sal y pimienta al gusto

1. Permita que el agua hierva en una cacerola en su cocina.
2. Coloque todos los otros ingredientes en la olla de cocción lenta. Añada agua y mezcle bien.
3. Cubra y gradúe la olla a "Alto" y cocine por 4 horas, o hasta que las verduras estén tiernas.
4. Si ha cocinado el jarrete de jamón, retírelo de la sopa y deshuese la carne. Mezcle trozos cortados de la carne en la sopa antes de servir.

Sopa italiana de habas

Eylene Egan
Babylon, New York

Rinde 8 porciones

Tiempo de preparación: 10 minutos
Tiempo de cocción: 8–10 horas
Tamaño ideal de la olla de cocción lenta:
4 cuartos de galón.

1 libra de habas secas pequeñas
9 tazas de agua
2 latas de 8 onzas de salsa de tomate
3–4 dientes de ajo, picado
6 tazas de agua
sal y pimienta a gusto

1. Coloque las habas secas en una olla grande. Cubra con 9 tazas de agua. Cubra la olla hasta que hierva.
2. Hierva por 10 minutos. Retire del fuego y permita que las habas se asienten por una hora cubiertos.
3. Regrese a la cocina y mantenga cubierto hasta que hierva. Disminuya el fuego y continúe cocinando por 2½–3 horas o hasta que las habas estén tiernas. Desagüe.
4. Coloque las habas cocidas drenadas en la olla de cocción lenta. Añada el resto de los ingredientes y mezcle bien.
5. Cubra y gradúe la olla a "Alto" y cocine por 1 hora. Luego gradúe la olla a "Bajo" y cocine por 4–5 horas.

Sopa "Bicicleta de montaña"

Jonathan Gehman
Harrisonburg, Virginia

Rinde 4 porciones

Tiempo de preparación: 10 minutos
Tiempo de cocción: 2–6 horas
Tamaño ideal de la olla de cocción lenta:
2 hasta 3 cuartos de galón.

12 lata de 12 onzas de caldo de pollo
12 lata de 12 onzas de jugo V-8, regular o sazonado
⅓ taza de cebada cruda, arroz o fideos de espagueti quebrados
⅓ taza de pepperoni, jamón o tocino
1 lata de judías verdes cortadas con su jugo

1. Échelo todo adentro. Póngale la tapa. Gradúe la olla a "Bajo".
2. Váyase para un paseo largo en su bicicleta, de 2–6 horas.

Consejo útil: Esta sopa parece aceptar cualquier verdura que usted le eche: un poco de maíz, quingombó, papas picadas en cubos, calabacita zucchini deshilachada, lo que sea. Yo con frecuencia le añado más líquido antes de servir si parece estar poniéndose más como guiso y menos como sopa.

Guiso de salchicha ahumada

Carol Sherwood
Batavia, New York

Rinde 4–5 porciones

Tiempo de preparación:
35–40 minutos:
Tiempo de cocción: 4–5 horas
Tamaño ideal de la olla de cocción lenta:
5 cuartos de galón.

4–5 papas, peladas y cortadas en cubos
4–5 papas, peladas y cortadas en cubos
1 libra de salchicha ahumada, cortada en rodajas
1 cebolla, picada
2 Cucharas de mantequilla

1. Ponga las papas, judías verdes, salchicha y cebolla en capas en la olla de cocción lenta en el orden que están enumerados.
2. Salpique la parte de encima con mantequilla.
3. Gradúe la olla a "Alto" y cocine por 4–5 horas o hasta que las papas estén tiernas pero no blandas.

Sopa toscana

Sheila Soldner
Lititz, Pennsylvania

Rinde 4–6 porciones

Tiempo de preparación: 20–25 minutos
Tiempo de cocción: 6–8 horas
Tamaño ideal de la olla de cocción lenta:
4 cuartos de galón.

2 papas *russet* medianas
1 libra de salchicha italiana enchilosa
5½ tazas de caldo de pollo, *o* caldo de pollo bajo en sodio
2 tazas col picada
½ cucharadita de hojuelas de pimiento rojo triturado, *opcional*
½ taza de crema, *o* leche evaporada

1. Corte las papas en cubitos de ½ pulgada. Coloque en la olla de cocción lenta.
2. Ase la salchicha a la parrilla, a fuego directo o dórela en un sartén antiadherente. Cuando se enfríe, córtela en rodajas gruesas de ½ pulgada.
3. Añada la salchicha rajada a la olla de cocción lenta. Mezcle el resto de los ingredientes, menos la crema.
4. Cubra y gradúe la olla a "Bajo" por 6–8 horas.
5. Quince a 20 minutos antes de servir, añada la crema o la leche evaporada y cocine hasta que la sopa esté completamente calentada.

Consejo útil: Si usted no quiere que la sopa esté muy enchilosa, use ½ libra de salchicha dulce y ½ libra de salchicha enchilosa.

Guiso saciador de lentejas y salchicha

Cindy Krestynick
Glen Lyon, Pennsylvania

Rinde 6 porciones

Tiempo de preparación: 5–10 minutos
Tiempo de cocción: 4–6 horas
Tamaño ideal de la olla de cocción lenta:
6 cuartos de galón.

2 tazas de lentejas secas, seleccionadas y enjuagadas
1 lata de 14½ onzas de tomates picados en cubos
8 tazas de caldo de pollo enlatado, *o* agua
1 Cuchara de sal
½–1 libra de cerdo *o* salchicha de res cortada en pedazos de 2 pulgadas

1. Coloque las lentejas, tomates, caldo de pollo y la sal en la olla de cocción lenta. Mezcle para combinar. Coloque los pedazos de salchicha encima.
2. Cubra y gradúe la olla a "Alto" por 4–6 horas, o hasta que las lentejas estén tiernas pero no secas y blandas.

Sopa de chucrut

Norma Grieser
Clarksville, Michigan

Rinde 4 porciones

Tiempo de preparación: 10 minutos
Tiempo de cocción: 4–6 horas
Tamaño ideal de la olla de cocción lenta:
3 a 4 cuartos de galón.

2 latas de 14½ onzas de tomates
  guisados
2 tazas de chucrut (col agria)
1 taza de papas picadas en cubos
1 libra de salchicha fresca *o*
  ahumada, cortada en rodajas

Ingredientes opcionales:
1 cebolla mediana, picada
⅓ taza de azúcar morena

1. Combine todos los ingredientes
en la olla de cocción lenta.
2. Cubra y gradúe la olla a "Bajo"
por 4–6 horas, o hasta que los
sabores se hayan mezclado y la sopa
esté calentada completamente.

Guíso de cerdo y verduras

Ruth E. Martin
Loysville, Pennsylvania

Rinde 8 porciones

Tiempo de preparación: 15 minutos
Tiempo de cocción: 6 horas
Tamaño ideal de la olla de cocción lenta:
4 cuartos de galón.

2 libras de lomo de cerdo sin
  huesos, cortado en cubos de 1
  pulgada
8 papas medianas, peladas y
  cortadas en pedazos de 2
  pulgadas
6 zanahorias grandes, peladas y
  cortadas en pedazos de 2
  pulgadas
1 taza de salsa de tomate
2¼ tazas de agua, *divididas*

1. Dore los cubos de cerdo en un
sartén antiadherente.
2. Ligeramente rocíe la olla de
cocción lenta con aerosol antiadherente para cocinar.
3. Coloque todos los ingredientes,
menos la salsa de tomate y ¼ taza de
agua, en la olla de cocción lenta.
4. Cubra y gradúe la olla a "Alto"
por 5 horas. Una hora antes de
servir, combine la salsa de tomate
con ¼ taza de agua. Eche sobre el
guiso. Cocine una hora más.

*Consejo útil: Para prevenir que las
papas se hagan negras o se descoloren,
échele agua y un poco de cremor tártaro (6 tazas de agua a 1 cucharadita
de cremor tártaro).*

Guíso de cerdo y papas

Kristin Tice
Shipshewana, Indiana

Rinde 4 porciones

Tiempo de preparación: 20 minutos
Tiempo de cocción: 4 horas
Tamaño ideal de la olla de cocción lenta:
3 cuartos de galón.

1 libra de cerdo molido
½ taza de cebolla, picada
1 batata, pelada y cortada en
  cubos, aproximadamente 3
  tazas
2 cubitos de caldo de res
½ cucharadita de romero seco
3 tazas de agua

1. Coloque la carne y la cebolla
en un sartén antiadherente. Dore en
la estufa.
2. Coloque la carne drenada,
junto con la cebolla, en la olla de
cocción lenta. Añada el resto de los
ingredientes.
3. Cubra y gradúe la olla a "Bajo"
por 4 horas.

*Ingrediente opcional: Añada un
poco de salsa picante para enchilar la
sopa, o sirva al lado para acomodar a
aquellos quienes no les gusta la comida
picante.*

Un consejo útil —

  Intente cortar todos los pedazos de verduras y carne casi del
mismo tamaño y espesor. Pedazos de tamaño uniforme tienden a
terminar de cocinarse al mismo tiempo.
  Mary Puskar, Forest Hill, Maryland

Sopa de *chili* y taco

Frances L. Kruba
Dundalk, Maryland

Rinde 8 porciones

Tiempo de preparación: 25–30 minutos
Tiempo de cocción: 5–7 horas
Tamaño ideal de la olla de cocción lenta:
1 a 2 cuartos de galón.

---

2 libras de carne magra para
  guisar
2 latas de 15 onzas de tomates
  guisados, Mexicanos o
  regulares
1 sobre de mezcla seca de
  condimento de taco
2 latas de 15 onzas de frijoles
  pintos
1 lata de 15 onzas de maíz de
  grano entero
¾ tazas de agua

1. Corte pedazos grandes de la
carne para guisar en mitad y dórelos
en un sartén grande antiadherente.
2. Combine todos los ingredientes
en la olla de cocción lenta.
3. Cubra y gradúe la olla a "Bajo"
por 5-7 horas.

Sopa de res y guisantes pintos

Jeanette Oberholtzer
Manheim, Pennsylvania

Rinde 6 porciones

Tiempo de preparación: 25 minutos
Tiempo de cocción: 8–10 horas
Tamaño ideal de la olla de cocción lenta:
6 cuartos de galón.

---

1 paquete de 16 onzas de
  guisantes pintos secos
1 lata de 10 onzas de frijoles
  condensados y sopa de tocino
3–4 tazas de agua
4 zanahorias grandes, peladas y
  cortadas en rodajas
3 libras de carne de aguja de res,
  cortada en cubos de 2
  pulgadas
½ cucharadita de sal y de
  pimienta

1. Enjuague y desagüe los
guisantes
2. Combine todos los ingredientes
en la olla de cocción lenta.
3. Gradúe la olla a "Bajo" por
8-10 horas, o hasta que los guisantes
y la carne de res estén tiernos.

*Variación: Para más sabor, añada una
cebolla picada y ajo picadito o una lata
de 14½ onzas de tomates picados, al
Paso 2.*

Guiso del cocinero ocupado

Denise Nickel
Goessel, Kansas

Rinde 4–6 porciones

Tiempo de preparación: 30–40 minutos
Tiempo de cocción: 6–8 horas
Tamaño ideal de la olla de cocción lenta:
3 cuartos de galón.

---

1 libra de guiso de carne sin
  huesos, cortada
1 lata de 10¾ onzas de sopa de
  crema de hongos
2 tazas de agua
3 papas, cortadas en cubos
3 zanahorias, picadas en cubos
1 cebolla, picada

1. Dore la carne en un sartén
grande antiadherente. No llene el
sartén para que la carne se dore en
todos los lados. (Si su sartén es de 10
pulgadas o menos, dore la carne de
res en 2 tandas.)
2. Coloque la carne en una olla
de cocción lenta. Añada el resto de
los ingredientes en el orden enumerado. Mezcle bien después de cada
adición.
3. Cubra y gradúe la olla a "Bajo"
por 6-8 horas, o hasta que la carne y
las verduras estén tiernas pero no
blandas. Mezcle ocasionalmente.

*Variación: Si usted desea, añada sal y
pimienta al gusto.*

Sopa de res y cebada

Stacie Skelly
Millersville, Pennsylvania

Rinde 8–10 porciones

Tiempo de preparación: 15 minutos
Tiempo de cocción: 9¼–11½ horas
Tamaño ideal de la olla de cocción lenta:
6 cuartos de galón.

3–4 libras de carne de aguja
2 tazas de zanahorias, picadas
6 tazas de verduras, o jugo de
tomate, *divididas*
2 tazas de cebada de cocción
rápida
agua, a la consistencia deseada
Sal y pimienta al gusto, *opcional*

1. Coloque la carne, las zanahorias y 4 tazas de jugo en la olla de cocción lenta.
2. Cubra y gradúe la olla a "Bajo" por 8–10 horas.
3. Retire la carne. Colóquela en un plato y cúbrala con papel de aluminio para mantenerla caliente.
4. Mientras tanto, añada cebada a la olla de cocción lenta. Mezcle bien. Gradúe la olla a "Alto" y cocine de 45 minutos a 1 hora, hasta que la cebada esté tierna.
5. Mientras que la cebada se cocina, corte la carne en pedazos de tamaño de un mordisco.
6. Cuando la cebada esté tierna, regrese la carne picada a la olla de cocción lenta. Añada 2 tazas de jugo, agua si desea y sal y pimienta, si desea. Gradúe la olla a "Alto" y cocine por 30 minutos, o hasta que la sopa esté completamente calentada.

Sopa de verduras para la olla de cocción lenta, preparación fácil

Beth Peachey
Belleville, Pennsylvania

Rinde 8–10 porciones

Tiempo de preparación: 10 minutos
Tiempo de cocción: 6–8 horas
Tamaño ideal de la olla de cocción lenta:
3 cuartos de galón.

---

1 taza de zanahorias, picadas o cortadas en rodajas
1 taza de judías verdes, frescas, congeladas o enlatadas
1 taza de maíz, fresco, congelado o enlatado, y drenado
1 cuarto de galón de tomates enlatados
1 taza de res cocida, cortada en pedazos tamaño de mordisco

1. Combine todos los ingredientes en la olla de cocción lenta.
2. Cubra y gradúe la olla a "Bajo" y cocine por 6–8 horas, o hasta que las verduras estén tiernas.

Sopa de res y verduras

Margaret Moffitt
Bartlett, Tennessee

Rinde 12 porciones

Tiempo de preparación: 15 minutos
Tiempo de cocción: 6–8 horas
Tamaño ideal de la olla de cocción lenta:
4 cuartos de galón.

---

1 libra de trozos de res para guisar
2 latas de 8 onzas de tomates guisados
1 lata de tomate llena de agua
1 paquete de 16 onzas de su verdura congelada preferida
mitad de un paquete de 10 onzas de cebollas picadas congeladas
1½ cucharadita de sal y ¼–½ cucharadita de pimienta
2 Cucharas de perejil fresco picado, *opcional*

1. Combine todos los ingredientes en la olla de cocción lenta.
2. Cubra y gradúe la olla a "Alto" y cocine por 6–8 horas.

Consejo útil: Duplique esta receta usando una olla de cocción lenta de 7 a 8 cuartos de un galón.

Sopa de res casera

Eleanor Larson

Glen Lyon, Pennsylvania

Rinde 6–8 porciones

Tiempo de preparación: 10 minutos
Tiempo de cocción: 3 horas
Tamaño ideal de la olla de cocción lenta:
  Una olla de 12 cuartos de galón o
dos ollas de 6 cuartos de galón

---

2 libras de cubitos de caldo de
  pollo
2 cebollas, picadas o cortadas en
  rodajas
2 bolsas de 16 onzas de verduras
  congeladas
6 papas, cortadas en cubos
6 cubitos de caldo de pollo
5 tazas de agua

1. Gradúe la olla de cocción lenta
a "Alto" hasta que se caliente. Dore
los cubitos de caldo de res y las cebollas en la olla de cocción lenta, mezclando con frecuencia.
2. Mézclele verduras congeladas
y papas. Mézclele cubitos de caldo y
agua.
3. Cubra y gradúe la olla a "Bajo"
y cocine por 3 horas, o hasta que la
carne esté tierna y las verduras estén
cocidas a su gusto. (¡Entre más se
cocina más sabroso se pondrá!)

*Consejo útil: Añada más sabor mez-
clándole sal y pimienta a gusto, y / o
perejil, albahaca y tomillo fresco.*

Sopa de carne molida y frijoles

Dale Peterson

Rapid City, South Dakota

Rinde 8 porciones

Tiempo de preparación: 25 minutos
Tiempo de cocción: 3–4 horas
Tamaño ideal de la olla de cocción lenta:
  6 cuartos de galón.

---

2 libras de carne molida
3 latas de 15 onzas de frijoles
  pintos, drenados
2 latas de 10¾ onzas de sopa de
  tomate
sal y pimienta al gusto

1. Dore la carne en un sartén
grande antiadherente. Desagüe.
2. Coloque la carne dorada en la
olla de cocción lenta. Añada el resto
de los ingredientes y mezcle bien.
3. Cubra y gradúe la olla a "Bajo"
y cocine por 3–4 horas, o hasta que
la sopa esté caliente y hasta que los
sabores se hayan mezclado.

*Variación: Sírvalo como un aderezo
sobre el arroz o las papas asadas.*
  — Carol Eveleth
  Wellman, Iowa

Chilí de dos frijoles

Patricia Fleischer

Carlisle, Pennsylvania

Rinde 6–8 porciones

Tiempo de preparación: 15 minutos
Cooking Time: 4½–5 horas
Tamaño ideal de la olla de cocción lenta:
  6 cuartos de galón.

---

1 libra de carne molida
1 lata de tomate concentrado
1 lata de 40½ onzas de frijoles
  rojos, con su jugo
2 latas de 15½ onzas de frijoles
  pintos, con su jugo
2 Cucharas de polvo de chile (ají)

1. Dore la carne en un sartén
grande antiadherente. Desagüe.
2. Combine todos los ingredientes
en la olla de cocción lenta.
3. Cubra y gradúe la olla a "Bajo"
y cocine por 4½–5 horas.

Chili, preparación extra fácil

Jennifer Gehman
Harrisburg, Pennsylvania

Rinde 4–6 porciones

Tiempo de preparación: 10 minutos
Tiempo de cocción: 4–8 horas
Tamaño ideal de la olla de cocción lenta:
4 cuartos de galón.

1 libra de carne o pavo molido, crudo
1 sobre de mezcla seca de condimento de chili
1 lata de 16 onzas de frijoles chili en aderezo
2 latas de 28 onzas de tomates machacados o picados en cubos condimentados con ajo y cebolla

1. Desmenuzar la carne en el fondo de la olla de cocción lenta.
2. Añada el resto de los ingredientes. Mezcle.
3. Cubra. Gradúe la olla a "Alto" y cocine por 4-6 horas o a "Bajo" por 6-8 horas. Mezcle a la mitad del tiempo de cocción.
4. Sirva sobre arroz blanco, cubierto con queso chedar deshilachado y cebollas crudas picadas.

Decidí hacer esta receta de chili un año para la Navidad. Nuestra familia había invitado a otros familiares—y habíamos tenido invitados por alrededor de una semana antes de la Navidad. Está de más decir que estaba cansada de cocinar así que esto parecía bastante fácil. Fue tan agradable poner todos los ingredientes en la olla de cocción lenta y dejar que se cocinen todo el día. El chili no solamente nos calentó en un día frío, sino que fue un cambio bienvenido de la comida tradicional de la Navidad.

Mezcla mexicana de Chili y Fritos

Melanie Thrower
McPherson, Kansas

Rinde 4–6 porciones

Tiempo de preparación: 10–15 minutos
Tiempo de cocción: 4 horas
Tamaño ideal de la olla de cocción lenta:
2–3 cuartos de galón.

1 libra de carne molida
14¾ latas de 16 onzas de maíz estilo crema, drenados
½ taza de salsa picante con trozos
1 lata de 16 onzas de frijoles pintos o negros, drenados
mitad de un sobre de mezcla seca de condimento de taco

1. Dore la carne molida en un sartén grande antiadherente. Desagüe.
2. Mezcle la carne, el maíz, la salsa picante y el condimento de taco en la olla de cocción lenta.
3. Cubra y gradúe la olla a "Bajo" y cocine por 4 horas.
4. Sirva sobre las patatas de maíz con aderezos opcionales de queso deshilachado, aceitunas picadas, crema agria y salsa.

Consejo útil: A mi me gusta sustituir alce molido o carne de venado por la carne de res en esta receta.

Chili enchiloso, preparación fácil

Becky Gehman
Bergton, Virginia

Rinde 9–12 porciones

Tiempo de preparación: 15 minutos
Tiempo de cocción: 4–10 horas
Tamaño ideal de la olla de cocción lenta:
4–5 cuartos de galón.

2 libras de carne molida magra
3 latas de 15½ onzas de frijoles rojos, drenados
2-3 latas de 14½ onzas de tomates picados en cubos, con su jugo
2 cebollas, picadas
1 pimiento verde, picado, *opcional*
2-3 Cucharas de polvo de ají

1. Dore la carne molida en un sartén grande antiadherente. Desagüe.
2. Coloque la carne en la olla de cocción lenta. Añada frijoles rojos, tomates, cebolla y pimiento verde, si desea, a la olla. Mezcle bien.
3. Cubra y gradúe la olla a "Bajo" y cocine por 8-10 horas o gradúe la olla a "Alto" y cocine por 4-6 horas.
4. Añada polvo de ají 2 horas antes del final del tiempo de cocción.

Consejos útiles:
1. Esto puede ser exitosamente congelado y recalentado después.
2. Usted puede desear pasar la sal y la pimienta mientras que sirve el chili.
3. Usted puede añadir aproximadamente 2 Cucharas de harina junto con el polvo de ají al Paso 4 si usted quiere espesar el chili.

Chili versátil para la olla de cocción lenta

Margaret Moffitt
Bartlett, Tennessee

Rinde 6–8 porciones

Tiempo de preparación: 25 minutos
Tiempo de cocción: 6 horas
Tamaño ideal de la olla de cocción lenta:
3 cuartos de galón.

---

1 libra de carne o pavo molido
2 latas de 15 onzas de salsa de
 tomate
2 latas de 15 onzas de frijoles
 rojos o negros, drenados
1 sobre de condimento seco de
 chili
1 lata de 15 onzas de agua, o más
 o menos

1. Dore la carne o el pavo molido en un sartén antiadherente. Desagüe.
2. Combine todos los ingredientes en la olla de cocción lenta.
3. Cubra y gradúe la olla a "Bajo" y cocine por 6 horas.

Consejo útil: Si usted no tiene tiempo para dorar la carne o el pavo molido, solamente colóquelo en su olla de cocción lenta sin dorarlo. Se cocinará suficientemente durante las 6 horas.

Consejo útil —

Mantenga agua caliente de fregar en el fregadero para que pueda limpiar la cocina mientras trabaja y mientras la comida se está horneando y cocinando.

Chili sabroso

Sharon Hannaby
Frederick, Maryland

Rinde 10–12 porciones

Tiempo de preparación: 15–20 minutos
Tiempo de cocción: 6–8 horas
Tamaño ideal de la olla de cocción lenta:
5–6 cuartos de galón.

---

2 libras de carne molida
1 lata de 52 onzas de frijoles
 rojos, enjuagados y drenados
2 latas de 28 onzas de tomates
 picados en cubos con ajo,
 albahaca y orégano
2–3 Cucharas de polvo de ají, *o*
 2–3 cucharaditas de salsa
 Tabasco, según su preferencia
 para enchilar
1 lata de 10½ onzas de sopa de
 tomate

1. Dore la carne en un sartén grande antiadherente, despedazando los trozos de carne. Desagüe.
2. Coloque en la olla de cocción lenta. Mezcle todos los otros ingredientes.
3. Cubra y gradúe la olla a "Bajo" y cocine por 6–8 horas.

Consejo útil:
 1. Sirva sobre papas horneadas o arroz.
 2. Sirva con cebollín picado o cebollas, queso deshilachado y crema agria como aderezos.

Chili con trocitos

Eleanor Larson
Glen Lyon, Pennsylvania

Rinde 4–5 porciones

Tiempo de preparación: 10 minutos
Tiempo de cocción: 4–5 horas
Tamaño ideal de la olla de cocción lenta:
3 cuartos de galón.

1½ libras de carne de res para
 guisar o carne de venado
 cortada en cubos
1 cebolla mediana, picada
1 ó dos latas de 8 onzas de salsa
 de tomate, dependiendo de
 cómo de espeso o ralo usted
 prefiere que esté su *chili*
1½–3 cucharaditas de polvo de
 ají, dependiendo de su
 preferencia de gusto
1 lata de 16 onzas de frijoles
 rojos, drenados

1. Coloque todos los ingredientes en la olla de cocción lenta. Mezcle bien.
2. Cubra y gradúe la olla a "Alto" y cocine por 4–5 horas, o hasta que la carne esté tierna pero no recocida.

Carne de res y frijoles
Margaret H. Moffitt
Bartlet, Tennessee

Rinde 4–6 porciones

Tiempo de preparación: 20–25 minutos
Tiempo de cocción: 4–6 horas
Tamaño ideal de la olla de cocción lenta:
3 cuartos de galón.

1½ libras de carne molida
1 lata de 15 onzas de salsa de
   tomate con ajo y cebolla
2 latas de 15 onzas de frijoles
   rojos, con su jugo
sal y pimienta al gusto

1. Dore la carne en un sartén
antiadherente, solamente hasta que
lo rosado desaparezca. Desagüe.
2. Coloque la carne en el fondo
de la olla de cocción lenta.
3. Añada salsa de tomate, frijoles
y sal y pimienta.
4. Cubra y gradúe la olla a "Bajo"
y cocine por 4–6 horas.

Variaciones:
1. Para un plato más jugoso para
servir sobre el arroz, use dos latas de
salsa de tomate.
2. Para más textura, sustituya
tomates cortados tamaño petite con ajo
y cebolla en lugar de la salsa de tomate.
— **Anita Wansley**
Meridian, Mississippi

Guiso de chiles verdes
Colleen Konetzni
Rio Rancho, New Mexico

Rinde 4 porciones

Tiempo de preparación: 30 minutos
Tiempo de cocción: 6–8 horas
Tamaño ideal de la olla de cocción lenta:
4 cuartos de galón.

---

1 libra de carne molida
6 papas, peladas y cortadas en
   cubos
1 cebolla, cortada en rodajas
Sal y pimienta a gusto
¾ tazas de chiles verdes picadoss

Ingredientes opcionales:
1 cucharadita de polvo de ajo
1 cubito de caldo

1. Dore la carne molida en un
sartén antiadherente. Desagüe.
Coloque en la olla de cocción lenta.
2. Añada el resto de los ingredientes a la olla de cocción lenta.
Mezcle completamente.
3. Cubra y gradúe la olla a "Bajo"
y cocine por 6–8 horas, o hasta que
las verduras estén tiernas.

Pastel de *Chili*
Andrea Cunningham
Arlington, Kansas

Rinde 6 porciones

Tiempo de preparación: 15 minutos
Tiempo de cocción: 6–8 horas
Tamaño ideal de la olla de cocción lenta:
4–6 cuartos de galón.

---

1 libra de carne molida
2 latas de 12 onzas de frijoles
   chili, drenados
4 tomates grandes , picados en
   cubos
Sal y pimienta al gusto
1 Cuchara de polvo de ají,
   opcional
cebolla pequeña, picada, *opcional*
patatas de maíz, *opcional*
1½ tazas de queso deshilachado
   de su opción, *opcional*

1. Dore la carne molida en un
sartén antiadherente. Desagüe.
2. Rocíe el interior de la olla con
aerosol antiadherente para cocinar.
Combine la carne molida, los frijoles
chili, los tomates y cualquiera de los
ingredientes opcionales que usted
quiera en la olla de cocción lenta.
3. Cubra y gradúe la olla a "Bajo"
y cocine por 6–8 horas.
4. Sirva sobre patatas de maíz y
cubra con queso chedar si desea.

Un consejo—

Organice su comida de olla la noche antes de que la quiera cocinar. La siguiente mañana ponga la mezcla en la olla de cocción
lenta, cúbrala y cocínela.
Sara Wilson
Blairstown, Missouri

Sopa de taco

Norma Grieser
Clarksville, Michigan

Rinde 4–6 porciones

Tiempo de preparación: 10–12 minutos
Tiempo de cocción: 4–6 horas
Tamaño ideal de la olla de cocción lenta:
3 cuartos de galón.

1 libra de carne molida
1 cuarto de galón de jugo de
   tomate
1 lata de 15 onzas de frijoles rojos
1 sobre de condimento de taco
   seco
1 lata de 10½ onzas de sopa de
   tomate
1 cebolla mediana, picada,
   opcional

1. Dore la carne molida en un sartén antiadherente. Desagüe. Coloque en la olla de cocción lenta.
2. Añada el resto de los ingredientes a la olla de cocción lenta y mezcle hasta que estén bien combinados.
3. Cubra y gradúe la olla a "Bajo" y cocine por 4–6 horas.

Consejo útil: Sirva con Doritos, crema agria y queso chedar deshilachado como aderezos, si usted desea.

Variación: En lugar del jugo de tomate y la sopa de tomate, sustituya 1 lata de 14½ onzas de tomates guisados y 1 lata de 8 onzas de salsa de tomate.
— Sharon Shank
   Bridgewater, Virginia

Sopa de salsa de taco y pizza

Mary E. Shrock
Sugarcreek, Ohio

Rinde 8 porciones

Tiempo de preparación: 30 minutos
Tiempo de cocción: 30 minutos
Tamaño ideal de la olla de cocción lenta:
4 cuartos de galón.

2 libras de carne molida
1 cebolla pequeña, picada
1 Cuchara de condimento de taco
1 lata de 16 onzas de frijoles
   refritos, o frijoles *chili*
3 cuartos de galón de salsa de
   pizza
Sal y pimienta al gusto, *opcional*

1. Dore la carne con la cebolla en un sartén grande antiadherente. Desagüe.
2. Coloque la carne dorada y las cebollas en la olla de cocción lenta. Añada condimento de taco, y luego los frijoles. Mézclele la salsa de pizza y condimentos adicionales, si usted desea.
3. Hierva a fuego lento por 30 minutos. Gradúe la olla a "Bajo" y mantenga caliente hasta que esté listo para servir.

Consejos útiles:
1. Sirva con crema agria, queso deshilachado y chips de tortilla
2. Si la sopa está muy espesa, añada agua o más salsa de pizza.

Sopa de verduras y carne

Char Hagner
Montague, Michigan

Rinde 6 porciones

Tiempo de preparación: 10 minutos
Tiempo de cocción: 3–8 horas
Tamaño ideal de la olla de cocción lenta:
4–5 cuartos de galón.

1 libra de carne molida
1 lata de 14½ onzas de caldo de
   res
1½ tazas de agua
11 paquete de 10 onzas de
   verduras mixtas congeladas
1 lata de 14½ onzas de tomates
   picados en cubos
1 Cuchara de cebolla picadita
   secada

1. Dore la carne en un sartén antiadherente. Desagüe.
2. Coloque todos los ingredientes en una olla de cocción lenta.
3. Cubra y gradúe la olla a "Bajo" y cocine por 6–8 horas, o gradúe la olla a "Alto" y cocine por 3–4 horas.

Variación: Mézclele 1 taza de macarrones secos 1 hora antes del final del tiempo de cocción.

Sopa de verduras y carne de res

Renee Baum
Chambersburg, Pennsylvania
Janet Oberholtzer
Ephrata, Pennsylvania

Rinde 10 porciones

Tiempo de preparación: 15 minutos
Tiempo de cocción: 8–9 horas
Tamaño ideal de la olla de cocción lenta:
5 cuartos de galón.

1 libra de carne molida
1 lata de 46 onzas de tomates *o*
  de jugo *V-8*
1 paquete de 16 onzas de
  verduras mixtas congeladas,
  descongeladas
2 tazas de papas *hash browns*
  congeladas y cortadas en
  cubos, descongeladas
1 sobre de mezcla seca de sopa de
  cebolla

1. Dore la carne en un sartén
antiadherente en la estufa. Desagüe.
2. Coloque la carne en la olla de
cocción lenta. Mézclele el resto de
los ingredientes.
3. Cubra y gradúe la olla a "Bajo"
y cocine por 8–9 horas, o hasta que
las verduras estén completamente
cocidas.

Variaciones:
1. En lugar de papas hash browns,
use 2 tazas de papas cocidas cortadas en
cubos
— **Elsie Schlabach**
Millersburg, Ohio

2. En lugar de tomates o jugo V-8,
use 2 cubitos de caldo de res disueltos en
2 tazas de agua hirviendo. Y en lugar de
la mezcla seca de sopa de cebolla, use
sal y pimienta al gusto.
— **Sharon Wantland**
Menomonee Falls, Wisconsin

Sopa de tomate y guisante

Ruth Ann Penner, Hillsboro, Kansas

Rinde 4 porciones

Tiempo de preparación: 10–12 minutos
Tiempo de cocción: 2 horas
Tamaño ideal de la olla de cocción lenta:
3 cuartos de galón.

1 libra de carne molida
1/4 taza de cebollas secas
1 lata de 5 ó 10 onzas de tomates
  picados en cubos,
  dependiendo de cuanto le
  gusten los tomates
1 lata de 15 onzas de guisantes
1/2 lata de tomate llena de agua
2 cubitos de caldo de res

1. Dore la carne en un sartén
antiadherente. Desagüe.
2. Combine todos los ingredientes
en una olla de cocción lenta
3. Cubra y gradúe la olla a "Alto"
y cocine por 2 horas, mezclando ocasionalmente

Guiso de la hoguera

Sharon Wantland
Menomonee Falls, Wisconsin

Rinde 4 porciones

Tiempo de preparación: 15 minutos
Tiempo de cocción: 2–3 horas
Tamaño ideal de la olla de cocción lenta:
2 cuartos de galón.

1 libra de carne molida
1 cebolla mediana, picada

Mitad de un pimiento verde,
  picado
sal y pimienta agusto
2 latas de sopa de verduras, su
  variedad preferida

1. Dore la carne molida con las
cebollas en un sartén antiadherente,
mezclando hasta que esté desmenuzable. Desagüe.
2. Combine todos los ingredientes
en la olla de cocción lenta.
3. Cubra y gradúe la olla a "Bajo"
y cocine por 2–3 horas.

Sopa de taco de pollo, preparación rápida

Karen Waggoner
Joplin, Missouri

Rinde 4–6 porciones

Tiempo de preparación: 5 minutos
Tiempo de cocción: 1 hora
Tamaño ideal de la olla de cocción lenta:
4 cuartos de galón.

1 lata de 12 onzas de pollo
  cocido, con su jugo
1 lata de 14 onzas de caldo de
  pollo
1 tarro de 16 onzas de salsa
  espesa con trocitos
1 lata de 15 onzas de frijoles
  estilo rancho
1 lata de 15 onzas de maíz de
  grano entero

1. Mezcle todos los ingredientes
en la olla de cocción lenta
2. Cubra y gradúe la olla a "Alto"
y cocine por 1 hora. Mantenga
caliente en "Bajo" hasta que esté listo
para servir.

Sopa de alas de pollo búfalo

Mary Lynn Miller
Reinholds, Pennsylvania
Donna Neiter
Wausau, Wisconsin
Joette Droz
Kalona, Iowa

Rinde 8 porciones

Tiempo de preparación: 10 minutos
Tiempo de cocción: 4–5 horas
Ideal slow cooker size:
    3 cuartos de galón.

---

6 tazas de leche
3 latas de 10¾ onzas de sopa condensada de crema de pollo, no diluida
3 tazas (aproximadamente 1 libra) de pollo cocido cortado en cubos o deshebrado
1 taza (8 onzas) de crema agria
1–8 Cucharas de salsa de pimiento picante, ¡de acuerdo a su preferencia por picante!*

1. Combine la leche y las sopas en la olla de cocción lenta hasta que esté sin grumos.
2. Mézclele el pollo.
3. Cubra y gradúe la olla a "Bajo" y cocine por 3¾–4¾ horas.
4. Quince minutos antes de servir mézclele crema agria y salsa picante.
5. Cubra y continúe cocinando precisamente hasta que esté burbujeante.

*Empiece con una cantidad pequeña de salsa picante, ¡y luego añada más para satisfacer su gusto—y los gustos de sus invitados!

Sopa de guisantes majados con pollo

Mary E. Wheatley
Mashpee, Massachusetts

Rinde porciones

Tiempo de preparación: 20 minutos
Tiempo de cocción: 4–10 horas
Ideal slow cooker size:
    5 cuartos de galón.

---

1 paquete de 16 onzas de guisantes majados secos
¾ taza de zanahorias picadas en cubos finos
3 tazas de papas crudas cortadas en cubos
8 tazas de caldo de pollo
1 taza de pollo cocido cortado en cubos

Combine los guisantes, las zanahorias, las papas y el caldo de pollo en la olla de cocción lenta.
2. Gradúe la olla a "Alto" y cocine por 4-5 horas, o gradúe la olla a "Bajo" y cocine por 8-10 horas, o hasta que todas las verduras estén tiernas. Mezcle después de que la sopa empiece a hervir lentamente.
3. Diez minutos antes de servir, mézclele el pollo cocido.

Sopa con trocitos de pollo y verduras

Janice Muller
Derwood, Maryland

Rinde 6 porciones

Tiempo de preparación: 20 minutos
Tiempo de cocción: 2–6 horas
Ideal slow cooker size:
    3½–4 cuartos de galón.

2½ tazas de agua
1 lata de 8 onzas de salsa de tomate
1 paquete de 10 onzas de verduras mixtas congeladas, parcialmente descongeladas
1½ cucharadita de condimento italiano
1 sobre de mezcla seca de sopa de pollo con fideos
2 tazas de pollo o pavo cocido y cortado

1. Combine todos los ingredientes en la olla de cocción lenta.
2. Gradúe la olla a "Bajo" y cocine por 2-6 horas, dependiendo de lo crujiente que a usted le gusten sus verduras.

Sopa de pollo y arroz de Mary

Becky Frey
Lebanon, Pennsylvania

Rinde 8–10 porciones

Tiempo de preparación: 10–20 minutos
Tiempo de cocción: 3–4 horas
Tamaño ideal de la olla de cocción lenta: 3½ cuartos de galón.

1 paquete de 4,4 onzas de arroz y salsa con sabor a pollo
2 tazas de pollo cocido, picado en cubos
1 lata de 15 onzas de tomates picados en cubos y chiles verdes
1 lata de 49½ onzas de caldo de pollo

1. Prepare el arroz y la salsa de acuerdo a las direcciones en el paquete.
2. Coloque todos los ingredientes en la olla de cocción lenta. Mezcle hasta que esté bien mezclado.
3. Cubra y gradúe la olla a "Bajo" y cocine por 3–4 horas.

Consejos útiles:

1. Sirva sobre patatas de maíz y rocíe con queso deshilachado, si usted desea.

2. Si usted no puede encontrar tomates con chiles, añada una lata de chiles verdes picados en cubos. O añádalos de todos modos para picante adicional.

3. Usted puede añadir arroz y salsa sin prepararlos de acuerdo a las direcciones en el paquete. Solamente mézclelos crudos, e hierva la sopa a fuego lento en la olla de cocción lenta una hora más, o hasta que el arroz esté cocido completamente.

Sopa de pollo con fideos

Jean Butzer
Batavia, New York

Rinde 6–8 porciones

Tiempo de preparación: 15 minutos
Tiempo de cocción: 3½–8½ horas
Tamaño ideal de la olla de cocción lenta: 4 cuartos de galón.

2 latas de 10¾ onzas de sopa cremosa de pollo y hongo
5 tazas de agua
2 tazas de pollo cocido picado
1 paquete de 10 onzas de verduras mixtas congeladas
½–1 cucharadita de pimienta
1½ tazas de fideos de huevo secos

1. Coloque la sopa en la olla de cocción lenta. Añada el agua. Mézclarle el pollo, las verduras y la pimienta.
2. Cubra y gradúe la olla a "Bajo" y cocine por 6–8 horas, o gradúe la olla a "Alto" y cocine por 3–4 horas.
3. Gradúe a "Alto" si tiene la posición en "Bajo". Mézclele los fideos.
4. Cubra y cocine otros 20–30 minutos, o hasta que los fideos estén apenas tiernos.

Consejos útiles:

1. Usted puede sustituir otros sabores de las sopas de crema.

2. Usted puede usar caldo de pollo en lugar de toda, o parte, del agua.

Sopa de pollo y arroz

Norma Grieser
Clarksville, Michigan

Rinde 8 porciones

Tiempo de preparación: 30 minutos
Tiempo de cocción: 4–8 horas
Tamaño ideal de la olla de cocción lenta: 4–6 cuartos de galón.

4 tazas de caldo de pollo
4 tazas de pollo cortado, cocido
1⅓ tazas de apio cortado
1⅓ tazas de zanahorias picadas en cubos
1 cuarto de galón de agua
1 taza de arroz de grano largo crudo

1. Coloque todos los ingredientes en la olla de cocción lenta.
2. Cubra y gradúe la olla a "Bajo" y cocine por 4–8 horas, o hasta que las verduras estén cocidas a su gusto.

Sopa de pollo sabrosa

Rhonda Freed
Lowville, New York

Rinde 12 porciones

Tiempo de preparación: 10–15 minutos
Tiempo de cocción: 6–7 horas
Tamaño ideal de la olla de cocción lenta: 4 cuartos de galón.

12 tazas de caldo de pollo
2 tazas de pollo, cocido y cortado en pedazos pequeños

1 taza de zanahorias
   deshilachadas
3 clavos enteros
1 cebolla pequeña
1 bolsa de 16 onzas de fideos
   secos, cocidos, *opcional*

1. Coloque el caldo, el pollo y las zanahorias en la olla de cocción lenta.

2. Pele la cebolla. Usando un palillo de dientes, haga 3 agujeros en los extremos cortados. Cuidadosamente presione los clavos en 3 de los agujeros hasta que solamente su parte redonda se revele. Añada a la olla de cocción lenta.

3. Cubra y gradúe la olla a "Alto" y cocine por 6-7 horas.

4. Si usted quisiera una sopa más espesa, añada una bolsa de fideos finos de huevo cocidos antes de servir.

Consejos útiles: Usted puede hacer el caldo y cocinar el pollo en su olla de cocción lenta, también. Solamente ponga 2–3 libras de pedazos de pollo cortado en la olla de cocción lenta. Añada 12 tazas de agua. Gradúe la olla a "Alto" y cocine por 4–5 horas, o hasta que el pollo esté tierno y se esté despegando del hueso.

Retire el pollo con una cuchara perforada. Deshuéselo cuando esté bastante frío para agarrar.

Mida 2 tazas de carne de pollo y regrésela a la olla de cocción lenta. Completamente enfríe el resto del pollo y congélelo o póngalo en el refrigerador para uso en el futuro.

Continúe con la receta más arriba para hacer la sopa.

Sopa de verduras y pollo

Annabelle Unternahrer

Shipshewana, Indiana

Rinde 6 porciones

Tiempo de preparación: 10 minutos
Tiempo de cocción: 4–8 horas
Tamaño ideal de la olla de cocción lenta:
   5 cuartos de galón.

2 latas de 14½ onzas de caldo de
   pollo
1 Cuchara de cebolla picadita,
   seca
1 paquete de 16 onzas de
   verduras mixtas congeladas
2 tazas de pechuga de pollo
   precocida, cortada en cubos
2 latas de 10¾ onzas de sopa de
   crema de pollo

1. Combine el caldo, la cebolla picadita, las verduras y el pollo en la olla de cocción lenta.

2. Cubra y gradúe la olla a "Bajo" y cocine por 3-7 horas, dependiendo de lo crujiente que le gusten sus verduras.

3. Añada sopa de pollo y continúe cocinando 1 hora más.

4. Mezcle y sirva.

Consejos útiles:

1. No permita que la mezcla hierva después de añadir la sopa de pollo.

2. Para una comida más saciadora, sirva sobre arroz cocido al vapor, permitiendo precisamente ½ taza de arroz cocido para cada porción.

Sopa china de pollo

Karen Waggoner

Joplin, Missouri

Rinde 6 porciones

Tiempo de preparación: 5 minutos
Tiempo de cocción: 1–2 horas
Tamaño ideal de la olla de cocción lenta:
   4 cuartos de galón.

3 latas de 14½ onzas de caldo de
   pollo
1 paquete de 16 onzas de mezcla
   de verduras *stir-fry* congeladas
2 tazas de pollo cocido cortado en
   cubos
1 cucharadita de raíz de jengibre
   fresca picadita
1 cucharadita de salsa de soja

1. Mezcle todos los ingredientes en la olla de cocción lenta.

2. Cubra y gradúe la olla a "Alto" y cocine por 1-2 horas, dependiendo de lo crujiente o lo suave que le gusten sus verduras.

Sopa cremosa de maíz y pavo

Janessa Hochstedler

East Earl, Pennsylvania

Rinde 5–6 porciones

Tiempo de preparación: 15 minutos
Tiempo de cocción: 3–8 horas
Tamaño ideal de la olla de cocción lenta:
3 cuartos de galón.

2 tazas de pavo cocido
  deshebrado
1 taza de leche
2 tazas de caldo de pollo
1 lata de 15 onzas de maíz estilo
  mexicano
4 onzas (mitad de un paquete de
  8 onzas) de crema de queso,
  cortado en cubos
1 pimiento rojo, picado, *opcional*

1. Coloque todos los ingredientes
en la olla de cocción lenta.
2. Coloque y gradúe la olla a
"Bajo" y cocine por 7–8 horas, o
gradúe la olla a "Alto" y cocine por 3
horas.

Chílí de pavo, preparación fácil

Dee Snyder

Lindenwold, New Jersey

Rinde 6 porciones

Tiempo de preparación: 10–15 minutos
Tiempo de cocción: 6–8 horas
Tamaño ideal de la olla de cocción lenta:
5 cuartos de galón.

2 rollos de 1 libra de pavo molido
  (hallado en el congelador de
  su supermercado),
  descongelado
2 latas de 15½ onzas de frijoles
  rojos, drenados
2 sobres de mezcla seca de
  condimento de *chili*
1 tarro de 24 onzas de salsa

Ingredientes opcionales
1 cebolla grande, picada
1 pimiento verde grande, picado

1. Coloque el pavo en la olla de
cocción lenta. Despedácelo con una
cuchara en trocitos pequeños.
2. Añada el resto de los ingredientes a la olla de cocción lenta.
Mezcle junto hasta que esté mezclado completamente.
3. Cubra y gradúe la olla a "Bajo"
y cocine por 6–8 horas.

Consejos útiles:
1. No añada agua.
2. Cubra las porciones individuales
con queso fuerte rallado, si usted desea.
3. Este plato versátil puede ser
servido sobre papas asadas, espagueti,
fideos, arroz, perros calientes o patatas
de tortilla.

Sopa espesa de almeja y maíz, preparación rápida

Carol L. Stroh

Akron, New York

Rinde 4–6 porciones

Tiempo de preparación: 5–10 minutos
Tiempo de cocción: 3–4 horas
Tamaño ideal de la olla de cocción lenta:
1½ a 2 cuartos de galón.

2 latas de 10½ onzas de sopa de
  crema de papa
1 pinta de maíz congelado
1 lata de ½ onza de almejas
  picaditas, drenadas
2 latas de sopa llenas de leche

1. Coloque todos los ingredientes
en la olla de cocción lenta. Mezcle
para combinar.
2. Gradúe la olla a "Bajo" y
cocine por 3–4 horas, o hasta que
esté caliente.

Sopa de almejas

Marilyn Mowry

Irving, Texas

Rinde 3 porciones

Tiempo de preparación: 10 minutos
Tiempo de cocción: 2–3 horas
Tamaño ideal de la olla de cocción lenta:
1–2 cuartos de galón.

1 lata de 15 onzas de sopa espesa
  de almejas estilo *New England*
1½ tazas de leche, o mitad y
  mitad (mezcla de leche con
  crema de leche)
1 lata de 6½ onzas de almejas
  picaditas, con su jugo

mitad (¹/₄ taza) de una barra de
mantequilla
¹/₄ taza de vino de jerez de cocina

1. Mezcle todos los ingredientes
juntos en la olla de cocción lenta.
2. Gradúe la olla a "Bajo" y
cocine por 2–3 horas, o hasta que
esté bueno y caliente.

Sopa de carne de cangrejo

Carol L. Stroh
Akron, New York

Rinde 8 porciones

Tiempo de preparación: 5–10 minutos
Tiempo de cocción: 5–6 horas
Tamaño ideal de la olla de cocción lenta:
3¹/₂ cuartos de galón.

2 latas de 10³/₄ onzas de sopa de
crema de tomate
2 latas de 10¹/₂ onzas de sopa de
guisantes majados
3 latas de sopa llenas de agua
1 taza de crema espesa
1 ó 2 latas de 6 onzas de carne de
cangrejo, drenadas
¹/₄ taza de vino de jerez, *opcional*

1. Eche las sopas en la olla de
cocción lenta. Añada leche y mezcle
bien para combinar.
2. Cubra y gradúe la olla a "Bajo"
y cocine por 4 horas, o hasta que esté
caliente.
3. Mézclele la crema y la carne
de cangrejo. Continúe cocinando en
"Bajo" por 1 hora, o hasta que esté
completamente calentado.

Sopa/Sopa espesa de camarón

Joanne Good, Wheaton, Illinois

Rinde 12 porciones

Tiempo de preparación: 25 minutos
Tiempo de cocción: 7–8 horas
Tamaño ideal de la olla de cocción lenta:
4 cuartos de galón.

1 cebolla mediana, picada
5 papas medianas *russett*, peladas
y cortadas en cubos
1¹/₂ tazas de jamón precocido,
picado en cubos
4–6 tazas de agua
sal y pimienta al gusto
2 libras de camarón, pelados,
desvenados y cocidos

Opción para sopa espesa:
4 Cucharas de harina
1 taza de crema de leche espesa

1. Coloque la cebolla picada en
un tazón para microondas y gradúe la
olla a "Alto" y cocine por 2 minutos.
2. Coloque la cebolla, las papas
cortadas en cubos, el jamón picado
en cubos y 4 tazas de agua en la olla
de cocción lenta. (Si usted está
haciendo la opción de sopa espesa,
bata 4 Cucharas de harina en 4 tazas
de agua en el tazón antes de añadir a
la olla de cocción lenta.)
3. Cubra y gradúe la olla a "Bajo"
y cocine por 7 horas, o hasta que las
papas estén suaves. Si la base de la
sopa está más espesa de lo que le
gusta a usted, añada hasta 2 tazas
más de agua.
4. Alrededor de 15–20 minutos
antes de servir, gradúe la olla a "Alto"
y añada camarón. Si está haciendo la
sopa espesa, también añada la crema
espesa. Cocine hasta que los

camarones estén calientes,
aproximadamente 15 minutos.

Ingredientes opcionales, para ser
añadidos al Paso 2:
¹/₂ cucharadita de tomillo
1 hoja de laurel (retire antes de
servir)

Guiso de ostras

Linda Overholt
Abbeville, South Carolina

Rinde 4 porciones

Tiempo de preparación: 15–20 minutos
Tiempo de cocción: 2 horas
Tamaño ideal de la olla de cocción lenta:
3¹/₂–4 cuartos de galón.

1 pinta de ostras con su licor
mitad (¹/₄ taza) de una barra de
mantequilla
1 pinta de leche
1 pinta de mitad y mitad (mezcla
de leche y crema de leche)
sal y pimienta al gusto

1. En un sartén grande antiadherente, caliente las ostras lentamente en su propio jugo hasta que
los bordes empiecen a encresparse
(no los hierva).
2. Coloque las ostras y su licor en
la olla de cocción lenta.
3. Añada mantequilla, leche y
mitad y mitad (mezcla de leche y
crema de leche). Sazone con sal y
pimienta al gusto.
4. Gradúe la olla a "Bajo" y cocine
por alrededor de 2 horas, o hasta que
esté completamente calentado.

Variación: Use 1 cuarto de galón de
leche, en lugar de 1 pinta de leche y 1
pinta de mitad y mitad (mezcla de leche
y crema de leche).
— **Sara Kinsinger**
Stuarts Draft, Virginia

Sunday Night Soup

Sara Harter Fredette,
Goshen, Massachusetts

Rinde 4–6 porciones

Tiempo de preparación: 10–15 minutos
Tiempo de cocción: 4–5 horas
Tamaño ideal de la olla de cocción lenta:
4 cuartos de galón.

1 paquete de 1,8 onzas de mezcla
seca de sopa *Knorr* de tomate
con sabor a res
4 tazas de agua
2 tazas de papas picadas en cubos
3 tazas de verduras picadas (apio,
zanahorias, pimientos, cebollas),
ó 1 paquete de 1 libra de
verduras mixtas congeladas
2 tazas de pollo cocido o cubitos de
caldo cocidos, o carne molida
dorada, *opcional*

1. En la olla de cocción lenta,
bata la mezcla en polvo de sopa en el
agua. Añada las verduras.
2. Cubra y gradúe la olla a "Alto"
y cocine por 1 hora, y entonces
gradúe la olla a "Bajo" y cocine por 3
horas, o hasta que las verduras estén
tiernas.
3. Una hora y media antes del
final del tiempo de cocción, mézclele
la carne, si usted elige incluirla.

Sopa de emergencia

Elaine Sue Good
Tiskilwa, Ilinois

Rinde 8 porciones

Tiempo de preparación: 10–15 minutos
Tiempo de cocción: 6–12 horas
Tamaño ideal de la olla de cocción lenta:
5 cuartos de galón.

1 paquete de 32 onzas de
verduras mixtas congeladas
1 paquete de 16 onzas de
salchichitas de cóctel, o perros
calientes cortados en pedazos
tamaño de un mordisco
1 lata de 46 onzas de jugo de
tomate
1 Cuchara de albahaca o perejil

1. Combine todos los ingredientes
en la olla de cocción lenta.
2. Cubra y gradúe la olla a "Bajo"
y cocine por 6–12 horas.

Consejos útiles:

*1. Ésta es una de esas recetas de
emergencia que me gusta usar si
repentinamente me tengo que ir por
todo el día a última hora. Yo se que
todos tendrán hambre cuando llegue a
la casa.*

*2. Usted puede usar casi cualquier
cosa que tenga disponible en su
despensa y su refrigerador en esta
receta.*

*3. Usted también puede modificar
los condimentos a su preferencia.*

Sopa de brócoli con sabor de queso

Dede Peterson
Rapid City, South Dakota

Rinde 4 porciones

Tiempo de preparación: 15 minutos
Tiempo de cocción: 5–6 horas
Tamaño ideal de la olla de cocción lenta:
3 cuartos de galón.

1 libra de brócoli picado
congelado, descongelado
1 libra de queso *Velveeta*, cortado
en cubos
1 lata de 10¾ onzas de sopa de
crema de apio
1 lata de 14½ onzas de caldo de
pollo o de verduras
una pizca de pimienta
una pizca de sal

1. Combine los ingredientes en la
olla de cocción lenta.
2. Cubra. Gradúe la olla a "Bajo"
y cocine por 5–6 horas.

Sopa de brócoli

Linda Overholt
Abbeville, South Carolina

Rinde 8 porciones

Tiempo de preparación: 5–10 minutos
Tiempo de cocción: 1–1½ horas
Tamaño ideal de la olla de cocción lenta:
3½ a 4 cuartos de galón.

1 libra de brócoli fresco, picado
2 latas de 12 onzas de leche
  evaporada
2 latas de 10½ onzas de sopa de
  queso chedar
2 latas de 10½ onzas de sopa de
  crema de papa
1–2 tazas de queso *Velveeta*
  cortado en cubos, *opcional*

1. Coloque el brócoli picado en una cacerola mediana. Añada ¼ taza de agua, cubra y cocine al vapor brevemente. Retire del fuego mientras el brócoli todavía esté un poco crujiente. Coloque a un lado.

2. Mezcle la leche y las sopas juntas en la olla de cocción lenta.

3. Añada brócoli y agua de cocción y cubra. Gradúe la olla a "Alto" y cocine por 1 hora, o gradúe la olla a "Bajo" y cocine por 1½ horas.

4. Veinte minutos antes de servir, mézclele el queso *Velveeta* cortado en cubos, si usted desea.

Variaciones:

Para un poco más de sabor, mézclele ¼ cucharadita de pimienta negra al Paso 3.

2. Sustituya sopa de hongos por la sopa de queso chedar. Sustituya queso fuerte deshilachado por el queso Velveeta.
— **Jennifer Kuh**
Bay Village, Ohio

Sopa cremosa de tomate

Sara Kinsinger
Stuarts Draft, Virginia

Rinde 6 porciones

Tiempo de preparación: 20 minutos
Tiempo de cocción: 1½ horas
Tamaño ideal de la olla de cocción lenta:
4 cuartos de galón.

1 lata de 26 onzas de sopa de
  tomate condensada, más 6
  onzas de agua para igualar 1
  cuarto de galón.
½ cuchradita de sal, *opcional*
mitad (4 Cucharas) de una barra
  de mantequilla
8 Cucharas de harina
1 cuarto de galón de leche
  (entera, o baja en grasa)

1. Coloque la sopa de tomate, la sal si desea y la mantequilla en la olla de cocción lenta. Mezcle bien.

2. Cubra y gradúe la olla a "Alto" y cocine por 1 hora.

3. Entretanto, coloque la harina y 1 taza de leche en un recipiente de microondas de 2 cuartos de galón. Bata bien hasta que los grumos grandes se desaparezcan. Entonces bata el resto de la leche hasta que solamente queden grumos pequeños.

4. Coloque la mezcla de harina y leche en el horno de microondas y cocine en "Alto" por 3 minutos. Retire y mezcle hasta que esté sin grumos. Regrese al horno de microondas y cocine en "Alto" por otros 3 minutos.

5. Añada leche espesada lentamente a la sopa caliente en la olla de cocción lenta.

6. Caliente completamente por 10 a 15 minutos.

Consejo útil: Sirva con pimienta molida fresca, cebollín seco o su elección de hierbas frescas y galletas de ostras o crutones (cuscurrones).

Sopa de papa, preparación fácil

Yvonne Kauffman Boettger
Harrisonburg, Virginia

Rinde 8 porciones

Tiempo de preparación: 10 minutos
Tiempo de cocción: 5 horas
Tamaño ideal de la olla de cocción lenta:
4–6 cuartos de galón.

3 tazas de caldo de pollo
1 bolsa de 2 libras de papas *hash
  brown* congeladas
1½ cucharadita de sal
¾ cucharadita de pimienta
3 tazas de leche
3 tazas de queso *Monterey Jack*, o
  queso chedar deshilachado

1. Coloque el caldo de pollo, las papas, la sal y la pimienta en la olla de cocción lenta.

2. Cubra y gradúe la olla a "Alto" y cocine por 4 horas, o hasta que las papas estén suaves.

3. Dejando el caldo y las papas en la olla de cocción lenta, aplaste las papas ligeramente, dejando trozos más grandes.

4. Añada leche y queso. Mézclelo completamente.

5. Cubra y cocine en "Alto" hasta que el queso se derrita y la sopa esté caliente.

Sopa espesa de papa

Susan Wenger
Lebanon, Pennsylvania

Rinde 12 porciones

Tiempo de preparación: 15 minutos
Tiempo de cocción: 8¹/₂–10¹/₂ horas
Tamaño ideal de la olla de cocción lenta:
5 cuartos de galón.

8 tazas de papas peladas, picadas
en cubos
3 latas de 14¹/₂ onzas de caldo de
pollo
1 lata de 10³/₄ onzas de sopa de
crema de pollo
¹/₄ cucharadita de pimienta
1 paquete de 8 onzas de crema de
queso, cortada en cubos

1. En la olla de cocción lenta,
combine las papas, el caldo de pollo,
la sopa de pollo y la pimienta.

2. Cubra y gradúe la olla a "Bajo"
y cocine por 8–10 horas, o hasta que
las papas estén suaves.

3. Añada crema de queso, mezclando hasta que esté bien mezclada.

4. Caliente hasta que el queso se
derrita y la sopa esté completamente
calentada.

Ingredientes opcionales:
¹/₃ **taza de cebolla picada**
¹/₂ **libra de tocino cortado en**
pedazos, cocido y deshecho
cebollín cortado con tijeras

1. Añada cebolla picada al Paso 1,
si usted desea.

2. Aderece porciones individuales
de sopa con tocino y cebollín, si
usted desea.

Sopa de papa con posíbilídades

Janie Steele
Moore, Oklahoma

Rinde 6 porciones

Tiempo de preparación: 20–30 minutos
Tiempo de cocción: 5–6 horas
Tamaño ideal de la olla de cocción lenta:
4 a 6 cuartos de galón.

6–8 tazas de caldo de pollo
casero, ó 2 latas de 14 onzas
de caldo de pollo, más ¹/₂ lata
de sopa llena de agua
1 cebolla grande, picada
3 tallos de apio, picados,
incluyendo las hojas, si usted
prefiere
6 papas blancas grandes, peladas,
picadas, cortadas en cubos, *o*
cortadas en rodajas
Sal y pimienta al gusto

Ingredientes opcionales:
Queso chedar fuerte deshilachado
2–3 tazas de almejas picadas
1 paquete de 10 ó 16 onzas de
maíz congelado

1. Coloque todos los ingredientes
en la olla de cocción lenta.

2. Cubra y gradúe la olla a "Alto"
y cocine por 5 horas, o gradúe la olla
a "Bajo" y cocine por 6 horas, o hasta
que las verduras estén tiernas pero
no blandas.

Sopa de papa con carne molída

Sharon Timpe
Jackson, Wisconsin

Rinde 6–8 porciones

Tiempo de preparación: 15–20 minutos
Tiempo de cocción: 3¹/₂–4 horas
Tamaño ideal de la olla de cocción lenta:
4 a 5 cuartos de galón.

1 libra de carne molida
4 tazas de papas, peladas y
cortadas en cubos de ¹/₂
pulgada
1 cebolla pequeña, picada
3 latas de 8 onzas de salsa de
tomate
2 cucharaditas de sal
¹/₂ cucharadita de pimienta
4 tazas de agua
¹/₂ cucharadita de salsa de
pimiento picante, *opcional*

1. Dore la carne molida en un
sartén antiadherente. Desagüe bien.
Coloque la carne en la olla de cocción lenta.

2. Añada papas cortadas en
cubos, cebolla picada y salsa de
tomate.

3. Mézclele sal, pimienta, agua y
salsa de pimiento picante, si usted
desea.

4. Cubra y gradúe la olla a "Alto"
y cocine hasta que la mezcla
comience a hervir un poco, alrededor
de 1 hora.

5. Vuelva a "Bajo" y continúe
cocinando hasta que las papas estén
suaves, alrededor de 2¹/₂–3 horas.

Consejos útiles:
1. Aderece cada tazón de sopa con
perejil picado.
2. Yo prefiero usar papas rojas,
porque quedan más firmes.

Sopa de habas y papa al *curry*

Barbara Gautcher
Harrisonburg, Virginia

Rinde 6 porciones

Tiempo de preparación: 15 minutos
Tiempo de cocción: 4–10 horas
Tamaño ideal de la olla de cocción lenta:
3 cuartos de galón.

1½ tazas de habas grandes secas
4 tazas de agua, *divididas*
5–6 papas medianas, picadas finamente
½ cabeza de coliflor, *opcional*
2 tazas (16 onzas) de crema agria
2 Cucharas de *curry*
1–2 cucharaditas de sal y pimienta al gusto

Para cocción más rápida:

1. En una cacerola mediana, hierva habas en 2 tazas de agua. Hierva, sin cubrir, por 2 minutos. Cubra, apague el fuego, y espere por 2 horas.

2. Desagüe. Coloque las habas en la olla de cocción lenta.

3. Añada 2 tazas de agua fresca. Cubra y gradúe la olla a "Alto" y cocine por 2 horas.

4. Durante la última hora de cocción, añada papas picadas en cubos y cogollitos de coliflor. Cocine más tiempo si las verduras no están tan tiernas como usted las desea después de 1 hora.

5. Diez minutos antes de servir, añada crema agria, *curry* y sal y pimienta al gusto.

Para cocción más lenta:

1. Remoje las habas en 2 tazas de agua durante la noche. En la mañana, desagüe. Coloque las habas en la olla de cocción lenta y siga las direcciones más arriba, empezando con el Paso 3.

Consejo útil: Rocíe queso rallado encima de cada porción. Y / o, sirva con hinojo fresco picado como aderezo.

Sopa de queso

Darlene G. Martin
Richfield, Pennsylvania
Kaye Taylor
Florissant, Missouri
Esther Hartzler
Carlsbad, New Mexico

Rinde 4 porciones

Tiempo de preparación: 15 minutos
Tiempo de cocción: 2–6 horas
Tamaño ideal de la olla de cocción lenta:
3 cuartos de galón.

2 latas de 10¾ onzas de sopa de crema de (apio, hongo o pollo)
1 taza de leche
1 libra de queso chedar, cortado en cubos
1 cucharadita de salsa *Worcestershire*
¼ cucharadita de paprika

1. Coloque todos los ingredientes en la olla de cocción lenta.

2. Cubra y gradúe la olla a "Bajo" y cocine por 4–6 horas, o gradúe la olla a "Alto" y cocine por 2 horas.

Consejo útil: Aderece cada porción con crutones (cuscurrones).

Vegetable Cheese Soup

Rosalie D. Miller
Mifflintown, Pennsylvania

Rinde 5 porciones

Tiempo de preparación: 15–20 minutos
Tiempo de cocción: 4–10 horas
Tamaño ideal de la olla de cocción lenta:
3 cuartos de galón.

2 tazas de maíz estilo crema
1 taza de papas, peladas y picadas
1 taza de zanahorias, peladas y picadas
2 latas de 14½ onzas de verduras, o caldo de pollo
1 tarro de 16 onzas de queso procesado

Ingredientes opcionales:
1 cucharadita de semilla de apio
½ cucharadita de pimienta negra
½ taza de cebolla picada

1. Combine todos los ingredientes menos el queso en la olla de cocción lenta.

2. Cubra y gradúe la olla a "Bajo" y cocine por 8–10 horas, o gradúe la olla a "Alto" y cocine por 4–5 horas.

3. Treinta a 60 minutos antes de servir, mézclele el queso. Luego gradúe la olla a "Alto" y cocine por 30–60 minutos para derretir y combinar el queso.

4. Si usted elige usar cualquiera o todos de los ingredientes opcionales, añádalos al Paso 1.

Sopa de queso "Súper"

Kate Johnson
Rolfe, Iowa

Rinde 6 porciones

Tiempo de preparación: 15 minutos
Tiempo de cocción: 4 horas
Tamaño ideal de la olla de cocción lenta:
4–5 cuartos de galón.

4 ó 5 papas, picadas en cubos
1 paquete de 16 onzas de
 verduras congeladas
2–3 cucharaditas de gránulos de
 caldo de pollo
2–3 tazas de agua
¾ libra de queso *Velveeta*, cortado
 en cubos

1. Coloque las papas, las verduras congeladas, el caldo de pollo y el agua (use 1 cucharadita a 1 taza de agua) en una cacerola grande en la cocina y cocine hasta que estén tiernos.
2. Añada queso *Velveeta* y mezcle bien.
3. Coloque la sopa en la olla de cocción lenta y mantenga caliente en "Bajo" por hasta 4 horas.

Consejo útil:

O, si usted ha hecho la sopa por adelantado y la tenía en el refrigerador, usted tal vez necesitará calentarla más en "Bajo". Si usted está cerca, mezcle la sopa después de 2 horas para mover la sopa más fría del centro y a lo largo de la olla de cocción lenta.

Sopa espesa de queso chedar

Ruth Zendt
Mifflintown, Pennsylvania

Rinde 4 porciones

Tiempo de preparación: 15 minutos
Tiempo de cocción: 3½–4½ horas
Tamaño ideal de la olla de cocción lenta:
3 cuartos de galón.

1 paquete de 10 onzas de
 verduras mixtas congeladas
1 lata de 10¾ onzas de sopa de
 crema de pollo
1 lata de sopa llena de leche
1 taza de queso chedar
 deshilachado

1. En una cacerola, cocine y desagüe las verduras congeladas de acuerdo a las direcciones en el paquete. Combine las verduras, la sopa y la leche en la olla de cocción lenta.
2. Cubra y gradúe la olla a "Bajo" y cocine por 3–4 horas, o hasta que las verduras estén hechas a su gusto. Mezcle ocasionalmente si usted está cerca.
3. Rocíe las porciones individuales con el queso.

Sopa de cebolla con queso

Jean H. Robinson
Cinnaminson, NJ

Rinde 10 porciones

Tiempo de preparación: 25 minutos
Tiempo de cocción: 4 horas
Tamaño ideal de la olla de cocción lenta:
6 cuartos de galón.

4 cebollas blancas dulces grandes,
 picadas muy finas
1 barra (½ taza) de mantequilla
1 barra de 8 onzas de pan
 francés, cortado muy fino
2 latas de 48 onzas de caldo de
 res, pollo o verduras
1 libra de queso suizo,
 deshilachado

1. Sofreír los aros de cebolla en mantequilla en un sartén grande anti-adherente o en una cacerola hasta que estén tiernos y dorados, alrededor de 15 minutos.
2. Coloque un tercio de las cebollas al fondo de la olla de cocción lenta. Cubra en capas con un tercio de las rodajas de pan. Repita cubriendo en capas 2 veces más.
3. Eche el caldo sobre todo.
4. Cubra y gradúe la olla a "Alto" y cocine por 4 horas.
5. Mézclele el queso 10 minutos antes de servir.

Variación: Añada 1½ cucharaditas de salsa Worcestershire y 3 hojas de laurel al Paso 2, como la capa final y superior.

— **Karen Waggoner**
Joplin, Missouri

Sopa de cebolla

Patricia Howard
Green Valley, Arizona

Rinde 6–7 porciones

Tiempo de preparación: 15–20 minutos
Tiempo de cocción: 6–8 horas
Tamaño ideal de la olla de cocción lenta:
4 cuartos de galón.

3 tazas de cebollas cortadas finas
mitad (¼ taza) de una barra de
   mantequilla
3 Cucharas de azúcar
2 Cucharas de harina
1 cuarto de galón de caldo de res

   1. Cocine las cebollas en la mantequilla en un sartén grande antiadherente o en una cacerola. Cubra y
sofría por 15 minutos, mezclando con
frecuencia, Luego, añada el azúcar y
la harina, mezclando bien.
   2. Mientras las cebollas se están
cocinando, coloque el caldo en la olla
de cocción lenta en "Alto". Añada la
mezcla de cebolla al caldo.
   3. Cubra y gradúe la olla a "Bajo"
y cocine por 6–8 horas.

Consejo útil: Sirva aderezado con pan
tostado y queso Parmesano rallado, si
usted prefiere.

Sopa de calabaza moscada

Elaine Vigoda
Rochester, New York

Rinde 4–6 porciones

Tiempo de preparación: 5 minutos
Tiempo de cocción: 4–8 horas
Tamaño ideal de la olla de cocción lenta:
4 a 5 cuartos de galón.

1 lata de 45 onzas de caldo de
   pollo
1 calabaza moscada mediana,
   pelada y cortada en cubos
1 cebolla pequeña, picada
1 cucharadita de jengibre molido
1 cucharadita de ajo picadito,
   opcional
¼ cucharadita de nuez moscada,
   opcional

   1. Coloque el caldo de pollo y la
calabaza moscada en la olla de cocción lenta. Añada el resto de los
ingredientes.
   2. Cubra y gradúe la olla a "Alto"
y cocine por 4 horas, o gradúe la olla
a "Bajo" y cocine por 6–8 horas, o
hasta que la calabaza moscada esté
tierna.

Un consejo —

   Algunas ollas de cocción lenta
nuevas cocinan más caliente y
más rápido que los modelos más
antiguos. Así que llegue a cono-
cer su olla de cocción lenta.
   Nosotros sugerimos una
variedad de tiempos de cocción
para varias de las recetas ya que
las ollas varían. Cuando usted
haya encontrado la duración de
tiempo correcta para una receta
hecha en su olla, anótelo en su
libro de cocina.

Sopa cremosa de verduras

Lauren M. Eberhard
Seneca, Illinois

Rinde 12–15 porciones

Tiempo de preparación: 5 minutos
Tiempo de cocción: 3–4 horas
Tamaño ideal de la olla de cocción lenta:
Una olla de 7 cuartos de galón o
dos ollas de 4 cuartos de galón, la
sopa dividida igual entre las dos ollas

3 latas de 14 onzas de caldo de
   pollo
3 latas de 15 onzas de puré de
   maíz
3 tazas de leche desnatada
1 paquete de 48 onzas de
   verduras mixtas congeladas, *u*
   otras verduras de su elección
1 cebolla, picada

   1. Mezcle todos los ingredientes
en la olla de cocción lenta.
   2. Cubra y gradúe la olla a "Bajo"
y cocine por 3 horas.

Variaciones:
   1. Añada 2 papas, cortadas en
cubos, al Paso 2.
   2. Añada condimentos de su elec-
ción—sal, pimienta y hierbas frescas—
al Paso 2.

Sopa de verduras de Harry

Betty B. Dennison
Grove City, Pennsylvania

Rinde 16 porciones

Tiempo de preparación: 4–5 minutos
Tiempo de cocción: 2–4 horas
Tamaño ideal de la olla de cocción lenta:
4 cuartos de galón.

---

4 latas de 15¼ onzas de verduras
   mixtas, drenadas
1 lata de 46 onzas de jugo de
   verduras
4 tazas de caldo de res
1 cucharadita de condimento *Mrs.*
   Dash

1. Mezcle todos los ingredientes
en una olla engrasada de cocción
lenta.

2. Cubra y gradúe la olla a "Bajo"
y cocine por 4 horas o gradúe la olla
a "Alto" y cocine por 2 horas.

Consejos útiles:

*1. Si usted tiene carne de res
mechada, usted puede añadir una libra
de pedazos cortados al Paso 1.*

*2. Las verduras que sobren pueden
ser usadas en lugar de las verduras
enlatadas.*

Sopa de tomate y verduras (Sopa de "limpie el refrigerador el lunes en la noche")

Elaine Sue Good
Tiskilwa, Illinois

Rinde 8 porciones

Tiempo de preparación: 10 minutos
Tiempo de cocción: 4–10 horas
Tamaño ideal de la olla de cocción lenta:
3½ cuartos de galón.

---

2 dientes de ajo, presionados y
   picados
1 paquete de 8 ó 16 onzas de
   pimientos y cebollas
   congelados
3 Cucharas de mezcla italiana de
   condimento, o albahaca,
   orégano, etc
1 paquete de 32 onzas de
   verduras mixtas congeladas, o
   verduras que sobraron de su
   refrigerador, picadas
1 lata de 46 onzas de jugo de
   verduras, o V-8, o mezcla de
   Bloody Mary o caldo de res

1. Coloque los dientes de ajo presionados en el fondo de la olla de
cocción lenta. Añada pimientos y
cebollas.

2. Rocíe los condimentos encima.

3. Añada las verduras. Luego
eche el jugo sobre todos los ingredientes.

4. Cubra y gradúe la olla a "Alto"
y cocine por 4 horas, o gradúe la olla
a "Bajo" y cocine por 8–10 horas.

Consejos útiles:

*1. El ser flexible es la clave de esta
receta. Usted puede añadir cualquier
cosa que usted tenga a la mano.*

*2. Añada agua si a usted le gusta
una consistencia menos espesa.*

*3. Usted puede añadir carne que
sobra—y / o pasta o arroz cocido o
albahaca—a los tazones cuando sirva.*

*4. A veces yo añado lentejas
enlatadas o que han sobrado o frijoles a
cada tazón antes de añadir la sopa.*

*¡Esta receta se nos ocurrió cuando a
nuestra familia le dieron 3 cajas de
mezcla de Bloody Mary!*

Platos principales de pollo y pavo

Pollo escalfado

Mary E. Wheatley

Mashpee, Massachusetts

Rinde 6 porciones

Tiempo de preparación: 15 minutos
Tiempo de cocción: 7–8 horas
Tamaño ideal de la olla de cocción lenta:
4½ cuartos de galón

1 pollo para asar o freír entero,
    alrededor de 3 libras
1 tallo de apio, cortado en trozos
1 zanahoria, cortada en rodajas
1 cebolla mediana, cortada en
    rodajas
1 taza de caldo de pollo,
    condimentado, *o agua, o vino*
    blanco seco

1. Lave el pollo. Palmear seco con toallas de papel y colocar en la olla de cocción lenta.

2. Coloque el apio, la zanahoria y la cebolla alrededor del pollo. Vierta el caldo sobre todo.

3. Cubra y gradúe la olla a "Bajo" y cocine por 7–8 horas, o hasta que el pollo esté tierno.

4. Retire el pollo de la olla y coloque en un plato. Cuando se enfríe bastante para tocar, deshuéselo.

5. Cole el caldo en un recipiente y enfríe.

6. Coloque los trozos de carne en el refrigerador o congelador hasta que esté listo para usar en las ensaladas o los platos principales.

Pollo con sabor a hierbas

Joyce Bowman

Lady Lake, Florida

Rinde 4–6 porciones

Tiempo de preparación: 10 minutos
Tiempo de cocción: 5–7 horas
Tamaño ideal de la olla de cocción lenta:
5 cuartos de galón

2½–3½ libras de pollo para asar
    entero

1 limón, cortado en rajas
1 hoja de laurel
2–4 ramitas de tomillo fresco,
    ó ¾ cucharadita de tomillo
    seco
sal y pimienta a gusto

1. Retire el menudo del pollo.

2. Coloque las rajas de limón y la hoja de laurel en la cavidad.

3. Coloque el pollo entero en la olla de cocción lenta.

4. Disperse las ramitas de tomillo sobre el pollo. Rocíe con sal y pimienta

5. Cubra y gradúe la olla a "Bajo" y cocine por 5–7 horas, o hasta que el pollo esté tierno.

6. Sirva caliente con pasta o arroz, o deshuese y congele para su cazuela favorita o ensaladas.

Pollo o gallina asada

Betty Drescher
Quakertown, Pennsylvania

Rinde 6 porciones

Tiempo de preparación: 30 minutos
Tiempo de cocción: 9–11 horas
Tamaño ideal de la olla de cocción lenta:
4 a 5 cuartos de galón

3–4 libras de pollo para asar, o
  gallina
1½ cucharaditas de sal
¼ cucharadita de pimienta
1 cucharadita de hojuelas de
  perejil, *dividida*
1 Cuchara de mantequilla
½–1 taza de agua

1. Completamente lave el pollo y
palmear seco.
2. Rocíe la cavidad con sal,
pimienta y ½ cucharadita de hojuelas
de perejil. Coloque en la olla de cocción lenta, con la pechuga para
arriba.
3. Salpique con mantequilla o
cepille con mantequilla derretida.
4. Rocíe con el resto de las hojuelas de perejil. Añada agua alrededor
del pollo.
5. Cubra y gradúe la olla a "Alto"
y cocine por 1 hora. Gradúe la olla a
"Bajo" y cocine por 8–10 horas.

Consejos útiles:
  1. Rocíe con albahaca o estragón en
el Paso 4, si usted desea.
  2. Para hacerla una comida más
completa, coloque zanahorias, cebollas
y apio en el fondo de la olla de cocción
lenta.

Pollo con hongos, preparación fácil

Trish Dick
Ladysmith, Wisconsin
Janice Burkholder
Richfield, Pennsylvania
Carol Shirk
Leola, Pennsylvania
Carrie Darby
Wayland, Iowa
Sara Kinsinger
Stuarts Draft, Virginia
Clara Newswanger,
Gordonville, Pennsylvania

Rinde 4–6 porciones

Tiempo de preparación: 5–10 minutos
Tiempo de cocción: 3–8 horas
Tamaño ideal de la olla de cocción lenta:
4 cuartos de galón

4–6 muslos de pollo con el
  contramuslo (unidos), sin el
  pellejo
sal y pimienta a gusto
½ taza de caldo de pollo, o vino
  blano seco
1 lata de 10¾ onzas de sopa de
  crema de hongos o de apio
1 lata de 4 onzas de hongos
  rajados, drenados

1. Rocíe sal y pimienta en cada
pedazo de pollo. Coloque el pollo en
la olla de cocción lenta.
2. En un tazón pequeño, mezcle
el caldo y la sopa juntos. Vierta sobre
el pollo.
3. Con la ayuda de una cuchara,
deposite los hongos encima del pollo.
4. Cubra y gradúe la olla a "Bajo"
por 6–8 horas, o gradúe la olla a
"Alto" y cocine por 3–4 horas, o hasta
que el pollo esté tierno pero no seco.

Ingredientes opcionales:
1 diente de ajo, picadito, añadido
  al Paso 2.
Un poquito de ¼ de hojas de
  romero, frescas o secas,
  añadidas al Paso 2.
    — Carolyn Spohn
      Shawnee, Kansas

Pollo delicioso para la olla de cocción lenta

Teresa Kennedy
Mt. Pleasant, Iowa

Rinde 6 porciones

Tiempo de preparación: 10–15 minutos
Tiempo de cocción: 8 horas
Tamaño ideal de la olla de cocción lenta:
4 cuartos de galón

3 libras de pedazos de pollo crudos
1 cebolla, cortada
1 lata de 7 onzas de pedazos de
  hongo, drenados
1 lata de 10¾ onzas de sopa de
  crema condensada, su elección
  de sabores su elección de
  hierbas frescas

Ingredientes opcionales:
6 zanahorias, rajadas o cortadas
  en trozos
1 tallo de apio, rajado o cortado
  en trozos

1. Coloque el pollo en la olla de
cocción lenta.
2. Mezcle el resto de los ingredientes en un tazón para mezclar.
Vierta sobre el pollo.
3. Cubra y gradúe la olla a "Bajo"
y cocine por 8 horas, o hasta que el
pollo esté tierno.
4. Quince minutos antes de
servir, échele su elección favorita de
hierbas frescas. Mezcle bien.
5. Sirva sobre arroz, papas o
fideos cocidos.

Pollo con aderezo

Betty Moore

Plano, Illinois

Rinde 6–8 porciones

Tiempo de preparación: 5 minutos
Tiempo de cocción: 6 horas
Tamaño ideal de la olla de cocción lenta:
4 cuartos de galón

6–8 mitades de pechugas de pollo
  con huesos
sal y pimienta a gusto
1 lata de 10³/₄ onzas de sopa de
  crema de hongos
1 Cuchara de harina
¹/₂ taza de agua
paprika a gusto

1. Condimente las pechugas de
pollo con sal y pimienta. Colóquelas
en la olla de cocción lenta.
   2. Vierta la sopa sobre el pollo.
   3. Cubra y gradúe la olla a "Bajo"
y cocine por 6 horas.
   4. Retire el pollo a un plato de
servir. Cubra para mentener caliente.
   5. Gradúe la olla a "Alto". En un
tazón para mezclar pequeño, mezcle
la harina en el agua hasta que esté
sin grumos. Mézclele al aderezo
caliente en la olla de cocción lenta.
   6. Cocine hasta que se espese.
Vierta sobre el pollo para servir.
   7. Rocíe con paprika precisamente antes de servir.

Pollo horneado meloso

Mary Kennell,

Roanoke, Illinois

Rinde 4 porciones

Tiempo de preparación: 15 minutos
Tiempo de cocción: 3–6 horas
Tamaño ideal de la olla de cocción lenta:
5 cuartos de galón

---

4 mitades de pechugas de pollo
  con huesos, sin pellejo
2 Cucharas de mantequilla,
  derretida
2 Cucharas de miel
2 cucharaditas de mostaza
  preparada
2 cucharaditas de polvo de *curry*
sal y pimienta, *opcional*

1. Rocíe la olla de cocción lenta
con aceite de cocina de spray o en
aerosol antiadherente y añada el
pollo.
   2. Mezcle la mantequilla, la miel,
la mostaza y el polvo de *curry* juntos
en un tazón pequeño. Vierta el
aderezo sobre el pollo.
   3. Cubra y gradúe la olla a "Alto"
y cocine por 3 horas, o gradúe la olla
a "Bajo" y cocine por 5–6 horas.

Variaciones:
   *1. Use los contramuslos del pollo en
lugar de las pechugas. No le eche el
polvo de* curry *si usted desea.*
   — **Cathy Boshart**
   Lebanon, Pennsylvania

   *2. Use un pollo para freír pequeño,
cortado en cuartos, en lugar de las
pechugas o los contramuslos.*
   — **Frances Kruba**
   Dundalk, Maryland

   3. En lugar de el polvo curry, *use* ¹/₂
cucharadita de paprika.
   — **Jena Hammond**
   Traverse City, Michigan

Pollo meloso con mostaza

Jean Halloran

Green Bay, Wisconsin

Rinde 8 porciones

Tiempo de preparación: 15 minutos
Tiempo de cocción: 3–7 horas
Tamaño ideal de la olla de cocción lenta:
5 cuartos de galón

---

8 mitades de pechugas de pollo
  sin pellejo, sin hueso
1¹/₂ taza de aderezo de miel y
  mostaza
¹/₂ taza de agua

1. Rocíe el interior de su olla de
cocción lenta con aceite de cocina en
aerosol antiadherente.
   2. Corte el pollo en pedazos de
aproximadamente 2 pulgadas.
Coloque en su olla de cocción lenta.
   3. En un tazón, mezcle el aderezo
y el agua. Vierta sobre los pedazos de
pollo.
   4. Cubra y gradúe la olla a "Alto"
y cocine por 3–4 horas, o gradúe la
olla a "Bajo" y cocine por 6–7 horas.

*Consejo útil: Si usted prefiere un sabor
más suave, añada otro* ¹/₄ *taza de agua
al Paso 3.*

Pollo en salsa pícante

Beth Shank
Wellman, Iowa
Karen Waggoner
Joplin, Missouri
Carol Armstrong
Winston, Oregon
Lois Niebauer
Pedricktown, New Jersey
Jean Butzer
Batavia, New York
Veronica Sabo
Shelton, Connecticut
Charlotte Shaffer
East Earl, Pennsylvania

Rinde 4–6 porciones

Tiempo de preparación: 10–15 minutos
Tiempo de cocción: 3-4 horas
Tamaño ideal de la olla de cocción lenta:
  3 a 4 cuartos de galón

---

1 tarro de 16 onzas de aderezo
  ruso o francés cremoso, para
  ensaladas
1 tarro de 12 onzas de confitura
  de albaricoque
1 sobre de mezcla seca de sopa de
  cebolla
4–6 mitades de pechugas de pollo
  sin pellejo, deshuesadas

1. En un tazón, mezcle el
aderezo, la confitura y la mezcla seca
de sopa de cebolla.
2. Coloque las pechugas en su
olla de cocción lenta.
3. Vierta el aderezo sobre el
pollo.
4. Cubra y gradúe la olla a "Alto"
y cocine por 3 horas, o gradúe la olla
a "Bajo" y cocine por 4 horas, o hasta
que el pollo esté tierno pero no seco.

Variaciones:
  1. Sirva sobre arroz integral cocido.
Cubra porciones individuales con anacardos partidos.
   — **Crystal Brunk**
   Singers Glen, Virginia

  2. Sustituir la salsa de barbacoa
K.C. Masterpiece BBQ Sauce con
Hickory Brown Sugar(azúcar morena
con sabor a nogal) por el aderezo de
ensalada. Añadir 1 taza de trozos de
piña y/o 1 taza de mandarinas, con o
sin jugo, al Paso 1.
   — **Jane Hershberger**
   Newton, Kansas

  3. No use el aderezo de ensalada;
en lugar de eso, use 2 tarros de 12
onzas de confitura de albaricoque. Y
sustituya jamón o pavo por las
pechugas de pollo.
   — **Shirley Sears**
   Sarasota, Florida
   — **Jennifer Eberly**
   Harrisonburg, Virginia
   — **Marcia S. Myer**
   Manheim, Pennsylvania

Pollo, pollo dulce

Anne Townsend
Albuquerque, NM

Rinde 6–8 porciones

Tiempo de preparación: 15 minutos
Tiempo de cocción: 5–6 horas
Tamaño ideal de la olla de cocción lenta:
  3 cuartos de galón

---

2 batatas crudas medianas,
  peladas y cortadas en rodajas
  gruesas de ¼ pulgada
8 contramuslos de pollo sin
  pellejo, deshuesadas
1 tarro de 8 onzas de mermelada
  de naranja
¼ taza de agua
¼–½ cucharadita de sal
½ cucharadita de pimienta

1. Coloque las rodajas de batata
en la olla de cocción lenta.
2. Enjuague y seque los pedazos
de pollo. Acomódelos encima de las
papas.
3. Cucharear la mermelada sobre
el pollo y las papas.
4. Echar agua sobre todo.
Condimente con sal y pimienta.
5. Cubra y gradúe la olla a "Alto"
y cocine por 1 hora, y luego gradúe
la olla a "Bajo" y cocine por 4–5
horas, o hasta que las papas y el
pollo estén tiernos.

Pollo a la naranja

Carlene Horne
Bedford, New Hampshire

Rinde 8 porciones

Tiempo de preparación: 7 minutos
Tiempo de cocción: 4–6 horas
Tamaño ideal de la olla de cocción lenta:
4 cuartos de galón

8 mitades de pechuga de pollo sin pellejo, deshuesadas
½ taza de cebolla picada
1 tarro de 12 onzas de mermelada de naranja
½ taza de aderezo ruso
1 Cuchara de perejil seco, *o a gusto*

1. Coloque el pollo y la cebolla en la olla de cocción lenta.
2. Combine la mermelada y el aderezo. Espolvoree sobre el pollo.
3. Rocíe con perejil.
4. Cubra. Gradúe la olla a "Bajo" y cocine por 4-6 horas.
5. Sirva con arroz.

Pechugas de pollo con almíbar de naranja

Corinna Herr
Stevens, Pennsylvania
Karen Ceneviva
New Haven, Connecticut

Rinde 6 porciones

Tiempo de preparación: 15 minutos
Tiempo de cocción: 4–9 horas
Tamaño ideal de la olla de cocción lenta:
4 cuartos de galón

12 onzas de jugo de naranja concentrado, no diluido y descongelado
½ cucharadita de hojas de mejorana
6 mitades de pechuga de pollo sin pellejo deshuesadas
sal y pimienta a gusto
¼ taza de agua
2 Cucharas de maicena

1. Combine el jugo de naranja descongelado y la mejorana en un plato llano. Bañar cada pechuga en la mezcla de jugo de naranja.
2. Cubra y gradúe la olla a "Bajo" y cocine por 6½–8½ horas, o gradúe la olla a "Alto" y cocine por 3½–4½ horas, o hasta que el pollo esté tierno pero no seco.
3. Cubra y gradúe la olla a "Bajo" y cocine por 6½–8½ horas, o gradúe la olla a "Alto" y cocine por 3½–4½ horas, o hasta que el pollo esté tierno pero no seco.
4. Media hora antes de servir, retire las pechugas de pollo de la olla de cocción lenta y mantenga caliente en un plato.
5. Mezcle el agua y la maicena juntas en un tazón pequeño hasta que no tenga grumos. Gradúe la olla a "Alto". Bata el agua de maicena en un líquido en la olla de cocción lenta.
6. Coloque la tapa un poco entreabierta en la olla de cocción lenta. Cocine hasta que el aderezo esté espeso y burbujeante, precisamente 15-30 minutos. Sirva el aderezo sobre el pollo.

Pollo *pícnic*

Anne Townsend
Albuquerque, New Mexico

Rinde 4 porciones

Tiempo de preparación: 5 minutos
Tiempo de cocción: 6–7 horas
Tamaño ideal de la olla de cocción lenta:
3 cuartos de galón

2 libras, o 4 contramuslos grandes de pollo
¼ taza de condimento de pepinillo
¼ taza de mostaza *Dijon*
¼ taza de mayonesa
½ taza de caldo de pollo

1. Enjuague el pollo bien. Palmear seco. Coloque en una olla de cocción lenta con el pellejo para arriba.
2. En un tazón para mezclar, mezcle el condimento, la mostaza y la mayonesa. Cuando esté bien mezclado, mézclele el caldo de pollo. Mezcle bien.
3. Vierta el aderezo sobre el pollo.
4. Cubra la olla y gradúe la olla a "Bajo" y cocine por 6-7 horas, o hasta que el pollo esté tierno pero no seco o blando.

Pollo con naranja y ajo

Susan Kasting
Jenks, Oklahoma

Rinde 6 porciones

Tiempo de preparación: 15 minutos
Tiempo de cocción: 2½–6 horas
Ideal slow cooker size:
4 cuartos de galón

---

6 mitades de pechugas de pollo
  con huesos, sin pellejo
1½ cucharadita de tomillo seco
6 dientes de ajo, picados
1 dientes de ajo, picados
2 Cucharas de vinagre balsámico

1. Frote el tomillo y el ajo sobre el pollo. (Reservar cualquier tomillo o ajo que sobre.) Coloque el pollo en la olla de cocción lenta.

2. Mezcle el jugo de naranja concentrado y el vinagre juntos en un tazón pequeño. Mézclele el tomillo y el ajo reservado. Cucharear sobre el pollo.

3. Cubra y gradúe la olla a "Bajo" y cocine por 5–6 horas, o gradúe la olla a "Alto" y cocine por 2½–3 horas, o hasta que el pollo esté tierno pero no seco.

Consejo útil: Retire el pollo de la olla de cocción lenta y mantenga caliente en un plato. Quite la grasa del aderezo. Lleve el resto del aderezo a un hervor en una cacerola para reducir. Sirva el aderezo sobre el pollo y el arroz cocido.

Pollo con orégano

Tina Goss
Duenweg, MO

Rinde 6 porciones

Tiempo de preparación: 5 minutos
Tiempo de cocción: 4–6 horas
Ideal slow cooker size:
4 a 5 cuartos de galón

3½–4 libras de pollo, cortado en
  pedazos
media barra (¼ taza) de
  mantequilla, o margarina,
  derretida
1 sobre de mezcla seca italiana de
  aderezo de ensalada
2 Cucharas de jugo de limón
1–2 Cucharas de orégano seco

1. Coloque el pollo al fondo de la olla de cocción lenta. Mezcle la mantequilla, la mezcla de aderezo y el jugo de limón juntos y vierta sobre el pollo.

2. Cubra y gradúe la olla a "Alto" y cocine por 4–6 horas, o hasta que el pollo esté tierno pero no seco.

3. Lardear ocasionalmente con la mezcla de aderezo y rociar con orégano 1 hora, o precisamente antes, de servir.

Relleno de pollo griego para pita

Judi Manos
Wist Islip, New York
Jeanette Oberholtzer
Manheim, Pennsylvania

Rinde 4 porciones

Tiempo de preparación: 10 minutos
Tiempo de cocción: 6–8 horas
Ideal slow cooker size:
2 a 3 cuartos de galón

---

1 cebolla, picada
1 libra de contramuslos de pollo
  sin pellejo, deshuesados
1 cucharadita de pimienta limón
½ cucharadita de orégano seco
½ taza de yogur sencillo

1. Combine los primeros 3 ingredientes en la olla de cocción lenta. Cubra y gradúe la olla a "Bajo" y cocine por 6–8 horas, o hasta que el pollo esté tierno.

2. Precisamente antes de servir, retire el pollo y deshebre con dos tenedores.

3. Añada el pollo deshebrado nuevamente en la olla de cocción lenta y mézclele el orégano y el yogur.

4. Sirva como relleno para el pan pita.

Un consejo útil —

Los líquidos no se reducen en la olla de cocción lenta. Al final del tiempo de cocción, quite la tapa, gradúe la olla a "Alto" y permita que el líquido se evapore, si el plato está más espeso de lo que usted desea.

John D. Allen
Rye, Colorado

Pollo "Pacífico"

Colleen Konetzni
Rio Rancho, New Mexico

Rinde 6 porciones

Tiempo de preparación: 10 minutos
Tiempo de cocción: 7–8 horas
Tamaño ideal de la olla de cocción lenta:
3 a 4 cuartos de galón

6–8 contramuslos de pollo sin
    pellejo
½ taza de salsa de soja
2 Cucharas de azúcar morena
2 Cucharas de jengibre fresco
    rallado
2 dientes de ajo, picaditos

1. Lave y seque el pollo. Coloque
en la olla de cocción lenta.
2. Combine el resto de los ingredientes. Vierta sobre el pollo.
3. Cubra. Gradúe la olla a "Alto"
y cocine por 1 hora. Reducir el fuego
a "Bajo" y cocine por 6–7 horas.
4. Sirva sobre arroz con una ensalada fresca.

Muslos de pollo agrios

Frances L. Kruba
Dundalk, Maryland

Rinde 4–6 porciones

Tiempo de preparación: 10–15 minutos
Tiempo de cocción: 4–5 horas
Tamaño ideal de la olla de cocción lenta:
*   5 a 6 cuartos de galón (rectangular*
es mejor)

8 muslos de pollo
⅓ taza de salsa de soja
⅔ taza de azúcar morena
    envasada
un poquito de ⅛ cucharadita de
    jengibre molido
¼ taza de agua

1. Coloque el pollo en la olla de
cocción lenta.
2. Combine el resto de los ingredientes en un tazón y cucharee sobre
el pollo.
3. Cubra y gradúe la olla a "Bajo"
y cocine por 4–5 horas, o hasta que
el pollo esté tierno pero no seco.

Pollo sencillo

Norma Grieser
Clarksville, Michigan

Rinde 8–10 porciones

Tiempo de preparación: 10 minutos
Tiempo de cocción: 4–8 horas
Tamaño ideal de la olla de cocción lenta:
5 a 6 cuartos de galón

½ taza de agua
4 libras de pechugas de pollo sin
    pellejo, deshuesadas
sal de ajo
1¾ tazas (14 onzas) de salsa de
    barbacoa

1. Coloque agua en el fondo de la
olla. Ponga en capas los pedazos de
pollo, rociando cada capa con sal de
ajo.
2. Vierta la salsa de barbacoa
sobre todo.
3. Cubra y gradúe la olla a "Bajo"
y cocine por 8 horas, o gradúe la olla
a "Alto" y cocine por 4 horas, o hasta
que el pollo esté tierno pero no seco
o blando.

Consejos útiles:
*   1. Usted puede añadir rodajas de*
cebolla a cada capa si usted desea.
*   2. Usted puede usar muslos y con-*
tramuslos en lugar de pechugas, si
desea.

Pollo tierno con salsa barbacoa

Mary Lynn Miller

Reinholds, Pennsylvania

Rinde 4–6 porciones

Tiempo de preparación: 10–15 minutos
Tiempo de cocción: 8–10 horas
Tamaño ideal de la olla de cocción lenta:
  5 cuartos de galón

3–4 libras de pollo para freír/asar,
  cortado en pedazos
1 cebolla mediana, rajada
  finamente
1 limón mediano, rajado
  finamente
1 botella de 18 onzas de salsa
  barbacoa
¾ taza de gaseosa

1. Coloque el pollo en la olla de cocción lenta. Cubra con rodajas de cebolla y limón.
2. Combine la salsa de barbacoa y la gaseosa. Vierta sobre todo.
3. Cubra y gradúe la olla a "Bajo" y cocine por 8–10 horas, o hasta que el pollo esté tierno pero no seco.

Pollo con salsa barbacoa con sabor a hierbas

Lauren M. Eberhard

Seneca, Illinois

Rinde 4–6 porciones

Tiempo de preparación: 10 minutos
Tiempo de cocción: 6–8 horas
Tamaño ideal de la olla de cocción lenta:
  4 a 5 cuartos de galón

1 pollo entero, cortado en
  pedazos, o 8 de sus pedazos
  preferidos
1 cebolla, rajada finamente
1 botella de salsa barbacoa *Sweet
  Baby Ray's*
1 cucharadita de orégano seco
1 cucharadita de albahaca seca

1. Coloque el pollo en la olla de cocción lenta.
2. Mezcle las rodajas de cebolla, la salsa, el orégano y la albahaca juntos en un tazón. Vierta sobre el pollo, cubriendo lo mejor posible.
3. Cubra y gradúe la olla a "Bajo" y cocine por 6–8 horas, o hasta que el pollo esté tierno pero no seco.

Pollo con salsa barbacoa "Vuelva por más"

Leesa DeMartyn

Enola, Pennsylvania

Rinde 6–8 porciones

Tiempo de preparación: 10 minutos
Tiempo de cocción: 6–8 horas
Tamaño ideal de la olla de cocción lenta:
  5 cuartos de galón

6–8 mitades de pechuga de pollo
1 taza de salsa de tomate
⅓ taza de salsa *Worcestershire*
½ taza de azúcar morena
1 cucharadita de polvo de ají
½ taza de agua

1. Coloque el pollo en la olla de cocción lenta.
2. Bata el resto de los ingredientes en un tazón grande. Vierta la mezcla de salsa sobre el pollo.
3. Cubra y gradúe la olla a "Bajo" y cocine por 6–8 horas, o hasta que el pollo esté tierno pero no sobrecocido.

Consejo útil: Si la salsa empieza a secarse mientras el plato se cocina, mézclele otra ½ taza de agua.

Pollo con salsa barbacoa, preparación rápída

Carol Sherwood
Batavia, New York
Sharon Shank
Bridgewater, Virginia

Rinde 4 porciones

Tiempo de preparación: 20 minutos
Tiempo de cocción: 3–7 horas
Tamaño ideal de la olla de cocción lenta:
 4 cuartos de galón

---

4 mitades de pechuga sin pellejo,
 deshuesadas
³/₄ taza de caldo de pollo
1 taza de salsa barbacoa
1 cebolla mediana, rajada
sal a gusto
pimienta a gusto

 1. Coloque todos los ingredientes en la olla de cocción lenta. Mezcle suavemente.
 2. Gradúe la olla a "Alto" y cocine por 3 horas, o gradúe la olla a "Bajo" y cocine por 6–7 horas, o hasta que el pollo esté tierno pero no seco.
 3. Sirva las pechugas enteras, o cortadas en pedazos y mézclelas a través de la salsa.

Barbacoa de pollo y papas

Betty B. Dennison
Grove City, Pennsylvania

Rinde 8 porciones

Tiempo de preparación: 5–10 minutos
Tiempo de cocción: 4–9 horas
Tamaño ideal de la olla de cocción lenta:
 4 a 5 cuartos de galón

---

8 mitades de pechugas de pollo sin
 pellejo, deshuesadas, *divididas*
8 papas pequeñas o medianas,
 cortadas en cuarto, *divididas*
1 taza de salsa de barbacoa melosa
1 lata de 16 onzas de salsa de
 arándano en jalea

 1. Rocíe la olla de cocción lenta con aceite de cocina en aerosol anti-adherente. Coloque las 4 pechugas en la olla de cocción lenta.
 2. Cubra con 4 papas cortadas en pedazos.
 3. Mezcle la salsa de barbacoa y la salsa de aránadano juntas en un tazón. Cucharee mitad de la salsa sobre el pollo y las papas en la olla.
 4. Coloque el resto de las pechugas en la olla, seguidos por el resto de los trozos de papa. Vierta el resto de la salsa sobre todo.
 5. Cubra y gradúe la olla a "Bajo" y cocine por 8–9 horas, o gradúe la olla a "Alto" y cocine por 4 horas, o hasta que el pollo y las papas estén tiernas pero no secas.

Consejo útil: Usted puede pelar las papas o dejarles la cáscara. Las papas rojas son especialmente apetitosas con su cáscara.

Barbacoa de pollo con arándano

Gladys M. High
Ephrata, Pennsylvania

Rinde 6–8 porciones

Tiempo de preparación: 10 minutos
Tiempo de cocción: 4–8 horas
Tamaño ideal de la olla de cocción lenta:
 4 a 5 cuartos de galón

---

4 libras de pedazos de pollo,
 divididos
¹/₂ cucharadita de sal
¹/₄ cucharadita de pimienta
1 lata de 16 onzas de salsa de
 arándano de bayas enteras
1 taza de salsa barbacoa

Ingredientes opcionales:
¹/₂ taza de apio picado en cubos
¹/₂ taza de cebolla picada en cubos

 1. Coloque ¹/₃ de los pedazos de pollo en la olla de cocción lenta.
 2. Combine todos los ingredientes de salsa en un tazón para mezclar. Cucharee ¹/₃ de la salsa sobre el pollo en la olla.
 3. Repita los Pasos 1 y 2 dos veces.
 4. Cubra y gradúe la olla a "Alto" y cocine por 4 horas, o gradúe la olla a "Bajo" y cocine por 6–8 horas, o hasta que el pollo esté tierno pero no seco.

Pollo arándano

Janie Steele
Moore, Oklahoma
Sheila Soldner
Lititz, Pennsylvania

Rinde 6 porciones

Tiempo de preparación: 10 minutos
Tiempo de cocción: 6–8 horas
Tamaño ideal de la olla de cocción lenta:
4 a 5 cuartos de galón

6 mitade de pechuga de pollo,
  divididas
1 botella de 8 onzas de aderezo
  de ensalada *Catalina o Fránces*
  cremoso
1 sobre de mezcla seca de sopa de
  cebolla
1 lata de 16 onzas de salsa de
  arándano entero

1. Coloque 3 pechugas de pollo
en la olla de cocción lenta.
2. Mezcle los otros ingredientes
juntos en un tazón para mezclar.
Vierta mitad de la salsa sobre el pollo
en la olla.
3. Repita los Pasos 1 y 2.
4. Cubra y gradúe la olla a "Bajo"
y cocine por 6–8 horas, o hasta que
el pollo esté tierno pero no seco.

Un consejo —

Mantenga un suministro de
sopa de crema de hongos en su
despensa. Es un alimento básico
rápido y conveniente para la
carne de res, la carne de ternera
y el cerdo mechado y las cazue-
las. Hace una salsa o un aderezo
bueno, con precisamente unos
condimentos adicionales o una
crema agria.

Pollo relleno con tocino y queso feta

Tina Goss
Duenweg, Missouri

Rinde 4 porciones

Tiempo de preparación: 10 minutos
Tiempo de cocción: 1½–3 horas
Tamaño ideal de la olla de cocción lenta:
3 cuartos de galón

¼ taza de tocino cocido
  desmenuzado
¼ taza de queso feta
  desmoronado
4 mitades de pechuga sin pellejo,
  deshuesadas
2 latas de 14½ onzas de tomates
  picados en cubos
1 Cuchara de albahaca seca

1. En un tazón pequeño, mezcle el
tocino y el queso juntos suavemente.
2. Corte un bolsillo en la parte
más gruesa de cada pechuga de
pollo. Llene cada uno con ¼ del
tocino y queso. Ciérrelo pellizcando
y sujete con palitos de dientes.
3. Coloque el pollo en la olla de
cocción lenta. Cubra con tomates y
rocíe con albahaca.
4. Cubra y gradúe la olla a "Alto"
y cocine por 1½–3 horas, o hasta que
el pollo esté tierno, pero no seco o
blando.

Suprema de pollo

Jeanette Oberholtzer
Manheim, Pennsylvania

Rinde 6 porciones

Tiempo de preparación: 15–20 minutos
Tiempo de cocción: 4–5 horas
Tamaño ideal de la olla de cocción lenta:
4 a 6 cuartos de galón

3 lonjas de tocino
6 mitades de pechuga de pollo sin
  pellejo, deshuesadas
1 tarro de 4 onzas de hongos
  rajados, drenados
1 lata de 10¾ onzas de sopa de
  crema de pollo
½ taza de queso Suizo deshebrado

1. En un sartén grande antiadherente, cocine el tocino hasta que esté
crujiente. Escurra la grasa del tocino
en toallas de papel, pero guarde la
grasa. Desmenuce el tocino. Aparte.
2. En la grasa de tocino, cocine 3
pechugas de pollo sobre fuego mediano por 3–5 minutos, o hasta que
esté de color marrón claro, dándole
vuelta una vez. Coloque el pollo en
la olla de cocción lenta. Repita con el
resto de las 3 pechugas.
3. Cubra con hongos.
4. Caliente la sopa en un sartén
hasta que esté cremosa. Vierta sobre
los hongos y el pollo.
5. Cubra y gradúe la olla a "Bajo"
y cocine por 4 horas, o hasta que el
pollo esté tierno pero no seco.
6. Cubra el pollo con queso
deshebrado. Rocíe con tocino.
7. Cubra y gradúe la olla a "Alto"
y cocine por 10–15 minutos, o hasta
que el queso se derrita.

Pollo en aderezo de hongos

Carol Eberly
Harrisonburg, Virginia
Ruthie Schiefer
Vassar, Michigan

Rinde 4 porciones

Tiempo de preparación: 10–15 minutos
Tiempo de cocción: 4–5 horas
Tamaño ideal de la olla de cocción lenta:
4 a 5 cuartos de galón

4 mitades de pechuga sin pellejo, deshuesadas
1 lata de 10¾ onzas de sopa de crema de hongos
1 taza (8 onzas) de crema agria
1 lata de 7 onzas de tallos y pedazos de hongo, drenados, *opcional*
4 lonjas de tocino, cocidas y desmenuzadas, ó ¼ taza de trocitos de tocino precocidos

1. Coloque el pollo en la olla de cocción lenta.
2. En un tazón para mezclar, combine la sopa y la crema agria y los pedazos de hongo si usted desea. Vierta sobre el pollo.
3. Cubra y gradúe la olla a "Bajo" y cocine por 4–5 horas, o hasta que el pollo esté tierno, pero no seco.
4. Rocíe con tocino antes de servir.
5. Sirva sobre arroz o pasta cocido.

Variaciónes: Si a usted le gusta, añada 2 dientes de ajo machacado al Paso 2. Y coloque 2 ramitas de romero fresco sobre el pollo y la salsa en el Paso 2. Añada una rociadura de paprika y

perejil recientemente cortado a la capa de tocino, precisamente antes de servir.
— **Stanley Kropf**
Elkhart, Indiana

Pechugas de pollo simplemente deliciosas

Donna Treloar
Hartford City, Indiana

Rinde 4 porciones

Tiempo de preparación: 3 minutos
Tiempo de cocción: 4–6 horas
Tamaño ideal de la olla de cocción lenta:
3 cuartos de galón

4 mitades de pechuga de pollo con hueso, *o* muslos y contramuslos de pollo
1 lata de 10¾ onzas de sopa de hongo dorado
1 sobre de mezcla seca de sopa de cebolla

1. Coloque el pollo en la olla de cocción lenta.
2. Vierta la sopa sobre el pollo. Rocíe con la mezcla seca de sopa.
3. Cubra y gradúe la olla a "Bajo" y cocine por 4–6 horas, o hasta que el pollo esté tierno pero no seco.

Pollo del colchonero

Sara Harter Fredette
Goshen, Massachusetts

Rinde 6 porciones

Tiempo de preparación: 5 minutos
Tiempo de cocción: 4–8 horas
Tamaño ideal de la olla de cocción lenta:
4 cuartos de galón

6 mitades de pechuga sin pellejo, deshuesadas
1 lata de 10¾ onzas de sopa de crema de hongos
1 sobre de mezcla seca de sopa de cebolla
¼–½ taza de crema agria
1 lata de 4 onzas de hongos, drenados, *opcional*

1. Coloque el pollo en la olla de cocción lenta.
2. Mezcle la sopa de hongos y la mezcla de sopa de cebollas juntas en un tazón pequeño. Vierta sobre el pollo.
3. Cubra y gradúe la olla a "Bajo" y cocine por 4–8 horas, o hasta que el pollo esté tierno pero no seco.
4. Quince minutos antes de servir, mézclele la crema agria y los hongos. Cubra y continúe cocinando. Sirva sobre arroz o fideos.

Pollo con queso cremoso

Norma Grieser
Clarksville, Michigan

Rinde 8–10 porciones

Tiempo de preparación: 10 minutos
Tiempo de cocción: 4–6 horas
Tamaño ideal de la olla de cocción lenta:
  5 a 6 cuartos de galón

8–10 mitades de pechugas de pollo, *divididas*
1 lata de 10¾ onzas de sopa de crema de pollo
1 lata de 10¾ onzas de sopa de crema de apio, *u hongo*
½ taza de vino para cocinar *o* **vino de jerez**
¾ taza de queso chedar deshebrado

1. Coloque mitad del pollo en su olla de cocción lenta.
2. En un tazón, mezcle las sopas y el vino juntos. Vierta mitad del aderezo sobre el pollo.
3. Coloque la otra mitad del pollo en la olla de coción lenta. Vierta el resto del aderezo sobre esa capa.
4. Cubra y gradúe la olla a "Bajo" y cocine por 4–6 horas, o hasta que el pollo esté tierno.
5. Diez minutos antes de servir, rocíe con el queso.

Variaciones:
  1. Mezcle sus condimentos preferidos al Paso 2—perejil, tomillo, albahaca y pimienta limón.
  2. Añada ½ taza de almendras tostadas al Paso 5.
  3. Sirva sobre arroz cocido o puré de papas.
  — Carol Armstrong
  Winston, Oregon

Pollo, preparación fácil

Jennifer Kuh
Bay Village, Ohio

Rinde 4 porciones

Tiempo de preparación: 5–10 minutos
Tiempo de cocción: 4–8 horas
Tamaño ideal de la olla de cocción lenta:
  3 a 4 cuartos de galón

4 mitades de pechugas de pollo sin pellejo, deshuesadas, frescas *o* **congeladas**
1 lata de 10¾ onzas de sopa de crema de pollo baja en grasa
1 lata de 10¾ onzas de sopa de crema de hongos baja en grasa
½ taza de crema agria baja en grasa

1. Coloque el pollo en la olla de cocción lenta.
2. Mezcle las sopas bien en el tazón para mezclar, y posteriormente vierta sobre el pollo.
3. Cubra y gradúe la olla a "Bajo" y cocine por 4–8 horas, o hasta que el pollo esté tierno pero no seco.
4. Mézclele la crema agria una ½ hora antes de servir.

Pollo con queso

Susan Tjon
Austin, Texas
Katrina Eberly
Stevens, Pennsylvania
Betty Moore
Plano, Illinois

Rinde 6 porciones

Tiempo de preparación: 10–15 minutos
Tiempo de cocción: 6–8 horas
Tamaño ideal de la olla de cocción lenta:
  3½ a 4 cuartos de galón

6 mitades de pechugas de pollo sin pellejo, deshuesadas, *divididas*
sal a gusto
pimienta fresca molida a gusto
polvo de ajo a gusto, *ó* **2 Cucharas de ajo picado**
2 latas de 10¾ onzas de sopa de crema de pollo
1 lata de 10¾ onzas de sopa de crema de queso chedar

1. Lave el pollo, palmear seco y luego rocíe con sal, pimienta y polvo de ajo, o ajo.
2. Coloque 3 pechugas en el fondo de la olla de cocción lenta.
3. Combine las sopas no diluidas en un tazón para mezclar. Vierta mitad de la mezcla de sopa sobre las 3 pechugas.
4. Repita los Pasos 2 y 3.
5. Gradúe la olla a "Bajo" y cocine por 6–8 horas, o hasta que el pollo esté tierno pero no seco.

Consejo útil: Si el aderezo parece estar muy espeso 30 minutos antes de servir, añada un poco de agua.

Pollo cremoso, preparación fácil

Karen Waggoner
Joplin, Missouri

Rinde 8 porciones

Tiempo de preparación: 5 minutos
Tiempo de cocción: 2–4 horas
Tamaño ideal de la olla de cocción lenta:
  4 cuartos de galón

8 mitades de pechugas de pollo
  sin pellejo, deshuesadas
pimienta limón a gusto
1 lata de 10¾ onzas de sopa de
  crema de pollo
1 paquete de 3 onzas de queso
  crema, ablandado
1 cartón de 8 onzas de crema
  agria

1. Coloque 4 pechugas en el fondo de la olla de cocción lenta. Rocíe con pimienta limón.
2. Mezcle la sopa y el queso crema juntos en un tazón. Cuando esté mezclado, repliéguese la crema agria.
3. Vierta mitad del aderezo sobre las pechugas en la olla de cocción lenta.
4. Repita los Pasos 1 y 3.
5. Cubra y gradúe la olla a "Alto" y cocine por 2-4 horas, o hasta que el pollo esté tierno pero no seco.

Consejo útil: Esto es bueno servido sobre arroz.

Pollo italiano cremoso

Kathy Esh
New Holland, Pennsylvania
Mary Ann Bowman
East Earl, Pennsylvania

Rinde 4 porciones

Tiempo de preparación: 5–10 minutos
Tiempo de cocción: 4 horas
Tamaño ideal de la olla de cocción lenta:
  5 cuartos de galón

4 mitades de pechugas de pollo
  sin pellejo, deshuesadas
1 sobre de mezcla italiana seca de
  aderezo de ensalada
¼ taza de agua
1 paquete de 8 onzas de queso
  crema, ablandado
1 lata de 10¾ onzas de sopa de
  crema de pollo o apio
1 lata de 4 onzas de tallos y
  pedazos de hongo, drenados, ,
  opcional

1. Coloque el pollo en la olla de cocción lenta. Combine el aderezo de ensalada y el agua. Vierta sobre el pollo.
2. Cubra y gradúe la olla a "Bajo" y cocine por 3 horas.
3. En un tazón pequeño, bata el queso crema y la sopa hasta que estén bien mezclados. Mézclele los hongos si usted desea. Vierta sobre el pollo.
4. Cubra y gradúe la olla a "Bajo" y cocine por 1 hora, o hasta que el pollo esté tierno pero no seco.

Consejos útiles:
  1. Retire el pollo del aderezo y sirva en un plato. Sirva el aderezo sobre fideos cocidos.

2. Deshilachar el pollo después de cocinarlo, y luego mézclele el aderezo. Sirva sobre los fideos cocidos.

Pollo al *curry* cremoso

Gloria Frey
Lebanon, Pennsylvania

Rinde 4–6 porciones

Tiempo de preparación: 20 minutos
Tiempo de cocción: 2–4 horas
Tamaño ideal de la olla de cocción lenta:
  3 a 4 cuartos de galón

2 latas de 10¾ onzas de sopa de
  crema de hongos
1 lata de sopa llena de agua
2 cucharaditas de polvo *curry*
⅓–½ taza de almendras picadas,
  tostadas
4 mitades de pechugas de pollo
  sin pellejo, cocidas y cortadas
  en cubos

1. Combine los ingredientes en la olla de cocción lenta.
2. Cubra y gradúe la olla a "Bajo" y cocine por 2-4 horas. Mezcle ocasionalmente.
3. Sirva sobre arroz cocido.

Pollo delicioso

Orpha Herr

Andover, New York

Rinde 10 porciones

Tiempo de preparación: 15–20 minutos
Tiempo de cocción: 4–10 horas
Tamaño ideal de la olla de cocción lenta:
  5 cuartos de galón

10 mitades de pechugas de pollo
  sin pellejo, deshuesadas
1 cucharadita de jugo de limón
  fresco
sal y pimienta a gusto
2 latas de 10¾ onzas de sopa de
  crema de apio
⅓ taza de vino de jerez o vino,
  opcional
¼ taza de queso parmesano
  rallado

1. Enjuague las pechugas de pollo y palmear seco. Coloque el pollo en capas en la olla de cocción lenta. Condimente cada capa con una rociadura de jugo de limón, sal y pimienta.

2. En un tazón mediano, mezcle las sopas con el vino de de jerez o el vino si usted desea. Vierta la mezcla sobre el pollo. Rocíe con queso parmesano.

3. Cubra y gradúe la olla a "Bajo" y cocine por 8–10 horas, o gradúe la olla a "Alto" y cocine por 4–5 horas, o hasta que el pollo esté tierno pero no seco o blando.

Comida sabrosa de pollo Nº 1

Shari Mast

Harrisonburg, Virginia

Rinde 8 porciones

Tiempo de preparación: 15 minutos
Tiempo de cocción: 4–5 horas
Tamaño ideal de la olla de cocción lenta:
  5 cuartos de galón

4 mitades de pechugas de pollo
  sin pellejo
4 cuartos de pollo sin pellejo
1 lata de 10¾ onzas de sopa de
  crema de pollo
1 Cuchara de agua
¼ taza de pimientos rojos dulces
  picados
1 Cuchara de perejil fresco
  picado, ó 1 cucharadita de
  perejil seco, *opcional*
1 Cuchara de jugo de limón
½ cucharadita de paprika,
  opcional

1. Ponga el pollo en capas en la olla de cocción lenta.

2. Combine el resto de los ingredientes y vierta sobre el pollo. Asegure que todos los pedazos estén cubiertos con el aderezo.

3. Cubra. Gradúe la olla a "Alto" y cocine por 4–5 horas.

Comida sabrosa de pollo Nº 2

Shari Mast

Harrisonburg, Virginia

Rinde 3–4 porciones

Tiempo de preparación: 20 minutos
Tiempo de cocción: 3¼–4¼ horas
Tamaño ideal de la olla de cocción lenta:
  3 cuartos de galón

Pollo y caldo de pollo del que
  sobró de la "Comida Sabrosa
  de Pollo # 1"
2 zanahorias
1 tallo de apio
2 cebollas medianas
2 Cucharas de harina o maicena
¼ taza de agua fría

1. Para una segunda Comida Sabrosa de Pollo, desmenuce el pollo que sobró del hueso. Aparte.

2. Regrese el resto del caldo a la olla de cocción lenta y mézclele zanahorias y apio rajados finamente, y cebollas cortadas en trozos. Gradúe la olla a "Alto" y cocine por 3-4 horas.

3. En un tazón separado, mezcle la harina y la maicena con agua fría. Cuando esté sin grumos, mézclele el caldo caliente.

4. Mézclele el pollo cortado en pedazos. Caliente 15-20 minutos, o hasta que el caldo se espese y el pollo esté caliente.

5. Sirva sobre arroz o pasta.

Pollo cremoso con un toque de brócoli

Stacy Petersheim

Mechanicsburg, Pennsylvania

Rinde 4 porciones

Tiempo de preparación: 10 minutos
Tiempo de cocción: 6–8 horas
Tamaño ideal de la olla de cocción lenta:
  2 cuartos de galón

---

4 mitades de pechugas de pollo
  con hueso, sin pellejo
1 lata de 10¾ onzas de sopa de
  crema de brócoli
1 Cuchara de ajo picadito
¼ taza de cebolla picada
  finamente
sal y pimienta a gusto

1. Recubrir su olla de cocción lenta con papel de aluminio. Coloque el pollo encima del papel de aluminio.
2. En un tazón para mezclar, mezcle el resto de los ingredientes. Vierta sobre el pollo. Cierre el papel de aluminio.
3. Cubra y gradúe la olla a "Bajo" y cocine por 6-8 horas, o hasta que el pollo esté tierno.

Consejo útil: Sirva sobre arroz o fideos cocidos.

Pollo elegante con aderezo

Leesa Lesenski

South Deerfield, MA

Rinde 6 porciones

Tiempo de preparación: 10 minutos
Tiempo de cocción: 3–6 horas
Tamaño ideal de la olla de cocción lenta:
  3 a 4 cuartos de galón

---

6 mitades de pechugas de pollo
  deshuesadas
1 lata de 10¾ onzas de sopa de
  crema de brócoli, *o queso de
  brócoli*
1 lata de 10¾ onzas de sopa de
  crema de pollo
½ taza de vino blanco
1 lata de 4 onzas de hongos
  rajados, con su jugo, *opcional*

1. Coloque las pechugas de pollo en la olla de cocción lenta.
2. En un tazón mezcle las sopas, el vino y las rodajas de hongo. Vierta sobre el pollo.
3. Cubra. Gradúe la olla a "Alto" y cocine por 3 horas, o gradúe la olla a "Bajo" y cocine por 6 horas, o hasta que el pollo esté tierno pero no seco.
4. Sirva sobre arroz o fideos.

Pollo horneado cremoso con relleno

Vera Martin

East Earl, Pennsylvania

Rinde 8 porciones

Tiempo de preparación: 10–15 minutos
Tiempo de cocción: 4½ horas
Tamaño ideal de la olla de cocción lenta:
  6 cuartos de galón

---

8 mitades de pechugas de pollo
  deshuesadas, *divididas*
1 lata de 10¾ onzas de sopa de
  crema de pollo
¼ taza de agua
1 taza de relleno machacado,
  condimentado con hierbas
mitad de una barra (4 Cucharas)
  de mantequilla, derretida
7 rodajas de queso americano
  blanco

1. Ligeramente engrase la olla de cocción lenta. Ponga mitad del pollo en capas en el fondo de la olla.
2. En un tazón pequeño, mezcle la sopa y el agua juntos. Cucharee mitad del aderezo sobre el pollo en la olla de cocción lenta.
3. Ponga 4 pechugas en capas en la olla. Cubra con el resto del aderezo.
4. Rocíe por encima con migajas. Salpique con mantequilla derretida.
5. Cubra y gradúe la olla a "Alto" y cocine por 4 horas, o hasta que el pollo esté tierno.
6. Coloque las rodajas de queso sobre las migajas. Cubra y cocine por 30 minutos más.

Pollo y relleno

Karen Waggoner
Joplin, Missouri

Rinde 4 porciones

Tiempo de preparación: 5 minutos
Tiempo de cocción: 2–2¹/₂ horas
Tamaño ideal de la olla de cocción lenta:
  4 cuartos de galón

4 mitades de pechugas de pollo
  sin pellejo, deshuesadas
1 caja de 6 onzas de mezcla de
  relleno para pollo
1 paquete de 16 onzas de maíz de
  grano entero congelado
mitad de una barra (4 Cucharas)
  de mantequilla, derretida
2 tazas de agua

1. Coloque el pollo en el fondo de
la olla de cocción lenta.
2. Mezcle el resto de los ingredientes juntos en un tazón para
mezclar. Cucharee sobre el pollo.
3. Cubra y gradúe la olla a "Alto"
y cocine por 2–2¹/₂ horas, o hasta que
el pollo esté tierno y el relleno esté
seco.

Pollo guisado al gráten

Brenda Joy Sonnie
Newton, Pennsylvania

Rinde 4–6 porciones

Tiempo de preparación: 10 minutos
Tiempo de cocción: 2–3 horas
Tamaño ideal de la olla de cocción lenta:
  3 cuartos de galón

4 tazas de pollo cocido
1 caja de mezcla de relleno para
  pollo
2 huevos
1 taza de agua
1¹/₂ tazas de leche
1 taza de guisantes congelados

1. Combine el pollo y la mezcla
seca de relleno. Coloque en la olla de
cocción lenta.
2. Bata los huevos, el agua y la
leche juntos en un tazón. Vierta
sobre el pollo y el relleno.
3. Cubra. Gradúe la olla a "Alto"
y cocine por 2–3 horas.
4. Añada guisantes congelados
durante la hora de cocción final.

*Variación: Para más sabor, use el
caldo de pollo en lugar de agua.*

Relleno de albaricoque
y pollo

Elizabeth Colucci
Lancaster, Pennsylvania

Rinde 5 porciones

Tiempo de preparación: 10 minutos
Tiempo de cocción: 2–3¹/₂ horas
Tamaño ideal de la olla de cocción lenta:
  5 cuartos de galón

1 barra (8 Cucharas) de
  mantequilla, *dividida*
1 caja de mezcla de relleno de
  pan de maíz
4 mitades de pechugas de pollo
  sin pellejo, deshuesadas
1 tarro de 6–8 onzas de confitura
  de albaricoque

1. En un tazón para mezclar, haga
el relleno, usando ¹/₂ barra (4 Cucharas)
de mantequilla y la cantidad de agua
requerida en las instrucciones en la
caja. Aparte.
2. Corte el pollo en pedazos de 1
pulgada. Coloque en el fondo de la
olla de cocción lenta. Con la ayuda
de una cuchara, inserte el relleno
sobre el pollo.
3. En el horno de microondas, o
en la estufa, derrita el resto de la ¹/₂
(4 Cucharas) barra de mantequilla
con la confitura. Vierta sobre el relleno.
4. Cubra y gradúe la olla a "Alto"
y cocine por 2 horas, o gradúe la olla
a "Bajo" y cocine por 3¹/₂ horas, o
hasta que el pollo esté tierno pero no
seco.

Pollo *Cordon Bleu*

Beth Peachey
Belleville, Pennsylvania

Rinde 4 porciones

Tiempo de preparación: 10 minutos
Tiempo de cocción: 6–8 horas
Tamaño ideal de la olla de cocción lenta:
4 a 5 cuartos de galón

4 mitades de pechugas de pollo
   sin pellejo, deshuesadas
½ libra de jamón cocido cortado
   en lonjas estilo *deli*
½ libra de queso suizo tierno,
   cortado en rodajas
1 lata de 10¾ onzas de sopa de
   crema de pollo
1 caja de mezcla de relleno seca,
   preparada de acuerdo a las
   direcciones en la caja

1. Ponga todos los ingredientes en capas en el orden que están enumerados en su olla de cocción lenta.

2. Cubra y gradúe la olla a "Bajo" y cocine por 6–8 horas, o hasta que el pollo esté tierno pero no seco.

Carne de res reseca y pollo para la olla de cocción lenta

Martha Bender
New Paris, Indiana

Rinde 6–8 porciones

Tiempo de preparación: 15–20 minutos
Tiempo de cocción: 3–9 horas
Tamaño ideal de la olla de cocción lenta:
4 a 5 cuartos de galón

6–8 onzas de carne de res reseca
6–8 pechugas de pollo sin pellejo,
   deshuesadas
1 lata de 10¾ onzas de sopa de
   crema de hongos
1 taza de crema agria
¼ taza de harina

1. Acomode la carne de res reseca en el fondo de su olla de cocción lenta.

2. Ponga las pechugas de pollo en capas encima de la carne de res reseca.

3. En un tazón para mezclar mediano, mezcle la sopa, la crema agria y la harina. Vierta sobre el pollo.

4. Cubra y gradúe la olla a "Bajo" y cocine por 7–9 horas, o gradúe la olla a "Alto" y cocine por 3–5 horas.

5. Para servir, acomode el pollo en un plato. Cubra con la carne de res reseca. Con la ayuda de una cuchara, vierta el aderezo encima del pollo. Sirva con arroz o fideos cocidos.

Pollo y zanahorias cremosos

Ruth Ann Bender
Cochranville, Pennsylvania
Audrey L. Kneer
Williamsfield, Illinois

Rinde 2 porciones

Tiempo de preparación: 5–10 minutos
Tiempo de cocción: 4–5 horas
Tamaño ideal de la olla de cocción lenta:
1½ cuartos de galón

2 mitades de pechuga de pollo sin
   pellejo, deshuesadas, de 6
   onzas cada una
1 paquete de 8 onzas de
   zanahorias pequeñas frescas,
   cortadas en mitad a lo largo
1 lata de 10¾ onzas de sopa de
   crema de hongos
1 lata de 4 onzas de tallos y
   pedazos de hongos, drenados

1. Coloque el pollo en la olla de cocción lenta. Cubra con el resto de los ingredientes.

2. Cubra y gradúe la olla a "Alto" y cocine por 4–5 horas o hasta que los pedazos estén tiernos.

3. Sirva sobre el arroz si usted desea.

Un consejo útil —

Una olla de cocción lenta es genial para llevar comida a una cena de *"potluck"*, aunque no lo haya preparado en la olla.

Irma H. Schoen
Windsor, Connecticut

Pollo con carne de res reseca y tocino

Rhonda Freed
Lowville, New York
Darlene G. Martin
Richfield, Pennsylvania
Sharon Miller
Holmesville, Ohio
Jena Hammond
Traverse City, Michigan

Rinde 4–6 porciones

Tiempo de preparación: 15 minutos
Tiempo de cocción: 3–8 horas
Tamaño ideal de la olla de cocción lenta:
4 cuartos de galón

4–6 lonjas de tocino
8–12 lonjas de carne de res reseca baja en sodio, *divididas*
4–6 pechugas de pollo sin pellejo, deshuesadas, *divididas*
1 lata de 10¾ onzas de sopa de crema de hongos con poca grasa y sodio (*low-fat low-sodium*)
1 taza de crema agria

Coloque una toalla de papel en un plato de papel. Cubra con 4–6 lonjas de tocino. Cubra con otra toalla de papel. Caliente en el microondas en "Alto" por 2 minutos, hasta que el tocino esté parcialmente cocido. Ponga el tocino fresco en toalla de papel limpia y permita que la toalla absorba la grasa.

2. Recubra la olla de cocción lenta con mitad de las lonjas de carne.

3. Envuelva una lonja de tocino alrededor de cada pechuga de pollo y coloque la primera capa de pollo en la olla de cocción lenta. Cubra la primera capa de pechugas de pollo con el resto de las lonjas de la carne de res reseca. Añada una segunda capa de pollo.

4. En un tazón para mezclar, combine la sopa y la crema agria bien. Vierta sobre el pollo y carne de res reseca.

5. Cubra y gradúe la olla a "Bajo" y cocine por 7–8 horas, o gradúe la olla a "Alto" y cocine por 3–4 horas.

6. Sirva sobre fideos o arroz cocido.

Variación: Pele 6 papas grandes y córtelas en cubos. Añada mitad de las papas cortadas en cubos después de colocar la primera capa de pollo en la olla de cocción lenta (Paso 3). Añada la otra mitad d las papas después de la segunda capa de pollo (Paso 3). Añada otra lata de sopa de hongo al Paso 4.
— **Janie Steele,**
Moore, Oklahoma

Pollo "mézclelo y corra"

Shelia Heil
Lancaster, Pennsylvania

Rinde 4 porciones

Tiempo de preparación: 10 minutos
Tiempo de cocción: 8–10 horas
Tamaño ideal de la olla de cocción lenta:
4 a 5 cuartos de galón

---

2 latas de 15 onzas de judías verdes cortadas, con su jugo
2 latas de 10¾ onzas de sopa de crema de hongo
4–6 mitades de pechugas de pollo sin pellejo, deshuesadas
½ cucharadita de sal

1. Desagüe las judías, reservando el jugo en un tazón para mezclar mediano.

2. Mezcle las sopas en el jugo de las judías, mezclando completamente. Aparte.

3. Coloque las judías en la olla de cocción lenta. Rocíe con sal.

4. Coloque el pollo en la olla. Rocíe con sal.

5. Cubra con sopa.

6. Cubra y gradúe la olla a "Bajo" y cocine por 8–10 horas, o hasta que el pollo esté tierno, pero no seco o blando.

Asado de pollo

Carol Eberly
Harrisonburg, Virginia
Sarah Miller
Harrisonburg, Virginia

Rinde 4 porciones

Tiempo de preparación: 10–15 minutos
Tiempo de cocción: 3–4 horas
Tamaño ideal de la olla de cocción lenta:
4 a 5 cuartos de galón

---

4 pechugas de pollo sin pellejo,
  deshuesadas, sal y pimienta a
  gusto
4–6 zanahorias medianas, peladas
  y cortadas en rodajas
2 tazas de habas, frescas o
  congeladas
1 taza de agua

1. Añada sal y pimienta a las
pechugas de pollo. Use sal de ajo si
usted desea. Coloque el pollo en la
olla de cocción lenta y gradúe la olla
a "Alto" y empiece a cocinar.

2. Prepare las zanahorias y
colóquelas encima del pollo. Añada
habas encima de todo. Vierta agua
sobre todo.

3. Cubra y gradúe la olla a "Bajo"
y cocine por 3-4 horas, o hasta que
el pollo y las verduras estén tiernos
pero no secos o blandos.

4. Este plato es bueno servido
sobre arroz.

Cena de pollo de una olla

Arianne Hochstetler
Goshen, Indiana

Rinde 6 porciones

Tiempo de preparación: 15 minutos
Tiempo de cocción: 3–6 horas
Tamaño ideal de la olla de cocción lenta:
4 a 5 cuartos de galón

---

12 muslos de pollo o
  contramuslos, sin pellejo
3 batatas anaranjadas medianas,
  cortadas en pedazos de 2
  pulgadas
1 tarro de 12 onzas de aderezo de
  pollo, o 1 lata de 10¾ onzas de
  sopa de crema de pollo
2 Cucharas de harina sin
  blanquear, *si se usa el aderezo
  de pollo*
1 paquete de 10 onzas de judías
  verdes cortadas congeladas

Ingredientes opcionales:
1 cucharadita de hojuelas de
  perejil seco
½ cucharadita de hojas de romero
  secas, machacadas
sal y pimienta a gusto

1. Coloque el pollo en la olla de
cocción lenta. Cubra con trozos de
batatas.

2. En un tazón pequeño, combine
el resto de los ingredientes, menos
las judías, y mezcle hasta que esté
sin grumos. Vierta sobre el pollo.

3. Cubra y gradúe la olla a "Alto"
y cocine por 1½ horas, o gradúe la
olla a "Bajo" y cocine por 3½ horas.

4. Una hora y media antes de
servir, mezcle las judías en la mezcla
de pollo. Cubra y gradúe la olla a

"Bajo" y cocine por 1-2 horas, o
hasta que el pollo, las batatas y las
judías verdes estén tiernas, pero no
secas o blandas.

Consejos útiles:
   1. *Si usted quiere incluir el perejil,
el romero y/o la sal y pimienta, añada
al Paso 2.*
   2. *En lugar de añadir las judías
verdes en la olla de cocción lenta,
saltear 1 libra de judías verdes cortadas
estilo francés con 1 cebolla picada.
Sirva al lado del pollo y las batatas.*

Pollo con verduras

Janie Steele
Moore, Oklahoma

Rinde 4 porciones

Tiempo de preparación: 10–15 minutos
Tiempo de cocción: 6–8 horas
Tamaño ideal de la olla de cocción lenta:
6 cuartos de galón

---

4 mitades de pechugas de pollo
  con el hueso
1 cabeza pequeña de repollo,
  cortada en cuartos
1 paquete de 1 libra de
  zanahorias pequeñas
2 latas de 14½ onzas de tomates
  guisados sabor mexicano

1. Coloque todos los ingredientes
en la olla de cocción lenta en el
orden enumerado.

2. Cubra y gradúe la olla a "Bajo"
y cocine por 6-8 horas, o hasta que
el pollo y las verduras estén tiernas.

Cazuela de pollo de Rachel

Maryann Markano
Wilmington, Delaware

Rinde 6 porciones

Tiempo de preparación: 25–30 minutos
Tiempo de cocción: 4 horas
Tamaño ideal de la olla de cocción lenta:
5 cuartos de galón

2 latas de 16 onzas de chucrut
(col agria), enjuagado y
drenado, *dividido*
1 taza de aderezo de ensalada
rusa baja en grasa, *dividida*
6 mitades de pechuga de pollo sin
pellejo, deshuesadas, *divididas*
1 Cuchara de mostaza preparada,
dividida
6 rodajas de queso suizo
perejil fresco para aderezo,
opcional

1. Coloque mitad del chucrut (col
agria) en la olla de cocción lenta.
Salpique con ⅓ taza de aderezo.
2. Cubra con 3 mitades de
pechuga de pollo. Acomode mitad de
la mostaza encima del pollo.
3. Cubra con el resto del chucrut
(col agria) y las pechugas de pollo.
Salpique con otra ⅓ taza de aderezo.
(Guarde el resto del aderezo hasta el
momento de servir.)
4. Cubra y gradúe la olla a "Bajo"
y cocine por 4 horas, o hasta que el
pollo esté tierno, pero no seco o
blando.
5. Para servir, coloque una mitad
de pechuga en cada uno de 6 platos.
Divida el chucrut (col agria) sobre el
pollo. Cubra cada uno con una
rodaja de queso y una salpicadura
del resto del aderezo. Aderece con

---

perejil si usted desea, precisamente
antes de servir.

Pollo y chucrut (col agria) "tío Tim"

Tim Smith
Rutledge, Pennsylvania

Rinde 4 porciones

Tiempo de preparación: 30 minutos
Tiempo de cocción: 5–8 horas
Tamaño ideal de la olla de cocción lenta:
3½ cuartos de galón

4 mitades grandes de pechugas de
pollo sin pellejo, deshuesadas
1 bolsa de 1 libra de chucrut (col
agria)
1 lata de 12 onzas de cerveza
8 papas rojas medianas, lavadas y
cortadas en cuartos
sal y pimienta a gusto
agua

1. Coloque el pollo en la olla de
cocción lenta.
2. Cucharee el chucrut (col agria)
sobre el pollo.
3. Vierta la cerveza en la olla de
cocción lenta.
4. Añada las papas. Rocíe generosamente con sal y pimienta.
5. Vierta agua sobre todo hasta
que todo esté precisamente cubierto.
6. Cubra y gradúe la olla a "Alto"
y cocine por 5 horas, o gradúe la olla
a "Bajo" y cocine por 8 horas, o hasta
que el pollo y las papas estén tiernas,
pero no secas.

Cena de pollo de domingo

Beverly Flatt-Getz
Warriors Mark, Pennsylvania

Rinde 4 porciones

Tiempo de preparación: 15–20 minutos
Tiempo de cocción: 4–8 horas
Tamaño ideal de la olla de cocción lenta:
4 a 5 cuartos de galón

1 cebolla grande, cortada en
rodajas
4–5 papas, peladas y cortadas en
rodajas de ¼ pulgada
3–4 libras de pollo, cortadas en
pedazos
1 lata de 10¾ onzas de sopa de
crema de hongos
1 lata de sopa llena de leche
polvo de ajo a gusto, *opcional*

1. Recubra el fondo de su olla de
cocción lenta con las rodajas de
cebolla.
2. Acomode las papas encima de
las cebollas. Luego añada el pollo.
3. Mezcle la sopa y la leche juntas. Vierta sobre el pollo.
4. Si usted desea, rocíe con polvo
de ajo.
5. Gradúe la olla a "Alto" y cocine
por 4 horas o gradúe la olla a "Bajo"
y cocine por 8 horas, o hasta que las
papas y el pollo estén tiernos.

*Consejo útil: Añada hasta una
segunda lata llena de leche si usted
desea tener más aderezo.*

Pollo de pimienta y limón con verduras

Nadine Martinitz,
Salina, Kansas

Rinde 4 porciones

Tiempo de preparación: 20 minutos
Tiempo de cocción: 4–10 horas
Tamaño ideal de la olla de cocción lenta:
4 cuartos de galón

4 zanahorias, cortadas en rodajas, de ½ pulgada
4 papas, cortadas en trozos de 1 pulgada
2 dientes de ajo, pelados y picaditos, *opcional*
4 muslos y contramuslos de pollo enteros, sin pellejo
2 cucharaditas de condimento de pimienta limón
¼–½ cucharadita de condimento de carne de aves, *opcional*
1 lata de 14½ onzas de caldo de pollo

1. Ponga las verduras en capas en la olla de cocción lenta.
2. Rocíe con los condimentos de pimienta limón y carne de aves si usted desea. Vierta caldo sobre todo.
3. Cubra y gradúe la olla a "Bajo" y cocine por 8–10 horas o gradúe la olla a "Alto" y cocine por 4–5 horas.

Variaciones:
1. Use 1 lata de 10¾ onzas de sopa de crema de pollo u hongo en lugar del caldo de pollo.
— **Sarah Herr**
Goshen, Indiana

2. Añada 2 tazas de judías verdes congeladas a la capa en el fondo (Paso 1) de la olla.
— **Earnest Zimmerman**
Mechanicsburg, Pennsylvania

Cena de pollo al *curry*

Janessa Hochstedler
East Earl, Pennsylvania

Rinde 6 porciones

Tiempo de preparación: 20 minutos
Tiempo de cocción: 5–10 horas
Tamaño ideal de la olla de cocción lenta:
3 cuartos de galón

1½ libras de contramuslos de pollo sin pellejo, deshuesados, cortados en cuartos
3 papas, peladas y cortadas en trozos, alrededor de 2 tazas
1 manzana, picada
2 Cucharas de polvo *curry*
1 lata de 14½ onzas de caldo de pollo
1 cebolla mediana, picada, *opcional*

1. Coloque todos los ingredientes en la olla de cocción lenta. Mezcle juntos con cuidado.
2. Cubra y gradúe la olla a "Bajo" y cocine por 8–10 horas o gradúe la olla a "Alto" y cocine por 5 horas, o hasta que el pollo esté tierno, pero no secos.
3. Sirva sobre arroz cocido

Pollo *Divan*

Kristin Tice
Shipshewana, Indiana

Rinde 4 porciones

Tiempo de preparación: 15 minutos
Tiempo de cocción: 3–4 horas
Tamaño ideal de la olla de cocción lenta:
3 cuartos de galón

4 mitades de pechugas de pollo, sin pellejo, deshuesadas
4 tazas de brócoli picado, fresco o congelado
2 latas de 10¾ onzas de sopa de crema de pollo
1 taza de mayonesa
½–1 cucharadita de polvo *curry*, dependiendo de su preferencia de gusto

1. Coloque las pechugas de pollo en la olla de cocción lenta.
2. Cubra con brócoli.
3. En un tazón para mezclar pequeño, mezcle la sopa, la mayonesa y el polvo curry juntos. Vierta sobre el pollo y el brócoli.
4. Cubra y gradúe la olla a "Alto" y cocine por 3–4 horas, o hasta que el pollo y el brócoli estén tiernos pero no blandos o secos. Sirva con arroz.

Pollo con verduras agrídulce

Jennifer Eberly

Harrisonburg, Virginia

Rinde 6 porciones

Tiempo de preparación: 10 minutos
Tiempo de cocción: 8–10 horas
Tamaño ideal de la olla de cocción lenta:
  3½ a 4 cuartos de galón

2 libras de contramuslos de pollo
  (alrededor de 12) sin pellejo,
  deshuesados, cortados en
  pedazos de 1½ pulgada
1 tarro de 25–28 onzas de aderezo
  agrídulce de hervor a fuego
  lento
1 paquete de 1 libra de verduras
  San Francisco (brócoli,
  zanahorias, castañas de agua y
  pimientos rojos congelados),
  descongelado

1. Combine los trozos de pollo y
el aderezo de cocción en la olla de
cocción lenta.
2. Cubra y gradúe la olla a "Bajo"
y cocine por 8–10 horas, o hasta que
el pollo esté tierno y ya no rosado.
3. Diez minutos antes de servir,
mézclele las verduras. Cubra y
gradúe la olla a "Alto". Cocine 10
minutos, o hasta que las verduras
estén crujiente-tiernas.
4. Sirva sobre arroz cocido
caliente.

Cazuela de batata y pollo

Beverly Flatt-Getz

Warriors Mark, Pennsylvania

Rinde 4–6 porciones

Tiempo de preparación: 20 minutos
Tiempo de cocción: 3–6 horas
Tamaño ideal de la olla de cocción lenta:
  3 cuartos de galón

3–4 libras de pollo, cortado en
  pedazos
6 batatas crudas, cortadas en tiras
  finas largas
1 lata de 20 onzas de trozos de
  piña, con su jugo
1 lata de 14½ onzas de caldo de
  pollo
2 Cucharas de maicena
2 Cucharas de agua fría

1. Coloque el pollo cortado en
pedazos en la olla de cocción lenta.
2. Cubra con las batatas.
3. Vierta las piñas y el jugo sobre
las papas.
4. Luego vierta el caldo de pollo
sobre todos los ingredientes.
5. Cubra y gradúe la olla a "Bajo"
y cocine por 6 horas o gradúe la olla
a "Alto" y cocine por 3 horas, o hasta
que el pollo y las papas estén tiernos
pero no secos o blandos.
6. Precisamente antes de servir,
mezcle la maicena y el agua fría
hasta que esté sin grumos. Gradúe la
olla a "Alto". Mezcle la masa de
maicena en la olla y cocine por unos
pocos minutos hasta que el aderezo
se espese.
7. Coloque el pollo y las papas en
un plato de servir. Cubra con el
aderezo.

Consejo útil: *Yo rocío cebollino sobre*
el pollo cuando lo sirvo.

Pollo agrídulce

Kay Kassinger

Port Angeles, Washington

Rinde 6 porciones

Tiempo de preparación: 15 minutos
Tiempo de cocción: 8–10 horas
Tamaño ideal de la olla de cocción lenta:
  3 cuartos de galón

2–3 libras de contramuslos de
  pollo sin pellejo, deshuesados,
  aproximadamente 12 pedazos
1 lata de 14 onzas de trozos de
  piña en su jugo
1 cebolla amarilla mediana,
  picada
1¼ taza de salsa agrídulce en
  botella
sal de ajo
pimienta a gusto
¼ taza de agua, *opcional*

1. Rocíe la olla de cocción lenta
con aceite de cocina en aerosol antiadherente.
2. Ponga el pollo en capas en la
olla de cocción lenta. Vierta los trozos de piña y el jugo sobre el pollo.
Acomode la cebolla sobre la piña.
3. Vierta la salsa agrídulce sobre
todo. Rocíe con sal de ajo y pimienta.
Si usted quiere bastante salsa, añada
agua.
4. Cubra y gradúe la olla a "Bajo"
y cocine por 8–10 horas, o hasta que
el pollo esté tierno, pero no seco.

Consejo útil: *Maravilloso servido sobre*
arroz de jazmín.

Pechugas de pollo agridulces

Ruth Fisher

Leicester, New York

Rinde 8 porciones

Tiempo de preparación: 20–65 minutos
Tiempo de cocción: 2¹/₂–3 horas
Tamaño ideal de la olla de cocción lenta:
4 cuartos de galón

3–4 libras de pechugas de pollo
sin pellejo, deshuesadas
1³/₄ taza de salsa de tomate
1 lata de 10³/₄ onzas de sopa de
tomate
¹/₄ taza de azúcar morena
1 lata de 8 onzas de trozos de
piña con su jugo
pimiento verde cortado en
rodajas, *opcional*

1. Coloque las pechugas de pollo
en un sartén grande antiadherente en
su estufa. Añada ¹/₄ taza de agua.
Cubra y cocine con cuidado hasta
que estén tiernas, alrededor de 15
minutos. O coloque en un plato para
hornear, añada ¹/₄ taza de agua, cubra
y hornee a 350° F hasta que estén
tiernas, alrededor de 40–60 minutos.

2. Mientras el pollo se está cocinando, combine la salsa de tomate, la
sopa, el azúcar y las piñas. Mezcle
bien. Mézclele las rodajas de
pimiento verde si usted desea.

3. Corte el pollo cocido en trozos.
Coloque en la olla de cocción lenta.

4. Vierta la salsa sobre el pollo.
Mezcle un poquito.

5. Cubra y gradúe la olla a "Alto"
y cocine por 2 horas.

Consejos útiles:

1. Este plato es versátil y puede ser
preparado para corresponder con su
horario. Usted puede hacer el Paso 1 el
día antes del que quiere servir el plato.
Solamente guarde la carne cocida en su
refrigerador durante la noche. O prepare el Paso 1 con 2–4 semanas de
antemano de servir el pollo y congele
hasta que lo necesite.

El día que usted quiera servir el
Pollo agridulce, descongele el pollo si
está congelado, y luego empiece con el
Paso 2.

2. Cuando yo hago este plato, yo
cocino el arroz, y luego lo acomodo en
el centro de un plato grande. Yo
cucharéo el pollo alrededor del arroz
para una presentación atractiva del
plato.

Pollo *a La Fruit*

Teresa Kennedy

Mt. Pleasant, Iowa

Rinde 5–6 porciones

Tiempo de preparación: 20 minutos
Tiempo de cocción: 6–8 horas
Tamaño ideal de la olla de cocción lenta:
6 cuartos de galón

¹/₂ taza de piña machacada,
drenada
3 duraznos enteros, aplastados
2 Cucharas de jugo de limón
2 Cucharas de salsa soja
1 pollo, cortado en pedazos

Ingredientes opcionales:
¹/₂–³/₄ cucharadita de sal
¹/₄ cucharadita de pimienta

1. Rocíe la olla de cocción lenta
con aceite de cocina en aerosol antiadherente.

2. Mezcle la piña, los duraznos, el
jugo de limón y la salsa soja en un
tazón grande. (Añada sal y pimienta
si usted desea).

3. Bañe los pedazos de pollo en la
salsa y luego colóquelos en la olla de
cocción lenta. Vierta el resto de la
salsa sobre todo.

4. Cubra y gradúe la olla a "Bajo"
y cocine por 6–8 horas, o hasta que
el pollo esté tierno pero no seco.

Pollo "Hawaii"
Sandy Clugston
St. Thomas, Pennsylvania

Rinde 4 porciones

Tiempo de preparación: 10 minutos
Tiempo de cocción: 3–8 horas
Tamaño ideal de la olla de cocción lenta:
3 cuartos de galón

4 mitades de pechugas de pollo sin pellejo, deshuesadas
1 lata de 10¾ onzas de sopa de crema de hongos
½ taza de crema agria
1 lata de 10 onzas de pedacitos de piña
1 pimiento rojo, cortado en tiras

Ingredientes opcionales:
1 cebolla roja pequeña, cortada en rodajas
sal y pimienta a gusto

1. Rocíe la olla de cocción lenta con aceite de cocina en aerosol anti-adherente. Coloque el pollo en la olla de cocción lenta.
2. En un tazón, mezcle la sopa y la crema agria y vierta sobre el pollo.
3. Coloque los pedacitos de piña y el pimiento rojo rajado sobre la mezcla. Añada cebolla y una salpicadura de sal y pimienta, si usted desea.
4. Cubra y gradúe la olla a "Bajo" y cocine por 7–8 horas, o gradúe la olla a "Alto" y cocine por 3–4 horas, o hasta que el pollo esté tierno pero no seco.
5. Sirva sobre arroz cocido.

Pollo oriental guisado
Stanley Kropf
Elkhart, Indiana

Rinde 4–6 porciones

Tiempo de preparación: 15–20 minutos
Tiempo de cocción: 4 horas
Tamaño ideal de la olla de cocción lenta:
4 a 5 cuartos de galón

1 pollo entero, cortado en pedazos
3 Cucharas de mostaza dulce picante, ó 2 Cucharas de mostaza picante y 1 Cuchara de miel
2 Cucharas de salsa de soja
1 cucharadita de jengibre molido
1 cucharadita de comino

1. Lave el pollo y colóquelo en la olla de cocción lenta. Palmear seco.
2. Mezcle el resto de los ingredientes en un tazón. Pruebe y modifique los condimentos si usted desea. Vierta sobre el pollo.
3. Cubra y gradúe la olla a "Alto" y cocine por 4 horas, o hasta que esté tierno. Si es más conveniente, usted puede cocinar la carne una hora o un poco más sin ningún efecto negativo.

Consejos útiles:
1. Esta es una receta folklórica así que el cocinero debe experimentar para darle sabor. Yo con frecuencia uso una variedad de ingredientes opcionales, dependiendo de cómo me siento. Éstos incluyen la salsa teriyaki, la salsa de ostras, el cardamomo, el aceite de sésamo y oliva, vermut seco y el ajo, en cualquier cantidad y combinación que parezca bien.

2. Si usted cocina el plato por más de 4 horas, el pollo tiende a desmoronarse. En cualquier evento, sírvalo en un tazón bastante grande para aguantar el pollo y el caldo.

3. Me gusta servir esto con arroz sencillo o de azafrán.

Pollo oriental
Anne Townsend
Albuquerque, New Mexico

Rinde 4 porciones

Tiempo de preparación: 5 minutos
Tiempo de cocción: 4–8 horas
Tamaño ideal de la olla de cocción lenta:
3 cuartos de galón

1 Cuchara de aceite de chile picante y sésamo
4 contramuslos de pollo grandes
3 dientes de ajo, rajados
½ taza de azúcar morena
3 Cucharas de salsa soja

1. Acomode el aceite alrededor del fondo de su olla de cocción lenta.
2. Enjuague el pollo bien y retire el exceso de la grasa. Palmear seco. Coloque en su olla de cocción lenta.
3. Rocíe con rodajas de ajo sobre el pollo. Deshaga el azúcar morena sobre el pollo. Salpique con salsa soja.
4. Cubra y gradúe la olla a "Bajo" y cocine en "Bajo" por 8 horas, o hasta que los contramuslos de pollo estén tiernos, pero no secos.
5. Sirva sobre arroz, preparado con el jugo del pollo cocido en lugar de agua.

Pollo *chow mein*

Clara Yoder Byler
Hartville, Ohio

Rinde 5–6 porciones

Tiempo de preparación: 30 minutos
Tiempo de cocción: 4–5 horas
Tamaño ideal de la olla de cocción lenta:
   4 cuartos de galón

1 libra de pechugas o
   contramuslos de pollo sin
   pellejo, deshuesados, cortados
   en cubos
2 tazas de apio picado en cubos
1 taza de cebolla picada en cubos
2 Cucharas de salsa soja
2 tazas de agua
$^1/_2$ cucharadita de sal, *opcional*
$^1/_2$ cucharadita de pimienta,
   opcional
1 Cuchara de maicena
$^1/_4$ taza de agua

   1. Coloque el pollo en la olla de
cocción lenta. Añada apio, cebolla,
salsa soja, 2 tazas de agua y sal y
pimienta, si usted desea.
   2. Cubra y gradúe la olla a "Alto"
y cocine por 4 horas.
   3. Precisamente antes de servir,
mezcle la maicena con $^1/_4$ taza de
agua en un tazón pequeño. Cuando
esté sin grumos, añada a la olla de
cocción lenta para espesar la salsa un
poco. Caliente por unos pocos minutos más.
   4. Me gusta servir esto sobre
arroz cocido, fideos *chow mein,* o
ambos.

Un consejo útil —

   Cuando compre utensilios
para hornear y utensilios para la
cocina, gaste el dinero adicional
para adquirir buena calidad.

Pollo tailandés

Joanne Good
Wheaton, Illinois

Rinde 6 porciones

Tiempo de preparación: 5 minutos
Tiempo de cocción: 8–9 horas
Tamaño ideal de la olla de cocción lenta:
   4 cuartos de galón

6 contramuslos de pollo sin
   pellejo
$^3/_4$ taza de salsa, su elección de
   suave, mediana o picante
$^1/_4$ taza de crema de cacahuate
   (maní) con trocitos
1 Cuchara de salsa de soja baja
   en sodio
2 Cucharas de jugo de limón

Ingredientes opcionales:
1 cucharadita de raíz de jengibre,
   rallada
2 Cucharas de cilantro, picado
1 Cuchara de cacahuates (maní)
   tostados, picados

   1. Coloque el pollo en la olla de
cocción lenta.
   2. En un tazón, mezcle el resto de
los ingredientes juntos, menos el
cilantro y los cacahuates (maní) picados.
   3. Cubra y gradúe la olla a "Bajo"
y cocine por 8–9 horas, o hasta que
el pollo esté completamente cocido
pero no seco.
   4. Quite cualquier grasa. Retire el
pollo a un plato y sirva cubierto con
salsa. Rocíe con cacahuates (maní) y
cilantro, si usted desea.
   5. Sirva sobre arroz cocido.

*Variación: Los vegetarianos pueden
sustituir 2 latas de 15 onzas de frijoles
blancos, y tal vez algún tempeh, por el
pollo.*

Muslos de pollo con frambuesas

Pat Bechtel
Dillsburg, Pennsylvania

Rinde 3 porciones

Tiempo de preparación: 10 minutos
Tiempo de cocción: $5^1/_4$–$6^1/_4$ horas
Tamaño ideal de la olla de cocción lenta:
   $3^1/_2$ cuartos de galón

3 Cucharas de salsa soja
$^1/_3$ taza de crema de untar o
   mermelada de frambuesas
5 muslos o contramuslos de pollo
2 Cucharas de maicena
2 Cucharas de agua fría

   1. Mezcle la salsa de soja y la
crema de untar o mermelada de
frambuesas en un tazón pequeño
hasta que esté mezclado bien.
   2. Cepille el pollo con la salsa y
coloque en la olla de cocción lenta.
Con la ayuda de una cuchara, vierta
el resto de la salsa sobre el pollo.
   3. Gradúe la olla a "Bajo" y
cocine por 5–6 horas, o hasta que el
pollo esté tierno pero no seco.
   4. Mezcle la maicena y el agua
fría juntos en un tazón pequeño
hasta que no tenga grumos. Luego
retire el pollo a un plato de servir y
mantenga caliente. Gradúe la olla a
"Alto" y mézclele la maicena y el
agua para espesar. Cuando esté
espeso y burbujeante, después de
alrededor de 10–25 minutos, cucharee la salsa sobre el pollo antes de
servir.

Pollo *teriyaki*

Elaine Vigoda
Rochester, New York

Rinde 6 porciones

Tiempo de preparación: 15 minutos
Tiempo de cocción: 5–6 horas
Tamaño ideal de la olla de cocción lenta:
5 cuartos de galón

1 libra de contramuslos de pollo
   sin pellejo, deshuesados,
   cortados en trozos
1 libra de pechugas de pollo sin
   pellejo, deshuesadas, cortadas
   en trozos grandes
1 botella de 10 onzas de salsa
   teriyaki
½ libra de guisantes azucarados,
   opcional
1 lata de 8 onzas de castañas de
   agua, drenadas, *opcional*

   1. Coloque el pollo en la olla de
cocción lenta. Cubra con salsa.
Mezcle hasta que la salsa esté bien
distribuida.
   2. Cubra y gradúe la olla a "Bajo"
y cocine por 4–5 horas, o hasta que
el pollo esté tierno. Añada guisantes
azucarados y castañas de agua, si
usted desea.
   3. Cubra y cocine otra hora en
"Bajo".
   4. Sirva sobre arroz blanco cocido
o fideos chinos de arroz.

Pollo con sabor de tomates

Joyce Shackelford
Green Bay, Wisconsin

Rinde 4 porciones

Tiempo de preparación: 5 minutos
Tiempo de cocción: 3–5 horas
Tamaño ideal de la olla de cocción lenta:
4 cuartos de galón

1 lata de 8 onzas de salsa de
   tomate
1 sobre de mezcla seca de aderezo
   para espaguetis
1 taza de agua
1 lata de 4 onzas de hongos, con
   su jugo
2–3 libras de partes de pollo

   1. Mezcle la salsa de tomate, la
mezcla seca de espaguetis, el agua y
los hongos juntos en un tazón.
   2. Coloque el pollo en una olla de
cocción lenta. Vierta la salsa sobre
todo.
   3. Cubra y gradúe la olla a "Alto"
y cocine por 3 horas, o gradúe la olla
a "Bajo" y cocine por 4–5 horas, o
hasta que el pollo esté tierno.

Pollo *Marengo*

Marcia Parker
Lansdale, Pennsylvania

Rinde 4–5 porciones

Tiempo de preparación: 5–10 minutos
Tiempo de cocción: 6–7 horas
Tamaño ideal de la olla de cocción lenta:
6 cuartos de galón

2½–3 libras de pollo para freír,
   cortado en pedazos y
   despellejado
2 sobres de mezcla seca de
   aderezo para espaguetis
½ taza de vino blanco seco
2 tomates frescos, cortados en
   cuartos
¼ libra de hongos frescos

   1. Coloque los pedazos de pollo
en el fondo de su olla de cocción
lenta.
   2. En un tazón pequeño, combine
la mezcla seca del aderezo para
espagueti con el vino. Vierta sobre el
pollo.
   3. Cubra y gradúe la olla a "Bajo"
y cocine por 5½–6½ horas.
   4. Gradúe la olla a "Alto". Luego
añada los tomates y los hongos.
   5. Cubra y cocine en "Alto" por
30–40 minutos o hasta que las verduras estén calientes.
   6. Sirva con fideos cocidos o su
pasta preferida.

Pollo *Parmigiana*

Lois Ostrander

Lebanon, Pennsylvania

Rinde 6 porciones

Tiempo de preparación: 20 minutos
Tiempo de cocción: 6–8 horas
Tamaño ideal de la olla de cocción lenta:
3½ cuartos de galón

---

1 huevo
1 taza de migajas de pan secas
6 mitades de pechugas de pollo
  con huesos, *divididas*
1 tarro de 10½ onzas de salsa de
  pizza, *dividida*
6 rodajas de queso *mozzarella,* ó
  ½ taza de queso parmesano
  rallado

1. Bata el huevo en un tazón rectangular, llano. Coloque las migajas de pan en otro tazón rectangular, llano. Bañe las mitades de pollo en el huevo, y luego en las migajas, usando una cuchara para cubrir la carne en todos los lados con las migajas.
2. Sofría el pollo en un sartén grande antiadherente rociado con aceite de cocina en aerosol antiadherente.
3. Acomode 1 capa de pollo dorado en la olla de cocción lenta. Vierta mitad de la salsa de pizza sobre el pollo. Añada una segunda capa de pollo. Vierta el resto de la salsa de pizza sobre el pollo.
4. Cubra y gradúe la olla a "Bajo" y cocine por 5¾–7¾ horas , o hasta que el pollo esté tierno pero no seco.
5. Añada queso mozzarella o parmesano encima. Cubra y cocine 15 minutos más.

Consejos útiles:
  1. Usted puede retirar el pollo de la olla de cocción lenta después del Paso 4 y colocar las pechugas en un plato de servir a prueba de microondas. Ponga una rodaja de mozzarella en cada pedazo de pollo y luego rocíe cada uno con queso parmesano. Gradúe el microondas a "Alto" y cocine por 1 minuto para derretir el queso.
  2. Sirva cualquier salsa adicional sobre la pasta

Pollo italiano

Starla Kreider,

Mohrsville, Pennsylvania

Rinde 4 porciones

Tiempo de preparación: 5 minutos
Tiempo de cocción: 2½–8 horas
Tamaño ideal de la olla de cocción lenta:
3 cuartos de galón

---

4 mitades de pechugas de pollo
  sin pellejo, deshuesadas
1 tarro de 28 onzas de salsa para
  espaguetis, su elección de
  condimentos e ingredientes
  especiales
4 onzas de queso mozzarella
  deshebrado

1. Coloque el pollo en su olla de cocción lenta.
2. Vierta la salsa de espaguetis sobre el pollo.
3. Cubra y gradúe la olla a "Alto" y cocine por 2½–3½ horas, o gradúe la olla a "Bajo" y cocine por 6–8 horas
4. Coloque el pollo en un plato de servir y rocíe con queso.
5. Sirva con arroz cocido o espagueti.

Cacciatore de pollo "amore"

Carol Sherwood

Batavia, New York

Rinde 6 porciones

Tiempo de preparación: 20 minutos
Tiempo de cocción: 7–9 horas
Tamaño ideal de la olla de cocción lenta:
6 cuartos de galón

---

6 mitades de pechugas de pollo
  sin pellejo, deshuesadas,
  divididas
1 tarro de 28 onzas de salsa para
  espaguetis
2 pimientos verdes, picados
1 cebolla, picadita
2 Cucharas de ajo picadito

1. Coloque una capa de pollo en su olla de cocción lenta.
2. Mezcle el resto de los ingredientes juntos en un tazón. Cucharee mitad de la salsa sobre la primera capa de pollo.
3. Añada el resto de las pechugas de pollo. Cubra con el resto de la salsa.
4. Cubra y gradúe la olla a "Bajo" y cocine por 7–9 horas, o hasta que el pollo esté tierno pero no seco.
5. Sirva con espagueti o *linguini* cocido.

Trozos de pollo italiano

Tina Goss

Duenweg, Missouri

Rinde 4 porciones

Tiempo de preparación: 5 minutoss
Tiempo de cocción: 1 hora
Tamaño ideal de la olla de cocción lenta:
  2 cuartos de galón

---

1 paquete de 13½ onzas de trozos
  de pollo congelados
⅓ taza de queso parmesano
  rallado
1 tarro de 28 onzas de salsa para
  espaguetis
4 onzas de queso mozzarella
  rallado
1 cucharadita de condimento
  italiano

1. Coloque los trozos en el fondo
de la olla de cocción lenta. Rocíe con
queso parmesano.
2. Ponga la salsa para espaguetis,
el queso mozzarella y el condimento
italiano en capas.
3. Cubra y gradúe la olla a "Alto"
y cocine por 1 hora, o hasta que el
pollo esté tierno pero no seco o
blando.

Pollo italiano

Colleen Heatwole

Burton, Michigan

Rinde 4 porciones

Tiempo de preparación: 5–10 minutos
Tiempo de cocción: 6–8 horas
Tamaño ideal de la olla de cocción lenta:
  3 a 4 cuartos de galón

---

4 mitades de pechugas de pollo
  sin pellejo, deshuesadas
1 sobre de mezcla seca de aderezo
  italiano
1 taza de caldo de pollo

1. Coloque el pollo en la olla de
cocción lenta. Rocíe con la mezcla
seca del aderezo italiano.
2. Con la ayuda de una cuchara,
vierta el caldo de pollo sobre el
mismo pollo.
3. Cubra y gradúe la olla a "Alto"
y cocine por 6 horas, o gradúe la olla
a "Bajo" y cocine por 8 horas, o hasta
que el pollo esté tierno pero no seco.

Pollo *Stroganoff*

Mary C. Wirth

Lancaster, Pennsylvania

Rinde 4 porciones

Tiempo de preparación: 10–15 minutos
Tiempo de cocción: 5½–6½ horas
Tamaño ideal de la olla de cocción lenta
  3 cuartos de galón

---

4 mitades de pechugas de pollo
  deshuesadas, sin pellejo,
  cortadas en cubos
2 Cucharas de mantequilla,
  derretidas
1 ó 2 sobre(s) de mezcla seca de
  aderezo italiano
1 paquete de 8 onzas de queso
  crema bajo en grasa,
  ablandado
1 lata de 10¾ onzas de sopa de
  crema de pollo

1. Coloque el pollo, la mantequilla derretida y la mezcla de aderezo
en la olla de cocción lenta. Mezcle
juntos suavemente.
2. Cubra y gradúe la olla a "Bajo"
y cocine por 5–6 horas.
3. Mézclele el queso crema y la
sopa. Cubra y gradúe la olla a "Alto"
y cocine por 30 minutos, o hasta que
esté completamente calentado.
4. Sirva sobre arroz o fideos cocidos.

Un consejo útil —

Deje la tapa puesta mientras la olla de cocción lenta cocina. El vapor que
se condensa en la tapa ayuda a cocinar la comida desde arriba. Cada vez
que usted ponga la tapa de nuevo, la olla perderá vapor. Después de que
usted ponga la tapa de nuevo, se tomará hasta 20 minutos para recobrar el
vapor perdido y la temperatura. Eso significa que la comida se tardará más
en cocinar.

Pam Hochstedler
Kalona, Iowa

Pollo italiano brioso

Yvonne Kauffman Boettger
Harrisonburg, Virginia

Rinde 4–6 porciones

Tiempo de preparación: 5 minutos
Tiempo de cocción: 4–8 horas
Tamaño ideal de la olla de cocción lenta:
  4 cuartos de galón

2–3 libras de pechugas de pollo
  sin pellejo, deshuesadas,
  cortadas en trozos
1 botella de 16 onzas de aderezo
  italiano
¼ taza de queso parmesano

1. Coloque el pollo en el fondo de la olla de cocción lenta y vierta el aderezo sobre el pollo. Mezcle juntos suavemente.

2. Rocíe con queso encima.

3. Cubra y gradúe la olla a "Alto" y cocine por 4 horas, o gradúe la olla a "Bajo" y cocine por 8 horas, o hasta que el pollo esté tierno pero no seco.

4. Sirva sobre arroz cocido, junto con la salsa adicional del pollo.

Cacciatore de pollo con chiles (ajíes) verdes

Donna Lantgen
Chadron, Nebraska

Rinde 6 porciones

Tiempo de preparación: 10 minutos
Tiempo de cocción: 6 horas
Tamaño ideal de la olla de cocción lenta:
  5 cuartos de galón

1 chile (ají) verde, picado
1 cebolla, picada
1 Cuchara de condimento italiano
  seco
1 lata de 15½ onzas de tomates
  picados en cubos
6 mitades de pechugas de pollo
  sin pellejo, deshuesadas,
  divididas

1. En un tazón pequeño, mezcle el pimiento verde, la cebolla, el condimento italiano y los tomates juntos. Coloque ⅓ en el fondo de la olla de cocción lenta.

2. Ponga 3 pechugas de pollo en capas sobre el pollo. Con la ayuda de una cuchara, vierta ⅓ de la salsa de tomate.

3. Ponga el resto de las 3 pechugas de pollo en capas. Cubra con el resto de la mezcla de tomate.

4. Cubra y gradúe la olla a "Bajo" y cocine por 6 horas, o hasta que el pollo esté hecho, pero no seco.

Variación: Cubra con queso mozzarella o parmesano rallado cuando sirva.

Salsa de pollo "¿Puede creer que es tan sencilla?"

Leesa DeMartyn
Enola, Pennsylvania

Rinde 4–6 porciones

Tiempo de preparación: 5 minutos
Tiempo de cocción: 5–8 horas
Tamaño ideal de la olla de cocción lenta:
  3 cuartos de galón

4–6 mitades de pechugas de pollo
  sin pellejo, deshuesadas
1 jarro de 16 onzas de salsa con
  trozos, su elección de suave,
  mediano o picante
2 tazas de queso deshebrado, su
  elección de sabor

1. Coloque el pollo en la olla de cocción lenta. Vierta salsa sobre el pollo.

2. Cubra y gradúe la olla a "Bajo" y cocine por 5–8 horas, o hasta que el pollo esté tierno pero no seco.

3. Cubra las porciones individuales con queso deshebrado.

4. Sirva esto sobre arroz cocido, o en una envoltura integral o de queso chedar.

Cacciatore de pollo con hongos

Lucy O'Connell

Goshen, Massachusetts

Rinde 6–8 porciones

Tiempo de preparación: 30 minutos
Tiempo de cocción: 8 horas
Tamaño ideal de la olla de cocción lenta:
4 cuartos de galón

3 libras de pollo para asar/freír,
   cortado en pedazos
2 cebollas medianas, cortadas en
   rodajas finas
1 libra de hongos frescos,
   cortados en rodajas
1 tarro de 48 onzas de salsa para
   espaguetis
½ taza de vino rojo o blanco

Ingredientes opcionales:
¾ cucharadita de sal
½ cucharadita de pimienta

1. Retire el pellejo del pollo.
2. Coloque el pollo, las cebollas y
los hongos en la olla de cocción
lenta.
3. En un tazón para mezclar, combine la salsa para espaguetis, el vino
y la sal y pimienta si usted desea.
Vierta sobre el pollo.
4. Cubra y gradúe la olla a "Alto"
y cocine por 4 horas, y luego gradúe
la olla a "Bajo" y cocine por 4 horas.
5. Sirva sobre los espaguetis.

Alas de pollo melosas

Bonnie Whaling

Clearfield, Pennsylvania

Rinde 6–8 porciones

Tiempo de preparación: 20–30 minutos
Tiempo de cocción: 3½–4½ horas
Tamaño ideal de la olla de cocción lenta:
4 cuartos de galón

3 libras de alas de pollo, puntas
   cortadas, *divididas*
2 Cucharas de aceite de verduras
1 taza de miel
½ taza de salsa soja

1. Corte cada ala en dos partes.
Coloque alrededor de ⅓ de las alas
en un sartén grande antiadherente y
dore en el aceite. (Si el sartén está
muy lleno, las alas no se dorarán.)
Coloque en la olla de cocción lenta.
2. Mezcle el resto de los ingredientes y vierta ⅓ de la salsa sobre las
alas en la olla.
3. Repita los Pasos 1 y 2 dos
veces.
4. Cubra y gradúe la olla a "Alto"
y cocine por 3–4 horas, o hasta que
las alas estén tiernas pero no secas.

Alas de pollo con cinco especias

Marcia Parker,

Lansdale, Pennsylvania

Rinde 6–8 porciones

Tiempo de preparación: 30 minutos
Tiempo de cocción: 2½–5½ horas
Tamaño ideal de la olla de cocción lenta:
3½ a 4 cuartos de galón

3 libras de (alrededor de 16) alas
   de pollo
1 taza de salsa de ciruela en
   botella (busque en un
   supermercado Asiático, *o* en el
   pasillo de comida Asiática en
   una tienda general de
   comestibles)
2 Cucharas de mantequilla,
   derretida
1 cucharadita de polvo de cinco
   especias (busque en un
   supermercado Asiático, *o* en el
   pasillo de comida Asiática en
   una tienda general de
   comestibles)
tajadas de naranjas cortadas
   finas, *opcional*
rodajas de piña, *opcional*

1. En un molde para hornear
recubierto con papel de aluminio
acomode las alas en una sola capa.
Hornear a 375° F por 20 minutos.
Desagüe bien.
2. Entretanto, combine la salsa de
ciruela, la mantequilla derretida y el
polvo de cinco especias en su olla de
cocción lenta. Añada las alas. Luego
mezcle para cubrir las alas con la
salsa.
3. Cubra o gradúe la olla a "Bajo"
y cocine por 4–5 horas, o gradúe la
olla a "Alto" y cocine por 2–2½ horas.
4. Sirva inmediatamente, o manténgalas calientes en su olla de cocción lenta en "Bajo" por hasta 2 horas.

5. Adereze con tajadas de naranja y rodajas de piña para servir, si usted desea.

Variación: Para las Alas de Pollo de Kentucky, haga una salsa diferente en el Paso 2. Use ¹/₂ taza de almíbar de arce, ¹/₂ taza de whisky y 2 Cucharas de mantequilla derretida. Luego mézclele las alas. Continúe con el Paso 3.

Pollo con brócolí y arroz

Maryann Markano
Wilmington, Delaware

Rinde 6 porciones

Tiempo de preparación: 20 minutos
Tiempo de cocción: 6–8 horas
Tamaño ideal de la olla de cocción lenta: 5 cuartos de galón

1¼ tazas de arroz de grano largo crudo
pimienta a gusto
2 libras de pechugas de pollo sin pellejo, deshuesadas, cortadas en tiras
1 paquete de mezcla seca de sopa de crema de brócoli *Knorr*
2½ tazas de caldo de pollo

1. Rocíe la olla de cocción lenta con aceite de cocina en aerosol anti-adherente. Coloque el arroz en la olla. Rocíe con pimienta.

2. Cubra con los pedazos de pollo.

3. En un tazón para mezclar, combine la mezcla de sopa y el caldo. Vierta sobre el arroz y el pollo.

Pollo y arroz en una bolsa

Dorothy VanDeest
Memphis, Tennessee

Rinde 4–6 porciones

Tiempo de preparación: 15 minutos
Tiempo de cocción: 8–10 horas
Tamaño ideal de la olla de cocción lenta: 5 cuartos de galón

3 libras de un pollo para freír, cortado en pedazos, ó 3 libras de muslos y contramuslos
1½ tazas de arroz de grano largo crudo
1 lata de 10¾ onzas de sopa de crema de pollo
1¾ tazas de agua
1 sobre de mezcla seca de sopa de cebolla

1. Lave los pedazos de pollo y palméelos secos. Aparte.

2. Combine el arroz, sopa de crema de pollo y agua en la olla de cocción lenta. Mezcle hasta que esté bien mezclado.

3. Coloque los pedazos de pollo en una bolsa para asar transparente. Añada la mezcla de sopa de cebolla. Sacuda la bolsa para cubrir el pollo completamente. Perfore 4 a 6 agujeros en el fondo de la bolsa. Redoble la parte de arriba de la bolsa y acomode en la olla de cocción lenta encima del arroz.

4. Cubra y gradúe la olla a "Bajo" y cocine por 8–10 horas, o hasta que

4. Cubra y gradúe la olla a "Bajo" y cocine por 6–8 horas, o hasta que el arroz esté tierno pero no seco.

Cazuela de pollo y arroz

Dale Peterson
Rapid City, South Dakota
Joyce Shackelford
Green Bay, Wisconsin

Rinde 3–4 porciones

Tiempo de preparación: 20 minutos
Tiempo de cocción: 4–5 horas
Tamaño ideal de la olla de cocción lenta: 6 cuartos de galón

2 latas de 10¾ onzas de sopa de crema de apio, *divididas*
1 lata de 2 onzas de hongos rajados, en su jugo
¹/₂ taza de arroz de grano largo crudo
2 pechugas de pollo enteras sin pellejo, deshuesadas, crudas y cortadas en cubos
1 Cuchara de mezcla seca de sopa de cebolla
¹/₂ lata de sopa llena de agua

1. Rocíe el interior de la olla de cocción lenta con aceite de cocina en aerosol antiadherente. Combine 1 lata de sopa llena de agua, hongos y arroz en la olla de cocción lenta engrasada. Mezcle hasta que esté bien mezclado.

2. Acomode el pollo encima. Vierta 1 lata de sopa llena de agua sobre todo.

3. Rocíe con la mezcla de sopa de cebolla. Añada ¹/₂ lata de sopa llena de agua.

4. Cubra y gradúe la olla a "Bajo" y cocine por 4–5 horas, o hasta que ambos el pollo y el arroz estén completamente cocidos pero no secos.

el pollo esté tierno y el arroz esté cocido pero no seco. Sirva el pollo y el arroz juntos en un plato grande.

Pollo con arroz íntegral *o* salvaje

Carol Eveleth
Wellman, Iowa

Rinde 8–10 porciones

Tiempo de preparación: 10 minutos
Tiempo de cocción: 3–8 horas
Tamaño ideal de la olla de cocción lenta:
6 cuartos de galón

1½ tazas de arroz integral *o*
    salvaje, crudo
1 sobre de mezcla seca de sopa de
    cebolla
1 lata de 10¾ onzas de sopa de
    hongo
1 lata de 10¾ onzas de sopa de
    crema de hongos
1 lata de 10¾ onzas de sopa de
    crema de pollo
3½ tazas de agua
8–10 pedazos de pollo

1. Rocíe el interior de la olla de
cocción lenta con aceite de cocina en
aerosol antiadherente.
2. Vierta el arroz, la mezcla de
sopa y las sopas en la olla de cocción
lenta y mezcle completamente. Vierta
agua sobre toda la comida que está
preparando.
3. Añada los pedazos de pollo.
4. Cubra y gradúe la olla a "Bajo"
y cocine por 6–8 horas, o gradúe la
olla a "Alto" y cocine por 3–4 horas, o
hasta que el pollo y el arroz estén
tiernos pero no secos.

Pollo al *curry* con arroz

Jennifer Yoder Sommers
Harrisonburg, Virginia

Rinde 6 porciones

Tiempo de preparación: 10 minutos
Tiempo de cocción: 5–10 horas
Tamaño ideal de la olla de cocción lenta:
3 a 4 cuartos de galón

1½ libras de contramuslos de
    pollo sin pellejo, deshuesados,
    cortados en cubos
1 cebolla, picada
2 tazas de arroz de grano largo
    crudo
2 Cucharas de polvo *curry*
1 lata de 14½ onzas de caldo de
    pollo

1. Combine todos los ingredientes
en su olla de cocción lenta.
2. Cubra y gradúe la olla a "Bajo"
y cocine por 8–10 horas, o gradúe la
olla a "Alto" y cocine por 5 horas, o
hasta que el pollo esté tierno pero no
seco.

*Variación: Añada 1 manzana picada
al Paso 1. Treinta minutos antes del
final del tiempo de cocción, mézclele 2
tazas de guisantes congelados.*

Consejo útil —

Cuando vaya de campamento,
siempre prepare comida adicional.
¡Usted seguramente necesitará seis
porciones para alimentar a cuatro
campistas con hambre voraz!

Pollo chíno con arroz

Sharon Anders
Alburtis, Pennsylvania

Rinde 4 porciones

Tiempo de preparación: 10 minutos
Tiempo de cocción: 3½–6½ horas
Tamaño ideal de la olla de cocción lenta:
3 cuartos de galón

⅔ taza de salsa soja
½ taza de miel
½ cucharadita de ajo granulado
2 tazas de agua caliente
4 mitades de pechugas de pollo
    sin pellejo, deshuesadas
1 taza de arroz de grano largo,
    crudo

1. Mezcle la salsa de soja, la miel
y el ajo con el agua caliente en la olla
de cocción lenta.
2. Añada las pechugas de pollo,
sumergiéndolas lo más posible en la
salsa.
3. Cubra y gradúe la olla a "Bajo"
y cocine por 5–6 horas, o gradúe la
olla a "Alto" y cocine por 3–4 horas, o
hasta que el pollo esté tierno pero no
seco.
4. Retire el pollo a un plato y
mantenga caliente. Mezcle el arroz
crudo en la salsa. Cubra y gradúe la
olla a "Alto" y cocine por 30 minutos,
o hasta que el arroz esté tierno.
Añada al plato con pollo y sirva.

Pollo con arroz enchiloso

Dawn Hahn

Lititz, Pennsylvania

Rinde 4 porciones

Tiempo de preparación: 10 minutos
Tiempo de cocción: 4–6 horas
Tamaño ideal de la olla de cocción lenta:
4 a 5 cuartos de galón

1 taza de arroz de grano largo
   crudo
1¼ taza de caldo de pollo
1 taza de salsa, su elección de
   suave, mediana o picante
4 mitades de pechugas de pollo
   sin pellejo, deshuesadas
¾ taza de queso chedar
   deshebrado

1. Rocíe el interior de la olla de cocción lenta con aceite de cocina en aerosol antiadherente.

2. Vierta el arroz en el fondo de la olla de cocción lenta.

3. Añada el caldo de pollo y la salsa. Mezcle bien.

4. Coloque las pechugas de pollo encima.

5. Cubra y gradúe la olla a "Bajo" y cocine por 4–6 horas, hasta que el pollo y el arroz estén tiernos pero no secos.

6. Adereze con queso precisamente antes de servir.

Pollo Fiesta

Stacie Skelly

Millersville, Pennsylvania

Rinde 8 porciones

Tiempo de preparación: 5 minutos
Tiempo de cocción: 6½ horas
Tamaño ideal de la olla de cocción lenta:
4 a 5 cuartos de galón

8 mitades de pechugas de pollo
   sin pellejo, deshuesadas
1 tarro de 16 onzas de salsa
2 tazas de arroz instantáneo

1. Coloque el pollo en la olla de cocción lenta. Vierta la salsa sobre el pollo.

2. Cubra y gradúe la olla a "Bajo" y cocine por 6 horas, o hasta que el pollo esté tierno pero no seco.

3. Retire el pollo a un plato de servir y mantenga caliente.

4. Añada el arroz a la salsa caliente en la olla de cocción lenta y gradúe la olla a "Alto" y cocine por 30 minutos. Sirva el pollo y el arroz juntos en un plato grande.

Pollo al *curry* enchiloso

Joan Miller

Wayland, Iowa

Rinde 10 porciones

Tiempo de preparación: 15–20 minutos
Tiempo de cocción: 3–4½ horas
Tamaño ideal de la olla de cocción lenta:
4 a 5 cuartos de galón

10 mitades de pechugas de pollo
   con huesos, sin pellejo,
   divididas
1 tarro de 16 onzas de salsa,
   suave, mediana o picante
1 cebolla mediana, picada
2 Cucharas de polvo *curry*
1 taza de crema agria

1. Coloque mitad del pollo en la olla de cocción lenta.

2. Combine la salsa, la cebolla y el polvo *curry* en un tazón mediano. Vierta mitad de la salsa sobre la carne en la olla.

3. Repita los Pasos 1 y 2.

4. Cubra y gradúe la olla a "Alto" y cocine por 3 horas. O cocine en "Alto" por 1½ hora, y luego gradúe la olla a "Bajo" y cocine 3 horas más.

5. Retire el pollo al plato de servir y cubra para mantener caliente.

6. Añada crema agria a la olla de cocción lenta y mézclele la salsa hasta que esté bien mezclada. Sirva sobre el pollo.

Chili de pollo con queso

Jennifer Kuh
Bay Village, Ohio

Rinde 4 porciones

Tiempo de preparación: 5–7 minutos
Tiempo de cocción: 6–8 horas
Tamaño ideal de la olla de cocción lenta:
3 a 4 cuartos de galón

4 mitades de pechugas de pollo
    sin pellejo, deshuesadas 1
    tarro de 16 onzas de salsa, su
    elección de enchilosidad
2 latas de 16 onzas de frijoles
    norteños grandes, drenados
8 onzas de queso *Colby Jack o*
    Pepper Jack deshebrado

1. Coloque el pollo en el fondo de
su olla de cocción lenta.

2. Cubra con salsa.

3. Cubra y gradúe la olla a "Bajo"
y cocine por 5½–7½ horas, o hasta
que el pollo esté tierno pero no seco.

4. Deshebre el pollo o córtelo en
cubos en la salsa.

5. Mézclele los frijoles y el queso.

6. Cubra y cocine otros 30 minutos en "Bajo".

7. Sirva sobre arroz o fideos cocidos.

Pollo español

Natalia Showalter
Mt. Solon, Virginia

Rinde 4–6 porciones

Tiempo de preparación: 15–20 minutos
Tiempo de cocción: 5–6 horas
Tamaño ideal de la olla de cocción lenta:
3 a 6 cuartos de galón

8 muslos de pollo, sin pellejo
½–1 taza de vinagre de vino rojo,
    de acuerdo a su gusto
⅔ taza de salsa tamari, o salsa de
    soja baja en sodio
1 cucharadita de polvo de ajo
4 palitos de canela de 6 pulgadas

1. Dore el pollo un poquito en un
sartén antiadherente, si usted desea,
y luego cambie a la olla de cocción
lenta engrasada.

2. Mezcle el vinagre de vino, la
salsa tamari y el polvo de ajo juntos
en un tazón. Vierta sobre el pollo.

3. Rompa los palitos de canela en
varios pedacitos y distribuya entre
los muslos de pollo.

4. Cubra y gradúe la olla a "Bajo"
y cocine por 5–6 horas, o hasta que
el pollo esté tierno pero no seco.

Consejo útil: Usted puede omitir el
paso de dorar el pollo si está apurado,
pero dorando el pollo le da un mejor
sabor al plato completo.

Enchiladas de pollo

Jennifer Yoder Sommers
Harrisonburg, Virginia

Rinde 4 porciones

Tiempo de preparación: 20 minutos
Tiempo de cocción: 4 horas
Tamaño ideal de la olla de cocción lenta:
3 cuartos de galón

2 latas de 10¾ onzas de sopa de
    crema de pollo u hongo
1 lata de 4½ onzas de chiles
    verdes picados en cubos
2–3 pechugas de pollo enteras sin
    pellejo, deshuesadas, cortadas
    en pedazos
2 tazas de queso chedar
    deshebrado
5 tortillas de harina de 6
    pulgadas

1. En un tazón para mezclar, combine las sopas, los chiles y el pollo.

2. Rocíe el interior de la olla con
aceite de cocina en aerosol antiadherente. Coloque mangos de papel de
aluminio en su lugar (ver Consejo
útil en la página 114 para las instrucciones).

3. Cucharee ⅕ de la salsa en el
fondo. Cubra con ⅕ del queso y
luego 1 tortilla. Continúe poniendo
en capas en ese orden, y con esas
cantidades, 4 veces más, terminando
con el queso encima.

4. Cubra la olla y gradúe la olla a
"Bajo" y cocine por 4 horas.

Enchiladas verdes

Jennifer Yoder Sommers
Harrisonburg, Virginia

Rinde 8 porciones

Tiempo de preparación: 5–7 minutos
Tiempo de cocción: 2–4 horas
Tamaño ideal de la olla de cocción lenta:
  3 cuartos de galón

2 latas de 10 onzas de salsa de
  enchiladas verde, *dividida*
8 tortillas grandes, *divididas*
2 tazas de pollo cocido, *dividido*
1½ taza de queso mozzarella

1. Vierta un poquito de la salsa
de enchiladas en el fondo de su olla
de cocción lenta.
2. Ponga 1 tortilla, ¼ taza de pollo
y ¼ taza de la salsa en una capa en la
olla de cocción lenta.
3. Repita cubriendo en capas
hasta que los 3 ingredientes se hayan
usado completamente.
4 Rocíe encima con queso mozzarella.
5. Cubra y gradúe la olla a "Bajo"
y cocine por 2–4 horas.

*Consejo útil: La salsa de enchiladas
verde puede ser hallada en la sección
de comidas Mexicanas en la mayoría de
los supermercados.*

Ensalada de pollo picante

Audrey Romonosky
Austin, Texas

Rinde 8 porciones

Tiempo de preparación: 10 minutos
Tiempo de cocción: 2 horas
Tamaño ideal de la olla de cocción lenta:
  2 cuartos de galón

2 Cucharas de cebolla, picadita
1 taza de mayonesa
2 Cucharas de jugo de limón
1½ taza de pollo cocido
  deshilachado
½ taza de almendras *o* pecanas
  cortaditas en rodajitas

1. Mezcle todos los ingredientes
juntos en la olla de cocción lenta.
2. Cubra y gradúe la olla a "Bajo"
y cocine por 2 horas, o hasta que esté
completamente calentado.
3. Sirva caliente, o permita que se
enfríe y sirva encima de hojas de
lechuga, junto con tomates rajados.

Pollo y fideos

Elena Yoder
Carlsbad, New Mexico

Rinde 8 porciones

Tiempo de preparación: 15 minutos
Tiempo de cocción: 2 horas
Tamaño ideal de la olla de cocción lenta:
  4 cuartos de galón

1 cuarto de galón de caldo de
  pollo
1 cuarto de galón de agua caliente
2 tazas de pollo cocido, cortado
  en pedazos pequeños
1 paquete de 10 onzas de fideos
  secos
sal y pimienta a gusto
1 lata de 10¾ onzas de sopa de
  crema de hongos

1. Combine todos los ingredientes
menos la sopa en la olla de cocción
lenta.
2. Cubra y gradúe la olla a "Alto"
y cocine por 2 horas.
3. Diez minutos antes de servir,
mézclele la sopa de crema de hongos.

Pollo *o* pavo cremoso

Clara Yoder Byler
Hartville, Ohio

Rinde 6–8 porciones

Tiempo de preparación: 30 minutos
Tiempo de cocción: 1¹/₂–2 horas
Tamaño ideal de la olla de cocción lenta:
4 cuartos de galón

1 lata de 10³/₄ onzas de sopa de
   crema de apio
1 lata de 10³/₄ onzas de sopa de
   pollo con fideos
²/₃ taza de mitad y mitad (mezcla
   de leche y crema de leche)
2 tazas de pollo *o* pavo cocido
1 lata de 10³/₄ onzas (o más
   grande) de fideos chow mein

1. Coloque todos los ingredientes
en la olla de cocción lenta. Mezcle
juntos con cuidado hasta que estén
bien mezclados.
2. Gradúe la olla a "Alto" y cocine
por 1¹/₂–2 horas, o hasta que esté burbujeante y caliente.

*Consejo útil: Para una comida baja en
grasa, sirva esto con verduras crudas.
Para una comida más llenadora "que se
pegue a las costillas", sirva la carne
cremosa sobre arroz o puré de papas.*

Pollo más el relleno

Betty B. Dennison
Grove City, Pennsylvania

Rinde 8 porciones

Tiempo de preparación: 15 minutos
Tiempo de cocción: 2–5 horas
Tamaño ideal de la olla de cocción lenta:
5 cuartos de galón

1 paquete de 12 porciones de
   mezcla de relleno de pollo
4 tazas de pollo cocido
3 latas de 10³/₄ onzas de sopa de
   crema de pollo
¹/₂ taza de leche
2 tazas de queso chedar,
   deshebrado

1. Prepare la mezcla de relleno
como indicado en el paquete y
coloque en la olla de cocción lenta.
2. Añada el pollo, la sopa y la
leche a la olla de cocción lenta.
Mezcle todos los ingredientes juntos.
3. Rocíe el queso sobre la comida
que está preparando.
4. Cubra y gradúe la olla a "Bajo"
y cocine por 4–5 horas o gradúe la
olla a "Alto" y cocine por 2–3 horas.

Aderezo de pollo

Mrs. Mahlon Miller
Hutchinson, Kansas

Rinde 3–4 porciones

Tiempo de preparación: 30 minutos
Tiempo de cocción: 2 horas
Tamaño ideal de la olla de cocción lenta:
1¹/₂ cuartos de galón

1 taza de papas, picadas en cubos
   y hervidas
1 taza de pollo cocido con algún
   caldo
3 huevos, batidos
¹/₂ taza de leche
3 rebanadas de pan, cortadas en
   cubos

Ingredientes opcionales:
¹/₄–¹/₂ **cucharadita de sal**
¹/₈–¹/₄ **cucharadita de pimienta**
1 **cebolla pequeña, picada**
   finamente

1. Combine todos los ingredientes
en su olla de cocción lenta.
2. Cubra y gradúe la olla a "Bajo"
y cocine por 2 horas.

Pechuga de pavo blanda

Becky Gehman,
Bergton, Virginia

Rinde 10 porciones

Tiempo de preparación: 5 minutos
Tiempo de cocción: 2–6 horas
Tamaño ideal de la olla de cocción lenta:
6 cuartos de galón

pechuga de pavo de 6 libras,
deshuesada o con hueso
2–3 Cucharas de agua

1. Coloque la pechuga de pavo en la olla de cocción lenta. Añada agua.
2. Cubra y gradúe la olla a "Alto" y cocine por 2-4 horas, o gradúe la olla a "Bajo" y cocine por 4–9 horas, o hasta que esté tierno pero no blando.
3. De vuelta solamente una vez durante el tiempo de cocción.
4. Si a usted le gustaría dorar el pavo, colóquelo en su estufa y horneelo sin tapa a 325° F por 15-20 minutos después de que se ha terminado de cocer en la olla de cocción lenta.

Consejos útiles:
1. Guarde la grasa en el fondo de su olla de cocción lenta cuando retire la carne. Muévala a un sartén antiadherente. Caliente hasta que esté hirviendo a fuego lento.
En un tarro pequeño, mezcle 2 Cucharas de harina en 1 taza de agua. Cuando esté sin grumos, mézclele al caldo hirviendo a fuego lento, continuando a calentar y a mezclar hasta que quede sin grumos y hasta que se espese. Use como aderezo sobre el pavo caliente.

2. Corte el pavo cocido en lonjas y sirva caliente. O permita que se enfríe y luego deshilache, corte en lonjas o en trozos para hacer ensaladas o emparedados. Congele las sobras.

Pechuga de pavo para la olla de cocción lenta

Liz Ann Yoder,
Hartville, Ohio

Rinde 8–10 porciones

Tiempo de preparación: 10 minutos
Tiempo de cocción: 9–10 horas
Tamaño ideal de la olla de cocción lenta:
6 a 7 cuartos de galón

pechuga de pavo de 6 libras
2 cucharaditas de aciete
sal a gusto
pimienta a gusto
4 dientes de ajo, pelados
$\frac{1}{2}$ taza agua

1. Lave el pavo y palméelo seco con toallas de papel.
2. Frote el aceite sobre el pavo. Rocíe con sal y pimienta. Colóquelo, con el lado con mucha carne hacia arriba, en una olla de cocción lenta.
3. Coloque la cebolla y el ajo alrededor de los lados de la olla.
4. Cubra. Gradúe la olla a "Bajo" y cocine por 9–10 horas, o hasta que el termómetro de carne metido en la parte de la pechuga con más carne registre 180° F.
5. Retire de la olla de cocción lenta y deje que se asiente 10 minutos antes de cortar en lonjas.
6. Sirva con puré de papas, ensalada de arándanos y maíz o judías verdes.

Variaciones:
1. Añada trozos de zanahoria y apio picado al Paso 3 para añadir más sabor al caldo del pavo.
2. Reserve el caldo para sopas, o espese con masa de agua de harina y sirva como aderezo sobre el pavo cortado en lonjas.
3. Congele el caldo en recipientes tamaño de pintas para uso en el futuro.
4. Deshuese el pavo y congele en recipientes tamaño de pintas para uso en el futuro. O congele cualquier pavo que sobre después de servir la comida descrita más arriba.

Pavo en la olla de cocción lenta

Earnest Zimmerman
Mechanicsburg, Pennsylvania

Rinde 6–8 porciones

Tiempo de preparación: 5 minutos
Tiempo de cocción: 1–5 horas
Tamaño ideal de la olla de cocción lenta:
  6 cuartos de galón

3–5 libras de pechuga de pavo
  con hueso
sal y pimienta a gusto
2 zanahorias, cortadas en trozos
1 cebolla, cortada en octavos
2 tallos de apio, cortados en
  trozos

1. Lave la pechuga de pollo bien y palméela seca. Condimente adentro bien con sal.

2. Coloque las verduras en el fondo de la olla de cocción lenta. Rocíe con pimienta. Coloque la pechuga de pavo encima de las verduras.

3. Cubra y gradúe la olla a "Alto" y cocine por 1–3 horas, o gradúe la olla a "Bajo" y cocine por 4–5 horas, o hasta que esté tierno pero no seco o blando.

Consejos útiles:
1. Cole el caldo y guárdelo. Deseche las verduras. El caldo hace un aderezo o base para las sopas. Usted puede congelar lo que no necesite inmediatamente.
2. Deshuese el pavo. Corte en lonjas y sirva caliente, o enfríe y use para ensalada de pavo o emparedados.

Pechuga de pavo con almíbar de arce con arroz

Jeanette Oberholtzer
Manheim, Pennsylvania

Rinde 4 porciones

Tiempo de preparación: 10–15 minutos
Tiempo de cocción: 4–6 horas
Tamaño ideal de la olla de cocción lenta:
  3 a 4 cuartos de galón

1 paquete de 6 onzas de mezcla
  de arroz salvaje de grano largo
1½ taza de agua
2 libras de pechuga de pavo
  deshuesada, cortada en trozos
  de 1½–2 pulgadas
¼ taza de almíbar de arce
1 cebolla, picada
¼ cucharadita de canela molida

Ingrediente opcional:
½ cucharadita de sal

1. Combine todos los ingredientes en la olla de cocción lenta.

2. Gradúe la olla a "Bajo" y cocine por 4–6 horas o hasta que el pavo y el arroz estén tiernos, pero no secos o blandos.

Pechuga de pavo con aderezo

Kelly Bailey
Mechanicsburg, Pennsylvania
Michele Ruvola
Selden, New York
Ruth Fisher
Leicester, New York

Rinde 6–8 porciones

Tiempo de preparación: 5 minutos
Tiempo de cocción: 1–5 horas
Tamaño ideal de la olla de cocción lenta:
  4 a 6 cuartos de galón

3–5 pechugas de pavo, con hueso
  o deshuesadas
1 sobre de mezcla seca de sopa de
  cebolla
sal y pimienta a gusto
1 lata de 16 onzas de aderezo de
  arándano, en jalea o de
  arándano entero
2 Cucharas de maicena
2 Cucharas de agua fría

1. Rocíe con sal y pimienta y con la mezcla de sopa encima y por debajo de la pechuga de pavo. Coloque el pavo en la olla de cocción lenta.

2. Añada el aderezo de arándano encima de la pechuga de pavo.

3. Cubra y gradúe la olla a "Bajo" y cocine por 4–5 horas o gradúe la olla a "Alto" y cocine por 1–3 horas o hasta que esté tierna pero no seca y blanda. (Un termómetro de carne debe registrar 180° F.)

4. Retire el pavo de la olla y permita que se asiente por 10 minutos. (Mantenga el aderezo en la olla.)

5. Entretanto, cubra y gradúe la olla a "Alto". En un tazón pequeño, mezcle la maicena y el agua fría

hasta que quede sin grumos. Cuando el aderezo esté hirviendo, mézclele la masa de maicena. Continúe hirviendo a fuego lento hasta que el aderezo se espese.

6. Corte el pavo en lonjas y sirva cubierto con aderezo de la olla.

Muslos de pavo con salvia

Carolyn Baer
Conrath, Wisconsin

Rinde 4 porciones

Tiempo de preparación: 15 minutos
Tiempo de cocción: 6–8 horas
Tamaño ideal de la olla de cocción lenta:
3 cuartos de galón

4 zanahorias medianas, cortadas en mitad
1 cebolla mediana, picada
½ taza de agua
1½ cucharadita de salvia seca, dividida
2 contramuslos o muslos de pavo sin pellejo, alrededor de 2 libras

Ingredientes opcionales:
1 cucharadita de aderezo para dorar
¼ cucharadita de sal
⅛ cucharadita de pimienta
1 Cuchara de maicena
¼ taza de agua

1. En una olla de cocción lenta, combine las zanahorias, la cebolla, el agua y 1 cucharadita de salvia. Cubra con el pavo. Rocíe con el resto de la salvia.

2. Cubra y gradúe la olla a "Bajo" y cocine por 6–8 horas o hasta que un termómetro de carne registre 180° F.

3. Retire el pavo y mantenga caliente. Retire las verduras de la olla con una cuchara perforada, reservando los jugos de cocción.

4. Mantenga las verduras calientes hasta que estén lista para servir. Vierta los jugos de cocción en una olla.

5. Vierta los jugos de cocción en una procesadora de alimentos. Cubra y procese hasta que quede sin grumos. Coloque en una cacerola. Añada los jugos de cocción.

6. Lleve la mezcla en la cacerola a un hervor. Añada el aderezo para dorar, la sal y la pimienta, si usted desea.

7. En un tazón pequeño, combine la maicena y el agua hasta que quede sin grumos. Mezcle en los jugos hirvientes. Cocine y mezcle por 2 minutos, o hasta que se espese. Sirva sobre el pavo.

8. Si usted ha mantenido las verduras calientes, añádalas al plato de servir con el pavo.

Consejo útil: Añada un poquito de ajo picadito al Paso 1 si usted desea.

Chucrut (col agría) y pavo

Carol Leaman
Lancaster, Pennsylvania

Rinde 4–6 porciones

Tiempo de preparación: 5 minutos
Tiempo de cocción: 7–8 horas
Tamaño ideal de la olla de cocción lenta:
5 cuartos de galón

1 pechuga de pavo grande, entera o mitad
1 bolsa de 32 onzas ó 1 lata de chucrut (col agría)

1. Coloque el pavo en la olla de cocción lenta. Cubra con chucrut (col agría).

2. Cubra y gradúe la olla a "Bajo" y cocine por 7–8 horas o hasta que el pavo esté tierno pero no seco y blando.

Esta es una receta genial para usar si usted prefiere no comer cerdo. ¡Créalo o no, la mayoría de personas quienes comen este plato piensan que están comiendo cerdo!

Consejo útil —

Me gusta cocer un pavo en la olla de cocción lenta de antemano. Yo corto la carne de pechuga en pedazos para servir y los congelo. Y corto el resto de toda la carne y la congelo en grupos de 3 tazas. El pavo cortado está listo para cualquier receta que necesita pavo o pollo cocido, tal como la ensalada de pavo o pollo, pastel de pavo y así sucesivamente.

Chucrut (col agría) y salchicha de pavo

Vera F. Schmucker
Goshen, Indiana

Rinde 8 porciones

Tiempo de preparación: 5 minutos
Tiempo de cocción: 4–6 horas
Tamaño ideal de la olla de cocción lenta:
3 cuartos de galón

---

1 lata grande de chucrut (col agría)
$^1/_4$–$^1/_2$ taza de azúcar morena, de acuerdo a su gusto
1 salchicha de 8 pulgadas de pavo ahumado o picante

1. Vierta el chucrut (col agría) en la olla de cocción lenta.
2. Rocíe con azúcar morena.
3. Corte la salchicha de pavo en rodajas de $^1/_4$ pulgada y acomode sobre el chucrut (col agría).
4. Gradúe la olla a "Bajo" y cocine por 4–6 horas.

Pavo indonesio

Elaine Sue Good,
Tiskilwa, Illinois

Rinde 4 porciones

Tiempo de preparación: 10 minutos
Tiempo de cocción: 6–8 horas
Tamaño ideal de la olla de cocción lenta:
2 a 3$^1/_2$ cuartos de galón

---

3 filetes de pechuga de pavo (alrededor de 1$^1/_2$–2 libras)
6 dientes de ajo, apretados y picados
1$^1/_2$ Cuchara de jengibre fresco rallado
1 Cuchara de aceite de sésamo
3 Cucharas de salsa de soja, *opcional*
$^1/_2$ cucharadita de pimienta de cayena, *opcional*
$^1/_3$ taza de crema de cacahuate (maní), su elección si con trocitos o sin trocitos

1. Coloque el pavo en el fondo de la olla de cocción lenta.
2. Rocíe con ajo, jengibre y aceite de sésamo.
3. Cubra y gradúe la olla a "Bajo" y cocine por 8 horas o hasta que un termómetro de carne registre 180° F.
4. Con una cuchara perforada, retire los pedazos de pavo de la olla de cocción lenta. Mezcle la crema de cacahuate (maní) en el resto de los jugos. Si el aderezo es más grueso de lo que le gusta a usted, mézclele $^1/_4$–$^1/_3$ taza de agua.
5. Cucharee la crema de cacahuate (maní) sobre el pavo para servir.

Consejos útiles:

1. Si a usted le gusta comidas más picantes, asegúrese de incluir pimienta de cayena y añádala como parte del Paso 2. Y, si su dieta permite, añada la salsa de soja durante el Paso 2 también.

2. Usted puede sustituir 4 pechugas de pollo enteras, sin pellejo y deshuesadas o 12 muslos de pollo sin pellejo y deshuesados por los 3 filetes de pavo. Yo he usado ambos y quede muy satisfecha con los resultados.

3. Entre más carne tiene, lo más parejo se cocinará, especialmente si su olla de cocción lenta cocina caliente.

Consejo útil —

Los productos de leche tales como la crema, leche y la crema agria pueden cortarse y separarse cuando se cuecen por un periodo largo. Añádelos durante los últimos 10 minutos si está cocinando en "Alto", o durante los últimos 20–30 minutos si está cocinando en "Bajo".

Mrs. J.E. Barthold
Bethlehem, Pennsylvania
Marilyn Yoder
Archbold, Ohio

Pavo molído con relleno y verduras

Brenda Hochstedler
East Earl, Pennsylvania

Rinde 6 porciones

Tiempo de preparación: 10–15 minutos
Tiempo de cocción: 3–8 horas
Tamaño ideal de la olla de cocción lenta:
   3 cuartos de galón

1 libra de pavo molido magro
2 tazas de verduras mixtas
   congeladas, su elección de
   combinación
¼ taza de aderezo italiano
1 cucharadita de aderezo de
   bistec, *opcional*
1 lata de 16 onzas de aderezo de
   arándanos enteros
1 paquete de 6 onzas de mezcla
   de relleno para pavo

1. Combine el pavo molido, las verduras, el aderezo italiano, y el aderezo para bistec, si usted desea, en la olla de cocción lenta.
2. Vierta el aderezo de arándano sobre el pollo. Rocíe con la mezcla seca de relleno.
3. Cubra y gradúe la olla a "Bajo" y cocine por 6–8 horas, o gradúe la olla a "Alto" y cocine por 3–4 horas.

Rollíto de pavo con arándano y naranja

Barbara Smith
Bedford, Pennsylvania
Clarice Williams
Fairbank, Iowa

Rinde 6 porciones

Tiempo de preparación: 10–20 minutos
Tiempo de cocción: 7–9 horas
Tamaño ideal de la olla de cocción lenta:
   4½ cuartos de galón

¼ taza de azúcar
2 Cucharas de maicena
¾ taza de mermelada de naranja
1 taza de arándanos frescos,
   picados o molidos finamente
2–2½ libras de un rollo de pavo
   congelado, parcialmente
   descongelado
sal y pimienta a gusto, *opcional*

1. Mezcle el azúcar y la maicena juntos en un tazón para microondas de 1 a 2 cuartos de galón. Mézclele la mermelada y los arándanos.
2. Cubra con papel de cera y gradúe el microondas a "Alto" y cocine por 1½ minutos. Mezcle. Gradúe el microondas a "Alto" por 1 minuto más. Si el aderezo está un poquito espeso, pare de calentar. Si el aderezo todavía está un poco ralo, mezcle, cubra y cocine otro minuto en "Alto".
3. Coloque el pavo en la olla de cocción lenta. Rocíe con sal y pimienta si usted desea. Vierta el aderezo sobre el pavo.
4. Cubra y gradúe la olla a "Bajo" y cocine por 7–9 horas o hasta que un termómetro de carne registre 180° F.

Pavo con salsa barbacoa para emparedados

Joanna Bear
Salisbury, Maryland

Rinde 4–5 porciones

Tiempo de preparación: 10 minutos
Tiempo de cocción: 1 hora
Tamaño ideal de la olla de cocción lenta:
   1½ a 2 cuartos de galón

½ taza de salsa de tomate
¼ taza de azúcar morena
1 Cuchara de mostaza preparada
1 Cuchara de salsa Worcestershire
2 tazas de pavo, cocido y cortado
   en trozos tamaño de bocadillo
1 cebolla pequeña, picada
   finamente, *opcional*

1. Mezcle la salsa de tomate, el azúcar, la mostaza y la salsa *Worcestershire* juntos en la olla de cocción lenta. Añada el pavo y la cebolla, si usted desea. Revuelva para cubrir bien.
2. Cubra y gradúe la olla a "Alto" y cocine por 1 hora, o hasta que esté completamente calentado.
3. Sirva en pan.

Emparedados calíentes de pavo

Tracey Hanson Schramel
Windom, Minnesot

Rinde 8 porciones

Tiempo de preparación: 20–30 minutos
Tiempo de cocción: 4–5 horas
Tamaño ideal de la olla de cocción lenta:
3 cuartos de galón

6 tazas de pavo cocido, cortado en
   trozos tamaño de bocadillo
1½ taza de mayonesa *o* aderezo de
   ensalada
1 libra de queso *Velveeta*, cortado
   en cubos
1½ taza de apio, picado

Ingredientes opcionales:
1 cebolla pequeña, picada fina
¼ cucharadita de sal
⅛ cucharadita de pimienta

1. Combine todos los ingredientes
y colóquelos en la olla de cocción
lenta.
2. Cubra y gradúe la olla a "Bajo"
y cocine por 4–5 horas.
3. Sirva en bollos.

Jamón de pavo deshi- lachado con salsa barbacoa

Velma Sauder
Leola, Pennsylvania

Rinde 8 porciones

Tiempo de preparación: 10 minutos
Tiempo de cocción: 4 horas
Tamaño ideal de la olla de cocción lenta:
4 cuartos de galón

2 libras de jamón de pavo
   deshilachado *o* jamón regular
   de deli
1 cebolla pequeña, picada
1 taza de agua
½ taza de azucar morena
2 Cucharas de condimento dulce
   de chile (ají)

1. Combine todos los ingredientes
y colóquelos en la olla de cocción
lenta.
2. Cubra y gradúe la olla a "Bajo"
y cocine por 4 horas. Si usted está en
su casa, mézclelo ocasionalmente.
3. Sirva en bollos de hamburguesa.

Consejo úti: *Añada una rodaja de su*
   queso preferido encima de cada
   bollo lleno, si usted desea.

Consejo útil —

Si hay demasiado líquido en su olla, meta un palillo de dientes debajo
del borde de la tapa para inclinarlo un poquito y para permitir que el vapor
se escape.

Carol Sherwood
Batavia, New York

Platos principales de res

Rosbif, preparación fácil

Jean Binns Smith
Bellefonte, Pennsylvania
Sarah Miller
Harrisonburg, Virginia
Heidi Hunsberger
Harrisonburg, Virginia

Rinde de 6–8 porciones

Tiempo de preparación: 5 minutos
Tiempo de cocción: 6–8 horas
Tamaño ideal de la olla de cocción lenta:
4 cuartos de galón

3–4 libras de rosbif
1 lata de 10¾ onzas de sopa de
    crema de sopa de hongos
La mitad o un sobre completo de
    mezcla seca de sopa de cebolla

1. Enjuague la carne de res, escúrrala y colóquela en una olla de cocción lenta.

2. Añada la sopa de hongos. Rocíe con la mezcla de sopa seca.

3. Cubra y gradúe la olla a "Bajo" y cocine por 6–8 horas o hasta que la carne esté suave pero no seca.

Variaciones:

1. Usted puede añadir rebanadas de zanahoria y papas divididas por la mitad despues de 4 horas de cocción.

2. Para lograr más salsa, mezcle la sopa de hongos con una lata (de sopa) llena de agua antes de verter dentro de la olla.

— **Lena Hoover**
    Ephrata, Pennsylvania
— **Michelle High**
    Fredericksburg, Pennsylvania
— **Colleen Konetzni**
    Rio Rancho, New Mexico

3. Para lograr más salsa, mezcle la sopa de hongos con ½ taza de vino blanco.

— **Karen Waggoner**
    Joplin, Missouri

4. Dore la carne en todos los lados en 2 cucharas de aceite de oliva en un sartén antiadherente. Coloque en la olla de cocción lenta. En un tazón, mezcle la sopa de hongos, la mezcla de sopa seca, ½ cucharadita de sal, ¼ de cucharadita de pimienta y ½ taza de agua. Añada sobre la carne. Continúe con el paso 3.

— **Betty Moore**
    Plano, Illinois

Res italiana briosa

Carol Eveleth,
Wellman, Iowa

Rinde de 6 porciones

Tiempo de preparación: 5 minutos
Tiempo de cocción: 4–10 horas
Tamaño ideal de la olla de cocción lenta:
3½ cuartos de galón

1 sobre de mezcla seca de sopa de
    cebolla
½ cucharadita de ajo en polvo
1 cucharadita de albahaca
½ cucharadita orégano seco
¼ cucharadita de paprika, *opcional*
½ cucharadita de pimiento rojo,
    opcional
2 tazas de agua
2 libras de lomo de res

1. Combine la mezcla de sopa y los condimentos con 2 tazas de agua en la olla de cocción lenta. Añada la carne.

2. Gradúe la olla y cocine por 4–6 horas, o gradúe la olla a "Bajo" y cocine por 8–10 horas o hasta que la carne esté suave pero no seca.

3. Deje reposar la carne por 10 minutos antes de rebanar. Cubra las rebanadas con el jugo de la cocción.

Res italiana *Au Jus*

Carol Sherwood

Batavia, New York

Rinde 8 porciones

Tiempo de preparación: 10 minutos
Tiempo de cocción: 8 horas
Tamaño ideal de la olla de cocción lenta:
4 cuartos de galón

3–5 libras de rosbif sin huesos
1 paquete de 10 onzas de mezcla
seca *au jus*
1 paquete de mezcla seca para
aderezo de ensalada italiana
1 lata de 14½ onzas de caldo de
res
media lata (de sopa) de agua

1. Coloque la carne en la olla de cocción lenta.
2. Combine los demás ingredientes. Añada sobre la carne.
3. Cubra. Gradúe la olla a "Bajo" y cocine por 8 horas.
4. Rebane la carne y sáquela con una cuchara escurridora encima de los rollos duros para hacer emparedados.

O deshébre con 2 tenedores y sirva sobre fideos o arroz en caldo espesado con harina.

Nota: Para espesar el caldo, mezcle 3 Cucharas de maicena dentro de ¼ de taza de agua fría. Mezcle hasta que esté suave.

Retire ½ taza de caldo de res de la olla y bata dentro de la mezcla maicena–agua. Mezcle dentro del caldo en la olla hasta que esté suave.

Gradúe la olla a "Alto" y cocine por 10–15 minutos hasta que el caldo adquiera consistencia espesa.

Res asada en la olla

Ruth Hofstetter

Versailles, Missouri

Rinde 8 porciones

Tiempo de preparación: 2 minutos
Tiempo de cocción: 5–10 horas
Tamaño ideal de la olla de cocción lenta:
3 cuartos de galón

3–4 libras de bistec redondo
1 sobre de mezcla seca de
condimentos para guiso de res
1 taza de agua

1. Coloque la carne en la olla de cocción lenta.
2. En un tazón pequeño mezcle los condimentos y el agua. Añada sobre la carne.
3. Gradúe la olla a "Bajo" y cocine durante 10 horas, o gradúe la olla a "Alto" por 5 horas.

¡Se me olvidó descongelar el rosbif!

Thelma Good

Harrisonburg, Virginia

Rinde 10 porciones

Tiempo de preparación: 20 minutos
Tiempo de cocción: 7–9 horas
Tamaño ideal de la olla de cocción lenta:
4 a 5 cuartos de galón

3–4 libras de rosbif congelado
1½ cucharaditas de sal
pimienta al gusto
1 cebolla larga
¼ de taza de harina
¾ de taza de agua fría

1. Coloque la carne congelada en la olla de cocción lenta. Rocíe con 1½ cucharaditas de sal y pimienta al gusto. Rebane la cebolla y colóquela encima.
2. Cubra y gradúe la olla a "Alto" y cocine por 1 hora. Gradúe la olla a "Bajo" y cocine por 6–8 horas o hasta que la carne esté suave pero no seca.
3. Retire 1¼ tazas de caldo de la olla de cocción lenta y colóquelas dentro de una cacerola. Permita que hierva.
4. Mientras el caldo esté caliente, bata la harina y el agua fría en un tazón pequeño hasta que esté suave.
5. Cuando el caldo hierva, mezcle la harina y el agua dentro del caldo, mezcle contínuamente hasta que el caldo esté sin grumos y espeso.
6. Rebane la carne y ponga la carne y las cebollas en la olla de cocción lenta. Añada la salsa encima. Gradúe la olla a "Bajo" y cocine hasta que esté listo para servir.

Consejo: Este es un plato sencillo de preparar para servir a los invitados.

Un consejo útil —

Para lograr un mayor sabor de las hierbas y especias cuando esté usando una olla de cocción lenta:
- Úselas enteras en lugar de molidas o trituradas.
- Use hierbas frescas siempre que pueda.

Asado de res sabroso

Mary Kay Nolt
Newmanstown, Pennsylvania

Rinde 10–12 porciones

Tiempo de preparación: 10 minutos
Tiempo de cocción: 7–8 horas
Tamaño ideal de la olla de cocción lenta:
5 cuartos de galón

2–2½ libras de carne de res sin
    huesos (aguja)
1 sobre de mezcla seca para
    aderezo de ensalada ranchera
1 sobre de mezcla seca para
    aderezo de ensalada italiana
1 sobre de mezcla seca para salsa
    dorada
½ taza de agua

Ingredientes opcionales:
1 Cuchara de harina
½ taza de agua

1. Coloque la carne de res (aguja)
en una olla de cocción lenta.

2. En un tazón pequeño, combine
el aderezo de ensalada y la mezcla
para salsa. Mezcle con agua. Añada
sobre la carne.

3. Cubra y gradúe la olla a "Bajo",
y cocine por 7–8 horas, o hasta que
la carne esté suave pero no seca.

4. Si usted lo desea, espese el
jugo de la cocción para la salsa.
Retire la carne al final del tiempo de
cocción y manténgala caliente en un
plato.

5. Gradúe la olla a "Alto". Permita
que el jugo hierva.

6. Mientras tanto, mezcle 1
Cuchara de harina con ½ taza de
agua en un recipiente con tapa ajustada. Agite hasta que esté sin grumos.

7. Cuando los jugos hiervan,
añada la mezcla harina–agua dentro
de la olla lentamente, mezclando constantemente. Continúe la cocción
mezclando hasta que los jugos se
espesen.

8. Sirva sobre la carne o en un
plato aparte junto con la carne.

Asado de res italíano

Sandy Osborn
Iowa City, Iowa

Rinde 8 porciones

Tiempo de preparación: 5–10 minutos
Tiempo de cocción: 5–8 horas
Tamaño ideal de la olla de cocción lenta:
3½ cuartos de galón

2½ libras de bistec redondo de res
    sin huesos
1 cebolla mediana, rebanada
¼ de cucharadita de sal
¼ de cucharadita de pimienta
2 latas de 8 onzas de salsa de
    tomate sin sal
1 sobre de mezcla seca para
    aderezo de ensalada italiana

Ingredientes opcionales:
½ taza de harina o maicena
½ taza de agua

1. Rebane la carne por la mitad
para lograr una cocción uniforme.
Luego colóquela en una olla de cocción lenta.

2. Añada la cebolla y los demás
ingredientes en el orden indicado.

3. Cubra y gradúe la olla a "Alto"
y cocine por 5 horas o hasta que la
carne esté suave pero no seca. Usted
puede también cocinar en "Alto"
durante 1 hora, y luego reducir el
calor a "Bajo" y cocinar durante 7
horas.

4. Cuando la carne esté completamente cocida, colóquela en un plato
y cúbrala para mantenerla caliente.

5. Para que el jugo de la cocción
esté espeso, gradúe la olla a "Alto"
para que los jugos hiervan.

6. Mezcle ½ taza de harina o
maicena dentro de ½ taza de agua.
Cuando no haya grumos, añada
suavemente dentro del caldo mezclando contínuamente. Continúe la
cocción hasta que los jugos se espesen.

7. Rebane la carne. Sirva la salsa
sobre la carne o coloque la salsa en
un recipiente aparte para servir.

Rosbif italiano

Dorothy VanDeest
Memphis, Tennessee

Rinde 6–8 porciones

Tiempo de preparación: 15 minutos
Tiempo de cocción: 10–12 horas
Tamaño ideal de la olla de cocción lenta:
4 a 5 cuartos de galón

2 cebollas, *divididas*
2 dientes de ajo
1 rama larga de apio,
picada finamente, *opcional*
3 rebanadas de tocino
harina
4 libras de carne de lomo de res

1. Pique finamente la cebolla, el ajo, el apio y el tocino. Mezcle todo junto.
2. Aplique ligeramente harina a la carne. Frote en todos los lados con la mezcla picada.
3. Rebane la cebolla sobrante. Colóquela en una olla de cocción lenta. Coloque la carne encima de la cebolla.
4. Aplique la mezcla faltante—o la que esté cayendo—sobre la carne.
5. Cubra y gradúe la olla a "Bajo" y cocine por 10–12 horas.

Carne de res asada todo el día

Carol Shirk
Leola, Pennsylvania

Rinde 5 porciones

Tiempo de preparación: 15–20 minutos
Tiempo de cocción: 5–12 horas
Tamaño ideal de la olla de cocción lenta:
4 cuartos de galón

1½ libras de filete de res redondo sin huesos tipo *eye of beef*, lomo de res *o* aguja
4 papas medianas, cortadas en 4 partes
1 paquete de 16 onzas de zanahorias pequeñas peladas
1 lata de 10¾ onzas de sopa de hongos dorados
½ cucharadita de estragón seco, *o* albahaca, triturada

1. En un sartén antiadherente grande, dore la carne en todos los lados.
2. Coloque las papas y las zanahorias en la olla de cocción lenta. Coloque la carne dorada encima de las verduras.
3. En un tazón pequeño, mezcle la sopa y el estragón o la albahaca. Añada sobre la carne y las verduras.
4. Cubra y gradúe la olla a "Bajo" y cocine por 10–12 horas, o en "Alto" 5-6 horas, hasta que la carne y las verduras estén suaves pero no secas.

Rosbif de cena completa

Betty Moore
Plano, Illinois
Rhonda Freed
Lowville, New York

Rinde 6–8 porciones

Tiempo de preparación: 10 minutos
Tiempo de cocción: 8–9 horas
Tamaño ideal de la olla de cocción lenta:
3½ a 4 cuartos de galón

3–5 libras de rosbif
1 lata de 10¾ onzas de sopa de hongos
1 sobre de mezcla seca de sopa de cebolla
4 tazas de zanahorias pequeñas
4–5 papas, cortadas en 4 partes

1. Coloque la carne en una olla de cocción lenta.
2. Cubra con la sopa de hongos. Rocíe con la mezcla de sopa de cebolla.
3. Cubra y gradúe la olla a "Bajo" y cocine por 6 horas.
4. Añada las papas y las zanahorias, sumergiéndolas dentro de la salsa tanto como sea posible.
5. Cubra y cocine de 2 a 3 horas, o hasta que las verduras estén suaves, pero la carne no esté seca.

Variaciones:

1. Rocíe las zanahorias y las papas con sal y pimienta después de colocarlas en la olla.

2. Mezcle una lata (de sopa) llena de agua dentro de la sopa de hongos antes de ponerla en la olla en el paso 2.

3. Añada una cabeza pequeña de col, cortada en 4 partes, en el paso 4.

— Liz Rugg
Wayland, IA

Para obtener mayor sabor en la salsa, primero dore la carne en un sartén. Remueva todos los sobrantes del fondo del sartén y añádalos en la olla de cocción lenta junto con la carne.

Carolyn Baer
Conrath, Wisconsin

4. Añada 4 cebolla medianas, córtelas en pedazos, en el paso 4.

— **Leona Yoder**
Hartville, Ohio

Variaciones:

1. Si por razones de tiempo usted prefiere colocar todos los ingredientes dentro de la olla de cocción lenta de una vez, coloque las papas y las zanahorias dentro de la olla primero. Luego tape con la carne. Vierta la sopa de hongos sobre todo. (Para lograr mucha salsa, mezcle 2 latas (de sopa) de agua dentro de la sopa de hongos concentrada antes de verter sobre las verduras y la carne).

Rocíe con la mezcla de sopa seca.

Cubra y gradúe la olla a "Bajo" y cocine por 6–8 horas, o hasta que la carne y las verduras estén suaves pero no secas o blandas.

— **Sherry Kauffman**
Minot, North Dakota
— **Marla Folkerts**
Holland, Ohio
— **Jean Butzer**
Batavia, New York
— **Janie Steele**
Moore, Oklahoma

2. Coloque las verduras en el fondo de la olla de cocción lenta. Cubra con la carne. Luego, en lugar de añadir una lata de sopa y la mezcla de sopa seca, simplemente mezcle hasta que se suavisen ³/₄ de taza de agua, 1¹/₂ cucharaditas de sal, ¹/₄ de cucharadita de pimienta y 2 Cucharas de harina; si usted quiere caldo ligeramente espeso. Añada sobre todo.

— **Janice Burkholder**
Richfield, Pennsylvania
— **Ruth Ann Bender**
Cochranville, Pennsylvania
— **Betty Hostetler**
Allensville, Pennsylvania

3. Use ¹/₂–1¹/₂ tazas de caldo de res, o 1¹/₂ tazas de agua, en lugar de la lata de sopa de hongos.

— **Sarah Herr**
Goshen, Indiana
— **Karen Ceneviva**
New Haven, Connecticut
— **Frances L. Kruba**
Dundalk, Maryland
— **Shelia Heil**
Lancaster, Pennsylvania

Asado de res de vino de Borgoña

Jane Hershberger,
Newton, Kansas

Rinde 6–8 porciones

Tiempo de preparación: 10 minutos
Tiempo de cocción: 5 horas
Tamaño ideal de la olla de cocción lenta:
4 cuartos de galón

4 libras de carne de venado o de res (rosbif)
1 lata de 10³/₄ onzas de crema de sopa de hongos
1 taza de vino de Borgoña
1 cebolla larga, fínamente picada
2 Cucharas perejil picado

Ingredientes opcionales:
4 papas medianas, cortadas en 4 partes
4 zanahorias medianas, cortadas en 4 partes

1. Coloque la carne en la olla de cocción lenta.

2. Mezcle la sopa y el vino en un tazón. Añada sobre la carne.

3. Cubra con cebolla y perejil.

4. Cubra y gradúe la olla a "Bajo"

y cocine por 5 horas o hasta que la carne esté suave pero no seca.

Consejos:

1. Si usted elige incluir las papas y las zanahorias póngalas en la olla de cocción lenta primero; luego continúe con el paso 1 indicado arriba.

2. Sirva la salsa sobre la carne rebanada o cortada en cubos.

Variación: Sustituya el vino con una lata (de sopa) de agua.

— **Patricia Fleischer**
Carlisle, Pennsylvania
— **Ethel Mumaw**
Millersburg, Ohio

Asado de res "tío Tim"

Tim Smith

Rutledge, Pennsylvania

Rinde 4 porciones

Tiempo de preparación: 30 minutos
Tiempo de cocción: 8 horas
Tamaño ideal de la olla de cocción lenta:
   5 cuartos de galón

4 libras de carne de res tipo *eye of beef*
2 Cucharas de ajo triturado
8 papas rojas medianas cortadas en dos o en cuatro partes
1 libra de zanahorias pequeñas y peladas
agua
1 pimiento verde, cortados en dos y sin semilla

1. Coloque la carne en el centro de la olla de cocción lenta. Unte el ajo en la carne.
2. Añada las papas y las zanahorias. Añada agua hasta que las zanahorias y las papas estén cubiertas.
3. Cubra y gradúe la olla a "Bajo" y cocine durante 8 horas.
4. Una hora antes de servir, coloque las mitades del pimiento encima de carne (moviendo las verduras a los lados tanto como sea posible), con el área de corte hacia abajo. Cubra y continúe la cocción.

Variación: Rocíe la carne con sal y pimienta en el paso 1. Y rocíe las papas y las zanahorias con sal en el paso 2.

Asado de res con zanahorias y papas

Loretta Hanson

Hendricks, Minnesota

Rinde 6 porciones

Tiempo de preparación: 30 minutos
Tiempo de cocción: 4–12 horas
Tamaño ideal de la olla de cocción lenta:
   5–6 cuartos de galón

3–4 papas, peladas y rebanadas delgadamente
3–4 zanahorias, peladas y rebanadas delgadamente
1 cebolla, picada, *opcional*
sal y pimienta al gusto
3 libras de la falda de res, lomo de res,
o bistec de res
1 taza de consomé de carne

1. Coloque las verduras en el fondo de la olla de cocción lenta.
2. Rocíe con sal y pimienta la carne. Coloque la carne en la olla de cocción lenta.
3. Añada el consomé alrededor de la carne.
4. Cubra y gradúe la olla a "Bajo" y cocine por 10–12 horas, o en "Alto" 4–5 horas.

Variaciones:
En lugar de consomé en el paso 3, use una lata de 10³⁄₄ onzas de crema de pollo mezclada con 2¹⁄₂ tazas de café concentrado.
— **Eileen D. Wenger**
Leola, Pennsylvania

2. Añada 2–3 Cucharas de salsa tipo Worcestershire en el paso 3, antes de añadir el consomé.
— **Carol Eveleth**
Wellman, Iowa

Rosbíf y los hongos

Gladys M. High

Ephrata, Pennsylvania

Rinde 4–6 porciones

Tiempo de preparación: 10 minutos
Tiempo de cocción: 8–10 horas
Tamaño ideal de la olla de cocción lenta:
   3 cuartos de galón

3 libras de carne de res (aguja) sin huesos
¹⁄₄ libra de los hongos frescos, rebanados,
o una lata de 4 onzas de tallos y trozos de hongo, drenado
1 taza de agua
1 sobre de mezcla seca para salsa dorada
1 sobre de mezcla seca para aderezo italiano

1. Coloque la carne en la olla de cocción lenta.
2. Cubra con los hongos.
3. En un tazón pequeño, mezcle agua, la mezcla seca para salsa y la mezcla seca para aderezo italiano. Añada sobre la carne y los hongos.
4. Cubra y gradúe la olla a "Bajo" y cocine por 8–10 horas o hasta que la carne esté suave pero no seca.

Falda de res con hongos, preparación rápida y fácil

Dorothy VanDeest
Memphis, Tennessee
Dede Peterson
Rapid City, South Dakota

Rinde 8–10 porciones

Tiempo de preparación: 5 minutos
Tiempo de cocción: 10–14 horas
Tamaño ideal de la olla de cocción lenta:
4 cuartos de galón

4–5 libras de falda de res
1 sobre de mezcla seca de sopa de
    cebolla
1 lata de 4 onzas de hongos, sin
    drenar

1. Coloque la falda de res en la olla de cocción lenta con la grasa de la carne hacia arriba, cortando hasta ajustar el contenido a la olla si es necesario.
2. En un tazón de mezcla, combine la mezcla seca de sopa de cebolla con los hongos y sus líquidos. Disperse la mezcla de sopa de cebolla encima de la falda de res.
3. Cubra y gradúe la olla a "Bajo" y cocine por 10–14 horas o hasta que la carne esté suave pero no seca.
4. Retire la falda de res de la olla de cocción lenta y permita reposar por 10 minutos. Corte la carne en rebanadas delgadas. Sirva con los jugos de la carne vertidos encima de las rebanadas.

Asado de res italiano con papas

Ruthie Schiefer
Vassar, Michigan

Rinde 8 porciones

Tiempo de preparación: 30–35 minutos
Tiempo de cocción: 6–7 horas
Tamaño ideal de la olla de cocción lenta:
5 cuartos de galón

6 papas medianas,
    peladas si usted lo desea, y
    cortadas en 4 partes
1 cebolla larga, rebanada
3–4 libras de rosbif sin huesos
1 tarro de 26 onzas de pasta de
    tomate y albahaca, *divididas*
½ taza de agua
3 cubos de caldo de res

1. Coloque las papas y cebolla en el fondo de la olla de cocción lenta.
2. Mientras tanto, dore la carne por ambos lados en el sartén antiadherente.
3. Coloque la carne encima de las verduras. Añada el líquido del sartén sobre la carne.
4. Mezcle 1 taza de pasta y ½ taza de agua en un tazón pequeño. Mezcle los cubos de caldo. Vierta la mezcla sobre la carne.
5. Cubra y gradúe la olla a "Bajo" y cocine por 6–7 horas o hasta que la carne esté suave pero no seca.
6. Pase la carne y las verduras al plato de servir. Cubra con papel de aluminio.
7. Tome 1 taza del jugo de la cocción de la olla de cocción lenta y coloque en una cacerola mediana. Mezcle en la pasta sobrante, caliente.
8. Rebane o corte en cubos la carne. Sirva con la salsa caliente.

Asado de res con verduras saciadoras

Edna Mae Herschberger
Arthur, Illinois

Rinde 6 porciones

Tiempo de preparación: 10 minutos
Tiempo de cocción: 8 horas
Tamaño ideal de la olla de cocción lenta:
4 cuartos de galón

4 libras de rosbif
2 cucharaditas de sal
6 tazas de jugo de tomate
6 zanahorias peladas y cortadas
    en dos partes
6 papas, peladas y cortadas en
    dos partes

1. Coloque la carne en la olla de cocción lenta. Rocíe con sal. Añada jugo de tomate.
2. Cubra y gradúe la olla a "Alto" y cocine por 6 horas. Añada las papas y las zanahorias.
3. Cubra y gradúe la olla a "Alto" y cocine por 2 horas.

Asado de res con cebollas y hongos

Deb Herr
Mountaintop, Pennsylvania

Rinde 6 porciones

Tiempo de preparación: 10 minutos
Tiempo de cocción: 5–12 horas
Tamaño ideal de la olla de cocción lenta:
6 cuartos de galón

3–4 libras de bistec de res o carne
de res (aguja)
1 lata de 4 onzas de hongos
rebanados, drenados
1 cucharadita de sal
¼ de cucharadita de pimienta
½ taza de caldo de res
1 sobre de mezcla seca de sopa de
cebolla

Ingredientes opcionales:
½ taza de harina o maicena
½ taza de agua

1. Coloque el bistec de res en una
olla de cocción lenta.
2. Añada los hongos, sal y
pimienta.
3. En un tazón pequeño, mezcle
el caldo de res con la mezcla de sopa
de cebolla. Vierta sobre la carne.
4. Cubra y gradúe la olla a "Alto"
y cocine por 5–6 horas, o gradúe la
olla a "Bajo" y cocine por 10–12
horas o hasta que la carne esté suave
pero no seca.

*Consejo: Para espesar, prepare una
pasta suave en un recipiente o tazón
pequeño, mezclando ½ taza de harina o
maicena con ½ taza de agua.*

*Después de que la carne esté com-
pletamente cocida, retire la carne y
manténgala caliente en un plato.*

*Gradúe la olla a "Alto". Cuando los
jugos comiencen a hervir, añada suavemente pasta de harina–agua dentro de
la olla, mezclando contínuamente.*

*Continúe la cocción y mezclando
hasta que los jugos se espesen. Sirva
sobre rebanadas de carne, o en un
tazón junto con la carne.*

Rosbif barbacoa

Sherry H. Kauffman
Minot, North Dakota

Rinde 8 porciones

Tiempo de preparación: 15–20 minutos
Tiempo de cocción: 6–7 horas
Tamaño ideal de la olla de cocción lenta:
4 cuartos de galón

4 libras de rosbif
1 taza de *ketchup*
1 cebolla, picada
¾ de taza de agua
3 Cucharas de salsa *Worcestershire*
¾ de taza de azúcar morena

1. Coloque la carne en la olla de
cocción lenta.
2. En un tazón pequeño, mezcle
todos los demás ingredientes excepto
el azúcar morena. Añada sobre la
carne.
3. Cubra y gradúe la olla a "Bajo"
y cocine por 6–7 horas.
Aproximadamente 1 hora antes de
servir, rocíe con ¾ de taza de azúcar
morena.

Falda de res barbacoa

Ruthie Schiefer
Vassar, Michigan

Rinde 6–8 porciones

Tiempo de preparación: 10 minutos
Tiempo de cocción: 6½–8½ horas
Tamaño ideal de la olla de cocción lenta:
5 cuartos de galón

2 tazas de salsa de *barbecue Jack
Daniel's Original Nº. 7,
divididas*
1 cebolla mediana, cortada en
rodajas
3 cubos de caldo de res
3–4 libras de rosbif *o* falda de res
3 hojas de laurel

1. En el fondo de la olla de cocción lenta, combine 1 taza de salsa
barbecue, la cebolla y los cubos de
caldo.
2. Coloque la carne encima de la
salsa. Cubra con hojas de laurel.
3. Cubra y gradúe la olla a "Bajo"
y cocine por 6–8 horas o hasta que la
carne esté suave para deshébrela
fácilmente.
4. Retire la carne de la olla de
cocción lenta. Mantenga el jugo de la
cocción en la olla. Deshebre la carne
con dos tenedores.
5. Regrese la carne a la olla de
cocción lenta. Añada la salsa *barbecue* restante. Mezcle bien.
6. Cubra y gradúe la olla a "Alto"
y cocine hasta que esté completamente caliente.
7. Sirva sobre panes de
emparedado.

Asado de res agridulce
Rosalie D. Miller
Mifflintown, Pennsylvania

Rinde 5 porciones

Tiempo de preparación: 5 minutos
Tiempo de cocción: 6–8 horas
Tamaño ideal de la olla de cocción lenta:
2 cuartos de galón

2 libras de rosbif
½ taza de jugo agridulce o vinagre
   de manzana
3 Cucharas de azúcar morena
2 cucharaditas de sal
1 Cuchara de salsa *Worcestershire*
1 taza de agua

1. Coloque la carne en una olla
de cocción lenta.
2. En un tazón pequeño, combine
los demás ingredientes. Añada sobre
la carne.
3. Cubra y gradúe la olla a "Bajo"
y cocine por 6–8 horas o hasta que la
carne esté suave pero no seca.

Variación: coloque 5 papas medianas,
cortadas en cubos, en el fondo de la
olla. Añada suficiente agua para ape-
nas cubrir las papas. Cubra con 1
cuarto de galón de judías verdes congela-
das. Luego añada la carne y continúe
con el paso 2 indicado arriba.

Rosbif con *ginger ale*
Martha Bender
New Paris, Indiana

Rinde 6–8 porciones

Tiempo de preparación: 15–20 minutos
Tiempo de cocción: 8–10 horas
Tamaño ideal de la olla de cocción lenta:
3½ a 4 cuartos de galón.

3 libras de rosbif
½ taza de harina
1 sobre de mezcla seca de sopa de
   cebolla
1 sobre de mezcla seca para salsa
   dorada
2 tazas de *ginger ale*

1. Cubra la carne con harina.
Retire la harina que no se adhirió a
la carne. Coloque la carne en una
olla de cocción lenta.
2. Combine la mezcla de sopa
seca, la mezcla de salsa, la harina
restante y el *ginger ale* en un tazón.
Mezcle bien.
3. Añada la salsa sobre la carne.
4. Cubra y gradúe la olla a "Bajo"
y cocine por 8–10 horas o hasta que
la carne esté suave.
5. Sirva con puré de papa o arroz.

Carne de res agria de 8 horas
Mary Martins
Fairbank, Iowa

Rinde 6–8 porciones

Tiempo de preparación: 5 minutos
Tiempo de cocción: 8–9 horas
Tamaño ideal de la olla de cocción lenta:
4 cuartos de galón

3½–4 libras de rosbif
1 lata de 12 onzas de *ginger ale*
1½ tazas de *ketchup*

1. Ponga la carne en la olla de
cocción lenta.
2. Añada *ginger ale* y salsa de
tomate sobre la carne.
3. Cubra. Gradúe la olla a "Bajo"
y cocine por 8–9 horas.
4. Deshebre con 2 tenedores y
sirva sobre panecillos. *O corte la*
carne y sirva sobre arroz, papas, o
pasta.

Variaciones:
1.Esta receta produce mucho jugo.
Usted puede añadir cebollas picadas,
papas y judías verdes en el paso 2, si
usted lo desea. O mezcle los hongos
rebanados y/o guisantes 30 minutos
antes del final de la cocción.

2. Para lograr un plato final picante,
añada chile en polvo o comino, junto
con pimienta negra, en el paso 2.

Un consejo útil —

Dorar la carne, las cebollas y las verduras antes de colocarlas en la olla
mejora su sabor, pero este paso extra puede ser omitido en la mayoría de
recetas. El sabor aún será bueno.

Dorothy M. Van Deest
Memphis, Tennessee

Asado de res chévere

Colleen Heatwole
Burton, Michigan
Joette Droz
Kalona, Iowa
F. Elaine Asper
Norton, Ohio
Ruth Ann Hoover
New Holland, Pennsylvania

Rinde 6–8 porciones

Tiempo de preparación: 10–15 minutos
Tiempo de cocción: 5–10 horas
Tamaño ideal de la olla de cocción lenta:
4 a 5 cuartos de galón

3–4 libra de rosbif
1 lata de 12 onzas de cola
1 lata de 10¾ onzas de crema de
sopa de hongos
1 sobre de mezcla seca de sopa de
cebolla

1. Coloque la carne en la olla de
cocción lenta.
2. En un tazón pequeño, mezcle
la cola y la crema de hongos. Añada
sobre la carne.
3. Rocíe con la mezcla seca de
sopa de cebolla.
4. Cubra y gradúe la olla a "Bajo"
y cocine durante 10 horas, o gradúe
la olla a "Alto" por 5 horas o hasta
que la carne esté suave pero no seca.

Variaciones:
1. Añada a una lata de 4 onzas de
tallos y pedazos de hongo, drenados, en
el paso 2.
— **Ruth Liebelt**
Rapid City, South Dakota

2. *Dore la carne sobre ambos lados en*
un sartén antiadherente antes de colo-
carla en la olla de cocción lenta.
— **Shawn Eshleman**
Ephrata, Pennsylvania
3. *En lugar de la cola, use 1*
taza de vino de jerez de cocina. En
lugar de la lata de la crema de hongos,
use 2 latas de 10¾ onzas de crema de
hongos dorados.
— **Janice Muller**
Derwood, Maryland

Asado de res "chuck" picante

Mary Jane Musser
Manheim, Pennsylvania

Rinde 6 porciones

Tiempo de preparación: 5 minutos
Tiempo de cocción: 5–10 horas
Tamaño ideal de la olla de cocción lenta:
3 a 4 cuartos de galón

3 libras de carne de res (aguja)
½ taza de jugo de naranja
3 Cucharas de salsa de soya
2 Cucharas de azúcar morena
1 cucharadita de salsa
Worcestershire

1. Coloque la carne en la olla de
cocción lenta. En un tazón de mezcla, combine los demás ingredientes
y añada sobre la carne.
2. Cubra y gradúe la olla a "Bajo"
y cocine durante 8–10 horas, o
gradúe la olla a "Alto" por 5 horas.

Consejo: Deshebre la carne con 2 tene-
dores. Mezcle bien con la salsa. Sirva
sobre arroz cocido, fideos, o puré de
papa.

Bistecs blandos estilo Tejas

Janice Muller
Derwood, Maryland

Rinde 4–6 porciones

Tiempo de preparación: 7 minutos
Tiempo de cocción: 6 horas
Tamaño ideal de la olla de cocción lenta:
3 cuartos de galón

4–6 bistecs de res o aguja
1 taza de azúcar morena
1 taza de salsa de tomate
sal al gusto
pimienta al gusto
una pequeña cantidad de salsa
Worcestershire

1. Coloque los bistecs en el fondo
de la olla de cocción lenta.
2. Combine el azúcar y salsa de
tomate. Añada sobre los bistecs. Si
usted necesita colocar los bistecs o
aguja, esté seguro que todos están
cubiertos con la salsa.
3. Rocíe con sal y pimienta y una
pequeña cantidad de salsa
Worcestershire.
4. Cubra y gradúe la olla a "Alto"
y cocine por 3 horas, y gradúe la olla
a "Bajo" y cocine durante 3 horas

Falda de res dulce y sabrosa

Donna Neiter
Wausau, Wisconsin
Ellen Ranck
Gap, Pennsylvania

Rinde 8–10 porciones

Tiempo de preparación: 10–12 minutos
Tiempo de cocción: 8–10 horas
Tamaño ideal de la olla de cocción lenta:
5 cuartos de galón

3–3½ libras de falda de res fresca, *divididas*
1 taza de *ketchup*
¼ de taza de jalea de uva
1 sobre de mezcla seca de sopa de cebolla
½ cucharadita de pimienta

1. Coloque la mitad de la falda de res en una olla de cocción lenta.
2. En un tazón, combine la salsa de tomate, la gelatina, la mezcla de sopa seca y pimienta.
3. Disperse la mitad de la mezcla sobre la mitad de la carne. Cubra con la carne restante y luego con la mezcla restante de la salsa de tomate.
4. Cubra y gradúe la olla a "Bajo" y cocine por 8–10 horas o hasta que la carne esté suave pero no seca.
5. Deje reposar la carne por 10 minutos. Luego rebane y sirva con el jugo de la cocción.

Nota: Use falda de res fresca, no carne en salmuera (corned beef).

Asado de res dulce sabroso

Kimberly Burkholder
Millerstown, Pennsylvania

Rinde 6–8 porciones

Tiempo de preparación: 15 minutos
Tiempo de cocción: 8–9 horas
Tamaño ideal de la olla de cocción lenta:
4 a 5 cuartos de galón

3–4 libras de láminas de carne
1 lata de 10¾ onzas de crema de sopa de hongos
½ taza de agua
¼ de taza de azúcar
¼ de taza de vinagre
2 cucharaditas de sal

1. Dore la carne por ambos lados en un sartén antiadherente. Colóquela en una olla de cocción lenta.
2. Mezcle los demás ingredientes en un tazón y añada sobre la carne.
3. Cubra y gradúe la olla a "Bajo" y cocine por 8–9 horas o hasta que la carne esté suave pero no seca.
4. Retire la carne de la olla y permita reposar por 10 minutos antes de rebanar o deshebrar con 2 tenedores.

Consejo: Haga una buena salsa siguiendo las indicaciones de las páginas 84 y 85 usando rosbif con pimienta negra.
Sirva la salsa junto o encima de la carne.

Asado de res con salsa barbacoa

Leann Brown
Ronks, Pennsylvania

Rinde 10 porciones

Tiempo de preparación: 5 minutos
Tiempo de cocción: 5–6 horas
Tamaño ideal de la olla de cocción lenta:
5 a 6 cuartos de galón

5 libras de carne de res
1 botella de 16 onzas de miel
salsa *barbecue*
1 cebolla pequeña, picada
1 diente de ajo, machacado

Ingredientes opcionales:
pimienta negra
sazonador *Montreal*

1. Coloque la carne en la olla de cocción lenta.
2. Añada la salsa *barbecue* encima.
3. Ponga la cebolla sobre la carne y el ajo junto a la carne.
4. Si usted lo desea, rocíe pimienta y/o sazonador.
5. Cubra y gradúe la olla a "Bajo" y cocine por 5–6 horas.
6. Retire la carne de la olla y permita reposar por 10 minutos. Rebane y sirva con el jugo de la cocción.

Asado de res con tomates, cebollas y chiles (ajíes)

Donna Treloar
Hartford City, Indiana

Rinde 10 porciones

Tiempo de preparación: 15 minutos
Tiempo de cocción: 8–10 horas
Tamaño ideal de la olla de cocción lenta:
   4 cuartos de galón

4–5 libras de rosbif
2 latas de 14½ onzas de tomates
   guisados estilo Mexicano
1 tarro de salsa de 16 onzas,
   espesa a su elección, mediana,
   o picante
2–3 cebollas medianas, cortadas
   en rodajas
1–2 pimientos rojos o verdes,
   rebanados

1. Dore la carne por ambos lados
en un sartén antiadherente y
colóquela en una olla de cocción
lenta.

2. En un tazón, combine los
tomates guisados y la salsa. Vierta
sobre la carne.

3. Cubra y gradúe la olla a "Bajo"
y cocine por 8-10 horas, o hasta que
la carne esté suave pero no seca.

4. Añada las cebollas cuando
halla pasado la mitad del tiempo de
cocción para mantenerlas que-
bradizas. Introdúzcalas dentro de la
salsa.

5. Una hora antes de servir,
añada las rebanadas de pimientos.
Sumérjalas dentro de la salsa.

6. Retire la carne de la olla y permítale reposar 10 minutos antes de
rebanar. Coloque las rebanadas en
un plato y cubra con las verduras y
la salsa.

*Consejo: Haga burritos fácilmente con
los sobrantes. Deshebre la carne
sobrante con 2 tenedores. Caliente
sobre la estufa con los pimientos, cebollas y ½ taza de salsa. Añada 1 Cuchara
de chile en polvo, 2 cucharaditas de
comino y sal al gusto. Caliente. Coloque
sobre tortillas calientes. Sirva con salsa,
crema agria y/o guacamole.*

Asado de res mexicano

Susan Segraves
Lansdale, Pennsylvania

Rinde 8 porciones

Tiempo de preparación: 5 minutos
Tiempo de cocción: 8–10 horas
Tamaño ideal de la olla de cocción lenta:
   5 cuartos de galón

1½ tazas de salsa con trocitos
1 lata de 6 onzas de pasta de
   tomate
1 sobre de mezcla seca para
   condimentar tacos
1 taza de agua
3 libras de carne de res (aguja)
½ taza de cilantro picado

1. En un tazón de mezcla, combine los primeros cuatro ingredientes.

2. Coloque la carne en la olla de
cocción lenta y añada la mezcla de
salsa encima.

3. Cubra y gradúe la olla a "Bajo"
y cocine por 8-10 horas, o hasta que
la carne esté suave pero no seca.
Retire en un plato.

4. Mezcle el cilantro dentro de la
salsa antes de servir con la carne.

Rosbif con pimienta negra

Stacie Skelly
Millersville, Pennsylvania

Rinde 6–8 porciones

Tiempo de preparación: 10–15 minutos
Tiempo de cocción: 8–10 horas
Tamaño ideal de la olla de cocción lenta:
   4 cuartos de galón

3–4 libras de carne de res (aguja)
½ taza de salsa de soya
1 cucharadita de ajo en polvo
1 hoja de laurel
3–4 pimientas negras
2 tazas de agua
1 cucharadita de tomillo, *opcional*

Ingredientes opcionales:
½ taza de harina
½ taza de agua

1. Coloque la carne en la olla de
cocción lenta.

2. En un tazón de mezcla, combine todos los demás ingredientes y
añada sobre la carne.

3. Cubra y gradúe la olla a "Bajo"
y cocine por 8-10 horas.

4. Retire la carne en un plato y
permítale reposar antes de rebanar o
deshebrar.

Consejos:

*1. Sirva la carne rebanada con puré
de papas con ajo o macarrones y queso,
o deshebrada para emparedados de rosbif.*

*2. Para preparar salsa para acom-
pañar la carne, gradúe la olla a "Alto" y
permita que el jugo de la cocción
hierva.*

En un tazón pequeño, mezcle ½ taza de harina y ½ taza de agua hasta que esté suave.

Cuando el jugo de la cocción esté hirviendo, añada la pasta de harina y agua dentro del jugo caliente, mezcle contínuamente hasta que los jugos se espesen. Luego apague la olla y sirva la salsa sobre la carne.

Asado de res de chiles (ajíes) verdes

Anna Kenagy
Carlsbad, New Mexico

Rinde 8-10 porciones

Tiempo de preparación: 15 minutos
Tiempo de cocción: 8 horas
Tamaño ideal de la olla de cocción lenta:
  4 cuartos de galón

3-4 libras de rosbif
1 cucharadita de sazonador y
  ablandador de carne, *opcional*
aceite, *opcional*
1 cucharadita de sal
3-4 chiles verdes, o una lata de 4
  onzas de chiles verdes,
sin drenar
1 Cuchara de salsa *Worcestershire*
½ cucharadita de pimienta negra

1. Rocíe la carne con el ablandador de carne. Dore en una parrilla o en un sartén con aceite. Colóquela en una olla de cocción lenta.
2. Añada agua hasta que la carne esté medio cubierta.
3. Añada los demás ingredientes.
4. Cubra. Gradúe la olla a "Bajo" y cocine por 8 horas.
5. Sirva con puré de papa y judías verdes.

Falda de res mexicana

Veronica Sabo
Shelton, Connecticut

Rinde 8 porciones

Tiempo de preparación: 20-30 minutos
Tiempo de cocción: 2-10 horas
Tamaño ideal de la olla de cocción lenta:
  5 cuartos de galón

1 libra de papas horneadas,
peladas y cortadas en cubos de
  una pulgada
1 libra de papas dulces, peladas
  y cortadas en cubos de una
  pulgada
3-3½ libras de falda de res, libre
  de grasa
1¼ tazas de salsa
2 Cucharas de harina, o tapioca
  de rápida cocción

1. Coloque ambos tipos de papas en la olla de cocción lenta.
2. Cubra con la falda de res.
3. Ponga la salsa y la harina en un tazón pequeño y mezcle bien. Añada uniformemente sobre la carne.
4. Cubra y gradúe la olla a "Bajo" y cocine por 6½-10 horas, o en "Alto" durante 2-5½ horas, o hasta que la carne esté suave pero no seca.
5. Para servir, remueva la carne de la olla, manténgala caliente y permítale reposar por 10 minutos. Luego rebane la carne. Coloque las rebanadas sobre un plato y cubra con las papas y la salsa.

Res en salsa de cebolla

Donna Neiter
Wausau, Wisconsin

Rinde 3 porciones

Tiempo de preparación: 20 minutos
Tiempo de cocción: 6-8 horas
Tamaño ideal de la olla de cocción lenta:
  3 cuartos de galón

1 lata de 10¾ onzas de crema de
  sopa de hongos
1 Cuchara de mezcla seca de sopa
  de cebolla
2 Cucharas de gránulos de carne
  de res
1 Cuchara de tapioca de rápida
  cocción
1 libra carne de res para guisar,
  cortada en cubos de una
  pulgada

1. Aplique al interior de la olla el aerosol de cocción.
2. En la olla de cocción lenta, combine la sopa, la mezcla de sopa, el caldo y la tapioca. Deje reposar 15 minutos.
3. Mezcle junto con la carne.
4. Cubra y gradúe la olla a "Bajo" y cocine por 6-8 horas o hasta que la carne esté suave pero no seca.

Consejo: Sirva sobre fideos cocidos o puré de papa.

Variación: Añada 2-3 cucharadas de cebollas picadas, ½ taza de hongos frescos rebanados y/o ¼ de cucharadita de pimienta a la mezcla en el paso .

— **Rosemarie Fitzgerald**
Gibsonia, Pennsylvania

Stroganoff preparación fácil

Vicki Dinkel

Sharon Springs, Kansas

Rinde 6–8 porciones

Tiempo de preparación: 5 minutos
Tiempo de cocción: 6¼–8¼ horas
Tamaño ideal de la olla de cocción lenta:
3 cuartos de galón

---

1 lata de 10¾ onzas de crema de
    sopa de hongos
1 lata de 14½ onzas de caldo de res
1 libra de carne de res para guisar
    o bistec redondo, cortado en
    pedazos de una pulgada
1 taza de crema amarga
2 tazas de fideos cocidos

1. Combine la sopa y caldo en la
olla de cocción lenta. Añada la carne.
2. Cubra. Gradúe la olla a "Alto"
y cocine por 3-4 horas. Reduzca el
calor a "Bajo" y cocine por 3-4 horas.
3. Mezcle con la crema amarga.
4. Mezcle dentro de los fideos.
5. Gradúe la olla a "Alto" y cocine
por 20 minutos.

*Debido a que estoy parte de mi
tiempo en el colegio y parte en dos tra-
bajos, esta comida casi completa es
buena para traer de casa. Huele muy
bien cuando usted abre la puerta.*

*Vegetales o una ensalada y pan
francés son buenos acompañantes.*

Crema (díp) francesa con sabor a híerbas

Sara Wichert

Hillsboro, Kansas

Rinde 6–8 porciones

Tiempo de preparación: 5 minutos
Tiempo de cocción: 5–6 horas
Tamaño ideal de la olla de cocción lenta:
4 cuartos de galón

---

3 libras de carne de res (aguja)
2 tazas de agua
½ taza de salsa de soya
1 cucharadita de ajo en polvo
1 hoja de laurel
3-4 pimientas negras enteras
1 cucharadita de romero seco,
    opcional
1 cucharadita de tomillo seco,
    opcional
6-8 rollos franceses

1. Coloque la carne en la olla de
cocción lenta.
2. Combine los demás ingredientes en un tazón de mezcla. Añada
sobre la carne.
3. Cubra y gradúe la olla a "Alto"
y cocine por 5-6 horas o hasta que la
carne esté suave pero no seca.
4. Retire la carne del caldo y
deshébrela con un tenedor. Mezcle
de nuevo dentro de la salsa.
5. Retire la carne de la olla con
tenedores largos y coloque sobre los
rollos franceses.

Crema (díp) francesa bríosa

Earnest Zimmerman

Mechanicsburg, Pennsylvania

Tracey Hanson Schramel

Windom, Minnesota

Rinde 6–8 porciones

Tiempo de preparación: 5 minutos
Tiempo de cocción: 8 horas
Tamaño ideal de la olla de cocción lenta:
4 a 6 cuartos de galón

---

4 libras de rosbif
1 lata de 10½ onzas de caldo de
    res
1 lata de 10½ onzas de sopa de
    cebolla francesa condensada
1 botella de 12 onzas de cerveza
6-8 rollos franceses o *baguettes*

1. Masajee la carne seca y
colóquela en una olla de cocción
lenta.
2. En un tazón de mezcla, combine el caldo de res, la sopa de
cebolla y la cerveza. Añada sobre la
carne.
3. Cubra y gradúe la olla a "Bajo"
y cocine por 8 horas o hasta que la
carne esté suave pero no seca.
4. Divida los rollos o *baguettes*.
Coloque en la estufa o en el horno
microondas hasta que esté completamente caliente.
5. Retire la carne de la olla y permita reposar por 10 minutos. Luego
deshébrela con dos tenedores, o corte
sobre la diagonal dentro de las
rebanadas delgadas y coloque en los
rollos. Sirva junto a la salsa de untar.

Una olla de cocción lenta es perfecta para carnes menos blandas como
los bistecs redondos. Porque la carne está siendo cocinada en líquidos por
horas, esto la vuelve suave y jugosa.

Carolyn Baer, Conrath, Wisconsin
Barbara Sparks, Glen Burnie, Maryland

Emparedados de res asada

Kelly Bailey
Mechanicsburg, Pennsylvania

Rinde 10–12 porciones

Tiempo de preparación: 15 minutos
Tiempo de cocción: 24 horas
Tamaño ideal de la olla de cocción lenta:
3 cuartos de galón

3 libras de rosbif
1 lata de 14³/₄ onzas de caldo de res
1 sobre de mezcla seca para aderezo de ensalada italiana
10–12 rollos duros de emparedado

Ingredientes opcionales:
¹/₂ **taza de mayonesa**
3 Cucharas de mostaza preparada

1. Coloque la carne en la olla de cocción lenta.
2. Combine el caldo y la mezcla de aderezo y añada sobre la carne.
3. Cubra y gradúe la olla a "Bajo" y cocine por 12 horas.
4. Retire la carne del caldo y deshébrela con 2 tenedores.
5. Regrese la carne deshebrada a la olla de cocción lenta y continúe cocinando, gradúe la olla a "Bajo" y cocine durante otras 12 horas.
6. Sirva en los rollos junto con la mayonesa mezclada con rábano picante, si usted lo desea.

Asado de res "chico de playa"

Jeanette Oberholtzer
Manheim, Pennsylvania

Rinde 6–8 porciones

Tiempo de preparación: 10 minutos
Tiempo de cocción: 8–12 horas
Tamaño ideal de la olla de cocción lenta:
3 a 4 cuartos de galón

3–4 libras de carne de res (aguja) o de bistec redondo
8–12 dientes de ajo
1 tarro de 32 onzas de pimiento *pepperoncini*, sin drenar
6–8 rollos largos tipo *hoagie*
12–16 rebanadas de su queso favorito

1. Haga pequeños cortes en la carne con un cuchillo filoso e inserte los dientes de ajo.
2. Coloque la carne en la olla de cocción lenta. Agregue los pimientos y su jugo encima.
3. Cubra y gradúe la olla a "Bajo" y cocine por 8–12 horas o hasta que la carne esté suave pero no seca.
4. Retire la carne de la olla y permítale enfriarse. Luego use 2 tenedores para deshebrarla.
5. Disperse sobre los rollos y cubra con queso.

Crema (díp) francesa enchilosa

Joette Droz
Kalona, Iowa

Rinde 10–12 porciones

Tiempo de preparación: 10 minutos
Tiempo de cocción: 8–10 horas
Tamaño ideal de la olla de cocción lenta:
4 cuartos de galón

3 libras de rosbif sin huesos, corte en tres partes
¹/₂ taza de agua
1 lata de 4 onzas de chiles jalapeños en cubos, drenados
1 sobre de mezcla seca para aderezo de ensalada italiana
10–12 rollos duros de emparedado

1. Coloque las 3 piezas de carne en la olla de cocción lenta.
2. En un tazón pequeño, combine el agua, los jalapenos y la mezcla seca para aderezo. Añada sobre la carne.
3. Cubra y gradúe la olla a "Bajo" y cocine por 8–10 horas o hasta que la carne esté suave pero no seca.
4. Retire la carne y deshébrela usando 2 tenedores. Coloque la carne deshebrada de nuevo en los jugos de la cocción. Mezcle y sirva sobre los rollos.

Bistec de cocción lenta

Radella Vrolijk
Hinton, Virginia

Rinde 6 porciones

Tiempo de preparación: 10 minutos
Tiempo de cocción: 6½–8½ horas
*Tamaño ideal de la olla de cocción lenta:
    3 a 4 cuartos de galón*

¾ de taza de harina
1 cucharadita de pimienta
¼ tde cucharadita de sal
2 libras de sirloin cortado en
    cubos o en bistec, dividido en 6
    porciones
1 lata de 10¾ onzas de crema de
    sopa de hongos
1⅓ tazas de agua

1. En un tazón, combine la
harina, la pimienta y la sal. Pase el
bistec sobre la harina.
2. Dore en un sartén antiadherente, tenga cuidado de no llenar el
sartén. Pase la carne dorada a la olla
de cocción lenta.
3. Combine los demás ingredientes en un tazón. Añada sobre el
bistec.
4. Cubra y gradúe la olla a "Bajo"
y cocine por 6–8 horas.

*Variación: Añada 1 taza de rebanadas
de apio y 1–3 cucharaditas de gránulos
de caldo de carne o dore la mezcla de
salsa en el paso 3.*

Cazuela de la cabaña acogedora

Anna Musser
Manheim, Pennsylvania

Rinde 3–4 porciones

Tiempo de preparación: 5 minutos
Tiempo de cocción: 6–8 horas
*Tamaño ideal de la olla de cocción lenta:
    4 cuartos de galón*

1 libra de bistec redondo de carne
    magra
1 sobre de sopa seca de cebolla
    con sabor a res
1 lata de 10¾ onzas de crema de
    sopa de hongos
1 lata de 10¾ onzas de sopa de
    apio
½ taza de crema amarga

1. Coloque los primeros cuatro
ingredientes en la olla de cocción
lenta.
2. Cubra y gradúe la olla a "Bajo"
y cocine por 6–8 horas, o hasta que
la carne esté suave pero no cocida en
exceso.
3. Mezcle con la crema amarga
10 minutos antes de servir.

Bistec suizo cremoso

Margaret Culbert
Lebanon, Pennsylvania

Rinde 6 porciones

Tiempo de preparación: 20 minutos
Tiempo de cocción: 6–8 horas
*Tamaño ideal de la olla de cocción lenta:
    5 cuartos de galón*

2 libras de bistec redondo de ¾ de
    pulgada de grosor, corte de
    acuerdo al tamaño de las
    porciones
sal y pimienta al gusto
1 cebolla larga, cortada en
    rebanadas delgadas
1 lata de 10¾ onzas de crema de
    sopa de hongos
media lata (de sopa) de agua

1. Coloque la carne en la olla de
cocción lenta. Rocíe con sal y
pimienta.
2. Cubra con las rebanadas de
cebolla.
3. En un tazón pequeño, mezcle
la sopa y el agua hasta que la mezcla
esté sin grumos. Vierta encima de la
olla.
4. Cubra y gradúe la olla a "Bajo"
y cocine por 6–8 horas, o hasta que
la carne esté suave pero no cocida en
exceso.

Bistec suizo con aderezo

Sherry H. Kauffman
Minot, North Dakota
Virginia Eberly
Loysville, Pennsylvania
Esther Burkholder
Millerstown, Pennsylvania
Ruth Retter
Manheim, Pennsylvania
Wilma Haberkamp
Fairbank, Iowa
Paula King
Flanagan, Illinois
Chris Peterson
Green Bay, Wisconsin
Phyllis Wykes
Plano, Illinois
Lois Ostrander
Lebanon, Pennsylvania
Mary Lynn Miller
Reinholds, Pennsylvania

Rinde 6–8 porciones

Tiempo de preparación: 5 minutos
Tiempo de cocción: 4–7 horas
Tamaño ideal de la olla de cocción lenta:
5 cuartos de galón

2–2¹⁄₂ libras de bistec redondo, corte de acuerdo al tamaño de las porciones
1 lata de 10³⁄₄ onzas de crema de sopa de hongos
media lata (de sopa) de leche o agua
medio o un sobre de mezcla seca de sopa de cebolla, dependiendo de su gusto

1. Coloque el bistec en la olla de cocción lenta.
2. En un tazón, mezcle la sopa y la leche. Añada sobre el bistec.
3. Ponga la mezcla seca de sopa de cebolla encima.
4. Cubra y gradúe la olla a "Bajo" y cocine por 4–7 horas, o hasta que la carne esté suave pero no cocida en exceso.

Variaciones:

1. Añada a una lata de 4 onzas de hongos rebanados y drenados encima del bistec, en el paso 1. Coloque en el plato ¹⁄₄ de cucharadita de pimienta negra al final del paso 3

— **Bonnie Goering**
Bridgewater, Virginia

2. Corte el bistec en tiras de 2x4 pulgadas. Échele la mezcla de crema de hongos. Colóquelo en una olla de cocción lenta y continúe con el paso 4.

— **Sheila Soldner**
Lititz, Pennsylvania

3. Use bistec cortado en cubos en lugar de bistec redondo. Y use 1 taza de agua en lugar de media.

— **Sara Kinsinger**
Stuarts Draft, Virginia

Bistec redondo de cocción lenta

Kathy Lapp
Halifax, Pennsylvania

Rinde 4–6 porciones

Tiempo de preparación: 15 minutos
Tiempo de cocción: 4–5 horas
Tamaño ideal de la olla de cocción lenta:
4 cuartos de galón

1³⁄₄ libras de bistec redondo
¹⁄₄ de taza de harina
2 cebollas, cortadas en rebanadas delgadas
1 pimiento verde, rebanado en tiras
1 lata de 10³⁄₄ onzas de crema de sopa de hongos

1. Corte el bistec de acuerdo al tamaño de las porciones. Pase el bistec sobre la harina. Dore en un sartén antiadherente.
2. Coloque el bistec dorado en la olla de cocción lenta. Cubra con cebolla y rebanadas de pimiento.
3. Añada la sopa, esté seguro que las rebanadas estén cubiertas.
4. Cubra y gradúe la olla a "Bajo" y cocine por 4–5 horas.

Variaciones:

1. Añada ¹⁄₂ cucharadita de sal y ¹⁄₄ de cucharadita de pimienta a la harina en el paso 1.

2. Si usted quiere más salsa, añada una segunda lata de sopa en el paso 3.

Bístec en una olla *Crock*

Judith A. Govotsos
Frederick, Maryland

Rinde 4–5 porciones

Tiempo de preparación: 10–20 minutos
Tiempo de cocción: 8–12 horas
Tamaño ideal de la olla de cocción lenta:
4 a 5 cuartos de galón

1 cebolla mediana,
rebanada y dividida en anillos
1 lata de 4 onzas de hongos
rebanados, aparte el líquido
2½ libras de bistec redondo de ¾
de pulgada de grosor, corte en
4–5 piezas
1 lata de 10¾ onzas de crema de
sopa de hongos
2 Cucharas de vino seco de jerez
o agua

1. Ponga los anillos de cebolla y
los hongos en el fondo de la olla de
cocción lenta.
2. Dore la carne en todos los
lados en un sartén antiadherente.
Colóquela en una olla de cocción
lenta encima las verduras.
3. En un tazón, mezcle el líquido
de los hongos, la sopa y el jerez.
Añada sobre la carne.
4. Cubra y gradúe la olla a "Bajo"
y cocine por 8-12 horas, o hasta que
la carne esté suave pero no cocida en
exceso.

Bístec redondo y verduras

Judy A. Wantland
Menomonee Falls, Wisconsin

Rinde 4 porciones

Tiempo de preparación: 10–15 minutos
Tiempo de cocción: 4–8 horas
Tamaño ideal de la olla de cocción lenta:
4 cuartos de galón

1-1½ libras de bistec redondo,
corte en cubos de una pulgada
1 paquete de 10 onzas de
guisantes congelados, *opcional*
4 zanahorias medianas y
rebanadas
4 papas medianas, despedazadas
1 lata de 10¾ onzas de crema de
sopa de hongos
1 sobre de mezcla seca de sopa de
cebolla

1. Rocíe el interior de la olla de
cocción lenta con aerosol antiadherente. Luego mezcle todos los ingredientes en la olla.
2. Cubra y gradúe la olla a "Bajo"
y cocine por 6-8 horas o gradúe la
olla a "Alto" por 4 horas, o hasta que
el bistec y las verduras estén suaves.

Bístec suízo para la olla de cocción lenta

Joyce Bowman
Lady Lake, Florida

Rinde 4 porciones

Tiempo de preparación: 30 minutos
Tiempo de cocción: 7 horas
Tamaño ideal de la olla de cocción lenta:
3 cuartos de galón

1 libra de bistec redondo de ¾ a 1
pulgada de grueso, cortado en
cubos
1 lata de 16 onzas de tomates
guisados
3 zanahorias, cortados en dos
longitudinalmente
2 papas, cortadas en 4 partes
1 cebolla mediana, cortada en 4
partes
ajo en polvo al gusto, *opcional*

1. Añada todos los ingredientes
en una olla de cocción lenta y en el
orden indicado.
2. Cubra y gradúe la olla a "Bajo"
y cocine durante 7 horas, o hasta que
la carne y las verduras estén suaves,
pero no cocidas en exceso o secas.

Un consejo útil —

Las carnes usualmente se
cocinan más rápido que las verduras en la olla de cocción lenta.

Si usted desea verificar si su
plato está completamente cocido,
vea si las verduras están suaves.

Si la receta lo permite,
coloque las verduras sobre el
fondo y a los lados de la olla a
medida que la prepare.

Bistec suízo con sabor a tomate

Leona Yoder
Hartville, Ohio
Heather Horst
Lebanon, Pennsylvania

Rinde 5–6 porciones

Tiempo de preparación: 5 minutos
Tiempo de cocción: 4–6 horas
Tamaño ideal de la olla de cocción lenta:
4 cuartos de galón

2 libras de bistec redondo, de ³/₄ de pulgada de grosor y del tamaño de una porción
1 cucharadita de sal
¹/₈–¹/₄ cucharadita de pimienta, dependiendo de su gusto o preferencia
1 cebolla larga, rebanada delgadamente
1 lata de 14¹/₂ onzas de tomates guisados o picados

1. Sazone el bistec con sal y pimienta. Colóquelo en una olla de cocción lenta y cúbralo con una rebanada de cebolla.
2. Vierta los tomates encima.
3. Cubra y gradúe la olla a "Bajo" y cocine durante 4–6 horas, o hasta que la carne esté suave pero no cocida en exceso.

Variación: Rocíe un sobre de mezcla seca de sopa de cebolla sobre la carne sazonada en el paso 1, justo antes de aderezar con la rebanada de cebolla.
— **Esther Porter**
Minneapolis, Minnesota

Bistec suízo con albahaca

Denise Nickel
Goessel, Kansas

Makes 6–8 servings

Tiempo de preparación: 10 minutos
Tiempo de cocción: 6–8 horas
Tamaño ideal de la olla de cocción lenta:
3 cuartos de galón

2 libras de bistec redondo, cortadas de acuerdo al tamaño de la porción
1 cebolla, rebanada
1 lata de 10³/₄ onzas de sopa de tomate o una lata de 14¹/₂ onzas de tomates guisados
1 cucharadita de sal y pimienta
¹/₂ taza de agua
1 cucharadita de albahaca

1. Arregle el bistec en la olla de cocción lenta. (El bistec no necesita estar dorado primero.)
2. Coloque la cebolla sobre la carne.
3. Mezcle los demás ingredientes en un tazón. Vierta sobre la carne y cebolla.
4. Cubra y gradúe la olla a "Bajo" y cocine por 6–8 horas.

Bistec suízo con pímientos verdes

Betty B. Dennison
Grove City, Pennsylvania

Rinde 6–8 porciones

Tiempo de preparación: 20 minutos
Tiempo de cocción: 6–7 horas
Tamaño ideal de la olla de cocción lenta:
4 cuartos de galón

3 libras de bistec redondo, cortadas de acuerdo al tamaño de la porción
¹/₂ taza de harina
1 lata de 4 onzas de salsa de tomate
1 cebolla mediana, rebanada
1 pimiento verde, rebanado

1. Pase la carne sobre la harina.
2. En un sartén antiadherente, dore la carne sobre ambos lados, pero no cocine completamente.
3. Coloque el bistec dorado en la olla de cocción lenta.
4. Añada la salsa de tomate sobre el bistec.
5. Coloque la cebolla y la pimienta encima.
6. Cubra y gradúe la olla a "Bajo" y cocine por 6–7 horas, o hasta que la carne esté suave, pero no cocida en exceso.

Variación: Añada 1 cucharadita de sal y ¹/₂ cucharadita de pimienta a la harina en el paso 1.

Zanahorias y bistec suizo

Ruth Zendt
Mifflintown, Pennsylvania

Rinde 5–6 porciones

Tiempo de preparación: 10 minutos
Tiempo de cocción: 8–10 horas
Tamaño ideal de la olla de cocción lenta:
4 a 6 cuartos de galón

1 libra de zanahorias pequeñas
1½ libras de bistec redondo, corte en pedazos del tamaño de un bocado
1 sobre de mezcla seca de sopa de cebolla
sal y pimienta al gusto
1 lata de 8 onzas de salsa de tomate
½ taza de agua

1. Rocíe el interior de la olla con aerosol antiadherente. Coloque zanahorias en el fondo de la olla. Cubra con bistec.
2. En un tazón, combine la mezcla de sopa, la sal y la pimienta, la salsa de tomate y el agua. Añada sobre la carne.
3. Cubra y gradúe la olla a "Bajo" y cocine por 8–10 horas.

Variación: en un tazón pequeño, mezcle 2 Cucharas de maicena y 2 Cucharas de agua fría hasta que esté suave. Media hora antes del final de la cocción, mezcle la pasta dentro de la olla, para espesar la salsa.
— **Christie Detamore-Hunsberger**
Harrisonburg, Virginia

Bistec redondo italiano

Chris Peterson
Green Bay, Wisconsin
Phyllis Wykes
Plano, Illinois

Rinde 5–6 porciones

Tiempo de preparación: 5 10 minutos
Tiempo de cocción: 5–8 horas
Tamaño ideal de la olla de cocción lenta:
4 cuartos de galón

1½ libras de bistec redondo
1 cucharadita de sal
½ de cucharadita de oregano
¼ de cucharadita de pimienta
1 cebolla mediana o grande, picada en tamaño grueso
1 tarro de 15½ onzas de salsa de espagueti, con sabor a su gusto

1. Corte el bistec en 5 o 6 pedazos de acuerdo al tamaño de la porción.
2. En un tazón, mezcle la sal, el oregano y la pimienta. Espolvoree las piezas de carne por ambos lados. Tan pronto como usted termine un pedazo, coloque la carne dentro de la olla de cocción lenta.
3. Añada cebolla picada.
4. Viértala la salsa de espagueti, teniendo cuidado de no cambiar de lugar los condimentos y las cebollas.
5. Cubra y gradúe la olla a "Bajo" y cocine por 5–8 horas, o hasta que la carne esté suave pero no cocida en exceso.

Bistec de fajita

Becky Harder
Monument, Colorado

Rinde 6 porciones

Tiempo de preparación: 10 minutos
Tiempo de cocción: 6–8 horas
Tamaño ideal de la olla de cocción lenta:
4 cuartos de galón

1 lata de 15 onzas de tomates con chiles (ajíes) verdes
¼ de taza de salsa, a su gusto de espesa, mediana, o picante
1 lata de 8 onzas de salsa de tomate
2 libras de bistec redondo, cortado en tiras de 2×4 pulgadas
1 sobre de mezcla seca de sabor a fajita
1 taza de agua, *opcional*

1. Combine todos los ingredientes —excepto el agua—en una olla de cocción lenta.
2. Cubra y gradúe la olla a "Bajo" y cocine por 6-8 horas, o hasta que la carne esté suave pero no cocida en exceso.
3. Revise la carne ocasionalmente para asegurarse de que no está seca. Si comienza a secarse, mézclela hasta con 1 taza de agua.

Consejo: Sirva la carne con cebollas fritas y pimientos verdes. Ofrezca queso deshebrado, trozos de aguacate y crema amarga como acompañantes. Permítale a los comensales servir alguno o todos los ingredientes sobre tortillas de harina.

Variación: En lugar de salsa, añada 1 cebolla picada pequeña, y 1 pimiento rojo, corte en pedazos de 1 pulgada en el paso 1.
Mezcle ¼ de taza de harina y ¼ de taza de agua en un recipiente con tapa

ajustada. Agite hasta que esté suave. De 15 a 20 minutos antes del final de la cocción, añada suavemente dentro del guiso, mientras usted está batiendo para que se mezcle bien. Cubra y continúe la cocción hasta que el guiso espese.

— **Audrey L. Kneer**
Williamsfield, Illinois

carne y las verduras estén suaves pero no cocidos en exceso.

Bistec de Nuevo México

Mamie Christopherson
Rio Rancho, New Mexico

Rinde 4–6 porciones

Tiempo de preparación: 12 minutos
Tiempo de cocción: 4 horas
Tamaño ideal de la olla de cocción lenta: 3 cuartos de galón

1 cebolla larga, rebanada
2 libras de bistec redondo, cortadas en pedazos de acuerdo a la porción
sal y pimienta al gusto
2 latas de 7 onzas de salsa de chiles (ajíes) verde

1. Coloque las rebanadas de cebolla en el fondo de la olla de cocción lenta.
2. Rocíe bistec con sal y pimienta. Coloque los pedazos de bistec en la olla.
3. Vierta la salsa de chile sobre todo, teniendo cuidado de no remover el aderezo.
4. Cubra y gradúe la olla a "Alto" y cocine por 1 hora. Gradúe la olla a "Bajo" y cocine durante 3 horas, o hasta que el bistec esté suave pero no cocido en exceso.

Consejos:

1. Si la salsa de chile está muy picante, añada un poco de azúcar blanco sobre la mezcla antes de cocinar. O elija una salsa más espesa.

2. Añada un poco de líquido (agua o cerveza) si el plato parece muy seco al final de la cocción.

Bistec con pimientos

Darlene G. Martin
Richfield, Pennsylvania

Rinde 4 porciones

Tiempo de preparación: 15–20 minutos
Tiempo de cocción: 5–6 horas
Tamaño ideal de la olla de cocción lenta: 3¹⁄₂ a 4 cuartos de galón

1 libras de bistec redondo, corte en pedazos de ³⁄₄–1 pulgada de grueso
1 lata de 14¹⁄₂ onzas de tomates guisados estilo italiano sin drenar
1 cucharadita de salsa *Worcestershire*
2 pimientos amarillos, 2 rojos y 2 verdes, rebanados en tiras
1 cebolla larga, rebanada

1. Corte la carne en 4 de acuerdo al tamaño de la porción. En un sartén antiadherente grande, dore la carne sobre ambos lados. Pase la carne a una olla de cocción lenta de 3¹⁄₂–4 cuartos de galón.
2. En un tazón mediano, mezcle los tomates sin drenar y la salsa Worcestershire. Vierta sobre la carne.
3. Arregle las verduras encima.
4. Cubra y gradúe la olla a "Bajo" y cocine por 5–6 horas o hasta que la

Envoltura de carne y tocino

Linda Sluiter
Schererville, Indiana

Rinde 4 porciones

Tiempo de preparación: 30 minutos
Tiempo de cocción: 6–8 horas
Tamaño ideal de la olla de cocción lenta: 4 cuartos de galón

1–2 libras de bistec redondo
1 libra de tocino
1 taza de *ketchup*
¹⁄₄ de taza de azúcar morena
1 cebolla pequeña
¹⁄₄–¹⁄₂ taza de agua

1. Corte el bistec redondo en tiras largas. Enrolle cada tira de carne y luego envuelva con una rebanada de tocino. Asegure con un palillo para mantener la forma.
2. Caliente los demás ingredientes en una cacerola, reduciendo a fuego lento para hacer la salsa.
3. Coloque la carne y los rollos en la olla de cocción lenta. Añada la salsa encima.
4. Cubra y gradúe la olla a "Bajo" y cocine por 6–8 horas, o hasta que la carne esté suave pero no cocida en exceso.

Rollítos de res

Karen Waggoner
Joplin, Missouri

Rinde 12 porciones

Tiempo de preparación: 20 minutos
Tiempo de cocción: 2 horas
Tamaño ideal de la olla de cocción lenta:
  5 cuartos de galón

4 libras de bistec redondo
4 tazas de mezcla preparada de
  relleno sazonado con hierbas
2 latas de 10¾ onzas de crema de
  sopa de hongos
1–2 tazas de agua

1. Hágalo usted mismo—o pregúntele a su carnicero—corte el bistec en 12 piezas grandes. Golpee cada pieza hasta que esté delgada y aplastada.

2. Coloque ⅓ de taza de relleno preparado sobre cada rebanada de carne. Enrolle y ajuste con un palillo. Colóquela en una olla de cocción lenta.

3. En un tazón, mezcle la sopa y el agua y luego añada sobre el bistec.

4. Cubra y gradúe la olla a "Alto" y cocine por 4–6 horas, o hasta que la carne esté suave pero no cocida en exceso.

Res con papas conso-lador

Dorothy VanDeest
Memphis, Tennessee

Rinde 4 porciones

Tiempo de preparación: 20 minutos
Tiempo de cocción: 2–8 horas
Tamaño ideal de la olla de cocción lenta:
  5 cuartos de galón

2–3 tazas de pedazos de rosbif
  cocido y cortado
2 paquetes de 10 onzas de papas
  congeladas *hash brown*,
  descongeladas
1 cebolla, finamente picada
¼ de taza de mantequilla,
  derretida
1 taza de salsa o caldo de res

1. Coloque todos los ingredientes en la olla de cocción lenta, o en capas o mezclados juntos.

2. Cubra y gradúe la olla a "Bajo" y cocine por 4–8 horas, o en "Alto" 2–3 horas, o hasta que esté completamente caliente.

Consejo: Esta receta puede fácilmente ser duplicada.

Res de buffet

Kate Johnson
Rolfe, Iowa

Rinde 8–12 porciones

Tiempo de preparación: 10 minutos
Tiempo de cocción: 4–8 horas
Tamaño ideal de la olla de cocción lenta:
  4 cuartos de galón

1 lata de 12 onzas de cerveza
1 sobre de mezcla seca para salsa
⅓ de taza de harina
2½–3 libras de bistec redondo,
  cortado en cubos

1. En la olla de cocción lenta mezcle bien la cerveza y la mezcla para salsa.

2. En una bolsa plastica, agite la harina y los cubos de bistec hasta que la carne esté cubierta.

3. Vacíe completamente el contenido de la bolsa dentro de la olla de cocción lenta. Suavemente vierta para cubrir la carne con el líquido.

4. Cubra y gradúe la olla a "Bajo" y cocine por 6–8 horas o en "Alto" por 4 horas.

Res en aderezo sabrosa, preparación rápida

Dede Peterson
Rapid City, South Dakota
Rosalie D. Miller
Mifflintown, Pennsylvania

Rinde 8 porciones

Tiempo de preparación: 15–20 minutos
Tiempo de cocción: 8–10 horas
Tamaño ideal de la olla de cocción lenta:
6 cuartos de galón

3 libras de carne de res para
  guisar
1 sobre de mezcla seca de sopa de
  cebolla
½ taza de caldo de res
1 lata de 10¾ onzas de crema de
  sopa de hongos
1 lata de 4 onzas de hongos
  rebanados, drenados

1. Combine todos los ingredientes
en la olla de cocción lenta.
2. Cubra y gradúe la olla a "Bajo"
y cocine por 8–10 horas, o hasta que
la carne esté suave pero no cocida en
exceso.

Variaciones:
*1. Sustituya con vino rojo el caldo
de res.*
    — **Kaye Taylor**
    Florissant, Missouri

*2. Dore la carne en 2 Cucharas de
aceite de oliva en un sartén antiadherente antes de colocarla en la olla de
cocción lenta. Prepare la carne en
varias partes de forma que no se sature
el sartén. La carne no se dorará bien si
el sartén está muy lleno.*
    — **Lauren Eberhard**
    Seneca, Illinois

*3. Añada ¼ de taza de tapioca de coc-
ción rápida, si usted lo desea, en el
paso 1, para espesar la salsa.*
    — **Deb Herr**
    Mountaintop, Pennsylvania

Puntas de res estilo cremosas

Cathy Sellers
Cedar Rapids, Iow

Rinde 6 porciones

Tiempo de preparación: 10 minutos
Tiempo de cocción: 6–8 horas
Tamaño ideal de la olla de cocción lenta:
4 cuartos de galón

2 libras de carne de res para
  guisar
2 latas de 10¾ onzas de crema de
  sopa de hongos
1 lata (de sopa) de agua
½ lata de 12 onzas de leche
  evaporada
1 cucharadita de sal

1. Combine todos los ingredientes
en la olla de cocción lenta. Mezcle
bien.
2. Cubra y gradúe la olla a "Bajo"
y cocine por 6–8 horas, o hasta que
la carne esté suave pero no cocida en
exceso.
3. Sirva sobre arroz o fideos.

Carne de res cremosa y hongos

Joette Droz
Kalona, Iow
Betty Moore
Plano, Illinois
Mary B. Sensenig
New Holland, Pennsylvania

Rinde 6–8 porciones

Tiempo de preparación: 10 minutos
Tiempo de cocción: 6–8 horas
Tamaño ideal de la olla de cocción lenta:
3 cuartos de galón

1 lata de 10¾ onzas de crema
  condensada de hongos
  dorados
1 lata de 10¾ onzas de crema
  condensada de hongos
1 lata de 10¾ onzas de sopa de
  cebolla francesa condensada
¼ de taza de pedazos de pan
  condimentados
2 libras de la carne de res para
  guisar, cortada en pedazos de
  1 pulgada

1. En la olla de cocción lenta,
combine las sopas y los pedazos de
pan. Mezcle bien.
2. Mezcle con la carne.
3. Cubra y gradúe la olla a "Bajo"
y cocine por 6–8 horas, o hasta que
la carne esté suave, pero no cocida
en exceso.

*Variacion: Añada 1–1½ tazas de hon-
gos frescos rebanados 30 minutos antes
del final de la cocción.*
    — **Sherry Goss Lapp**
    Lancaster, Pennsylvania

Stroganoff de res para la olla de cocción lenta

Jennifer Eberly
Harrisonburg, Virginia

Rinde 6 porciones

Tiempo de preparación: 5 minutos
Tiempo de cocción: 6–8 horas
*Tamaño ideal de la olla de cocción lenta:
3 cuartos de galón*

1 libra de cubos de bistec
   redondo magro
1 sobre de sopa seca de cebolla
   con sabor a res
1 lata de 10¾ onzas de sopa de
   apio
1 lata de 10¾ onzas de crema de
   sopa de hongos
½ taza de crema amarga

1. Coloque los primeros 4 ingredientes en la olla de cocción lenta y mezcle completamente.

2. Cubra y gradúe la olla a "Bajo" y cocine por 6–8 horas, mezclando ocasionalmente si usted está cerca de la cocina y puede hacerlo frecuentemente.

3. Quince minutos antes de servir mezcle con la crema amarga.

4. Cuando esté hirviendo sirva sobre arroz cocido o fideos.

Variación: Use 2 latas de crema de hongos en lugar de una lata de crema de apio y una de crema de hongos.
   — Jena Hammond
   Traverse City, Michigan

Guiso de res agridulce

Heather Horst
Lebanon, Pennsylvania

Rinde 6 porciones

Tiempo de preparación: 10 minutos
Tiempo de cocción: 6–8 horas
*Tamaño ideal de la olla de cocción lenta:
3 cuartos de galón*

1 taza de cebolla picada
2 libras de carne guisada
1 Cuchara de salsa *Worcestershire*
½ taza de vinagre
¼ de taza de azúcar morena

1. Coloque la cebolla en el fondo de la olla de cocción lenta.

2. En un tazón, mezcle la carne y los demás ingredientes.

3. Cubra y gradúe la olla a "Bajo" y cocine por 6–8 horas, o hasta que la carne y las cebollas estén suaves pero no cocidas en exceso.

4. Sirva sobre arroz cocido o pasta.

Puntas de res "Prohibido mirar"

Ruth C. Hancock
Earlsboro, Oklahoma

Rinde 4 porciones

Tiempo de preparación: 15 minutos
Tiempo de cocción: 4 horas
*Tamaño ideal de la olla de cocción lenta:
4 cuartos de galón*

2 libras de carne de res para
   guisar
½–1 sobre de mezcla seca de sopa
   de cebolla
1 lata de 12 onzas de gaseosa
   lima-limón
1 lata de 10¾ onzas de crema de
   sopa de hongos o crema de
   pollo

1. Ponga la carne en la olla de cocción lenta. Rocíe mezcla seca de sopa de cebolla sobre la carne.

2. Mezcle la gaseosa y la crema de hongos en un tazón. Vierta sobre la carne, teniendo cuidado de no remover la mezcla de sopa de cebolla.

3. Cubra y gradúe la olla a "Alto" y cocine por 4 horas. No mezcle o remueva la tapa hasta que el tiempo de cocción termine.

4. Sirva sobre arroz cocido o fideos.

Variaciónes:
1. Añada una lata de 4 onzas de hongos, sin drenar, en el paso 2.
   — Elaine Rineer
   Lancaster, Pennsylvania

2. Añada una lata de 4 onzas de hongos, sin drenar, más ½ taza de vino rojo en el paso 2.
   — Leona Yoder
   Hartville, Ohio

3. Sustituya la gaseosa con 1 taza de crema agria en la receta original. Añada o una lata de 4 onzas, o una de 8 onzas, de hongos, sin drenar, en el paso 2.

— Pauline Morrison
St. Marys, Ontario

Cena baja en grasa de día lluvioso
Ruth Zendt
Mifflintown, Pennsylvania

Rinde 6–8 porciones

Tiempo de preparación: 10–15 minutos
Tiempo de cocción: 6–10 horas
Tamaño ideal de la olla de cocción lenta: 5 cuartos de galón

5–6 papas medianas, peladas *o* sin pelar, y corte en cubos de ½ pulgada
1 libra de zanahorias pequeñas
1½ libras de cubos de carne magra
1 lata de 10¾ onzas de crema de sopa de hongos libre de grasa
1 tarro de 12 onzas de salsa tipo *brown* libre de grasa

1. Coloque las papas, las zanahorias y la carne en la olla de cocción lenta en el orden indicado.
2. En un tazón, mezcle la sopa y la salsa. Añada sobre el contenido de la olla.
3. Cubra y gradúe la olla a "Bajo" y cocine por 6–10 horas, o hasta que las verduras y la carne estén suaves..

Consejo:
1. Añada su sasonador favorito en capas.
2. Varíe a su gusto las verduras en la lista de ingredientes.

3. Usted puede preparar esta receta la noche anterior, luego refrigerarla por la noche. Antes de salir en la mañana, ponga todo en la olla y préndala. La cena estará lista cuando usted llegue a casa.

Guiso del golfista
Lucy O'Connell
Goshen, Massachusetts

Rinde 4–5 porciones

Tiempo de preparación: 10 minutos
Tiempo de cocción: 7 horas
Tamaño ideal de la olla de cocción lenta: 4 cuartos de galón

1 libra de carne guisada, cortada en cubos
1 tarro de 12 onzas de salsa de carne, *o* salsa de carne y hongos
6 papas medianas, cortada en pedazos de ½ pulgada
6 zanahorias, cortadas en rebanadas gruesas
3 ramas de apio, cortadas en rebanadas gruesas, *opcional*
2–3 cebollas, cortada en cuñas

1. Coloque todos los ingredientes en la olla de cocción lenta. Mezcle suavemente.
2. Cubra y gradúe la olla a "Alto" y cocine por 1 hora y luego gradúe la olla a "Bajo" y cocine por 6 horas.

Variación: Añada 1 cucharadita de sal ¼–½ cucharadita de pimienta en el paso 1.

Guiso de res
Leann Brown
Ronks, Pennsylvania

Rinde 6–8 porciones

Tiempo de preparación: 10–15 minutos
Tiempo de cocción: 5–6 horas
Tamaño ideal de la olla de cocción lenta: 5 a 6 cuartos de galón

3 libras de carne cortada en cubos
2 tarros de 12 onzas de salsa de carne
2 tazas de zanahorias picadas
1 cebolla mediana, picada
4 tazas de papas picadas
sal y pimienta, *opcional*

1. Coloque la carne en la olla de cocción lenta. Añada los demás ingredientes. Mezcle bien.
2. Cubra y gradúe la olla a "Bajo" y cocine por 5–6 horas, o hasta que la carne y las verduras estén suaves pero no cocidas en exceso.

Guíso de res, preparación fácil

Judi Manos

West Islip, New York

Rinde 4–6 porciones

Tiempo de preparación: 20 minutos
Tiempo de cocción: 7¹/₂–8¹/₂ horas
Tamaño ideal de la olla de cocción lenta:
4 cuartos de galón

---

4 papas rojas medianas
1¹/₂ libras de carne de res para guisar
¹/₃ de taza de harina
1 lata de 14 onzas de tomates cortados en cubos, sin drenar
2 tazas de agua
3 tazas de pimientos y cebollas congelados para freír

1. Corte las papas en cuartos. Coloque sobre el fondo de la olla de cocción lenta.
2. En un tazón de mezcla, eche la harina con la carne hasta cubrir. Añada a la olla de cocción lenta.
3. Vierta en los tomates sin drenar y el agua.
4. Cubra y gradúe la olla a "Bajo" y cocine por 7-8 horas, o hasta que la carne y las papas estén suaves pero no cocinadas en exceso.
5. Quiebre las verduras y colóquelas dentro del guiso. Cubra y gradúe la olla a "Bajo" y cocine por 30-40 minutos, o hasta que las verduras estén calientes y suaves.

Variaciones:
1. Añada 2–3 tazas de rebanadas de zanahoria justo después de las papas en el paso 1.
2. Añada 2 cucharaditas de sal ³/₄ de cucharadita de pimienta al paso 2, antes de hecharla con la carne.

Guíso de rosbif

Thelma Good

Harrisonburg, Virginia

Rinde 8 porciones

Tiempo de preparación: 10–15 minutos
Tiempo de cocción: 10–13 horas
Tamaño ideal de la olla de cocción lenta:
6 cuartos de galón

2-3 libras de rosbif, ¡la cual puede estar congelada!
5-6 papas, cortadas en 4 partes
4-5 zanahorias, rebanadas
2 cebollas pequeñas, rebanadas
¹/₂ cabeza de col, rebanada

1. En la noche, coloque la carne en la olla de cocción lenta.
2. Cubra y gradúe la olla a "Alto" y cocine por 1 hora. Gradúe la olla a "Bajo" y cocine toda la noche, o 6-8 horas, si usted está cocinando de día.
3. En la mañana, coloque las papas, las zanahorias y las cebollas alrededor de y sobre la carne. Llene la olla de cocción lenta ¹/₂-³/₄ con agua, dependiendo de qué tanta sopa usted quiera en el guiso.
4. Cubra y gradúe la olla a "Alto" y cocine por 2-3 horas.
5. Retire la tapa y ponga la col, empujándola dentro del caldo. Continúe la cocción en "Alto" una hora más, o hasta que las verduras estén hechas de acuerdo a su gusto. El guiso deberá estar listo a la hora del almuerzo o de la cena.

Variaciones:
1. Condimente la carne, por arriba y por abajo, con sal y pimienta antes de colocarla en la olla en el paso 1. También, añada sal a las verduras después de que usted las ponga en la olla en el paso 3.

2. Aumente el número de papas, zanahorias, cebollas y coles a su gusto. Usted puede necesitar incrementar el tiempo de cocción en los pasos 4 y 5 para asegurarse de que estén suaves a su gusto.

Guíso "Lynn", preparación fácil

Veronica Sabo

Shelton, Connecticut

Rinde 5–6 porciones

Tiempo de preparación: 10 minutos
Tiempo de cocción: 5–8 horas
Tamaño ideal de la olla de cocción lenta:
4 a 5 cuartos de galón

---

2 libras de carne guisada
4 ramas de apio, corte en pedazos grandes
3 tazas de zanahorias, corte en pedazos grandes
1 cebolla larga, picada
1 sobre de mezcla seca de sopa de cebolla
agua

1. Coloque todos los ingredientes en la olla de cocción lenta. Agite suavemente, pero hasta que esté bien mezclado. Añada 2 pulgadas de agua.
2. Cubra y gradúe la olla a "Alto" y cocine por 5-8 horas, o hasta que la carne y las verduras estén suaves.

Guiso de res suculento

Linda Thomas
Sayner, Wisconsin

Rinde 6 porciones

Tiempo de preparación: 30 minutos
Tiempo de cocción: 8 horas
Tamaño ideal de la olla de cocción lenta:
3 cuartos de galón

1–1½ libras de carne de res para
guisar
1 cebolla mediana o larga, picada
1 lata de 14½ onzas de caldo de
res
1 lata (de caldo) de agua
½ libra de zanahorias pequeñas
5 papas blancas medianas,
peladas o sin pelar, corte en
trozos de 2 pulgadas

Ingredientes opcionales:
sal y pimienta
5 sacudidas de salsa *Worcestershire*
2 hojas de laurel

1. En un sartén antiadherente,
dore la carne y la cebolla picada.
Añada sal y pimienta si usted lo
desea. Pase la mezcla a la olla de cocción lenta.
2. Añada el caldo y el agua y la
salsa *Worcestershire* y hojas de laurel
si usted lo desea. Mezcle bien.
3. Cubra y gradúe la olla a "Bajo"
y cocine por 4 horas.
4. Coloque en las verduras.
Empújelas dentro del líquido lo más
que se pueda. Cubra y continúe la
cocción, gradúe la olla a "Bajo" y
cocine durante 4 horas más.
5. Si el guiso parece seco, añada
½ taza de agua.

Guiso de res mediterráneo

Sandy Osborn
Iowa City, Iowa

Rinde 4 porciones

Tiempo de preparación: 5–10 minutos
Tiempo de cocción: 3–8 horas
Tamaño ideal de la olla de cocción lenta:
3½ cuartos de galón

2 calabacitas medianas, corte en
pedazos del tamaño de un
bocado
¾ de libra de carne de res para
guisar, corte en pedazos de ½
pulgada
2 latas de 14½ onzas tomates
estilo italiano cortados en
cubos, sin drenar
½ cucharadita de pimienta,
opcional
1 barra de 2 pulgadas de canela,
o ¼ de cucharadita de canela
en polvo

1. Coloque la calabacita en el
fondo de una olla de cocción lenta.
2. Añada la carne y demás ingredientes en el orden indicado.
3. Cubra y gradúe la olla a "Alto"
y cocine por 3–5 horas, o hasta que
la carne esté suave pero no cocida en
exceso. Usted puede también cocinar
la carne en "Alto" durante una hora,
luego gradúe la olla a "Bajo" y cocine
durante 7 horas, o hasta que la carne
esté suave pero no cocida en exceso.

Res italiana

Peggy Forsythe
Bartlett, Tennessee

Rinde 6 porciones

Tiempo de preparación: 20 minutos
Tiempo de cocción: 8 horas
Tamaño ideal de la olla de cocción lenta:
4 a 6 cuartos de galón

4–5 libras de rosbif, cortado en
cubos de 1–1½ pulgadas
2 o 3 cubos de caldo de res
1 cucharadita de ajo con sal
2 Cucharas de aderezo de
ensalada italiana

1. Coloque la carne, los cubos de
caldo, el ajo con sal y el aderezo en
la olla de cocción lenta. Mezcle.
2. Añada 1–1½ pulgadas de agua
alrededor de la carne, teniendo
cuidado de no desplazar los condimentos de la parte de arriba de la
carne.
3. Cubra y gradúe la olla a "Bajo"
y cocine por 8 horas, o hasta que la
carne esté suave pero no cocida en
exceso.
4. Retire la carne de la olla y
deshébrela con 2 tenedores. Regrese
la carne deshebrada a la olla y mezcle dentro del caldo.
5. Sirva sobre arroz, o sobre rollos o pan de ajo para obtener un delicioso emparedado abierto.

Cuando quiero calentar los rollos con una olla de cocción lenta, los
envuelvo en papel aluminio y los coloco encima de la carne hasta que estén
calientes.

Donna Barnitz
Jenks, Oklahoma

Res *a la mode*

Gloria Julien
Gladstone, Michigan

Rinde 6 porciones

Tiempo de preparación: 5–10 minutos
Tiempo de cocción: 6–8 horas
Tamaño ideal de la olla de cocción lenta:
  4 cuartos de galón

2 libras de rosbif sin huesos, corte
  en 6 pedazos del tamaño de la
  porción
^{1}/$_2$ libra de cerdo salado *o* tocino,
cortado
3 cebollas, picadas
pimienta al gusto
agua

1. Coloque la carne y el cerdo en
la olla de cocción lenta.
2. Coloque las cebollas encima de
la carne.
3. Añada pimienta al gusto.
4. Añada agua a lo largo de la
carne, cerca de una pulgada de profundidad.
5. Gradúe la olla a "Bajo" y
cocine por 6–8 horas.
6. Sirva sobre puré de papa, arroz
cocido *o* pasta.

Barbacoa falda de res

Sharon Timpe
Jackson, Wisconsin

Rinde 8 porciones

Tiempo de preparación: 15 minutos
Tiempo de cocción: 6^1/$_4$–7^1/$_4$ horas
Tamaño ideal de la olla de cocción lenta:
  4 a 5 cuartos de galón

2 tazas de salsa *barbecue, divididas*
1 cebolla pequeña, picada
3 cucharaditas de gránulos de
  caldo de carne, *o* 2 cubos de
  caldo de carne
3–4 libras de carne de res sin
  huesos (falda de res)
8 rollos de emparedado

1. En el fondo de una olla de cocción lenta combine 1 taza de salsa
barbecue, cebolla picada y el caldo.
2. Coloque la falda de res encima.
3. Cubra y gradúe la olla a "Bajo"
y cocine por 6–7 horas, o hasta que
la falda de res se pueda deshebrar
fácilmente.
4. Retire la falda de res de la olla.
Usando 2 tenedores, deshébre la
carne.
5. Incline la olla y remueva con
una cuchara la grasa del caldo de la
cocción. Desheche la grasa.
6. Añada el caldo de la cocción
dentro de un tazón. Nuevamente,
remueva con una cuchara la grasa
restante y deshéchela.
7. Mida 1 taza de caldo de la cocción. Viértala de nuevo en la olla de
cocción lenta, junto con la taza de
salsa *barbecue* restante. Mezcle bien
el caldo y la salsa.
8. Regrese la carne deshebrada a
la olla de cocción lenta. Mezcle dentro de la salsa por completo.

9. Cubra y gradúe la olla a "Alto"
y cocine por 15 minutos, o hasta que
la carne esté caliente.
10. Sirva sobre los rollos de
emparedado.

Consejo: : Usted también puede servir el
Barbecue *sobre pequeños panecillos como
un antojito o aperitivo. Servir directamente
de la olla de cocción lenta mantiene la
carne caliente y los invitados pueden servirse
ellos mismos siempre que ellos puedan.*

Barbacoa de rosbif, preparación fácil

Rose Hankins
Stevensville, Maryland

Rinde 12–16 porciones

Tiempo de preparación: 15 minutos
Tiempo de cocción: 12 horas
Tamaño ideal de la olla de cocción lenta
  4 a 5 cuartos de galón

1 botella de 12 onzas de salsa
  barbecue
^{1}/$_2$ taza de agua
^{1}/$_2$ taza de salsa de tomate
^{1}/$_2$ taza de cebollas picadas
^{1}/$_2$ taza de pimientos verdes
  picados
3–4 libras de rosbif
12–16 rollos de emparedado

1. Combine los primeros 5 ingredientes en la olla de cocción lenta.
Sumerja la carne en la salsa.
2. Cubra. Gradúe la olla a "Bajo" y
cocine por 12 horas.
3. Deshebre la carne usando 2
tenedores. Mezcle por completo junto
con la salsa.
4. Sirva sobre los rollos con ensalada de col tipo *cole slaw.*

Res o cerdo deshebrado

Pat Bechtel

Dillsburg, Pennsylvania

Rinde 16–18 porciones

Tiempo de preparación: 5–10 minutos
Tiempo de cocción: 8–10 horas
Tamaño ideal de la olla de cocción lenta: 3¹⁄₂ cuartos de galón

4 libras de carne de res o de cerdo
2 sobres de mezcla seca para aderezo ranchero
2 sobres de mezcla seca para aderezo italiano

1. Cocine la carne en la olla de cocción lenta, gradúe la olla a "Bajo" y cocine durante 8–10 horas, o hasta que esté suave pero no cocida en exceso. ¡No añada agua o condimentos! Al final del tiempo de cocción habrá caldo de cocción ¡no lo desheche!

2. Justo antes de servir retire la carne de la olla de cocción lenta. Usando 2 tenedores, separe la carne.

3. Añada las mezclas secas para aderezos al caldo y mezcle por completo. Mezcle la carne dividida dentro del caldo en la olla. Sirva inmediatamente sobre los rollos, o sobre arroz cocido o pasta, o sobre puré de papa.

Emparedados de res con salsa barbacoa

Arianne Hochstetler

Goshen, Indiana

Rinde 24 porciones

Tiempo de preparación: 15 minutos
Tiempo de cocción: 5¹⁄₂–6¹⁄₂ horas
Tamaño ideal de la olla de cocción lenta: 4 cuartos de galón

4 libras de bistec redondo, de ³⁄₄ de pulgada de grosor, cortado en cubos de 3 pulgadas
2 tazas de *ketchup*
1 taza de cola
¹⁄₂ taza de cebolla picada
2 dientes de ajo, picados

1. Rocíe la olla de cocción lenta con aerosol antiadherente.

2. Coloque las piezas de carne en la olla.

3. Mezcle los demás ingredientes en un tazón grande y añada sobre la carne.

4. Cubra y gradúe la olla a "Alto" y cocine por 5–6 horas.

5. Cerca de 30 minutos antes de servir, retire la carne de la olla de cocción lenta y deshébrela con 2 tenedores. Regrese la carne a la olla de cocción lenta y mezcle bien con la salsa.

6. Cubra y gradúe la olla a "Alto" y cocine por 20 minutos más.

7. Vierta cerca de ¹⁄₃ de taza de la mezcla de carne dentro de panecillos para emparedados.

Barbacoa de res "Súper"

Linda E. Wilcox

Blythewood, South Carolina

Rinde 10–12 porciones

Tiempo de preparación: 15 minutos
Tiempo de cocción: 9–10 horas
Tamaño ideal de la olla de cocción lenta: 6 cuartos de galón

3–4 libras de lomo de res
1 diente de ajo, picado, o ¹⁄₄ de taza de cebolla finamente picada
1 botella de 18 onzas de salsa *barbecue*
1 taza de *ketchup*
1 tarro de 16 onzas de eneldos enteros en conserva, sin drenar

1. Corte la carne en cuartos y colóquela en una olla de cocción lenta.

2. En un tazón, mezcle el ajo, la salsa *barbecue* y la salsa de tomate. Cuando esté bien batido, coloque los eneldos en conserva y su jugo. Añada sobre la carne.

3. Cubra y gradúe la olla a "Bajo" y cocine por 8–9 horas, o hasta que la carne comience a separarse.

4. Retire los eneldos y deséchelos.

5. Retire la carne en un plato y deshébrela separándola con 2 tenedores.

6. Regrese la carne a la salsa y caliente por completo en "Bajo", durante aproximadamente 1 hora.

7. Sirva en los rollos de emparedado.

Costillas cortas braseadas

Leona Yoder
Hartville, Ohio

Rinde 6 porciones

Tiempo de preparación: 45 minutos
Tiempo de cocción: 4–10 horas
Tamaño ideal de la olla de cocción lenta:
4 cuartos de galón

---

1 cucharadita de sal
1 taza de harina
3 libras de costillas cortas de res, corte de acuerdo al tamaño de las porciones
2–3 Cucharas de aceite de oliva
2 cebollas medianas, rebanadas
1 taza de agua

Ingredientes opcionales:
1 ½ Cucharas de harina
½ taza de agua fría

1. Combine la sal y la harina en un tazón pando. Sumerja las costillas cortas en la harina condimentada.

2. Dore las costillas en aceite por todos los lados en un sartén antiadherente grande. En lugar de llenar el sartén, lo cual evita que la carne se dore bien, dore la carne por partes. Tan pronto termine de dorar, coloque las piezas de carne en la olla de cocción lenta.

3. Añada las cebollas rebanadas y agua.

4. Cubra y gradúe la olla a "Bajo" y cocine por 8–10 horas o en "Alto" 4–6 horas.

Variación:

1. Añada ½ cucharadita de pimienta a la sal y la harina en el paso 1.

2. Para hacer salsa, remueva por completo las costillas en un plato y manténgalas calientes. Coloque 1½ Cucharas de harina en un recipiente

con una tapa ajustada. Añada en ½ taza de agua fría. Agite hasta que los grumos desaparezcan.

Gradúe la olla a "Alto" de forma que el caldo comience a hervir. Cuando salgan burbujas, vierta en la mezcla harina-agua suavemente, batiendo a medida que usted lo hace.

Continúe batiendo hasta que el caldo esté espeso. Sirva sobre, o junto a las costillas.

Costillas o asado de res
Tex-Mex

Janie Steele
Moore, Oklahoma

Rinde 6 porciones

Tiempo de preparación: 5–10 minutos
Tiempo de cocción: 4–10 horas
Tamaño ideal de la olla de cocción lenta:
6 cuartos de galón

3–4 libras de costillas cortas de res, o bistec redondo, cortado de acuerdo al tamaño de la porción
1 taza de salsa agridulce para bistec
⅓ taza de salsa picante
1 cucharadita de chile en polvo
½ cucharadita de mostaza seca

1. Coloque las costillas o el bistec en la olla de cocción lenta.

2. Combine los demás ingredientes en un tazón y añada sobre la carne.

3. Cubra y gradúe la olla a "Bajo" y cocine por 4–10 horas, o hasta que la carne esté suave pero no cocida en exceso.

Carne salada de res y repollo (col)

Carrie Darby
Wayland, Iowa
Leona Yoder
Hartville, Ohio
Esther Porter
Minneapolis, Minnesota
Betty K. Drescher
Quakertown, Pennsylvania
Karen Ceneviva
New Haven, Connecticut
Bonita Ensenberger
Albuquerque, New Mexico
Dorothy Lingerfelt,
Stonyford, California

Rinde 6 porciones

Tiempo de preparación: 30 minutos
Tiempo de cocción: 4–7 horas
Tamaño ideal de la olla de cocción lenta:
5 a 6 cuartos de galón

3–4 libras de falda de res conservada en sal (no en salmuera), cortadas en 6–8 piezas
¾–1¼ tazas de agua
5–6 zanahorias, cortadas en pedazos de 2–3 pulgadas
3 cebollas medianas, cortadas en 4 partes
sal y pimienta
la mitad o una cabeza completa de col, cortada en cuñas

1. Coloque la carne conservada en sal en la olla de cocción lenta. Añada agua.

2. Coloque las zanahorias y las cebollas alrededor de la carne si es posible, empuje las verduras de forma que al menos estén parcialmente cubiertas de agua. Rocíe de sal y pimienta sobre todo.

3. Cubra y gradúe la olla a "Bajo" y cocine por 4–5 horas, o en "Alto" 2¹⁄₂–3 horas.

4. Añada la col a la olla, sumergiéndola dentro del líquido para humedecerla. Gradúe la olla a "Alto" y cocine 1¹⁄₂–2 horas adicionales, o hasta que las verduras y la carne estén suaves pero no cocinadas en exceso.

Consejo: Usted puede preparar la col aparte en una olla sopera grande. Coloque las cuñas de col en [kettle] y añada 1 taza de caldo de la olla. Cocine de 20 a 30 minutos, con la olla tapada, o hasta que esté suave. Mezcle en la carne conservada en sal y las verduras justo antes de servir.

Variación: Añada 3 papas medianas y peladas o sin pelar, corte en pedazos, en el paso 2.

— Sharon Timpe
Jackson, Wisconsin

Carne salada de res de manzana y repollo (col)

Donna Treloar
Hartford City, Indiana

Rinde 6–8 porciones

Tiempo de preparación: 15 minutos
Tiempo de cocción: 8–10 horas
Tamaño ideal de la olla de cocción lenta: 5 cuartos de galón

3–4 libras de falda de res conservada en sal (no en salmuera), cortadas en 6–8 piezas
1 cabeza pequeña de col, corte en cuñas delgadas
3–4 papas medianas, corte en pedazos
2–3 tazas de zanahorias pequeñas, o zanahorias grandes rebanadas, *opcional*
1 cuarto de galón de jugo de manzana puro
1 taza de azúcar morena

1. Coloque la carne conservada en sal en la olla de cocción lenta.

2. Coloque las verduras alrededor de y encima de la carne.

3. Añada el jugo de manzana sobre todo. Rocíe con azúcar morena.

4. Cubra y gradúe la olla a "Bajo" y cocine por 8–10 horas, o hasta que la carne y las verduras estén suaves pero no cocidas en exceso.

Cazuela *Reuben*

Melanie Thrower
McPherson, Kansas

Rinde 4 porciones

Tiempo de preparación: 10 minutos
Tiempo de cocción: 2–4 horas
Tamaño ideal de la olla de cocción lenta: 2 cuartos de galón

2 tazas de carne de res conservada en sal estilo *deli*, cortada en trozos del tamaño de un bocado, *dividida*
1 lata de 15 onzas de *sauerkraut*, drenado, *partidos*
¹⁄₂ taza de queso suizo deshilachado o 8 rebanadas, *dividido*
¹⁄₄ de taza de aderezo para ensaladas *Thousand Island*, *dividido*
4 tazas de mezcla seca para relleno, *dividida*

1. Rocíe la olla de cocción lenta con aerosol antiadherente.

2. Coloque la mitad de cada ingrediente en el orden indicado.

3. Repita las capas.

4. Cubra y gradúe la olla a "Bajo" y cocine por 2–4 horas, hasta que la cazuela esté cocida completamente y el queso se haya derretido.

Cazuela de fideos

Mary B. Sensenig
New Holland, Pennsylvania

Rinde 4 porciones

Tiempo de preparación: 5 minutos
Tiempo de cocción: 3–3½ horas
Tamaño ideal de la olla de cocción lenta:
4 cuartos de galón

1 paquete de 8 onzas de fideos
 secos
1 lata de 10¾ onzas de crema de
 sopa de hongos
1 taza de leche
¼ libra de carne de res seca,
 deshebrada
1 taza de queso deshilachado,
 opcional

1. Cocine los fideos como se
indique en el paquete. Drene y
enjuague con agua fría.
 2. En un tazón de mezcla, combine la sopa y la leche.
 3. Rocíe el interior de la olla.
Coloque los ingredientes en la olla en
este orden: fideos cocidos, mezcla
sopa-leche, carne seca.
 4. Cubra y gradúe la olla a "Bajo"
y cocine durante 2½–3 horas. Añada
el queso encima, si usted lo desea.
Cubra y continúe la cocción durante
otra media hora.

Lengua de res

Lizzie Ann Yoder
Hartville, Ohio

Rinde 6 porciones

Tiempo de preparación: 15–20 minutos
Tiempo de cocción: 7–8 horas
Tamaño ideal de la olla de cocción lenta:
4 a 5 cuartos de galón

1 lengua de res, fresca o ahumada
2 Cucharas rasas de sal
1½ tazas de agua
1 hoja de laurel
2 limones, exprimidos, o 2
 cebollas cortadas en 4 partes
6 pimientas negras

1. Coloque la lengua lavada en la
olla de cocción lenta.
 2. En un tazón, mezcle los demás
ingredientes. Añada sobre la lengua.
 3. Cubra y gradúe la olla a "Bajo"
y cocine por 7–8 horas, o hasta que
la carne esté suave. Enfríe hasta que
usted pueda agarrar la carne y
remover la piel exterior halándola
suavemente.
 4. Rebane la carne y sirva
caliente.
 5. Use los sobrantes fríos en
emparedados.

Carne de venado asada con aderezo

Becky Gehman
Bergton, Virginia

Rinde 4–6 porciones

Tiempo de preparación: 5 minutos
Tiempo de cocción: 6–7 horas
Tamaño ideal de la olla de cocción lenta:
3 cuartos de galón

2–3 libras de carne de venado
1–2 cucharaditas de ajo en polvo
 o cebolla en polvo
1 lata de 10¾ onzas de sopa de
 hongos dorados
¾ de lata (de sopa) de agua

1. Coloque la carne en la olla de
cocción lenta. Aplique por ambos
lados el condimento.
 2. Cubra y gradúe la olla a "Bajo"
y cocine por 4–5 horas, voltee la
carne dos veces durante la cocción.
 3. En un tazón, mezcle la sopa y
el agua. Añada a la carne después de
que ha sido cocinada por 4–5 horas.
 4. Cubra y gradúe la olla a "Bajo"
y cocine por 2 o más horas, voltee la
carne una vez durante este tiempo.

Variaciones:
 *1. En lugar de ajo o cebolla en
polvo, use 1 sobre de mezcla seca de
sopa de cebolla con sabor a res.*
 — Krista Hershberger
 Elverson, Pennsylvania

 *2. Añada 1 sobre de mezcla seca de
sopa de cebolla y 2–3 cucharaditas de
salsa Worcestershire a la crema de
hongos y agua.*
 *Añada sobre la carne condimentada
al inicio del tiempo de cocción.*

Cubra y gradúe la olla a "Bajo" y cocine durante 6 horas, o hasta que la carne esté suave y no cocida en exceso.

— **Anne Nolt**
Thompsontown, Pennsylvania

Alce bueno, preparación fácil

Evelyn Page
Lance Creek, Wyoming

Rinde 3–4 porciones

Tiempo de preparación: 10–15 minutos
Tiempo de cocción: 4–8 horas
Tamaño ideal de la olla de cocción lenta: 3 cuartos de galón

1–2 libras de carne de alce, cortadas en cubos
½ libra de hongos frescos rebanados
1 taza de caldo de res
1 lata de 10¾ onzas de crema de sopa de hongos
1 sobre de mezcla seca de sopa de cebolla

1. Combine todos los ingredientes en una olla de cocción lenta. Mezcle suavemente pero bien.

2. Cubra y gradúe la olla a "Alto" y cocine por 4 horas o gradúe la olla a "Bajo" y cocine por 8 horas, o hasta que la carne esté suave pero no cocida en exceso.

Consejo: Usted puede sustituir por carne de venado o de res la carne de alce.

Stroganoff de Alce

Evelyn Page
Lance Creek, Wyoming

Rinde 3–4 porciones

Tiempo de preparación: 20 minutos
Tiempo de cocción: 6–8 horas
Tamaño ideal de la olla de cocción lenta: 3 cuartos de galón

1 libra de carne de alce cortada en cubos
½ taza de cebolla picada
1 lata de 10¾ onzas de sopa de apio
¼ de cucharadita de ajo con sal
1 lata de 4 onzas de trozos de hongos, drenados, *opcional*
1 taza de crema amarga

1. Dore la carne en un sartén antiadherente. Añada las cebollas y sofría hasta que esté suave.

2. Combine la carne y las cebollas, la sopa, el ajo con sal y los hongos, si usted lo desea, en la olla de cocción lenta.

3. Cubra y gradúe la olla a "Bajo" y cocine por 6–8 horas, o hasta que esté suave.

4. Quince minutos antes de servir, mezcle con la crema amarga.

Consejos:

1. Sirva sobre arroz cocido o fideos.

2. Sustituya por carne de venado o de res la carne de alce.

Sopa de alce con hongos

Evelyn Page
Lance Creek, Wyoming

Rinde 4–6 porciones

Tiempo de preparación: 15 minutos
Tiempo de cocción: 5–8 horas
Tamaño ideal de la olla de cocción lenta: 3 cuartos de galón

1–2 libras de bistec de alce
1 lata de 10¾ onzas de crema de sopa de hongos
1 lata (de sopa) de leche

1. Dore el bistec en un sartén antiadherente. Luego coloque en la olla de cocción lenta.

2. En un tazón, combine la sopa y leche. Añada la salsa sobre el bistec.

3. Cubra y gradúe la olla a "Bajo" y cocine por 5–8 horas, o hasta que la carne esté suave pero no cocida en exceso.

Consejos:

1. Yo a menudo sirvo esta carne junto con papas cocidas o arroz. Luego añadimos la mezcla de sopa sobre la carne y las verduras.

2. Usted puede sustituir por carne de venado o de res por el alce.

Un consejo útil —

Invierta en cuchillos de alta calidad. Ellos hacen la preparación más fácil.

Plato caliente de queso

Lucille Martin

Barnett, Missouri

Rinde 6 porciones

Tiempo de preparación: 30–40 minutos
Tiempo de cocción: 2–3 horas
Tamaño ideal de la olla de cocción lenta:
5 cuartos de galón

4–5 papas medianas, cocidas y
   rebanadas, *divididas*
1 libra de carne molida, dorada y
   drenada, *dividida*
1 paquete de 12 onzas de judías
   verdes congeladas, *divididas*
½ libra de queso *Velveeta*,
   rebanado, *dividido*
1 lata de 10¾ onzas de crema de
   sopa de hongos

1. Coloque la mitad de las papas
en el fondo de una olla de cocción
lenta cubierta de mantequilla.

2. Coloque la mitad de la carne
molida, seguida por una capa de la
mitad de las judías verdes. Cubra con
una capa de la mitad de las
rebanadas de queso.

3. Repita todas las capas.

4. Añada la sopa sobre todo.

5. Cubra y gradúe la olla a "Bajo"
y cocine durante 2 horas si la comida
está caliente cuando la ponga dentro
de la olla, o gradúe la olla a "Alto"
por 2 horas si la comida está fría
cuando la ponga dentro de la olla.

Carne molida cremosa

Joleen Albrecht

Gladstone, Michigan

Rinde 5 porciones

Tiempo de preparación: 10–15 minutos
Tiempo de cocción: 2–4 horas
Tamaño ideal de la olla de cocción lenta:
3 cuartos de galón

---

1 libra de carne molida
ajo en polvo al gusto
sal y pimienta al gusto
2 latas de 10¾ onzas de crema de
   sopa de hongos
½–1 lata (de sopa) de agua

1. Dore la carne molida en un
sartén antiadherente. Drene.

2. Colóquela en una olla de cocción lenta, junto con los condimentos. Pruebe y añada más, si usted lo
desea.

3. Mezcle en la sopa. Añada agua
hasta que la mezcla alcance consistencia de salsa.

4. Cubra y gradúe la olla a "Bajo"
y cocine por 2–4 horas.

5. Sirva sobre fideos cocidos o
arroz.

Consejo: Sirva sobre papas horneadas.
Luego aplique queso chedar rayado.

Cazuela de *tater tot*

Sharon Wantland

Menomonee Falls, Wisconsin

Rinde 4 porciones

Tiempo de preparación: 10 minutos
Tiempo de cocción: 2–3 horas
Tamaño ideal de la olla de cocción lenta:
3 cuartos de galón

---

1 libra de carne molida
¼ de taza de cebollas picadas
1 lata de 10¾ onzas de sopa de
   pollo
1 caja de 16 onzas de papas
   gratinadas tipo *tater tots*

1. Dore la carne molida con
cebollas en un sartén antiadherente
hasta que esté desmenuzable. Drene.

2. Coloque la carne y las cebollas
en el fondo de la olla de cocción
lenta.

3. Cubra con la sopa y luego con
las papas gratinadas.

4. Cubra y gradúe la olla a "Bajo"
y cocine por 2–3 horas.

Variación: Añada una lata de 10¾
onzas de sopa de verduras en el paso 3.
Mezcle en un tazón con la crema de
sopa de pollo antes de verter sobre la
carne y las cebollas. Y si usted desea
mucha salsa, mezcle la mitad de una
lata (de sopa) llena de agua dentro de
las dos sopas.

— **Vera Martin**
East Earl, Pennsylvania

Arroz español

Sharon Wantland
Menomonee Falls, Wisconsin
Sherri Mayer
Menomonee Falls, Wisconsin

Rinde 4 porciones

Tiempo de preparación: 20 minutos
Tiempo de cocción: 1½ horas
Tamaño ideal de la olla de cocción lenta:
6 cuartos de galón

2 tazas de arroz tipo *minute rice*,
   cocido
1 cuarto de galón de tomates
   guisados
½ taza de cebollas picadas
½ taza de pimiento verde picado
1 sobre de condimento seco para
   salsa de taco, mezclado con ¾
   de taza de agua, *opcional*
¾ libra de carne molida, dorada

1. Combine todos los ingredientes
en una olla de cocción lenta y mezcle
bien.

2. Cubra y cocine durante 1½
horas en "Alto", o hasta que la
comida esté completamente caliente.

Variaciones:

*1. En lugar de 2 tazas de arroz tipo
minute rice cocido, use 1½ tazas de arroz
de grano largo crudo y 2 Cucharas de
aceite o mantequilla.*

*Gradúe la olla de cocción lenta a
"Alto". Sofría el arroz que no se cocinó
en el aceite o mantequilla hasta que esté
dorado. Luego continúe con el paso 1.*

*2. En lugar de carne molida, use
salchicha tipo loose. Dore en un sartén
antiadherente y drene antes de colocarlas
en una olla de cocción lenta. Luego continúe con el paso 1.*

— **Linda Overholt**
Abbeville, South Carolina

Arroz español de carne

Susan Wenger
Lebanon, Pennsylvania

Rinde 10 porciones

Tiempo de preparación: 20 minutos
Tiempo de cocción: 4–8 horas
Tamaño ideal de la olla de cocción lenta:
4 cuartos de galón

2 libras de carne molida
1 lata de 44 onzas de tomates
   guisado *o* cortados en cubos, *o*
   salsa de espagueti
1 taza de agua
2½ cucharaditas de chile en polvo
2 cucharaditas de salsa
   Worcestershire
1 taza de arroz de grano largo, sin
   cocinar

Ingredientes opcionales:
1 cebolla mediana, picada
1 pimiento verde, picado
1½–2 cucharaditas de sal
½ cucharadita de pimienta

1. Dore la carne en un sartén
antiadherente. (Incluya la cebolla picada y pimienta negra, si usted lo
desea.) Drene. Coloque la mezcla en
la olla de cocción lenta.

2. Añada los demás ingredientes
en la olla (incluyendo el pimiento
verde y la sal, si usted lo desea),
mezclando bien.

3. Cubra y gradúe la olla a "Bajo"
y cocine durante 6–8 horas o gradúe
la olla a "Alto" por 4 horas.

Cazuela de arroz salvaje y carne molida

Esther Gingerich
Parnell, Iowa

Rinde 6 porciones

Tiempo de preparación: 15 minutos
Tiempo de cocción: 3–6 horas
Tamaño ideal de la olla de cocción lenta:
3 cuartos de galón

1 libra de carne molida
1 cebolla mediana, picada
1 paquete de 6⅓ onzas de arroz
   de grano largo en estado
   natural, sin cocinar
1 lata de 4 onzas de hongos,
   drenados
2 latas de 10¾ onzas de sopa de
   hongos
½ taza de agua

1. En un sartén antiadherente,
dore la carne molida y la cebolla.
Drene.

2. En la olla de cocción lenta,
combine la mezcla de carne molida
con los demás ingredientes,
incluyendo el arroz.

3. Cubra y gradúe la olla a "Alto"
y cocine por 3 horas o gradúe la olla
a "Bajo" y cocine por 5–6 horas, o
hasta que arroz esté suave pero no
blando.

Cazuela de pizza y arroz

Jennie Martin
Richfield, Pennsylvania

Rinde 6–8 porciones

Tiempo de preparación: 20 minutos
Tiempo de cocción: 6 horas
Tamaño ideal de la olla de cocción lenta:
5 cuartos de galón

1 libra de carne molida
1 cebolla mediana, picada
3 tazas de arroz de grano largo sin cocinar
1 cuarto de galón de salsa de pizza
3 tazas de queso deshilachado, a su gusto de sabor
1 taza de queso *cottage, opcional*
4 tazas de agua

1. Coloque la carne molida y la cebolla picada en un sartén antiadherente. Dore y luego drene.
2. Mezcle todos los ingredientes en la olla de cocción lenta.
3. Cubra y gradúe la olla a "Alto" y cocine por 6 horas, o hasta que el arroz esté suave.

Delicia de la abuela

Anna B. Stoltzfus
Honey Brook, Pennsylvania

Rinde 5 porciones

Tiempo de preparación: 20 minutos
Tiempo de cocción: 1½ horas
Tamaño ideal de la olla de cocción lenta:
6 cuartos de galón

1 libra de carne molida
1 cebolla pequeña, picada
3 tazas de macarrones secos
1 taza de queso chedar deshilachado
4 tazas de salsa de espagueti, de su paquete favorito *o hecha en casa*
½ taza de agua

1. Dore la carne con cebolla picada en un sartén antiadherente. Drene.
2. Rocíe el interior de la olla de cocción lenta con aerosol antiadherente. Coloque todos los ingredientes dentro de la olla de cocción lenta y mezcle suavemente.
3. Cubra y gradúe la olla a "Alto" y cocine por 1½ horas, o hasta que los macarrones estén suaves pero no blandos.

Variación: Añada ½ cucharadita de sal, ¼–½ cucharadita de pimienta, de acuerdo a su gusto y 2 cabezas de ajo picadas.

— Karen Waggoner
Joplin, Missouri

Yumazetta

Andrea Cunningham
Arlington, Kansas

Rinde 8 porciones

Tiempo de preparación: 15 minutos
Tiempo de cocción: 3–5 horas
Tamaño ideal de la olla de cocción lenta:
4 a 6 cuartos de galón

1 libra de carne molida
8 onzas de queso deshilachado, del tipo de su elección
1 cebolla, cortada en cubos
1 lata de 10¾ onzas de crema de sopa de hongos
1 lata de 12 onzas de tomates cortados en cubos, sin drenar

1. Dore la carne molida en un sartén antiadherente. Drene.
2. Combine todos los ingredientes en una olla de cocción lenta.
3. Gradúe la olla a "Bajo" y cocine por 3–5 horas, o hasta que esté completamente caliente.
4. Sirva sobre pasta cocida.

Aquí está un verdadero ahorrador de tiempo de nuestra casa: dore grandes cantidades (10 libras) de carne molida, condimentada con cebolla, albahaca y oregano al gusto. Drene y enfríe. Congele en recipientes de una pinta. La carne estará pronto disponible sin necesidad de esperar o limpiar en exceso cuando se prepara en una receta de olla de cocción lenta o cazuela que requiere carne molida dorada.

Dale and Shari Mast, *Harrisonburg, Virginia*

Relleno de taco para la olla Crock, preparación fácil

Joanne Good
Wheaton, Illinois

Rinde 4–6 porciones

Tiempo de preparación: 20 minutos
Tiempo de cocción: 6–8 horas
Tamaño ideal de la olla de cocción lenta:
4 cuartos de galón

1 cebolla larga, picada
1 libra de carne molida
2 latas de 15 onzas de fríjoles
chili
1 lata de 15 onzas de maíz *Santa Fe*, o *Mexicano*, o *Fiesta*,
¾ de taza de agua

Ingredientes opcionales:
¼ de cucharadita de chile rojo tipo *cayenne pepper*
½ cucharadita de ajo en polvo

1. Dore la carne molida y la cebolla picada en un sartén antiadherente. Drene.
2. Mezcle todos los ingredientes en la olla de cocción lenta, mezcle bien.
3. Cubra y gradúe la olla a "Bajo" y cocine durante 6–8 horas.

Consejos:
1. Usted puede querer añadir más o menos que ¾ de taza de agua a esta receta, dependiendo de qué tan caliente y rápido cocine su olla de cocción lenta y qué tan apretada esté su tapa.
2. Sírvase en tortillas de harina suaves o cascarones de taco calientes. O sirva como acompañante para untar con tortillas de harina planas.
3. Buenos acompañantes para este relleno de taco incluyen crema amarga, guacamole, queso deshilachado, tomates cortados en cubos, lechuga deshilachada y salsa.

Picadillo de "Noche de brujas"

Sharon Miller
Holmesville, Ohio

Rinde 4 porciones

Tiempo de preparación: 20–25 minutos
Tiempo de cocción: 2–4 horas
Tamaño ideal de la olla de cocción lenta:
2 cuartos de galón

1 libra de carne molida magra
½ taza de cebolla, picada
1 lata de 16 onzas de maíz de grano entero, drenado
1 lata de 16 onzas de frijoles rojos, drenados
1 lata de 16 onzas de tomates cortados en cubos
½ taza de queso chedar deshilachado, *opcional*

1. Dore la carne y la cebolla en un sartén antiadherente hasta que no esté de color rosa. Drene. Coloque la mezcla en una olla de cocción lenta.
2. Coloque los demás ingredientes excepto el queso.
3. Cubra y gradúe la olla a "Bajo" y cocine por 2–4 horas, o hasta que esté caliente por completo.
4. Sirva como esté, o sobre una capa de arroz o fideos. Rocíe cada servida con queso, si usted lo desea.

Tortillas de res, preparación fácil

Karen Waggoner
Joplin, Missour

Rinde 6 porciones

Tiempo de preparación: 20 minutos
Tiempo de cocción: 1½–3 horas
Tamaño ideal de la olla de cocción lenta:
4 cuartos de galón

1½ libras de carne molida
1 lata de 10¾ onzas de sopa de pollo
2½ tazas de pedazos de tortilla triturada, *divididos*
1 tarro de 16 onzas de salsa
1½ tazas (6 onzas) de queso chedar deshilachado

1. Dore la carne molida en un sartén antiadherente. Drene. Mezcle en la sopa.
2. Rocíe el interior de la olla con aerosol antiadherente. Añada 1¾ tazas de pedazos de tortilla en la olla de cocción lenta. Cubra con la mezcla de carne, luego con la salsa y luego con el queso.
3. Cubra y gradúe la olla a "Alto" y cocine por 1½ horas, o gradúe la olla a "Bajo" y cocine durante 3 horas.
4. Rocíe con los pedazos restantes justo antes de servir.

Cazuela de tortilla

Christie Detamore-Hunsberger
Harrisonburg, Virginia

Rinde 4 porciones

Tiempo de preparación: 20 minutos
Tiempo de cocción: 3¼–4¼ horas
Tamaño ideal de la olla de cocción lenta:
    3 cuartos de galón

4–6 tortillas blancas o integrales,
    divididas
1 libra de carne molida
1 sobre de condimento seco para
    taco
1 lata de 16 onzas de frijoles
    refritos libres de grasa
1½ tazas de queso bajo en grasa
    (6 onzas) de su elección,
    rallado, *dividido*
3–4 Cucharas de crema amarga,
    opcional

1. Rocíe el interior de la olla con aerosol antiadherente. Rompa ¾ partes de las tortillas y colóquelas a los lados y en el fondo de la olla de cocción lenta.

2. Dore la carne molida en un sartén antiadherente. Drene. Regrese al sartén y mezcle con el condimento de taco.

3. Coloque los frijoles refritos, la carne dorada y condimentada, una taza de queso y la crema amarga si usted lo desea, sobre pedazos de tortilla.

4. Coloque las piezas restantes de tortilla encima. Rocíe con el queso restante.

5. Cubra y gradúe la olla a "Bajo" y cocine por 3–4 horas.

Cazuela de tamales

Mamie Christopherson
Rio Rancho, New Mexico

Rinde 6–8 porciones

Tiempo de preparación: 10 minutos
Tiempo de cocción: 5–7 horas
Tamaño ideal de la olla de cocción lenta:
    4 cuartos de galón

2 libras de albóndigas congeladas
1 lata de 28 onzas de tomates
    picados
1 taza de harina de maíz amarilla
1 lata de 14 a 16 onzas de maíz
    estilo crema
1 taza de aceitunas rellenas
    picadas
½ cucharadita de chile en polvo,
    opcional

1. Coloque en un horno microondas las albóndigas congeladas durante 4 minutos en el nivel de potencia 3, o hasta que se descongelen. Colóquelas en una olla de cocción lenta.

2. Combine los demás ingredientes en un tazón de mezcla.
    Añada sobre las albóndigas y mezcle bien.

3. Cubra y gradúe la olla a "Alto" y cocine por 1 hora. Gradúe la olla a "Bajo" y cocine durante 4–6 horas. Revise después de 4 horas de cocción. La cazuela está terminada cuando alcanza una consistencia de pan.

Carne molída rellena

Mary B. Sensenig
New Holland, Pennsylvania

Rinde 4 porciones

Tiempo de preparación: 10 minutos
Tiempo de cocción: 4–6 horas
Tamaño ideal de la olla de cocción lenta:
    4 cuartos de galón

2 tazas de carne molida
2 tazas de col, deshilachada
sal y pimienta al gusto
2 tazas de relleno de pan
2 tazas de jugo de tomate

1. Dore la carne molida en un sartén antiadherente. Drene.

2. Rocíe el interior de la olla con aerosol antiadherente. Coloque los ingredientes en la olla de cocción lenta en este orden: carne molida, col, sal y pimienta, relleno de pan.

3. Añada el jugo de tomate encima.

4. Gradúe la olla a "Bajo" y cocine por 4–6 horas, o hasta que la col esté suave.

Cena alemana

Audrey L. Kneer

Williamsfield, Illinois

Rinde 6 porciones

Tiempo de preparación: 15–20 minutos
Tiempo de cocción: 4–8 horas
Tamaño ideal de la olla de cocción lenta:
*   4 a 5 cuartos de galón*

1 libra de carne molida magra
1 bolsa de 32 onzas de
    sauerkraut, drenados
1 pimiento verde pequeño,
    finamente picado
2 latas de 11½ onzas de jugo de
    verduras
½ taza de apio picado

1. Dore la carne molida en un sartén antiadherente. Drene.
2. Combine todos los ingredientes en la olla de cocción lenta.
3. Cubra y gradúe la olla a "Alto" y cocine por 1 hora, luego gradúe la olla a "Bajo" y cocine por 3–7 horas, o hasta que las verduras estén hechas a su gusto.

Cazuela de carne molida y verduras

Mary B. Sensenig

New Holland, Pennsylvania

Rinde 6–8 porciones

Tiempo de preparación: 15–20 minutos
Tiempo de cocción: 4 horas
Tamaño ideal de la olla de cocción lenta:
*   4 a 5 cuartos de galón*

1½ libras de carne molida
½ cebolla mediana, rebanada
2 paquetes de 10 onzas de
    verduras mixtas pequeñas
1 taza de jugo de tomate
8 onzas de queso, a su elección,
    deshilachado

1. Dore la carne molida y la cebolla en un sartén antiadherente. Drene.
2. Coloque la mezcla dorada en la olla de cocción lenta. Mezcle con las verduras. Añada el jugo de tomate encima.
3. Cubra y gradúe la olla a "Bajo" y cocine durante 4 horas, o hasta que las verduras estén hechas a su gusto.
4. Mezcle con el queso durante la última hora de cocción.

Plato caliente de calabacita *zucchini*

Sharon Wantland

Menomonee Falls, Wisconsin

Rinde 4 porciones

Tiempo de preparación: 15–20 minutos
Tiempo de cocción: 2–3 horas
Tamaño ideal de la olla de cocción lenta:
*   1½ cuartos de galón*

1 libra de carne molida
1 cebolla pequeña, picada,
    opcional
sal y pimienta al gusto
4–5 calabacitas de 6 pulgadas de
    largo, rebanadas
1 lata de 10¾ onzas de crema de
    sopa de hongos
1–2 tazas de queso chedar
    deshilachado

1. Dore la carne molida con cebollas, si usted lo desea, junto con la sal y la pimienta en un sartén antiadherente hasta que esté desmenuzable. Drene.
2. Coloque la calabacita y la mezcla de carne alternadamente en la olla de cocción lenta.
3. Cubra con la sopa. Rocíe con queso.
4. Cubra y gradúe la olla a "Bajo" y cocine por 2–3 horas, o hasta que el calabacita esté hecha a su gusto.

Comída de carne molída, judías verdes y papas

Alice Miller
Stuarts Draft, Virginia

Rinde 4–6 porciones

Tiempo de preparación: 15 minutos
Tiempo de cocción: 4–6 horas
Tamaño ideal de la olla de cocción lenta:
5 cuartos de galón

1 libra de carne molida
$^1/_2$–1 cucharadita de sal, de acuerdo a su gusto
$^1/_4$–$^1/_2$ de cucharadita de pimienta negra, de acuerdo a su gusto
$^1/_4$ de galón de judías verdes enlatadas, sin drenar
4 papas grandes, cortadas en pedazos de una pulgada
1 taza de cebollas picadas, *opcional*

1. En un sartén antiadherente mediano, dore la carne molida hasta que no esté de color rosa. Drene. Añada sal y pimienta. Ponga aparte.
2. Añada las judías verdes sin drenar dentro de la olla de cocción lenta. Cubra con las papas, y la cebolla si usted lo desea y luego la carne molida.
3. Cubra y gradúe la olla a "Alto" y cocine por 4–6 horas, o hasta que las verduras estén suaves.

Variación: En un tazón de mezcla, combine 2 latas de 10³/₄ onzas de crema de hongos y $^1/_2$ taza de agua hasta que esté uniforme. Añada sobre las capas de ingredientes despues de completar el paso 2.

— **Jena Hammond**
Traverse City, Michigan

Papa-carne de res y frijoles

Vera Martin
East Earl, Pennsylvania

Rinde 6 porciones

Tiempo de preparación: 15–20 minutos
Tiempo de cocción: 3 horas
Tamaño ideal de la olla de cocción lenta:
4 cuartos de galón

1 libra de carne molida o pavo, separada
1 cucharadita de sal de cebolla, sal de apio, o ambas, *divididas*
1 lata de 15¹/₂ onzas de frijoles rojos, sin drenar, *separados*
4 papas, cortadas al estilo francés, *divididas*
1 lata de 26 onzas de sopa de tomate

1. Coloque la mitad de todos los ingredientes—excepto la sopa de tomate—en la olla de cocción lenta en el orden indicado.
2. Repita las capas. Añada la sopa de tomate sobre todo.
3. Cubra y gradúe la olla a "Alto" y cocine por 3 horas, o hasta que las papas estén suaves.
4. Mezcle antes de servir.

Variación: 1–2 Cucharas de chile en polvo, dependiendo de su gusto, con la sopa de tomate en el paso 2.

Plato caliente de carne molida

Tracey Hanson Schramel
Windom, Minnnesota

Rinde 3–4 porciones

Tiempo de preparación: 15 minutos
Tiempo de cocción: 6–8 horas
Tamaño ideal de la olla de cocción lenta:
3 cuartos de galón

1 libra de carne molida
1 cebolla pequeña, picada
4–5 papas medianas, rebanadas
$^1/_2$ cucharadita de sal, *opcional*
1 lata de 14¹/₂ onzas de verduras mixtas, sin drenar
1 lata de 10³/₄ onzas de sopa de pollo

1. Dore la carne molida y la cebolla en un sartén antiadherente. Drene.
2. Rocíe el interior de la olla con aerosol antiadherente. Coloque todos los ingredientes en la olla de cocción lenta. Mezcle suavemente hasta que esté bien mezclado.
3. Cubra y gradúe la olla a "Bajo" y cocine durante 6–8 horas, o hasta que las papas estén suaves.

Variación: En lugar de una lata de verduras mixtas, use una lata de 10³/₄ onzas de sopa de verduras con sabor a res sin diluir y en lugar de sal, añada 1 sobre de mezcla seca de sopa de cebolla.

— **Gloria Julien**
Gladstone, Michigan

Cazuela de carne molída en capas

Denise Nickel
Goessel, Kansas

Rinde 4–6 porciones

Tiempo de preparación: 45 minutos
Tiempo de cocción: 6–8 horas
Tamaño ideal de la olla de cocción lenta:
4 cuartos de galón

1½ libras de carne molida
3 papas grandes, cortadas en
    pedazos de 1 pulgada
1 paquete de 16 onzas de
    guisantes congelados
2–3 zanahorias, rebanadas
1 cebolla mediana, rebanada,
    opcional
1 rama de apio, cortada en cubos,
    opcional
1 lata de 10¾ onzas de sopa de
    tomate
1 lata (de sopa) de agua

1. Dore la carne molida en un sartén antiadherente. Drene. Ponga aparte.

2. Rocíe el interior de la olla con aerosol antiadherente. Coloque todos los ingredientes en la olla de cocción lenta en este orden: trozos de papa, guisantes, rebanadas de zanahoria, rebanadas de cebolla y cubos de apio, si usted lo desea, y carne molida dorada.

3. Mezcle la sopa de tomate y el agua en un tazón hasta que esté suave. Añada encima los demás ingredientes.

4. Cubra y gradúe la olla a "Bajo" y cocine por 6–8 horas, o hasta que las verduras estén suaves.

Rollo de carne, preparación fácil

Karen Waggoner
Joplin, Missouri

Rinde 5–6 porciones

Tiempo de preparación: 5 minutos
Tiempo de cocción: 2 horas
Tamaño ideal de la olla de cocción lenta:
3 a 4 cuartos de galón

---

2 libras de carne molida *o* pavo
1 paquete de 6¼ onzas de mezcla
    para guiso de res, más
    condimentos
2 huevos, batidos
½ taza de *ketchup, dividida*

1. Mezcle la carne o pavo, el guiso seco, los huevos y ¼ de taza de la salsa de tomate. Dele forma de rollo ovalado.

2. Colóquela en una olla de cocción lenta. Añada la salsa de tomate restante encima.

3. Cubra y gradúe la olla a "Alto" y cocine por 2 horas.

Rollo de carne

Becky Gehman
Bergton, Virginia

Rinde 6–8 porciones

Tiempo de preparación: 10 minutos
Tiempo de cocción: 2–6 horas
Tamaño ideal de la olla de cocción lenta:
3 cuartos de galón

---

2 libras de carne molida
½ taza de trozos de galleta salada
1–2 cucharadita cebolla en polvo
¼ de taza de *ketchup*

1. Combine la carne molida, los trozos de galleta y la cebolla en polvo. Dele forma de rollo. Coloque en una olla de cocción lenta.

2. Disperse la salsa de tomate encima del rollo de carne.

3. Cubra y gradúe la olla a "Bajo" y cocine durante 4–6 horas, o gradúe la olla a "Alto" por 2 horas.

Consejos:

1. Usted puede mezclar toda o la mitad de la salsa de tomate dentro del rollo de carne.

2. Retire la barra de carne cocida de la olla con una espátula y manténgala caliente en un plato.

Añada los líquidos restantes de la olla de cocción lenta dentro de un sartén antiadherente. Coloque a fuego medio y bata 2 Cucharas de harina dentro de los líquidos hasta que la mezcla esté suave.

Añada a la carne el cubo de caldo y mezcle hasta que éste se disuelva y los líquidos estén espesos. Sirva la salsa con el rollo de carne rebanado.

Rollo de carne asombroso

Sara Kinsinger
Stuarts Draft, Virginia
Miriam Nolt
New Holland, Pennsylvania
Ruth Zendt
Mifflintown, Pennsylvania
Karen Ceneviva
New Haven, Connecticut

Rinde 8 porciones

Tiempo de preparación: 15 minutos
Tiempo de cocción: 2–8 horas
Tamaño ideal de la olla de cocción lenta:
4 cuartos de galón

½ taza de *ketchup, dividida*
2 libras de carne molida
2 huevos
⅔ de taza de avena seca de
    preparación rápida
1 sobre de mezcla seca de sopa de
    cebolla

1. Reserve 2 Cucharas de salsa de tomate. Combine la carne molida, los huevos, la avena, la mezcla de sopa y la salsa de tomate restante. Dele forma de rollo. Colóquelo en una olla de cocción lenta.
2. Cubra con la salsa de tomate restante.
3. Cubra y gradúe la olla a "Bajo" y cocine durante 6–8 horas o gradúe la olla a "Alto" por 2-4 horas.

Consejo: Enfríe los sobrantes y luego rebane para hacer emparedados.

Barbacoa de res

Anna B. Stoltzfus
Honey Brook, Pennsylvania

Rinde 10 porciones

Tiempo de preparación: 15 minutos
Tiempo de cocción: 2½ horas
Tamaño ideal de la olla de cocción lenta:
4 cuartos de galón

---

2 libras de carne molida
2 cebollas pequeñas, picadas
2 Cucharas de salsa *Worcestershire*
1½ tazas de *ketchup*
4 Cucharas de azúcar morena
1 taza de agua

1. Dore la carne con cebollas en un sartén antiadherente grande, rompa los trozos de carne con una cuchara de madera a medida que se cocina. Drene.
2. Coloque la carne y las cebollas dentro de la olla. Añada los demás ingredientes y mezcle por completo.
3. Cubra y gradúe la olla a "Bajo" y cocine durante 2½ horas.
4. Coloque dentro de rollos de emparedado.

Emparedados ítalianos con salsa barbacoa

Mary B. Sensenig
New Holland, Pennsylvania

Rinde 4 porciones

Tiempo de preparación: 10 minutos
Tiempo de cocción: 2–6 horas
Tamaño ideal de la olla de cocción lenta:
3 cuartos de galón

---

1 libra de carne molida
1 taza de salsa de tomate
½ sobre de mezcla seca para salsa
    de espagueti
sal y pimienta al gusto
8 onzas de queso *Velveeta* o
    Americano, cortado en cubos

1. En un sartén antiadherente, dore la carne molida. Drene.
2. Coloque la carne en la olla de cocción lenta. Mezcle en la salsa y los condimentos.
3. Cubra y gradúe la olla a "Bajo" y cocine por 2-6 horas.
4. Una hora antes de servir, mezcle con el queso.
5. Mezcle antes de servir sobre rollos largos.

Para retirar el rollo de carne u otras carnes de la olla, haga manijas de papel de aluminio para sacar la comida. Use hojas dobles de papel de aluminio grueso para hacer 3 tiras de 20 × 3 pulgadas. Crúcelas en el fondo de la olla y extiéndalas hacia los lados con el diseño indicado antes de colocar la comida.

John D. Allen
Rye, Colorado
Esther Lehman
Croghan, New York

"Sloppy Joes" cremosos

Clara Yoder Byler

Hartville, Ohio

Rinde 8–10 porciones

Tiempo de preparación: 30 minutos
Tiempo de cocción: 2–3 horas
Tamaño ideal de la olla de cocción lenta:
4 cuartos de galón

---

2 libras de carne molida
1 cebolla, finamente picada
½ taza de *ketchup*
1 cucharadita de salsa
   Worcestershire
1 lata de 10¾ onzas de crema de
   sopa de hongos
1 cucharadita de sal, *opcional*

1. Dore la carne molida y la cebolla en un sartén antiadherente. Drene.

2. Coloque en una olla de cocción lenta. Mezcle los demás ingredientes.

3. Gradúe la olla y cocine durante 2–3 horas, o hasta que esté completamente caliente.

Emparedados "Sloppy Joes"

Rosalie D. Miller

Mifflintown, Pennsylvania

Rinde 8–10 porciones

Tiempo de preparación: 10–15 minutos
Tiempo de cocción: 3–8 horas
Tamaño ideal de la olla de cocción lenta:
3 a 4 cuartos de galón

---

3 libras de carne molida
1 taza de cebollas picadas
3 latas de 16 onzas de salsa
   Sloppy Joe
4 Cucharas de azúcar morena
4 Cucharas de salsa *Worcestershire*

1. Dore la carne molida y las cebollas picadas en un sartén antiadherente. Drene, pero no pierda los trozos de cebolla mientras lo hace.

2. Coloque la mezcla de carne y cebolla en la olla de cocción lenta.

3. Mezcle los demás ingredientes.

4. Cubra y gradúe la olla a "Bajo" y cocine durante 6–8 horas, o gradúe la olla a "Alto" por 3–4 horas.

5. Vierta la mezcla dentro de panecillos de hamburguesa para servir.

Emparedados *sub* de albóndigas para una fiesta

Tamara McCarthy

Pennsburg, Pennsylvania

Rinde 30 porciones

Tiempo de preparación: 15 minutos
Tiempo de cocción: 8–10 horas
Tamaño ideal de la olla de cocción lenta:
8 a 10 cuartos de galón

---

1 bolsa de 10 libras de albóndigas
   preparadas
1 cebolla larga, rebanada
10 hongos frescos de buen
   tamaño, rebanados
2 tarros de 26 onzas de salsa de
   espagueti, con sabor a su gusto
2 dientes de ajo, picados
1 libra de queso rallado
   mozzarella, opcional

1. Combine todos los ingredientes excepto el queso en una olla de cocción lenta. Mezcle bien para cubrir las albóndigas con la salsa.

2. Cubra y gradúe la olla a "Bajo" y cocine por 8–10 horas, mezclando ocasionalmente durante la cocción para mezclar los jugos.

3. Sirva en los rollos *hoagie* y rocíe el queso *mozzarella* encima, si usted lo desea.

Consejo: ¡Esto hace muchas albóndigas subs! La receta también funciona si usted reduce los ingredientes a la mitad, o aún si usted prepara tan solo un cuarto de las cantidades indicadas.

Albóndigas agrias

Lucy O'Connell
Goshen, Massachusetts

Rinde 12 porciones de plato principal

Tiempo de preparación: 10 minutos
Tiempo de cocción: 6–8 horas
Tamaño ideal de la olla de cocción lenta:
  5 a 6 cuartos de galón

3 libras de albóndigas estilo sueco
  (congeladas está bien)
1 lata de 16 onzas de salsa de
  bayas de arándano
1 botella de 18 onzas de salsa
  barbecue
½ taza de mostaza picante
  preparada

1. Coloque las albóndigas en la
olla de cocción lenta.
2. Combine los demás ingredientes en un tazón; luego añada sobre
las albóndigas.
3. Cubra y gradúe la olla a "Bajo"
y cocine por 6–8 horas.

*Consejo: Usted puede servir esto como
un aperitivo, o como plato principal
sobre arroz.*

Albóndigas agridulces

Charlotte Shaffer
East Earl, Pennsylvania
Michele Ruvola
Selden, New York
Velma Sauder
Leola, Pennsylvania

Rinde 8–10 porciones

Tiempo de preparación: 15 minutos
Tiempo de cocción: 2 horas
Tamaño ideal de la olla de cocción lenta:
  3 a 4 cuartos de galón

2 libras de albóndigas precocidas
1 taza de jalea de uva
2 tazas de salsa de coctél

1. Coloque las albóndigas precocidas en una olla de cocción lenta.
2. En un tazón mediano, mezcle
la jalea y la salsa de coctél con un
batidor (esto estará un poco ater-
ronado).
3. Añada la jalea y la salsa de
coctél sobre las albóndigas. Mezcle
bien.
4. Gradúe la olla y cocine por 1–2
horas, o hasta que la salsa esté completamente caliente.
5. Gradúe la olla a "Bajo" hasta
que esté listo para servir.

Albóndigas con sabor a frutas

Donna Lantgen
Chadron, Nebraska

Rinde 8–10 porciones

Tiempo de preparación: 5–10 minutos
Tiempo de cocción: 4–5 horas
Tamaño ideal de la olla de cocción lenta:
  4 cuartos de galón

2 libras de albóndigas congeladas
1 taza de azúcar morena
1 lata de 16 onzas de trozos de
  piña con jugo

1. Combine los ingredientes en la
olla de cocción lenta.
2. Cubra y gradúe la olla a "Bajo"
y cocine por 4–5 horas. Si usted está
en casa y está disponible, mezcle
cada 2 horas.

Albóndigas agrias con arándano

Char Hagner
Montague, Michigan

Rinde 4 porciones

Tiempo de preparación: 10 minutos
Tiempo de cocción: 3–4 horas
Tamaño ideal de la olla de cocción lenta: 3 cuartos de galón

1 libra de albóndigas congeladas preparadas
1 botella de 12 onzas de salsa *chili*
1 lata de 16 onzas de salsa de arándano en jalea
¹/₂ taza de azúcar morena

1. Coloque las albóndigas en la olla de cocción lenta.
2. En un tazón de mezcla, combine la salsa *chili*, la salsa de arándano y el azúcar morena, mezclando la salsa de arándano tan bien como usted pueda. Añada sobre las albóndigas.
3. Cubra y gradúe la olla a "Bajo" y cocine por 3–4 horas.

Variación: Añada 1 Cuchara de jugo de limón en el paso 2.
— **Lena Mae Janes**
Lane, Kansas

Consejo: Usted puede servir esto como un aperitivo (con un palillo) o como plato principal sobre arroz, pasta o puré de papa.

Albóndigas con arándano

Mary Ann Wasick
West Allis, Wisconsin

Rinde 5–6 porciones

Tiempo de preparación: 5–10 minutos
Tiempo de cocción: 2–4 horas
Tamaño ideal de la olla de cocción lenta: 4 cuartos de galón

1 cebolla mediana, finamente picada
2 Cucharas de mantequilla
1 lata de 16 onzas de salsa de arándano en jalea
1 un paquete de 16 onzas de albóndigas de pavo o de res preparas y congeladas (aproximadamente 32)
1 cucharadita de cáscara de naranja seca

1. En una cacerola pequeña, sofría la cebolla en mantequilla.
2. Mezcle la salsa de arándano dentro de la cacerola. Caliente en fuego bajo hasta que se derrita.
3. Combine todos los ingredientes en la olla de cocción lenta.
4. Cubra y gradúe la olla a "Bajo" y cocine por 2–4 horas.

Albóndigas dulces de arándano

F. Elaine Asper
Norton, Ohio

Rinde 6 porciones de plato de entrada, o 18–20 aperitivos

Tiempo de preparación: 15 minutos
Tiempo de cocción: 2–6 horas
Tamaño ideal de la olla de cocción lenta: 4 cuartos de galón

50 albóndigas, alrededor de 1¹/₂ libras
1 taza de salsa dorada, de un tarro, o hecha a partir de una mezcla
1 taza de salsa de bayas enteras de arándano
2 Cucharas de crema espesa
2 cucharaditas mostaza *Dijon*

1. Ponga las albóndigas en la olla de cocción lenta.
2. Mezcle los demás ingredientes en un tazón. Añada sobre las albóndigas.
3. Cubra y gradúe la olla a "Alto" y cocine por 2–3 horas o gradúe la olla a "Bajo" y cocine por 5–6 horas.

Albóndigas, preparación fácil

Carlene Horne
Bedford, New Hampshire

Rinde 10–12 porciones

Tiempo de preparación: 7 minutos
Tiempo de cocción: 4–5 horas
Tamaño ideal de la olla de cocción lenta:
5 cuartos de galón

2 latas de 10¾ onzas de crema de sopa de hongos
2 paquetes de 8 onzas de queso crema, suavizado
1 lata de 4 onzas de hongos rebanados, sin drenar
1 taza de leche
2–3 libras de albóndigas congeladas

1. Combine la sopa, el queso crema, los hongos y la leche en la olla de cocción lenta.
2. Añada las albóndigas. Mezcle.
3. Cubra. Gradúe la olla a "Bajo" y cocine por 4–5 horas.
4. Sirva sobre fideos.

Albóndigas con *chili*

Colleen Konetzni
Rio Rancho, New Mexico

Rinde 8 porciones

Tiempo de preparación: 10 minutos
Tiempo de cocción: 8 horas
Tamaño ideal de la olla de cocción lenta:
5 cuartos de galón

2 libras de albóndigas de carne de res congeladas
1 tarro de 16 onzas de *505 Green Chile Sauce*, u otra buena salsa de chile verde
1 tarro (de la salsa de chile) de agua

1. Coloque las albóndigas congeladas en la olla de cocción lenta.
2. En un tazón de mezcla, combine la salsa de chile (ajíes) verde y el agua.
3. Añada la salsa y el agua sobre las albóndigas.
4. Cubra y gradúe la olla a "Bajo" y cocine por 8 horas.

Consejo: Esto está bien como plato principal servido con tortillas de harina. O ponga palillos y sirva las albóndigas como comida de fiesta.

Un consejo útil —

Si usted espera hasta que todo el trabajo esté terminado, usted nunca tendrá compañía. De todas formas a los invitados usualmente no les intereza saber qué está sin terminar.

Mis albóndigas noruegas

Mamie Christopherson
Rio Rancho, New Mexico

Rinde 10–12 porciones

Tiempo de preparación: 5 minutos
Tiempo de cocción: 45 horas
Tamaño ideal de la olla de cocción lenta:
3 cuartos de galón

1 paquete de 2–2½ libras albóndigas congeladas
2 o 3 latas de 10¾ onzas de crema de sopa de hongos, dependiendo de qué tanta salsa usted quiera que el plato tenga cuando esté terminado
1 lata de 12 onzas de leche evaporada
1½ tazas de crema amarga
1 taza de caldo de res
1 cucharadita de *dill weed*, *opcional*

1. Coloque las albóndigas congeladas en un plato para microondas y hornéelas en "Alto" por 4 minutos.
2. Mientras tanto, en un tazón grande de mezcla, combine todos los demás ingredientes.
3. Coloque las albóndigas en la olla de cocción lenta. Cubra con la mezcla de sopa.
4. Cubra y gradúe la olla a "Alto" y cocine por 45 minutos (la salsa no debe hervir).
5. Gradúe la olla a "Bajo". Mantenga caliente hasta que sea tiempo de servir.

Consejos:
Sírvase como aperitivo (junto con palillos), o como un plato principal con puré de papa o fideos.

2. Sustituya por otras hierbas el dill weed.

Albóndigas con aderezo de crema

Karen Stoltzfus
Alto, Michigan

Rinde 6–8 porciones

Tiempo de preparación: 5 minutos
Tiempo de cocción: 3–4 horas
Tamaño ideal de la olla de cocción lenta:
2 cuartos de galón

1½ libras de albóndigas
  congeladas completamente
  cocidas
1 paquete de 8 onzas de queso
  crema, suavizado
1 lata de 10¾ onzas de crema de
  sopa de hongos
½ taza de agua

1. Coloque las albóndigas en la olla de cocción lenta.

2. En un tazón de mezcla, combine el queso crema y la crema de sopa de hongos hasta que esté bien mezclada. Añada agua y mezcle por completo.

3. Añada la salsa sobre las albóndigas.

4. Cubra. Gradúe la olla a "Alto" y cocine durante 1 hora; luego gradúela a "Bajo" por 2–3 horas. (Si las albóndigas están descongeladas, cocine sólo en "Bajo" y durante 2–3 horas.)

Aderezo de albóndigas

Norma Grieser
Clarksville, Michigan

Rinde 10 porciones

Tiempo de preparación: 10 minutos
Tiempo de cocción: 3–8 horas
Tamaño ideal de la olla de cocción lenta:
6 cuartos de galón

---

1 botella de 32 onzas de *ketchup*
16 onzas de *ginger ale*
3 Cucharas de azúcar morena
3 Cucharas de vinagre
3 Cucharas de salsa
  Worcestershire, opcional
3 libras de albóndigas
  completamente cocidas

1. Combine los ingredientes de salsa en la olla de cocción lenta. Cubrir, gradúe la olla a "Alto" y deje hervir.

2. Suavemente vierta encima de las albóndigas, teniendo cuidado de no salpicarse usted mismo con la salsa caliente.

3. Cubra y deje hervir durante 3–4 horas en "Bajo" en caso de que las albóndigas estén descongeladas; o 6–8 horas si están congeladas cuando usted las ponga en la olla.

Consejo: Usted puede usar pequeñas bolitas de carne ahumadas en lugar de albóndigas. De hecho, esta salsa es buena sobre la mayoría de carnes que usted ase o prepare en barbacoa. Para servir como salsa para carne asada siga el paso 1; luego unte sobre la carne asada.

Albóndigas puercoespín

Esther J. Yoder
Hartville, Ohio
Jean Binns Smith
Bellefonte, Pennsylvania

Rinde 8 porciones

Tiempo de preparación: 30 minutos
Tiempo de cocción: 2–4 horas
Tamaño ideal de la olla de cocción lenta:
4 cuartos de galón

---

1 libra de carne molida
¼ de taza de arroz de grano largo
  sin cocer
¼–½ cucharadita de sal, *opcional*
1 lata de 10½ onzas de sopa de
  tomate, *dividida*
2 Cucharas de manteca, *o*
  mantequilla
1 taza de agua

1. En un tazón mediano, mezcle la carne molida, el arroz, la sal y ¼ de taza de sopa de tomate. Haga bolas de 1½ pulgadas.

2. Dore las bolas en 2 Cucharas de manteca o mantequilla en un sartén antiadherente grande teniendo cuidado de no saturarlo. (Si su sartén es pequeño, dore las bolas en dos tiempos.)

3. Coloque las albóndigas doradas en una olla de cocción lenta.

4. En el tazón, mezcle una taza de agua y la sopa de tomate restante. Añada sobre las albóndigas.

5. Cubra y gradúe la olla a "Alto" y cocine por 2–4 horas, o hasta que el arroz esté completamente cocido.

Guiso de albóndigas

Beth Peachey

Belleville, Pennsylvania

Rinde 6 porciones

Tiempo de preparación: 15 minutos
Tiempo de cocción: 6–8 horas
Tamaño ideal de la olla de cocción lenta:
  4 cuartos de galón

2 libras de albóndigas, congeladas
  o hechas en casa
1 lata de 10½ onzas de sopa de
  tomate
¼ de taza de agua
1 taza de zanahorias, rebanadas
1 cebolla, rebanada
2 libras de papa, rebanadas

1. Dore las albóndigas en un sartén antiadherente grande teniendo cuidado de no saturar el sartén. Dore en dos tiempos en lugar de apilarlas o aplastarlas.

2. Cuando las albóndigas estén doradas, colóquelas junto con el resto de los ingredientes en una olla de cocción lenta. Mezcle suavemente.

3. Cubra y gradúe la olla a "Bajo" y cocine por 6–8 horas, o hasta que las verduras estén suaves.

Un consejo útil —

Escriba en su libro de recetas la fecha cuando usted trató de preparar una receta en particular y si le gustó o no la preparación. Desarrolle un sistema de calificación para cada receta que usted trató de preparar (Excelente, Buena, Deliciosa, OK). Escriba notas sobre qué podría ser una buena adición o qué debería retirarse la próxima vez que usted la prepare.

Platos Principales de Cerdo

Chuletas de cerdo melosas con salsa barbacoa

Tamara McCarthy
Pennsburg, Pennsylvania

Rinde 8 porciones

Tiempo de preparación: 15 minutos
Tiempo de cocción: 6–8 horas
Tamaño ideal de la olla de cocción lenta:
4 cuartos de galón

---

8 chuletas de cerdo, *divididas*
1 cebolla grande, cortada en rodajas, *dividida*
1 taza de salsa de barbacoa
⅓ de taza de miel

1. Coloque una capa de chuletas en su olla de cocción lenta.
2. Acomode una cantidad proporcional de cebollas cortados en rodajas encima.
3. Mezcle la salsa de barbacoa y la miel en un tazón pequeño. Ponga una cantidad proporcional de salsa sobre las chuletas.
4. Repita las capas.

5. Cubra y gradúe la olla a "Bajo" y cocine por 3-4 horas.
6. Si la salsa apenas cubre las chuletas, voltéelas a este punto. Si están bien cubiertas, simplemente permita que se cocinen otras 3-4 horas en "Bajo", o hasta que estén tiernas pero la carne no está seca.

Chuletas de cerdo con salsa de tomate

Margaret H. Moffitt
Bartlett, Tennessee

Rinde 4–6 porciones

Tiempo de preparación: 25 minutos
Tiempo de cocción: 3–7 horas
Tamaño ideal de la olla de cocción lenta:
3 cuartos de galón

---

4 chuletas cortadas gruesamente
1 cebolla mediana, cortada en rodajas o picada
½ taza de salsa de tomate
¼ de taza de azúcar morena
½ cucharadita de polvo de *chili*
½ taza de agua

1. Coloque las chuletas en el fondo de la olla de cocción lenta. Cubra con cebollas.
2. En un tazón, mezcle la salsa de tomate, el azúcar, el polvo de *chili* y el agua. Ponga la salsa sobre todo. (Si las chuletas necesitan ser apiladas de modo que quepan en su olla de cocción lenta, asegúrese de aderezar cada una con la salsa.)
3. Cubra y gradúe la olla a "Alto" y cocine por 3-4 horas, o gradúe la olla a "Bajo" y cocine por 6-7 horas, o hasta que la carne esté suave pero no seca.

Chuletas de cerdo agrías

Barbara Gautcher
Harrisonburg, Virginia

Rinde 4–6 porciones

Tiempo de preparación: 15 minutos
Tiempo de cocción: 4–5 horas
Tamaño ideal de la olla de cocción lenta:
3 cuartos de galón

sal para condimentar al gusto
pimienta al gusto
4 chuletas de lomo de cerdo
cortadas gruesamente, ó 6
chuletas más finas
1 taza de jalea de uva
1 botella de salsa de *chili*
preparada

1. Frote las chuletas con la sal y pimienta para condimentarlas por ambos lados. Coloque las chuletas en la olla de cocción lenta.

2. En un tazón pequeño, combine la jalea y la salsa de *chili*. Ponga la salsa sobre las chuletas. (Si las chuletas necesitan ser apiladas de modo que quepan en su olla de cocción lenta, asegúrese de aderezar cada una con la salsa.)

3. Cubra y gradúe la olla a "Bajo" y cocine por 4–5, o hasta que la carne esté tierna pero no seca.

Un consejo útil —

Cuando sofría o fría, voltee un escurridor de metal o un colador al revés sobre el sartén. Esto permite que el vapor se escape y no deja que la grasa salpique.

Chuletas de cerdo con aderezo "haz como gustes"

Clara Newswanger
Gordonville, Pennsylvania

Rinde 4–6 porciones

Tiempo de preparación: 15 minutos
Tiempo de cocción: 4–5 horas
Tamaño ideal de la olla de cocción lenta:
4 cuartos de galón

4–6 chuletas, *divididas*
1 cucharadita de sal
$1/4$ de cucharadita de pimienta
2 Cucharas de aceite de oliva
$1/2$ taza de agua
1 lata de $10^3/4$ onzas de sopa de crema condensada de su elección
1 taza de salsa de barbacoa, *opcional*

1. Condimente las chuletas con sal y pimienta. Dore por ambos lados en aceite en un sartén antiadherente caliente. Dore las chuletas en grupos en lugar de amontonarlas en el sartén. A medida que se acaben de cocinar, coloque una capa de ellas en la olla de cocción lenta.

2. Entretanto, combine el agua, la sopa y la salsa si usted desea, en un tazón. Vierta una cantidad proporcional de salsa sobre la primera capa de chuletas. Añada la próxima capa de chuletas y vierta el resto de la salsa encima.

3. Cubra y gradúe la olla a "Bajo" y cocine por 4–5 horas, o hasta que las chuletas estén tiernas pero no secas.

Chuletas cremosas de cerdo

Judi Manos
West Islip, New York

Rinde 6 porciones

Tiempo de preparación: 5–7 minutos
Tiempo de cocción: 4–5 horas
Tamaño ideal de la olla de cocción lenta:
3 cuartos de galón

1 lata de $10^3/4$ onzas de sopa de crema de pollo al 98% libre de grasa
1 cebolla, picada
3 Cucharas de *ketchup*
2 cucharaditas de salsa *Worcestershire*
6 chuletas enteras, deshuesadas o con hueso, *divididas*

1. Mezcle la sopa y las cebollas picadas en un tazón. Revuélvale la salsa de tomate y la salsa *Worcestershire*. Ponga la mitad de la mezcla dentro de la olla de cocción lenta.

2. Coloque las chuletas en la olla de cocción lenta. Si las chuletas necesitan ser apiladas, ponga una cantidad proporcional del resto de la salsa sobre la primera capa de carne.

3. Añada el resto de las chuletas. Cubra con el resto de la salsa.

4. Cubra y gradúe la olla a "Bajo" y cocine por 4–5 horas, o hasta que la carne esté tierna pero no seca.

Chuletas de cerdo de cocción lenta

Kimberly Burkholder

Millerstown, Pennsylvania

Rinde 6–8 porciones

Tiempo de preparación: 15 minutos
Tiempo de cocción: 3–8 horas
Tamaño ideal de la olla de cocción lenta:
3 cuartos de galón

½ taza de harina
1 cucharadita de sal
½ cucharadita de polvo de ajo
6–8 chuletas magras, *divididas*
1 lata de 10¾ onzas de sopa de
pollo y arroz, *dividida*

1. Mezcle la harina, la sal y el polvo de ajo en un plato extendido. Sumerja las chuletas en la mezcla.
2. Caliente un sartén antiadherente hasta que esté caliente. Luego coloque varias chuletas en el sartén y dore en ambos lados. Haga esto en grupos, en lugar de amontonarlas en el sartén. A medida que usted termina de dorar las chuletas, coloque una capa en la olla de cocción lenta.
3. Cubra con una cantidad proporcional de la sopa. Termine de dorar la carne, añada a la olla y cubra con el resto de la sopa.
4. Cubra y gradúe la olla a "Bajo" y cocine por 6–8 horas, o gradúe la olla a "Alto" y cocine por 3–4 horas.

Chuletas de cerdo cubiertas

Marilyn Mowry

Irving, Texas

Rinde 4 porciones

Tiempo de preparación: 10 minutos
Tiempo de cocción: 6–8 horas
Tamaño ideal de la olla de cocción lenta:
2 cuartos de galón

4 chuletas, cortadas del centro
1 lata de 10¾ onzas de sopa de
crema de hongos
½ taza de leche
2 Cucharas de vino de jerez seco
2 cebollines, picados

1. Coloque las chuletas en la olla de cocción lenta.
2. Mezcle el resto de los ingredientes en un tazón. Vierta sobre las chuletas.
3. Cubra y gradúe la olla a "Bajo" y cocine por 6–8 horas, o hasta que la carne esté suave pero no seca.

Variación: Añada sal y pimienta al gusto a las chuletas antes de colocarlas en la olla de cocción lenta.

Chuletas de cerdo *Hong Kong*

Michelle High

Fredericksburg, Pennsylvania

Rinde 6–8 porciones

Tiempo de preparación: 65 minutos
Tiempo de cocción: 3–6 horas
Tamaño ideal de la olla de cocción lenta:
3 a 4 cuartos de galón

1 botella de 10 onzas de salsa de
soja
6–8 Cucharas de azúcar
6–8 chuletas
1 lata de 10¾ onzas de sopa de
crema de hongos

1. Combine la salsa de soja y el azúcar. Vierta sobre las chuletas. Marine por 60 minutos.
2. Cambie las chuletas a la olla de cocción lenta. (Descarte el marinado)
3. En un tazón, mezcle la sopa hasta que esté cremosa. Ponga sobre las chuletas.
4. Cubra y gradúe la olla a "Bajo" y cocine por 6 horas, o gradúe la olla a "Alto" y cocine por 3 horas.

Chuletas de cerdo enchilosas

Cynthia Morris
Grottoes, Virginia

Rinde 4 porciones

Tiempo de preparación: 5 minutos
Tiempo de cocción: 6–8 horas
Tamaño ideal de la olla de cocción lenta:
  4 cuartos de galón

4 chuletas congeladas
1 taza de aderezo italiano para
  ensalada
¹⁄₂ taza de azúcar morena
¹⁄₃ de taza de mostaza picante
  preparada

1. Coloque las chuletas en la olla de cocción lenta.
2. Mezcle el resto de los 3 ingredientes en un tazón. Vierta sobre las chuletas.
3. Cubra y gradúe la olla a "Bajo" y cocine por 6–8 horas, o hasta que la carne esté suave pero no seca.

Variación: Usted puede sustituir pechugas de pollo por las chuletas.

Consejo útil: Revise la carne después de cocinarla por 4 horas para asegurar que la carne no se está secando o cociendo en exceso.

Chuletas de cerdo y rodajas de manzana

Dorothy VanDeest
Memphis, Tennessee
Dale Peterson
Rapid City, South Dakota

Rinde 4 porciones

Tiempo de preparación: 15 minutos
Tiempo de cocción: 6–8 horas
Tamaño ideal de la olla de cocción lenta:
  3 a 4 cuartos de galón

4 chuletas de lomo de cerdo, de
  alrededor de 1 pulgada de
  grosor, bien cortadas
2 manzanas medianas, peladas,
  descorazonadas y rebanadas
1 cucharadita de mantequilla o
  margarina
¹⁄₄ de cucharadita de nuez
  moscada, *opcional*
sal y pimienta al gusto

1. Caliente un sartén antiadherente hasta que esté caliente. Añada las chuletas y dórelas rápido. Voltee y dórelas en el otro lado.
2. Mientras las chuletas se doran, coloque mitad de las rebanadas de manzana en la olla de cocción lenta. Cubra con 2 chuletas. Repita las capas.
3. Salpique con mantequilla y espolvoree con nuez moscada. Espolvoree generosamente con sal y pimienta.
4. Cubra y gradúe la olla a "Bajo" y cocine por 6–8 horas, o hasta que la carne esté suave pero no seca.

Variación: Pique finamente una cebolla. Esparza la mitad de los pedazos de cebolla sobre la primera capa de chuletas, y el resto sobre la segunda capa de chuletas.
*— **Kate Johnson***
Rolfe, Iowa

Chuletas de cerdo con salsa barbacoa

Sandy Osborn
Iowa City, Iowa

Rinde 8 porciones

Tiempo de preparación: 10–15 minutos
Tiempo de cocción: 7–8 horas
Tamaño ideal de la olla de cocción lenta:
  4 cuartos de galón

8 (5 onzas cada una) chuletas de
  cerdo cortadas del centro, ¹⁄₂
  pulgada de gruesas
¹⁄₄ cucharadita de pimienta
¹⁄₂ taza de salsa de barbacoa
  espesa y enchilosa con miel
1 lata de 14¹⁄₂ onzas de tomates
  guisados sin sal
1 paquete de 10 onzas de mezcla
  de verduras congeladas

1. Quite la grasa de las chuletas, y luego espolvoréelas con pimienta.
2. Rocíe un sartén grande antiadherente con aerosol para cocinar antiadherente. Gradúe el fuego de la estufa a mediano–alto.
3. Cuando el sartén esté caliente, añada las chuletas en una sola capa. Dore en ambos lados.
4. Rocíe el interior de la olla de cocción lenta con aerosol para cocinar. Coloque una capa de chuletas en la olla de cocción lenta.
5. Mientras las chuletas se están dorando, combine la salsa de barbacoa, los tomates y la mezcla de verduras congeladas en un tazón, mezclando bien.
6. Vierta un poco de la mezcla sobre la primera capa de chuletas. Cuando haya añadido el resto de las chuletas, eche el resto de la salsa con verduras encima.

7. Cubra y gradúe la olla a "Alto" y cocine por 1 hour.

8. Reduzca el fuego a "Bajo" y cocine por 6–7 horas, o hasta que la carne esté suave pero no seca.

Chuletas de cerdo de cocción lenta con judías verdes

Vonnie Oyer

Hubbard, Oregon

Rinde 3–4 porciones

Tiempo de preparación: 10 minutos
Tiempo de cocción: 4–8 horas
Tamaño ideal de la olla de cocción lenta:
3 cuartos de galón

3–4 chuletas de cerdo deshuesadas
sal y pimienta al gusto
2 tazas de judías verdes, congeladas o frescas
2 rebanadas de tocino, cortadas
¹/₂ taza de agua
1 Cuchara de jugo de limón

1. Coloque las chuletas en el fondo de la olla de cocción lenta. Póngales sal y pimienta al gusto.

2. Cubra con el resto de los ingredientes en el orden enumerado.

3. Cubra y gradúe la olla a "Bajo" y cocine por 4–8 horas, o hasta que la carne y las judías verdes estén suaves pero no secas o cocidas en exceso.

Chuletas de cerdo sin complicaciones

Cathy Sellers

Cedar Rapids, Iowa

Rinde 4 porciones

Tiempo de preparación: 15 minutos
Tiempo de cocción: 3–8 horas
Tamaño ideal de la olla de cocción lenta:
3 a 4 cuartos de galón

4 chuletas de cerdo
1 cebolla pequeña, cortada en rodajas
4 papas, peladas y cortadas en rodajas
2 latas de 10³/₄ onzas de sopa de tomate
¹/₂ taza de leche

1. Caliente un sartén antiadherente en la estufa hasta que esté caliente. Añada las chuletas y dórelas en ambos lados. Haga esto en grupos en lugar de amontonarlas en el sartén.

2. Coloque las chuletas en la olla de cocción lenta. Dore las cebollas en la grasa que queda en el sartén, y luego coloque encima de las chuletas.

3. Añada una capa de papas a la olla de cocción lenta.

4. En un tazón pequeño, combine la sopa y la leche, mezclando bien. Vierta la mezcla sobre las papas.

5. Cubra y gradúe la olla a "Bajo" y cocine por 6–8 horas, o gradúe la olla a "Alto" y cocine por 3–4 horas, o hasta que la carne y las papas estén suaves pero no secas.

Variación: Añada sal y pimienta al gusto a las chuletas a medida que las acomoda en una olla de cocción lenta. Y añada sal y pimienta al gusto a la capa de papas cortadas en rodajas después que las haya colocado en la olla.

Cerdo y batatas

Vera F. Schmucker

Goshen, Indiana

Rinde 4 porciones

Tiempo de preparación: 15 minutos
Tiempo de cocción: 4–4¹/₂ horas
Tamaño ideal de la olla de cocción lenta:
4 cuartos de galón

4 chuletas de lomo de cerdo
sal y pimienta al gusto
4 batatas, cortadas en trozos grandes
2 cebollas cortadas en cuartos
¹/₂ taza de sidra de manzana

1. Coloque la carne en el fondo de la olla de cocción lenta. Espolvoree sal y pimienta al gusto.

2. Acomode las batatas y las cebollas encima de las chuletas.

3. Vierta la sidra de manzana sobre todo.

4. Gradúe la olla a "Alto" y cocine por 30 minutos y luego gradúe la olla a "Bajo" y cocine por 3¹/₂–4 horas, o hasta que la carne y las verduras estén suaves pero no secas.

Chuletas de cerdo y batatas

Tamara McCarthy
Pennsburg, Pennsylvania

Rinde 4 porciones

Tiempo de preparación: 15 minutos
Tiempo de cocción: 6–7 horas
Tamaño ideal de la olla de cocción lenta:
4 cuartos de galón

4–6 chuletas de cerdo
1 lata de 16 onzas de batatas, drenadas, o 3 batatas medianas crudas, peladas y cortadas en rodajas
1 lata de 10¾ onzas de sopa de crema de hongos
½ taza de crema agria
¼ de taza de agua

1. En un sartén antiadherente, dore las chuletas sobre fuego mediano. Cámbielas a la olla de cocción lenta.
2. Coloque las batatas sobre las chuletas.
3. En un tazón mezclador, combine la sopa condensada, la crema agria y el agua. Mezcle hasta que esté bien mezclado.
4. Vierta la salsa sobre las batatas y las chuletas.
5. Cubra y gradúe la olla a "Bajo" y cocine por 6–7 horas, o hasta que la carne y las batatas estén suaves pero no secas.

Cerdo y calabacín campestre

Jean Halloran
Green Bay, Wisconsin

Rinde 6 porciones

Tiempo de preparación: 15 minutos
Tiempo de cocción: 6–8 horas
Tamaño ideal de la olla de cocción lenta:
5 cuartos de galón

---

6 costillas de cerdo estilo campestre deshuesadas, sin la grasa
2 calabacines de bellota medianos
¾ de taza de azúcar morena
2 Cucharas de jugo de naranja
¾ de cucharadita de salsa para dorar y condimentar *Kitchen Bouquet*

1. Coloque las costillas en el fondo de la olla de cocción lenta.
2. Corte cada calabacín a la mitad. Retire las semillas. Corte cada mitad en 3 rodajas.
3. Coloque las rodajas del calabacín encima de las costillas.
4. Combine el resto de los ingredientes en un tazón pequeño. Vierta la salsa sobre las costillas y el calabacín.
5. Cubra y gradúe la olla a "Bajo" y cocine por 6–8 horas, o hasta que la carne esté suave.
6. Sirva 2 aros de calabacín con cada costilla de cerdo.

Variación: Añada ¾ de cucharadita de sal en el paso 4.

Chuletas de cerdo y arroz

Donna Lantgen
Chadron, Nebraska

Rinde 4 porciones

Tiempo de preparación: 5–10 minutos
Tiempo de cocción: 6–8 horas
Tamaño ideal de la olla de cocción lenta:
4 cuartos de galón

1½ tazas de arroz de grano largo seco
2 tazas de agua
4 chuletas de cerdo
sal y pimienta al gusto
1 lata de 10¾ onzas de sopa de crema de hongos, o de apio
1 Cuchara de gránulos de caldo de pollo o de res, ó 1 cubito de caldo

1. Rocíe el interior de la olla con aerosol para cocinar antiadherente. Coloque el arroz y el agua en la olla y mezcle bien.
2. Coloque las chuletas encima del arroz. Espolvoree con sal y pimienta.
3. En un tazón pequeño, mezcle la sopa y el caldo juntos. Vierta sobre las chuletas.
4. Cubra y gradúe la olla a "Bajo" y cocine por 6–8 horas, o hasta que la carne y el arroz estén suaves pero no secos.

Chuletas de cerdo con chucrut (col agría)

Char Hagner

Montague, Michigan

Rinde 6 porciones

Tiempo de preparación: 20 minutos
Tiempo de cocción: 6–8 horas
Tamaño ideal de la olla de cocción lenta:
  5 cuartos de galón

6 chuletas de cerdo
4 papas grandes, cortadas en rodajas
1 cebolla, cortada en rodajas
1 cuarto de galón de chucrut (col agria)
½ taza de jugo de manzana

1. Caliente un sartén antiadherente sobre fuego mediano–alto. Dore las chuletas por ambos lados. Dore en grupos de modo que no se amontonen el sartén.

2. Mientras las chuletas se están dorando, coloque las papas y las cebollas cortadas en rodajas en la olla de cocción lenta.

3. Añada las chuletas doradas. Cubra con chucrut (col agria). Vierta jugo de manzana sobre todo.

4. Cubra y gradúe la olla a "Bajo" y cocine por 6–8 horas.

Variaciones: Ponga sal y pimienta al gusto a las chuletas después de dorar y antes de colocarlas en la olla.

Chuletas de cerdo y chucrut (col agría)

Heather Horst

Lebanon, Pennsylvania

Rinde 4 porciones

Tiempo de preparación: 15 minutos
Tiempo de cocción: 3–8 horas
Tamaño ideal de la olla de cocción lenta:
  4 a 5 cuartos de galón

2 latas de 14 onzas de chucrut (col agria), enjuagada y drenada
1 manzana grande, con cáscara y rebanada
4 papas medianas, rojas o blancas, cortadas en cuartos
1 zanahoria grande, rallada
1 cucharadita de semillas de alcaravea, *opcional*
4 chuletas de cerdo, sin grasa

1. En la olla de cocción lenta, mezcle el chucrut (col agria), la manzana, las papas, la zanahoria y las semillas de alcaravea si usted lo desea.

2. Coloque las chuletas encima.

3. Cubra y gradúe la olla a "Bajo" y cocine por 6–8 horas, o gradúe la olla a "Alto" y cocine por 3–4 horas, o hasta que la carne y las papas estén suaves pero no secas.

Chuletas de cerdo con relleno

Michelle High

Fredericksburg, Pennsylvania

Rinde 2 porciones

Tiempo de preparación: 20 minutos
Tiempo de cocción: 4–5 horas
Tamaño ideal de la olla de cocción lenta:
  4 cuartos de galón

4 rebanadas de pan, cortadas en cubos
1 huevo
¼ de taza de apio picado finamente
¼–½ cucharadita de sal
⅛ de cucharadita de pimienta
2 chuletas de cerdo de corte grueso
1 taza de agua

1. En un tazón para mezclar, combine el pan, el huevo, el apio, la sal y la pimienta.

2. Ponga las chuletas horizontalmente. Haga un corte parcial horizontalmente a través de la carne, de por lo menos 1 pulgada de profunda. Abra y llene con relleno.

3. Vierta agua en la olla de cocción lenta. Añada las chuletas.

4. Cubra y gradúe la olla a "Bajo" y cocine por 4–5 horas, o hasta que la carne esté suave pero no seca.

Chuletas de cerdo rellenas y maíz

Peggy Forsythe
Bartlett, Tennessee

Rinde 5–6 porciones

Tiempo de preparación: 15 minutos
Tiempo de cocción: 3–6 horas
Tamaño ideal de la olla de cocción lenta:
4 a 5 cuartos de galón

5–6 chuletas de cerdo
 deshuesadas
1 caja de mezcla de relleno para
 cerdo, preparada
1 lata de 14 onzas de maíz de
 grano entero, *opcional*
1 lata de 10¾ onzas de sopa de
 crema de hongos

1. Coloque las chuletas de cerdo
en la olla de cocción lenta. Vierta la
mezcla de relleno preparada encima
de las chuletas.

2. Ponga el maíz sobre el relleno.
Vierta la sopa sobre todo—sin añadir
agua.

3. Cubra y gradúe la olla a "Bajo"
y cocine por 5–6 horas, o gradúe la
olla a "Alto" y cocine por 3–4 horas, o
hasta que la carne esté suave pero no
seca.

Un Consejo útil —

Permita que la carne cocida
se asiente por 10–15 minutos
antes de cortarla en rodajas, para
que pueda recoger sus jugos.

Chuletas de cerdo y relleno con *curry*

Mary Martins
Fairbank, Iowa

Rinde 3–4 porciones

Tiempo de preparación: 15 minutos
Tiempo de cocción: 6–7 horas
Tamaño ideal de la olla de cocción lenta:
3 a 4 cuartos de galón

1 caja de mezcla de relleno
1 taza de agua
1 lata de 10¾ onzas de sopa de
 crema de hongo
1 cucharadita *o más*, de polvo de
 curry, según su preferencia de
 gusto
3–4 chuletas de cerdo

1. Combine la mezcla de relleno
y el agua. Coloque la mitad en el
fondo de la olla de cocción lenta.

2. Combine la sopa y el polvo de
curry. Vierta la mitad sobre el relleno. Coloque las chuletas encima.

3. Unte el resto del relleno sobre
las chuletas. Vierta el resto de la sopa
encima.

4. Cubra. Gradúe la olla a "Bajo"
y cocine por 6–7 horas.

5. Sirva con una ensalada
revuelta y una verdura cocida.

Asado de cerdo con arándano

Chris Peterson
Green Bay, Wisconsi
Joyce Kaut
Rochester, New York

Rinde 6–8 porciones

Tiempo de preparación: 5 minutos
Tiempo de cocción: 6–8 horas
Tamaño ideal de la olla de cocción lenta:
5 cuartos de galón

3–4 libras de asado de carne de
 cerdo
sal y pimienta a gusto
1 taza de arándanos cortados
 finamente
¼ de taza de miel
1 cucharadita de cáscara de
 naranja rallada
½ **cucharadita de nuez moscada
 molida**, *opcional*
½ **cucharadita de clavos molidos**,
 opcional

1. Espolvoree el asado con sal y
pimienta. Coloque en la olla de cocción lenta.

2. Combine el resto de los ingredientes en un tazón. Vierta sobre el
asado.

3. Cubra y gradúe la olla a "Bajo"
y cocine por 6–8 horas, o hasta que
la carne esté tierna.

Consejo útil: Si usted no puede encontrar arándanos frescos, sustitúyalos con
1 lata de 16 onzas de aderezo de arándano de bayas enteras o en jalea.

Lomo de cerdo con arándano

Annabelle Unternahrer

Shipshewana, Indiana

Rinde 6–8 porciones

Tiempo de preparación: 10 minutos
Tiempo de cocción: 4–6 horas
Tamaño ideal de la olla de cocción lenta:
  5 a 6 cuartos de galón

3 libras de lomo de cerdo
  deshuesado
1 lata de 16 onzas de salsa de
  arándano en jalea
¼ de taza de azúcar
½ taza de jugo de arándano
1 cucharadita de mostaza seca
¼ de cucharadita de clavos,
  opcional

1. Coloque el lomo de cerdo en la olla de cocción lenta.
2. Combine el resto de los ingredientes en un tazón. Vierta la salsa sobre el cerdo.
3. Cubra y gradúe la olla a "Bajo" y cocine por 4–6 horas, o hasta que la carne esté tierna.

Consejo útil: Para espesar la salsa, retire la carne cocida en un plato y cubra para mantener caliente. Mezcle 2 Cucharas de maicena con 2 Cucharas de agua en un tazón pequeño. Gradúe la olla a "Alto".

Mezcle la mezcla de maicena/agua en un aderezo hirviendo a fuego lento. Continúe mezclando hasta que esté combinado completamente. Luego permita que la salsa hierva a fuego lento hasta que se espese, alrededor de 10 minutos. Mezcle ocasionalmente para evitar que se formen grumos.

Sirva la salsa espesada sobre o al lado de las rebanadas de cerdo.

Cerdo con frutas

Jeanette Oberholtzer

Manheim, Pennsylvania

Rinde 6 porciones

Tiempo de preparación: 10 minutos
Tiempo de cocción: 4–6 horas
Tamaño ideal de la olla de cocción lenta:
  3 a 4 cuartos de galón

2 libras de asado de lomo de
  cerdo deshuesado
½ cucharadita de sal
¼ de cucharadita de pimienta
1½ tazas de mezcla de frutas
  secas
½ taza de jugo de manzana

1. Coloque el cerdo en la olla de cocción lenta. Espolvoree con sal y pimienta.
2. Cubra con fruta. Vierta el jugo de manzana encima.
3. Cubra y gradúe la olla a "Bajo" y cocine por 4–6 horas, o hasta que el cerdo esté suave.

Asado tierno de cerdo

Renee Baum

Chambersburg, Pennsylvania

Mary Lynn Miller

Reinholds, Pennsylvania

Rinde 8 porciones

Tiempo de preparación: 10 minutos
Tiempo de cocción: 3–8 horas
Tamaño ideal de la olla de cocción lenta:
  5 cuartos de galón

3 libras de asado de cerdo
  deshuesado, cortado en mitad
1 lata de 8 onzas de salsa de
  tomate
¾ de taza de salsa de soja
½ taza de azúcar
2 cucharaditas de mostaza seca

1. Coloque el asado en la olla de cocción lenta.
2. Combine el resto de los ingredientes en un tazón. Vierta sobre el asado.
3. Cubra y gradúe la olla a "Bajo" y cocine por 6–8 horas, o gradúe la olla a "Alto" y cocine por 3–4 horas, o hasta que la carne esté suave pero no seca.
4. Retire el asado de la olla de cocción lenta a un plato de servir. Deseche los jugos o espese para el aderezo.

Consejo útil: Para espesar los jugos, retire el asado a un plato y mantenga caliente. Gradúe la olla a "Alto".

Entretanto, mezcle 2 Cucharas de maicena y 2 Cucharas de agua en un tazón pequeño. Cuando quede sin grumos, mézclela en los jugos burbujeantes. Continúe mezclando hasta que esté completamente mezclado.

Permita que los jugos se hiervan a fuego lento hasta que se espesen, alrededor de 10 minutos. Corte el cerdo y sirva los jugos encima o al lado.

Cerdo estilo casero

Mary B. Sensenig
New Holland, Pennsylvania

Rinde 8–10 porciones

Tiempo de preparación: 5 minutos
Tiempo de cocción: 6–8 horas
Tamaño ideal de la olla de cocción lenta:
4 cuartos de galón

4 libras de asado de cerdo
    deshuesado, cortado en
    pedazos
1 cebolla mediana, cortada en
    rodajas
1 taza de agua
¼ de taza de azúcar morena
¼ de taza de vinagre de sidra de
    manzana
3 cucharaditas de mostaza
    preparada

1. Coloque los pedazos del asado
en la olla de cocción lenta. Cubra
con cebolla.

2. Vierta el agua alrededor del
asado y las cebollas.

3. En un tazón, mezcle los 3 últimos ingredientes. Vierta sobre la
carne y las cebollas.

4. Cubra y gradúe la olla a "Bajo"
y cocine por 6–8 horas, o hasta que
la carne esté suave.

*Variación: Añada ¾ de cucharadita de
sal y ¼ de cucharadita de pimienta al
Paso 3.*

Asado de cerdo

Kelly Bailey
Mechanicsburg, Pennsylvania

Rinde 8–10 porciones

Tiempo de preparación: 5 minutos
Tiempo de cocción: 6–12 horas
Tamaño ideal de la olla de cocción lenta:
4 a 6 cuartos de galón

1 cebolla tamaño mediana a
    grande, cortada en rodajas y
    dividida
3–4 libras de asado de cerdo
1 lata de 12 onzas de gaseosa
    (cola)
sal y pimienta

1. Ponga ⅔ partes de las cebollas
en el fondo de la olla de cocción
lenta, reservando unas pocas para
colocar encima del asado.

2. Coloque el asado en la olla.
Vierta la gaseosa (cola) sobre el
asado.

3. Condimente con sal y pimienta
y cubra con el resto de las rodajas de
cebolla.

4. Cubra y gradúe la olla a "Bajo"
y cocine por 6–12 horas dependiendo
del tamaño del asado, hasta que la
carne se empieza a desmenuzar.

Asado de res *Carolína*

Jonathan Gehman
Harrisonburg, Virginia

Rinde 3–4 porciones

Tiempo de preparación: 20 minutos
Tiempo de cocción: 3 horas
Tamaño ideal de la olla de cocción lenta:
3 cuartos de galón

3 batatas tamaño
    medianas–grandes, peladas y
    cortadas en trozos de 1 pulgada
½ taza de azúcar morena
1 libra de asado de cerdo
¼ de cucharadita rasa de comino
sal al gusto
agua

1. Coloque las batatas en el fondo
de la olla de cocción lenta.
Espolvoree el azúcar morena sobre
las batatas.

2. Caliente un sartén antiadherente sobre fuego mediano–alto.
Añada el asado y dórelo en todos los
lados. Espolvoree la carne con el
comino y la sal mientras se dora.
Coloque el cerdo encima de las
batatas.

3. Añada una pulgada de agua a
la olla, teniendo cuidado de no lavar
el condimento de la carne.

4. Cubra y gradúe la olla a "Bajo"
y cocine por 3 horas, o hasta que la
carne y las batatas estén suaves pero
no secas o blandas.

Cerdo y chucrut (col agría) "Lo más básico posible"

Earnest Zimmerman
Mechanicsburg, Pennsylvania

Rinde 6–8 porciones

Tiempo de preparación: 5 minutos
Tiempo de cocción: 3–8 horas
Tamaño ideal de la olla de cocción lenta: 6 a 8 cuartos de galón

---

3–4 libras de asado de cerdo
1 bolsa de 32 onzas, ó 2 latas de 14½ onzas de chucrut (col agría), *dividida*
sal y/o pimienta, *opcional*

1. Enjuagar el asado de cerdo; secarlo con palmaditas.
2. Coloque la mitad del chucrut (col agría) en el fondo de la olla de cocción lenta. Coloque el asado encima.
3. Cubra el asado con el resto del chucrut. Condimente con sal y/o pimienta, si usted desea.
4. Cubra y gradúe la olla a "Bajo" y cocine por 6–8 horas, o gradúe la olla a "Alto" y cocine por 3–4 horas.

Variación: Para lograr más sabor, escoja una manzana crujiente, descorazonada, pelada o sin pelar y córtela en rebanadas. Ponga sobre el chucrut (col agría) condimentado al final del paso 3. Espolvoree 1–2 Cucharas de azúcar morena encima.

— **Ethel Mumaw**
Millersburg, Ohio

Chucrut (col agría) sin molestias

Vera M. Kuhns
Harrisonburg, Virginia

Rinde 12 porciones

Tiempo de preparación: 7 minutos
Tiempo de cocción: 4–5 horas
Tamaño ideal de la olla de cocción lenta: 7 a 8 cuartos de galón

---

3 libras de asado de cerdo
3 paquetes de 2 libras de chucrut (col agria) (drenar y desechar el jugo de 1 paquete)
2 manzanas, peladas y rebanadas
½ taza de azúcar morena
1 taza de jugo de manzana

1. Coloque la carne en una olla grande de cocción lenta.
2. Coloque el chucrut (col agria) encima de la carne.
3. Añada las manzanas y el azúcar morena. Añada el jugo de manzana.
4. Cubra. Gradúe la olla a "Alto" y cocine por 4–5 horas.
5. Sirva con puré de papas

Nota: Si su olla de cocción lenta no es bastante grande para aguantar todos los ingredientes, cocine un paquete de chucrut (col agria) y mitad de las manzanas, el azúcar morena y el jugo de manzana en otra olla de cocción lenta. Mezcle los ingredientes de ambas ollas antes de servir.

Asado sabroso de cerdo

Eleya Raim
Oxford, Iowa

Rinde 6 porciones

Tiempo de preparación: 10 minutos
Tiempo de cocción: 3–6 horas
Tamaño ideal de la olla de cocción lenta: 4 cuartos de galón

---

2 libras de asado de cerdo
1 diente de ajo, picadito
1 cebolla mediana, cortada en rodajas
1 pinta de chucrut (col agria), o más si usted lo desea
1 cucharadita de semillas de alcaravea

1. Si usted tiene tiempo, caliente un sartén antiadherente sobre fuego mediano–alto. Coloque el asado en el sartén caliente y dore en todos los lados.
2. Coloque el asado, dorado o no, en la olla de cocción lenta.
3. Añada el resto de los ingredientes en el orden enumerado.
4. Cubra y gradúe la olla a "Alto" y cocine por 3 horas, o gradúe la olla a "Bajo" y cocine por 6 horas, o hasta que la carne esté suave pero no seca.

Variación: Espolvoree sal y pimienta al asado antes de colocarlo en la olla.

Cerdo y perros calientes con chucrut (col agría)

Leesa DeMartyn
Enola, Pennsylvania

Rinde 12–15 porciones

Tiempo de preparación: 5 minutos
Tiempo de cocción: 4½–12 horas
Tamaño ideal de la olla de cocción lenta:
5 cuartos de galón

5 libras de asado de cerdo
1 lata de 32 onzas de chucrut (col agría), con su jugo
1 paquete de 8 perros calientes

1. Coloque el cerdo en la olla de cocción lenta. Ponga el chucrut (col agría) encima del cerdo.

2. Cubra y gradúe la olla a "Bajo" y cocine por 9½–11½ horas, o gradúe la olla a "Alto" y cocine por 4–5½ horas, o hasta que la carne esté suave pero no seca.

3. Levante el asado en un plato y, usando un tenedor, separe la carne en pedazos pequeños.

4. Regrese el cerdo a la olla y mézclelo en el chucrut (col agría).

5. Corte los perros calientes en rodajas de ½ pulgada y mezcle en el cerdo y el chucrut (col agría).

6. Cubra y cocine por 30 minutos adicionales. Sirva sobre una capa de puré de papas.

Cerdo deshebrado

Cindy Krestynick
Glen Lyon, Pennsylvania

Rinde 6–8 porciones

Tiempo de preparación: 10 minutos
Tiempo de cocción: 4–10 horas
Tamaño ideal de la olla de cocción lenta:
4 a 5 cuartos de galón

3–4 libras de asado de paletilla de cerdo
1½ sobres de condimento de taco
3–5 dientes de ajo, cortados en rodajas, según su preferencia de gusto
1 cebolla grande, cortada en cuartos
1 lata de 4 onzas de chiles verdes enteros, drenados
1 taza de agua

1. Coloque el asado en la olla de cocción lenta.

2. En un tazón, mezcle el resto de todos los ingredientes. Vierta sobre la carne en la olla.

3. Cubra y gradúe la olla a "Bajo" y cocine por 8–10 horas, o gradúe la olla a "Alto" y cocine por 4–6 horas, o hasta que la carne esté tierna pero no seca.

4. Coloque el cerdo en un plato y deshebre con 2 tenedores. Mezcle la carne deshebrada de vuelta en la salsa.

5. Sirva en tortillas, cubierto con lechuga picada, tomate y crema agria o sobre arroz cocido al vapor.

Barbacoa Carolína del Norte

J. B. Miller
Indianapolis, Indiana

Rinde 8–12 porciones

Tiempo de preparación: 15 minutos
Tiempo de cocción: 5–8 horas
Tamaño ideal de la olla de cocción lenta:
4 a 5 cuartos de galón

3–4 libras de lomo de cerdo, asado o paletilla
1 taza de vinagre de sidra de manzana
¼ de taza, más 1 Cuchara, de mostaza preparada
¼ de taza, más 1 Cuchara, de salsa *Worcestershire*
2 cucharaditas de hojuelas de pimiento rojo

1. Quite la grasa del cerdo. Coloque en la olla de cocción lenta.

2. En un tazón, mezcle el resto de los ingredientes. Viértalos sobre la carne.

3. Cubra y gradúe la olla a "Alto" y cocine por 5 horas, o gradúe la olla a "Bajo" y cocine por 8 horas, o hasta que la carne esté suave pero no seca.

4. Rebane o desmenuce la carne, y sirva salpicada con los jugos de cocción. Si usted usa la carne para emparedados, usted tendrá bastante para 8–12 emparedados.

Barbacoa de cerdo
Marcia S. Myer
Manheim, Pennsylvania

Rinde 9–12 porciones

Tiempo de preparación: 10 minutos
Tiempo de cocción: 8–10 horas
Tamaño ideal de la olla de cocción lenta:
4 cuartos de galón

3-4 libras de asado de cerdo
1 botella de 16 onzas de salsa de barbacoa ahumada de nogal americano
1 cebolla tamaño mediana–grande, picada
$^1/_8$–$^1/_4$ cucharadita de clavos molidos

1. Coloque la carne en la olla de cocción lenta.

2. Cubra y gradúe la olla a "Bajo" y cocine por 6-8 horas o hasta que esté suave.

3. Retire el asado en un plato. (Drene el caldo y guárdelo para después, o para hacer aderezo.) Usando dos tenedores, deshebre la carne.

4. Regrese la carne deshebrada a la olla de cocción lenta. Mézclele la salsa de barbacoa, las cebollas picadas y los clavos.

5. Cubra y gradúe la olla a "Bajo" y cocine por 2 horas. Sirva en bollos de emparedado.

Variaciones:
Omita los clavos. En cambio, use 1 sobre de mezcla seca de sopa de cebolla en el Paso 4.

Y añada una rodaja de queso (de su elección) encima de la barbacoa de cerdo en cada emparedado, si usted desea.

— Joan Miller
Wayland, Iowa

Barbacoa de cerdo de cocción lenta para un grupo
Linda E. Wilcox
Blythewood, South Carolina

Rinde 20–24 porciones

Tiempo de preparación: 15 minutos
Tiempo de cocción: 12–14 horas
Tamaño ideal de la olla de cocción lenta:
6 cuartos de galón

6 libras de asado de cerdo
1 botella de 18 onzas de su salsa de barbacoa preferida
2 Cucharas de azúcar morena
2 cucharaditas de mostaza seca
2 Cucharas de cebolla picadita

1. Coloque el asado en la olla de cocción lenta y gradúe la olla a "Bajo" y cocine por 8-10 horas, o hasta que la carne esté suave pero no seca.

2. Retire el asado a un plato. (Drene la grasa y reserve para caldo o para un aderezo.) Usando 2 tenedores, deshebre el cerdo.

3. Regrese el cerdo deshebrado a la olla de cocción lenta y mézclele el resto de los ingredientes.

4. Gradúe la olla a "Bajo" y cocine por 4 horas. Sirva en bollos.

Un consejo útil —

Asegúrese de leer la receta completamente antes de empezar a cocinar, para que esté seguro que tiene todos los ingredientes que usted necesita.

Emparedados sencillos de cerdo deshilachado
Virginia Blish
Akron, New York

Rinde 9–12 porciones

Tiempo de preparación: 10 minutos
Tiempo de cocción: 5½ horas
Tamaño ideal de la olla de cocción lenta:
5 cuartos de galón

3-4 libras de asado de lomo de cerdo enrollado
1 botella de 18 onzas de salsa de barbacoa de su elección

1. Deje el asado de cerdo amarrado como vino de la tienda. Enjuáguelo con agua fría y séquelo con palmaditas con una toalla de papel. Coloque el asado en la olla de cocción lenta.

2. Vierta la salsa de barbacoa encima y en los lados del asado.

3. Cubra y gradúe la olla a "Alto" y cocine por 5½ horas, o hasta que la carne esté suave pero no seca.

4. Retire el asado a un plato. Corte las cuerdas y deséchelas. Use 2 tenedores para desmenuzar el cerdo hasta que esté deshebrado.

5. Regrese el cerdo a la olla de cocción lenta y mezcle completamente con la salsa.

6. Sirva en bollos *kaiser* partidos en mitad.

Cerdo y chucrut (col agria)

Sheila Soldner
Lititz, Pennsylvania

Rinde 10–15 porciones

Tiempo de preparación: 30 minutos
Tiempo de cocción: 10–11 horas
Tamaño ideal de la olla de cocción lenta:
   6 a 7 cuartos de galón

4–5 libras de asado de lomo de cerdo magro
1 bolsa de 1–2 libras de chucrut (col agria), *dividida*
La mitad de una cabeza de repollo, en rebanadas delgadas
1 cebolla grande, cortada en rodajas delgadas, *dividida*
1 manzana, cortada en cuartos, descorazonada y rebanada, pero sin pelar, *dividida*
1 cucharadita de hierba de eneldo, *opcional*
½ taza de azúcar morena, *opcional*
1 taza de agua

1. Dore el asado por 10 minutos en un sartén pesado antiadherente.

2. Cubra con una capa de la mitad del chucrut (col agria), luego una capa de la mitad del repollo, una capa de la mitad de la cebolla y una capa de la mitad de la manzana.

3. Repita las capas.

4. Si usted desea usar la hierba de eneldo y el azúcar morena, mézclelos con el agua en un tazón. Vierta sobre las capas. O simplemente vierta agua encima.

5. Cubra y gradúe la olla a "Alto" y cocine por 1 hora. Gradúe la olla a "Bajo" y cocine hasta que la carne esté tierna, alrededor de 9–10 horas.

Cerdo y papas

Dorothy VanDeest
Memphis, Tennessee

Rinde 4–6 porciones

Tiempo de preparación: 10 minutos
Tiempo de cocción: 8–9 horas
Tamaño ideal de la olla de cocción lenta:
   5 cuartos de galón

3–4 batatas pequeñas o medianas, o papas para hornear, peladas o sin pelar, enteras
3–4 libras de asado de lomo de res, quitando bien la grasa
sal con ajo para condimentar
Kitchen Bouquet
sal y pimienta al gusto

1. Coloque las papas en el fondo de la olla de cocción lenta.

2. Unte el asado bien con Kitchen Bouquet. Espolvoree con sal con ajo, sal y pimienta.

3. Coloque el asado de cerdo en la "percha" de batatas.

4. Cubra y gradúe la olla a "Bajo" y cocine por 8–9 horas, o hasta que las batatas y la carne estén tiernas pero no secas o blandas.

Asado de cerdo con verduras

Peggy Forsythe
Bartlett, Tennessee

Rinde 8 porciones

Tiempo de preparación: 10 minutos
Tiempo de cocción: 8–10 horas
Tamaño ideal de la olla de cocción lenta:
   4 a 6 cuartos de galón

---

3 papas medianas, cortadas en cuartos
6 zanahorias, cortadas en rodajas o en trozos de ¾ de pulgada
1 cebolla, cortada en trozos grandes
3–4 libras de lomo de cerdo
1–1½ tazas de salsa picante suave

1. Coloque las papas, las zanahorias y la cebolla en el fondo de la olla.

2. Coloque el lomo de cerdo encima de las verduras.

3. Vierta la salsa picante sobre la carne.

4. Cubra y gradúe la olla a "Bajo" y cocine por 8–10 horas, o hasta que la carne y las verduras estén suaves pero no secas o blandas.

5. Cuando termine de cocinar, retire la carne y permita que repose en un plato por 10 minutos. Luego corte en rebanadas y rodee con verduras. Con un cucharón, ponga la salsa encima. Sirva la salsa adicional en un tazón.

Lomo de cerdo con aderezo

Carolyn Spohn

Shawnee, Kansas

Rinde 4 porciones

Tiempo de preparación: 5 minutos
Tiempo de cocción: 3–8 horas
Tamaño ideal de la olla de cocción lenta:
4 a 6 cuartos de galón

4 rebanadas de 1 pulgada de
  lomo de cerdo deshuesadas
1 diente de ajo, picadito
¼ de cucharadita rasa de salvia
  seca
¼ de cucharadita rasa de hojas de
  romero
1 lata de 10¾ onzas de sopa de
  crema de apio

1. Coloque el cerdo en la olla de
cocción lenta. Espolvoree a partes
iguales con ajo, salvia y romero.
2. Vierta la sopa sobre todo.
3. Cubra y gradúe la olla a "Alto"
y cocine por 3-4 horas, o gradúe la
olla a "Bajo" y cocine por 6-8 horas,
o hasta que esté suave pero no seca.
4. Sirva sobre arroz o trigo integral cocido.

Cerdo enchiloso olé

Mary Kennell

Roanoke, Illinois

Rinde 5 porciones

Tiempo de preparación: 10–15 minutos
Tiempo de cocción: 3½–4 horas
Tamaño ideal de la olla de cocción lenta:
4 cuartos de galón

1½ libras de lomo de cerdo,
  cortado en pedazos al tamaño
  de un bocado
2 Cucharas de condimento para
  taco
2 tazas de salsa suave
⅓ de taza de mermelada de
  durazno
2 Cucharas de maicena
¼ de taza de agua

1. Rocíe la olla de cocción lenta
con aerosol para cocinar antiadherente.
2. Coloque el cerdo en la olla de
cocción lenta. Espolvoree el condimento para taco y mezcle para
cubrir.
3. Añada la salsa y la mermelada.
Mezcle.
4. Cubra y gradúe la olla a "Alto"
y cocine por 3-3½ horas, o hasta que
la carne esté suave. Retire la carne a
un plato de servir y mantenga
caliente.
5. En un tazón, mezcle la
maicena y el agua. Gradúe la olla a
"Alto". Cuando la salsa esté
hirviendo, revuelva la mezcla de
maicena-agua. Continúe cocinando,
mezclando hasta que la salsa se
espese. Sirva sobre o al lado del
cerdo.

Asado de cerdo con almíbar de albaricoque

Jean Butzer

Batavia, New York

Virginia Blish

Akron, New York

Rinde 10-12 porciones

Tiempo de preparación: 10 minutos
Tiempo de cocción: 3-6 horas
Tamaño ideal de la olla de cocción lenta:
5 a 6 cuartos de galón

1 lata de 10½ onzas de caldo de
  pollo condensado
1 tarro de 18 onzas de conserva
  de albaricoque
2 Cucharas de mostaza *Dijon*
3½-4 libras de lomo de cerdo
  deshuesado

1. Mezcle el caldo, la conserva, la
cebolla y la mostaza en un tazón.
2. Corte el asado para que quepa,
si es necesario, y colóquelo en la
olla. Vierta la mezcla sobre la carne.
3. Cubra y gradúe la olla a "Bajo"
y cocine por 4-6 horas, o gradúe la
olla a "Alto" y cocine por 3 horas, o
hasta que esté suave.

*Consejo útil: Si usted prefiere una salsa
espesa, mezcle 2 Cucharas de maicena y
2 Cucharas de agua en un tazón
pequeño. Cuando el cerdo se ha cocido,
retírelo a un plato y cúbralo para man-
tenerlo caliente.*

*Gradúe la olla a "Alto". Mezcle la
maicena/agua en la salsa hirviendo.
Revuelva hasta que esté bien mezclado.
Continúe hirviendo a fuego lento por 10
minutos, o hasta que la salsa se espese.*

*Sirva sobre o al lado de las
rebanadas de cerdo.*

Cerdo con sabor a frutas de cocción lenta

Margaret Moffitt
Bartlett, Tennessee

Rinde 4–6 porciones

Tiempo de preparación: 15–20 minutos
Tiempo de cocción: 3–6 horas
Tamaño ideal de la olla de cocción lenta:
   3 cuartos de galón

1½ libras de filetes de cerdo,
   cortados en pedazos de 2
   pulgadas
1 lata de 20 onzas de trozos de
   piña, sin drenar
la mitad de 1 lata de piña llena
   de agua
½ taza de azúcar morena
2 dientes de ajo grandes,
   picaditos
⅓ de taza de salsa de soja, o salsa
   teriyaki

   1. Combine todos los ingredientes
en la olla de cocción lenta.
   2. Cubra y gradúe la olla a "Alto"
por 3–4 horas, o gradúe la olla a
"Bajo" y cocine por 5–6 horas, o
hasta que la carne esté suave pero no
seca.

*Consejo útil: Para espesar la salsa,
retire los pedazos del cerdo cocido y los
trozos de piña con una Cuchara perforada a un plato de servir. Mantenga
caliente.*

   *Mezcle 2 Cucharas de maicena y 2
Cucharas de agua en un tazón pequeño
hasta que esté sin grumos. Gradúe la
olla a "Alto". Cuando la salsa esté a
punto de hervir, revuelva la mezcla de
maicena y agua hasta que se absorba
completamente.*

   *Continúe hirviendo, mezclando oca-
sionalmente, hasta que los jugos se
espesen, alrededor de 10 minutos. .*

   *Sirva sobre el cerdo y la piña, o al
lado.*

*Variación: Añada una taza de
pimiento verde picado en trozos
grandes, 30 minutos antes del final del
tiempo de cocción.*
                  — **Donna Lantgen**
                  Chadron, Nebraska

Filete de cerdo de arándano y mostaza

Valerie Drobel
Carlisle, Pennsylvania

Rinde 6 porciones

Tiempo de preparación: 15 minutos
Tiempo de cocción: 6–8 horas
Tamaño ideal de la olla de cocción lenta:
   5 cuartos de galón

1 lata de 16 onzas de aderezo de
   arándano entero
3 Cucharas de jugo de limón
4 Cucharas de mostaza *Dijon*
3 Cucharas de azúcar morena
2 filetes de cerdo, alrededor de 2
   libras total

   1. En un tazón pequeño, combine
los primeros cuatro ingredientes.
Coloque alrededor de ¾ de la mezcla
en la olla de cocción lenta.
   2. Coloque los filetes encima de
la salsa. Vierta el resto de la salsa
sobre los filetes.
   3. Cubra y gradúe la olla a "Bajo"
y cocine por 6–8 horas, o hasta que
la carne esté suave pero no seca.
   4. Permita que la carne repose
por 10 minutos antes de cortarla en
rebanadas.

*Consejo útil: Para espesar los jugos,
mezcle 2 Cucharas de maicena con 2
Cucharas de agua en un tazón pequeño.
Después de retirar la carne de la olla,
gradúela a "Alto". Cuando los jugos
están a punto de hervir, revuelva la
mezcla de maicena–agua. Continúe
mezclando hasta que se absorba completamente.*

   *Hierva hasta que los jugos se espe-
sen, alrededor de 10 minutos, mezclando ocasionalmente.*

   *Sirva sobre o al lado de cerdo cor-
tado en rebanadas.*

Filete agrio de cerdo

June S. Groff
Denver, Pennsylvania

Rinde 6 porciones

Tiempo de preparación: 3–4 horas para adobar
Tiempo de cocción: 6–8 horas
Tamaño ideal de la olla de cocción lenta: 4 a 5 cuartos de galón

---

2 filetes de cerdo (un total de 2 libras)
²/₃ de taza de miel
½ taza de mostaza *Dijon*
½ cucharadita de polvo de ají
¼ de cucharadita de sal

1. Coloque el cerdo en un plato de vidrio o cerámica para hornear. Combine el resto de los ingredientes y viértalos sobre el cerdo.

2. Cubra y marine en el refrigerador por lo menos de 3 a 4 horas.

3. Coloque el cerdo en una olla de cocción lenta, cortándolo para que quepa si es necesario. Vierta el adobo encima.

4. Cubra y gradúe la olla a "Bajo" y cocine por 6–8 horas, o hasta que esté suave.

5. Retire a un plato para servir y mantenga caliente por 10 minutos antes de cortarlo en rebanadas.

Consejo útil: Para espesar el aderezo, gradúe la olla a "Alto" después de retirar el cerdo. Entretanto, mezcle 2 Cucharas de maicena y 2 Cucharas de agua en un tazón pequeño.

Cuando los jugos estén a punto de hervir, revuelva la mezcla de maicena–agua hasta que se absorba. Continúe hirviendo, mezclando ocasionalmente, hasta que los jugos se espesen,

alrededor de 10 minutos.

Sirva sobre o al lado del cerdo cortado en rebanadas.

Costillas con salsa barbacoa

Sara Harter Fredette
Goshen, Massachesetts
Margaret H. Moffitt
Bartlett, Tennessee

Rinde 6 porciones

Tiempo de preparación: 2 minutos
Tiempo de cocción: 5–6 horas
Tamaño ideal de la olla de cocción lenta: 4 a 5 cuartos de galón

---

6 costillas o chuletas de cerdo magras
sal y pimienta al gusto
1 botella de 19 onzas de salsa de barbacoa de nogal americano, o dulce y picante

1. Coloque la carne en la olla de cocción lenta cortando las costillas para que quepan. Espolvoree cada pedazo con sal y pimienta.

2. Si usted necesita crear capas de carne, asegúrese de cubrir cada parte de las costillas con una cantidad proporcional de salsa.

3. Cubra y gradúe a "Alto" y cocine por 1 hora. Luego gradúe la olla a "Bajo" y cocine por 4–5 horas, o hasta que la carne esté suave, pero no seca.

4. Cuando esté lista para servir, retire las costillas de la olla y colóquelas en un plato para servir. Cubra para mantener caliente. Incline la olla de modo que pueda sacar cualquier grasa que ha flotado

encima del aderezo. Luego vierta la salsa sobre las costillas, y sirva la salsa sobrante en un tazón aparte.

Variaciones:

1. Si usted tiene tiempo, ase las costillas por alrededor de 5–15 minutos por lado, alrededor de 6 pulgadas debajo del fuego del asador, antes de colocarlas en la olla. El dorar añade intensidad de sabor y también quita algo de grasa.
— **Corinna Herr**
Stevens, Pennsylvania
— **Margaret Culbert**
Lebanon, Pennsylvania
— **Dorothy Lingerfelt**
Stonyford, California

2. Corte una cebolla mediana en rodajas. Luego acomode las rodajas en el fondo de la olla antes de añadir la carne.
— **Corinna Herr**
Stevens, Pennsylvania
— **Karen Ceneviva**
New Haven, Connecticut
— **Audrey Romonosky**
Austin, Texas

Costillas de cerdo condimentadas

Melanie Thrower

McPherson, Kansas

Rinde 2–3 porciones

Tiempo de preparación: 5–10 minutos
Tiempo de cocción: 4 horas
Tamaño ideal de la olla de cocción lenta:
  4 a 5 cuartos de galón

3 libras de costillas de paletilla de
  cerdo cortadas en pedazos de
  porción individual
2 cucharaditas de especia de
  condimento de chipotle
1 cucharadita de pimienta negra
  gruesa, *opcional*
1 Cuchara de rábano picante
1/4 de taza de salsa de tomate
1/4 de taza de jalea de
  albaricoque

1. Caliente un sartén antiadherente
sobre fuego mediano–alto.

2. Condimente el cerdo con
condimentos de chipotle y luego
colóquelo en un sartén caliente,
dorando cada pedazo en ambos
lados. Hágalo en grupos de modo que
todos los pedazos se doren bien.

3. A medida que termine dorando
las costillas, colóquelas en la olla de
cocción lenta.

4. Cubra y gradúe a "Alto" y
cocine por 3 horas.

5. Entretanto, mezcle la pimienta,
si usted desea, el rábano picante, la
salsa de tomate y la jalea de albaricoque en un tazón. Unte sobre el
cerdo cocido.

6. Cubra y gradúe la olla a "Alto"
y cocine por 1 hora, o hasta que la
carne esté suave.

Costillas dulces y con aderezo

Jean Butzer

Batavia, New York

Rinde 4 porciones

Tiempo de preparación: 10–15 minutos
Tiempo de cocción: 3–8 horas
Tamaño ideal de la olla de cocción lenta:
  3 a 4 cuartos de galón

2 libras de costillas de cerdo
  pequeñas
1 cucharadita de pimienta negra
2½ tazas de salsa de barbacoa (no
  de sabor mezquite)
1 tarro de 8 onzas de mermelada
  o conserva de cereza
1 Cuchara de mostaza *Dijon*
¼ de cucharadita de sal

1. Corte el exceso de grasa de las
costillas. Frote una cucharadita de
pimienta sobre las costillas. Corte en
porciones de dos costillas y coloque
en la olla de cocción lenta.

2. Combine la salsa de barbacoa,
la mermelada y la sal en un tazón
pequeño. Vierta sobre las costillas,
asegurando que cada pedazo consiga
una buena cantidad de salsa.

3. Cubra y gradúe la olla a "Bajo"
y cocine por 6–8 horas, o gradúe la
olla a "Alto" y cocine por 3–4 horas, o
hasta que las costillas estén suaves.

*Consejo útil: Intente usar diferentes
sabores de mermeladas/conservas, tales
como albaricoque, ciruela o uva.*

Costillas dulces con salsa barbacoa

Michele Ruvola

Selden, New York

Rinde 6 porciones

Tiempo de preparación: 10 minutos
Tiempo de cocción: 8–9 horas
Tamaño ideal de la olla de cocción lenta:
  3 a 4 cuartos de galón

3½ libras de costillas de lomo de
  cerdo
½ cucharadita de sal
¼ de cucharadita de pimienta
½ taza de gaseosa (cola)
⅔ de taza de salsa de barbacoa

1. Corte las costillas en porciones
de 2–3 costillas y colóquelas en la
olla de cocción lenta.

2. Espolvoree cada porción con
sal y pimienta. Vierta gaseosa (cola)
encima, teniendo cuidado de no lavar
los condimentos.

3. Cubra y gradúe la olla a "Bajo"
y cocine por 7–8 horas, o hasta que
las costillas estén suaves. Drene el
líquido.

4. Vierta la salsa de barbacoa en
la olla de cocción lenta. Mezcle con
las costillas cuidadosamente de modo
que la carne se cubra.

5. Cubra y gradúe la olla a "Bajo"
y cocine por 1 hora, o hasta que las
costillas estén glaseadas.

Costillas magras

Elaine Rineer

Lancaster, Pennsylvania

Rinde 6 porciones

Tiempo de preparación: 35 minutos
Tiempo de cocción: 7–8 horas
Tamaño ideal de la olla de cocción lenta:
  4 a 5 cuartos de galón

3 libras de costillas magras estilo
  campestre
2 Cucharas de aceite de oliva
2 cebollas pequeñas, picadas
1 taza de salsa de tomate
2 cucharaditas de salsa
  Worcestershire
1 taza de agua

1. Dore las costillas magras por
ambos lados en aceite, en un sartén
grande antiadherente. A medida que
se van dorando, muévalas del sartén
antiadherente a la olla de cocción
lenta.

2. Mezcle las cebollas, la salsa de
tomate, la salsa *Worcestershire* y el
agua en una cacerola. Hierva a fuego
lento por 20 minutos, y luego vierta
sobre las costillas.

3. Cubra y gradúe la olla a "Bajo"
y cocine por 7–8 horas, o hasta que
la carne esté tierna.

4. Coloque las costillas en un
plato de servir. Cucharee el aderezo
encima. Ponga el aderezo en un tazón
y sirva junto con la carne.

*Variación: Mientras la carne se cocina,
mezcle ¼ de taza de harina y ¾ de taza
de agua fría en un tarro con una tapa
que quede apretada. Agite hasta que
quede sin grumos. Después del paso 3,
coloque las costillas en un plato de
servir, y luego cubra para mantener
caliente.*

*Gradúe la olla a "Alto". Revuelva la
mezcla de harina–agua en el aderezo que
está hirviendo a fuego lento en la olla.
Revuelva continuamente hasta que el
aderezo esté sin grumos y se espese.*

*Sirva el aderezo sobre o al lado de la
carne.*

—Betty K. Drescher
Quakertown, Pennsylvania

Costillas de cerdo "Para lamerse los dedos"

Marilyn Mowry

Irving, Texas

Rinde 4 porciones

Tiempo de preparación: 8–12 minutos
Tiempo de cocción: 6–8 horas
Tamaño ideal de la olla de cocción lenta:
  2 a 3 cuartos de galón

4–8 costillas de cerdo estilo
  campestre
1 taza de agua
½ taza de vinagre blanco
4 onzas de humo líquido
su salsa de barbacoa embotellada
  favorita

1. Coloque las costillas en un
plato cubierto. En un tazón, mezcle
el agua, el vinagre y el humo líquido.
Vierta sobre las costillas. Voltee las
costillas una vez. Marine durante la
noche.

2. Al siguiente día, desagüe las
costillas y deseche el marinado.

3. Ponga las costillas en la olla de
cocción lenta. Cubra con salsa de
barbacoa.

4. Cubra y gradúe la olla a "Bajo"
y cocine por 6–8 horas, o hasta que
estén suaves.

Costillas "un toque de Asía"

Sharon Shank

Bridgewater, Virginia

Rinde 8–10 porciones

Tiempo de preparación: 15–20 minutos
Tiempo de cocción: 4–8 horas
Tamaño ideal de la olla de cocción lenta:
  5 a 6 cuartos de galón

6 libras de costillas de cerdo estilo
  campestre, cortadas en
  pedazos del tamaño de una
  porción individual
¼ de taza de salsa de *teriyaki*
¼ de taza de maicena
1 tarro de 27 onzas de salsa de
  pato
2 Cucharas de ajo picadito,
  opcional

1. Coloque las costillas en el
fondo de su olla de cocción lenta.

2. En un tazón grande, revuelva
la salsa de *teriyaki* y la maicena.
Mezcle en la salsa de pato y en el ajo
si usted desea.

3. Vierta la salsa sobre las costillas,
asegurándose que cada capa esté
bien cubierta.

4. Cubra y gradúe la olla a "Bajo"
y cocine por 8 horas, o gradúe la olla
en "Alto" y cocine por 4–5 horas.

Costillas italianas de cerdo, estilo campestre

Kay Kassinger
Port Angeles, Washington

Rinde 8–10 porciones

Tiempo de preparación: 20 minutos
Tiempo de cocción: 7–8 horas
Tamaño ideal de la olla de cocción lenta:
  5 cuartos de galón

3–3½ **libras de costillas de cerdo estilo campestre, cortadas en pedazos del tamaño de una porción individual**
2 **latas de 14½ onzas de tomates cortados en cubitos condimentados con condimento italiano**
1 **taza de cebollas perlas congeladas**
1 **cucharadita de sal**
agua según lo necesite

1. Dore las costillas por ambos lados en un sartén antiadherente. Hágalo en grupos para asegurar que cada pedazo se dore bien.

2. Rocíe la olla con aerosol para cocinar antiadherente. Cambie la carne dorada a la olla de cocción lenta.

3. Vacíe los tomates en el sartén caliente. Quite la grasa del sartén con el jugo de tomate mezclándola con una cuchara de madera.

4. Ponga los tomates, las cebollas y los condimentos en capas sobre las costillas. Vierta la grasa del sartén en la olla de cocción lenta. Añada alrededor de 2 pulgadas de agua.

5. Cubra y gradúe la olla a "Bajo" y cocine por 7–8 horas, o hasta que la carne esté suave pero no cocida en exceso.

Costillas de cerdo, preparación fácil

Ruth C. Hancock
Earlsboro, Oklahoma

Rinde 3–4 porciones

Tiempo de preparación: 5–10 minutos
Tiempo de cocción: 8 horas
Tamaño ideal de la olla de cocción lenta:
  3 a 4 cuartos de galón

2 **libras de costillas de cerdo**
1 **botella de 8 onzas de salsa de cóctel**
1 **tarro de 8 onzas de jalea de uva**

1. Coloque las costillas en la olla de cocción lenta.

2. Mezcle la jalea y la salsa de cóctel en un tazón. Vierta sobre las costillas.

3. Cubra y gradúe la olla a "Bajo" y cocine por 8 horas, o hasta que la carne esté suave.

Consejos útiles —

Descongele la carne cuidadosamente:

1. En el refrigerador en la parte más baja, en un platón o plato hondo.

2. En el microondas.

3. Como parte del proceso de cocción.

4. En un tazón de agua fría, cambiando el agua cada 20 minutos.

5. Nunca a temperatura ambiente.

Jamón de manzana y pasas

Betty B. Dennison
Grove City, Pennsylvania

Rinde 6 porciones

Tiempo de preparación: 10–15 minutos
Tiempo de cocción: 4–5 horas
Tamaño ideal de la olla de cocción lenta:
  4 cuartos de galón

1½ **libras de jamón completamente cocido**
1 **lata de 21 onzas de relleno de manzana para pastel**
⅓ **de taza de pasas doradas**
⅓ **de taza de jugo de naranja**
¼ **de cucharadita de canela molida**
2 **Cucharas de agua**

1. Corte el jamón en seis rebanadas iguales.

2. En un tazón para mezclar, combine el relleno del pastel, las pasas, el jugo de naranja, la canela y el agua.

3. Coloque 1 rebanada de jamón en su olla de cocción lenta. Unte ⅙ de la mezcla de manzana encima.

4. Repita las capas hasta que haya usado todo el jamón y la mezcla de manzana.

5. Cubra y gradúe la olla a "Bajo" y cocine por 4–5 horas.

Consejos útiles:

1. Éste es un modo genial de usar las sobras.

2. Y usted puede usar cualquier sobra de esto para hacer emparedados maravillosos.

Jamón campestre

Esther Burkholder

Millerstown, Pennsylvania

Rinde 12 porciones

Tiempo de preparación: 10 minutos
Tiempo de cocción: 6 horas
Tamaño ideal de la olla de cocción lenta:
4 cuartos de galón

---

3 libras de jamón completamente
  cocido, deshuesado
¹/₂–³/₄ de taza de azúcar morena,
  según su preferencia de gusto
2 Cucharas de mostaza preparada
¹/₄ de taza de conserva de durazno

    1. Coloque el jamón en la olla de
cocción lenta.
    2. Combine el resto de los ingre-
dientes en un tazón pequeño. Unte
sobre el jamón.
    3. Cubra y gradúe la olla a "Bajo"
y cocine por 6 horas, o hasta que esté
completamente calentado.

Variación: Use conserva de albari-
coque en lugar de durazno.
    — Edwina Stoltzfus
    Narvon, Pennsylvania

Jamón con almíbar

Dede Peterson

Rapid City, South Dakota

Rinde 4 porciones

Tiempo de preparación: 20 minutos
Tiempo de cocción: 4–6 horas
Tamaño ideal de la olla de cocción lenta:
6 cuartos de galón

---

4 bistecs de jamón
¹/₃ de taza de mermelada de
  albaricoque
³/₄–1 taza de miel, dependiendo de
  la dulzura que usted prefiera
¹/₃ de taza de salsa de soja
¹/₄ de taza de nuez moscada

    1. Coloque el jamón en la olla de
cocción lenta.
    2. En un tazón, mezcle todo el
resto de los ingredientes. Vierta sobre
el jamón.
    3. Cubra y gradúe la olla a "Bajo"
y cocine por 4–6 horas, o hasta que
la carne esté completamente calentada pero no seca.

Jamón con almíbar en una bolsa

Eleanor J. Ferreira

North Chelmsford, Massachusetts

Rinde 12 porciones

Tiempo de preparación: 7 minutos
Tiempo de cocción: 6–8 horas
Tamaño ideal de la olla de cocción lenta:
6 a 7 cuartos de galón.

---

5 libras de jamón cocido
3 Cucharas de jugo de naranja
1 Cuchara de mostaza *Dijon*

    1. Enjuague la carne. Coloque en
una bolsa para cocinar.
    2. Combine el jugo de naranja y
la mostaza. Unte sobre el jamón.
    3. Cierre la bolsa con una atadura
de alambre. Haga 4 agujeros en la
parte superior de la bolsa. Coloque
en la olla de cocción lenta.
    4. Cubra. Gradúe la olla a "Bajo"
y cocine por 6–8 horas.
    5. Para servir, retire el jamón de
la bolsa, reservando los jugos. Corte
el jamón en rebanadas y ponga los
jugos encima. Sirva los jugos adicionales al lado en un tazón pequeño.

Jamón con arándano

Janie Steele
Moore, Oklahoma

Rinde 4 porciones

Tiempo de preparación: 5–10 minutos
Tiempo de cocción: 4½ horas
Tamaño ideal de la olla de cocción lenta:
3 cuartos de galón

1–2 libras de jamón
completamente cocido, o una
rebanada gruesa de 2 pulgadas
de jamón completamente
cocido
1 taza de aderezo de arándano
entero
2 Cucharas de azúcar morena

1. Coloque el jamón en la olla de
cocción lenta. Cubra con el aderezo
de arándano. Espolvoree con azúcar
morena por encima.
2. Gradúe la olla a "Bajo" y
cocine por 4½ horas, o hasta que la
carne esté completamente calentada
pero que no esté secándose.

Lonja de jamón con frutas

Arlene M. Kopp
Lineboro, Maryland

Rinde 4 porciones

Tiempo de preparación: 10 minutos
Tiempo de cocción: 3–4 horas
Tamaño ideal de la olla de cocción lenta:
3 cuartos de galón

1–1½ libras de jamón en
rebanadas gruesas de 1
pulgada, completamente
cocidas
8–10 clavos enteros
mostaza preparada
1 lata de 1 libra de cóctel de
frutas, drenado, reserve 1 taza
del almíbar
½ taza de azúcar morena,
firmemente empacado

1. Tachone los bordes de las
rebanadas de jamón con los clavos.
Unte por encima con mostaza.
Coloque las rebanadas de jamón en
la olla de cocción lenta.
2. En un tazón, mezcle el cóctel
de frutas, 1 taza de almíbar y el azúcar morena. Vierta sobre el jamón.
3. Gradúe la olla a "Bajo" y
cocine por 3–4 horas, o hasta que el
jamón esté completamente calentado
pero que no esté secándose.

*Variaciones: En lugar de usar el cóctel
de frutas, use 2 tazas de cualquiera de
lo siguiente: trozos de piña enlatados,
duraznos cortados en rodajas, o
mitades de albaricoque.*

Jamón suculento

June S. Groff
Denver, Pennsylvania

Rinde 6 porciones

Tiempo de preparación: 10 minutos
Tiempo de cocción: 4–6 horas
Tamaño ideal de la olla de cocción lenta:
3 cuartos de galón

1½ libras de pedazos de jamón
ahumado cocido
completamente
½ taza de azúcar morena
½ taza de mantequilla, o
margarina, derretida
¼ de taza de vinagre de vino rojo

1. Coloque el jamón en la olla de
cocción lenta.
2. En un tazón, mezcle el azúcar
y la mantequilla derretida. Revuelva
el vinagre hasta que el azúcar se
disuelva. Vierta sobre el jamón.
3. Cubra y gradúe la olla a "Bajo"
y cocine por 4–6 horas, o hasta que
la carne esté completamente calentada pero que no esté secándose.
4. Sirva la carne cortada en
rebanadas, o en trozos, poniéndole
jugo por encima.

Jamón y gaseosa

Dorothy VanDeest
Memphis, Tennessee

Rinde 9–12 porciones

Tiempo de preparación: 15 minutos
Tiempo de cocción: 7–8 horas
Tamaño ideal de la olla de cocción lenta:
4 cuartos de galón

¹⁄₂ taza de azúcar morena
1 cucharadita de mostaza seca
1 cucharadita de rábano picante
  preparado
¹⁄₄–¹⁄₂ **taza de gaseosa (cola),**
  dividida
3–4 libras de jamón precocido

1. En un tazón para mezclar, combine completamente el azúcar morena, la mostaza y el rábano picante. Humedezca con suficiente gaseosa (cola) para hacer una masa sin grumos. Reserve el resto de la gaseosa (cola).

2. Frote el jamón entero con la mezcla de el azúcar morena. Coloque en la olla de cocción lenta.

3. Vierta el resto de la gaseosa (cola) alrededor de los bordes de la olla.

4. Cubra y gradúe la olla a "Alto" y cocine por 1 hora, y luego gradúe la olla a "Bajo" y cocine por 6–7 horas, o hasta que el jamón esté completamente calentado pero que no esté secándose.

Jamón elegante, preparación fácil

Mary Lynn Miller
Reinholds, Pennsylvania

Rinde 18–20 porciones

Tiempo de preparación: 10–15 minutos
Tiempo de cocción: 6–7 horas
Tamaño ideal de la olla de cocción lenta:
5 a 6 cuartos de galón

2 latas de 20 onzas de piña
  cortada en rebanadas, *dividida*
6 libras de jamón deshuesado
  completamente cocido,
  cortado en mitad
1 tarro de 6 onzas de cerezas
  marrachino, bien drenadas
1 tarro de 12 onzas de
  mermelada de naranja

1. Drene la piña, reservando el jugo. Aparte el jugo. Coloque la mitad de la piña en la olla de cocción lenta sin grasa.

2. Cubra con las mitades del jamón.

3. Ponga las cerezas, y el resto del jugo de piña sobre el jamón. Luego ponga la mermelada sobre el jamón.

4. Cubra y gradúe la olla a "Bajo" y cocine por 6–7 horas, o hasta que esté completamente calentado.

5. Retire el jamón en un plato de servir caliente. Permita que repose por 10–15 minutos antes de cortar las rebanadas.

6. Sirva la piña y las cerezas con el jamón cortado en rebanadas, póngalas encima o al lado de las rebanadas.

Papas y judías verdes con jamón

Mary B. Sensenig
New Holland, Pennsylvania

Rinde 4 porciones

Tiempo de preparación: 5 minutos
Tiempo de cocción: 6–8 horas
Tamaño ideal de la olla de cocción lenta:
3 cuartos de galón

1 libra jamón rebanado, cortado
  en trozos
2 tazas de judías verdes,
  congeladas o frescas
2 tazas de papas de piel roja,
  cortadas en cuartos, pero sin
  pelar
¹⁄₂ taza de agua
¹⁄₂ taza cebolla picada
4 rebanadas de queso americano

1. Coloque todos los ingredientes, menos el queso, en la olla de cocción lenta. Mezcle suavemente.

2. Cubra y gradúe la olla a "Bajo" y cocine por 6–8 horas, o hasta que las verduras estén suaves.

3. Una hora antes del final del tiempo de cocción, ponga las rebanadas de queso encima.

Jamón y verduras

Dorothy VanDeest
Memphis, Tennessee
Betty Hostetler
Allensville, Pennsylvania

Rinde 5–6 porciones

Tiempo de preparación: 15 minutos
Tiempo de cocción: 3–4 horas
Tamaño ideal de la olla de cocción lenta:
3 a 4 cuartos de galón

2 papas medianas, peladas si
usted quiere, y cortadas en
pedazos
1 libra de judías verdes, francesas,
o cortadas en mitad
2½ tazas de agua
½ cucharadita de sal
1 libra de jamón magro cocido, en
un pedazo, o cortado en
pedazos, o un jarrete de jamón
con mucha carne

1. Coloque los ingredientes en la
olla de cocción lenta en el orden
dado.
2. Cubra y gradúe la olla a "Alto"
y cocine por 3–4 horas, o hasta que
las verduras estén suaves.
3. Si usted está en su casa, revise
después de 2 horas si el plato ya se
ha cocido, para asegurarse que no se
está secando. Añada ½–1 taza de
agua si parece estar seco.
4. Si usted usa un jarrete de
jamón, retírelo, permita que se enfríe
lo bastante para tocarlo y deshuéselo.
Regrese los trozos de jamón a la olla
y revuelva.

Judías verdes y jamón

Sara Kinsinger
Stuarts Draft, Virginia

Rinde 12 porciones

Tiempo de preparación: 5–7 minutos
Tiempo de cocción: 1½–4 horas
Tamaño ideal de la olla de cocción lenta:
4 cuartos de galón

2 cuartos de galón de judías
verdes cocidas o enlatadas, en
su jugo
2 tazas de jamón cocido, picadito
1 barra (½ taza) de mantequilla,
cortada en trozos
1 cucharadita de condimento de
humo de nogal americano

1. Coloque todos los ingredientes
en la olla de cocción lenta. Mezcle
suavemente.
2. Cubra y gradúe la olla a "Alto"
y cocine por 1½ horas, o gradúe la
olla a "Bajo" y cocine por 4 horas.

Jamón y repollo (col)

Tim Smith
Rutledge, Pennsylvania

Rinde 4 porciones

Tiempo de preparación: 30 minutos
Tiempo de cocción: 6–7 horas
Tamaño ideal de la olla de cocción lenta:
6 a 7 cuartos de galón

2 libras de jamón, crudo
12 clavos enteros
8 papas rojas medianas
1 cabeza mediana de repollo
verde (col)
agua

1. Enjuague el jamón, y luego
meta los clavos uniformemente en el
jamón. Coloque en el centro de la
olla de cocción lenta.
2. Corte las papas en mitad.
Añada a la olla de cocción lenta
alrededor del jamón.
3. Corte el repollo (col) en cuartos
y retire el tallo del centro. Añada a la
olla, rodeando de nuevo el jamón.
4. Llene con agua para cubrir.
5. Cubra y gradúe la olla a "Alto"
y cocine por 6–7 horas, o hasta que
las verduras y la carne estén suaves,
pero no secas o blandas.
6. Sirva el jamón con mostaza, y
las papas con mantequilla.

Jamón y pudín de carne

Donna Lantgen
Chadron, Nebraska

Rinde 6 porciones

Tiempo de preparación: 10 minutos
Tiempo de cocción: 6–7 horas
Tamaño ideal de la olla de cocción lenta:
5 cuartos de galón

2¹⁄₂ libras de un pedazo de jamón cocido
8 tazas de agua
3 tazas de harina multiusos para hornear
1 taza de leche

1. Coloque el jamón y el agua en la olla de cocción lenta.
2. Cubra y gradúe la olla a "Alto" y cocine por 5–6 horas.
3. En un tazón, mezcle la harina para hornear y la leche. Ponga mediante Cucharas en la olla de cocción lenta.
4. Cubra y gradúe la olla a "Alto" y cocine por 1 hora más.

Un consejo útil —

Ralle las esquinas de los bloques de queso (chedar, suizo, *Monterey Jack*, etc.) juntos en una bolsa tipo *Ziploc* y mantenga el queso rallado a mano para espolvorearlo sobre las ensaladas, el guiso y el pan tostado de queso.

Papas guisadas al gratén con jamón

Carol Sherwood
Batavia, New York
Sharon Anders
Alburtis, Pennsylvania
Mary Stauffer
Ephrata, Pennsylvania
Esther Hartzler
Carlsbad, New Mexico
Dawn Hahn
Lititz, Pennsylvania
Diann J. Dunham
State College, Pennsylvania

Rinde 4–6 porciones

Tiempo de preparación: 20 minutos
Tiempo de cocción: 6–8 horas
Tamaño ideal de la olla de cocción lenta:
5 cuartos de galón

2–3 libras de papas, peladas, cortadas en rodajas y *divididas*
1 paquete de 12 onzas ó 1 libra de jamón cocido, cortado en cubos y *dividido*
1 cebolla pequeña, picada y *dividida*
2 tazas de queso chedar en tiras, *dividido*
1 lata de 10³⁄₄ onzas de sopa de crema de apio *u* hongos

1. Rocíe el interior de la olla con aerosol para cocinar antiadherente.
2. Ponga en capas ¹⁄₃ de cada uno: De las papas, el jamón, la cebolla y el queso en la olla.
3. Repita dos veces.
4. Unte la sopa encima.
5. Cubra y gradúe la olla a "Bajo" y cocine por 6–8 horas, o hasta que las papas estén tiernas.

Variación: Para un salsa más cremosa, combine una lata de crema de sopa con ¹⁄₂ taza de agua en un tazón, antes de verter sobre los contenidos de la olla en el paso 4.
—Jeannine Janzen
Elbing, Kansas

Papas y jamón cremosos guisados al gratén

Rhonda Freed
Lowville, New York

Rinde 6 porciones

Tiempo de preparación: 20 minutos
Tiempo de cocción: 4–5 horas
Tamaño ideal de la olla de cocción lenta:
4 cuartos de galón

6 tazas de papas crudas, cortadas en rodajas
sal y pimienta al gusto
1 lata de 10³⁄₄ onzas de sopa de crema de apio *u* hongos
1¹⁄₂ tazas de leche
1 libra de jamón cocido, cortado en cubos

1. Coloque las papas en la olla de cocción lenta. Añada sal y pimienta a cada capa.
2. En un tazón, mezcle la sopa, la leche, y el jamón. Vierta sobre las papas.
3. Cubra y gradúe la olla a "Alto" y cocine por 3¹⁄₂ horas. Continúe cocinando ¹⁄₂–1¹⁄₂ horas si es necesario, o hasta que las papas estén suaves.

Variación: Sustituya 1 lata de 12 onzas de leche evaporada por las 1¹⁄₂ tazas de leche.

— **Mary Kay Nolt**
Newmanstown, Pennsylvania

Papas y jamón con queso

Beth Maurer

Harrisonburg, Virginia

Rinde 4–6 porciones

Tiempo de preparación: 20 minutos
Tiempo de cocción: 7–9 horas
Tamaño ideal de la olla de cocción lenta:
4 cuartos de galón

6 tazas de papas, cortadas en
   rodajas y peladas
2½ tazas de jamón cocido,
   cortado en cubos
1½ tazas de queso chedar en tiras
1 lata de 10¾ onzas de sopa de
   crema de hongos
½ taza de leche

1. En la olla de cocción lenta,
ponga un tercio de las papas, del
jamón y del queso en capas. Repita
dos veces más.

2. Combine la sopa y la leche.
Vierta sobre los ingredientes en la
olla de cocción lenta.

3. Cubra. Gradúe la olla a "Alto"
y cocine por 1 hora. Gradúe la olla a
"Bajo" y cocine por 6–8 horas, o justo
hasta que las papas estén suaves.

Cena de jamón *cottage*

Ethel Mumaw

Millersburg, Ohio

Rinde 8 porciones

Tiempo de preparación: 10–15 minutos
Tiempo de cocción: 8 horas
Tamaño ideal de la olla de cocción lenta:
5 cuartos de galón

3 libras de jamón *cottage*
   deshuesado
1 lata de 12 onzas de gaseosa de
   jengibre
3 papas medianas sin pelar,
   cortadas en tiras
3 cebollas medianas, cortadas en
   trozos

1. Coloque el jamón en la olla de
cocción lenta. Vierta la gaseosa de
jengibre encima.

2. Añada las tiras de papa y los
trozos de cebolla alrededor del
jamón. Presione hacia bajo en el
líquido tanto como sea posible.

3. Cubra y gradúe la olla a "Bajo"
y cocine por 8 horas, o hasta que las
verduras estén suaves.

Jarrete de cerdo y chucrut (col agría)

Kathleen Rogge

Alexandria, Indiana

Rinde 3–4 porciones

Tiempo de preparación: 5 minutos
Tiempo de cocción: 6–8 horas
Tamaño ideal de la olla de cocción lenta:
6 cuartos de galón

6 jarretes de jamón ahumados
   con mucha carne
1 lata de 15 onzas de chucrut (col
   agría)
1 cebolla grande, picada
2 hojas de laurel
agua

1. Coloque todos los ingredientes
en la olla de cocción lenta. Llene con
bastante agua para cubrir los jarretes
de jamón.

2. Cubra y gradúe la olla a "Bajo"
y cocine por 6–8 horas, o hasta que
la carne esté suave.

3. Retire los jarretes y permita
que se enfríen lo bastante para
deshuesarlos a mano. Mezcle los trozos de jamón de nuevo en el chucrut
(col agría).

4. Retire las hojas de laurel. Sirva
con puré de papas.

Bolas de jamón

Edwina F. Stoltzfus
Narvon, Pennsylvania

Rinde 6 porciones

Tiempo de preparación: 10–15 minutos
Tiempo de cocción: 3½ horas
Tamaño ideal de la olla de cocción lenta:
3 a 4 cuartos de galón

1 taza de azúcar morena
1 Cuchara de mostaza preparada
½ taza de agua
½ taza de vinagre
1 lata de 4 onzas de piñas
picadas, en su jugo
2 libras de rollo de jamón
preparado, *dividido*

1. En una cacerola, ponga el azúcar morena, la mostaza, el agua, el vinagre y las piñas a hervir.

2. Entretanto, forme el rollo de jamón en bolas. Coloque una capa en la olla de cocción lenta.

3. Vierta una cantidad proporcional de salsa hirviendo sobre la primera capa de carne.

4. Continúe con las capas hasta que toda la carne y la salsa estén en la olla, asegurándose terminar con la salsa.

5. Gradúe la olla a "Alto" y cocine por 3½ horas.

6. Antes de servir, incline la olla cuidadosamente. Saque la capa de grasa con una cuchara y deshéchela.

7. Coloque las bolas cocidas en un plato de servir y ponga la salsa encima.

Cazuela de jamón y queso

Kendra Dreps
Liberty, Pennsylvania

Rinde 8–10 porciones

Tiempo de preparación: 15–30 minutos
Tiempo de cocción: 2–4 horas
Tamaño ideal de la olla de cocción lenta:
3½ cuartos de galón

1 paquete de 12 o 16 onzas de
fideos de huevo medianos,
dividido
1 lata de 10¾ onzas de sopa
condensada de crema de apio
16 onzas de crema agria
2 tazas de jamón cocido
completamente, cortado en
cubos, *dividido*
2 tazas de queso deshebrado de
su elección, *dividido*

1. Prepare los fideos según las instrucciones en el paquete. Desagüe.

2. En un tazón pequeño combine la sopa y la crema agria hasta que esté sin grumos. Aparte.

3. En una olla de cocción lenta engrasada, ponga un tercio de los fideos cocidos, un tercio del jamón y un tercio del queso.

4. Cubra con un cuarto de galón de la mezcla de la sopa.

5. Repita los pasos 3 y 4 dos veces hasta que todos los ingredientes sean usados. La capa final debe ser de la mezcla de sopa y crema agria.

6. Gradúe la olla a "Bajo" y cocine por 2–4 horas, o hasta que esté completamente calentado.

Jamón y papas *hash browns*

Joette Droz
Kalona, Iowa
Jonice Crist
Quinter, Kansas

Rinde 4 porciones

Tiempo de preparación: 10 minutos
Tiempo de cocción: 4–6 horas
Tamaño ideal de la olla de cocción lenta:
4 cuartos de galón

1 paquete de 26 onzas de papas
hash brown congeladas
2 tazas de jamón completamente
cocido, cortado en cubos
1 tarro de 2 onzas de pimientos
cortados en cubos, colados
1 lata de 10¾ onzas de sopa de
queso chedar
¾ de taza de leche
¼ de cucharadita de pimienta,
opcional

1. En la olla de cocción lenta combine las papas, el jamón y los pimientos.

2. Combine la sopa, la leche y la pimienta si usted desea en un tazón hasta que esté sin grumos. Mezcle bien y vierta sobre la mezcla de papas. Revuelva.

3. Cubra y gradúe la olla a "Bajo" y cocine por 4–6 horas, o hasta que las papas estén suaves.

Salchicha y manzanas

Linda Sluiter

Schererville, Indiana

Rinde 4 porciones

Tiempo de preparación: 10 minutos
Tiempo de cocción: 1–3 horas
Tamaño ideal de la olla de cocción lenta:
8 cuartos de galón

1 libra de salchicha ahumada
2 manzanas grandes,
    descorazonadas y rebanadas
¼ taza de azúcar morena
½ taza de jugo de manzana

1. Corte la carne en pedazos de 2
pulgadas.
2. Coloque todos los ingredientes
en la olla de cocción lenta y mezcle
bien.
3. Cubra y gradúe la olla a "Bajo"
y cocine por 1–3 horas, o hasta que
las papas estén completamente calentadas y hasta que las manzanas estén
tan suaves como a usted le gustan.

Salchicha y batatas

Ruth Hershey

Paradise, Pennsylvania

Rinde 4–6 porciones

Tiempo de preparación: 15–20 minutos
Tiempo de cocción: 4–10 horas
Tamaño ideal de la olla de cocción lenta:
3 cuartos de galón

1 libra de salchicha a granel
2 batatas, peladas y cortadas en
    rodajas
3 manzanas, peladas y rebanadas
2 Cucharas de azúcar morena
1 Cuchara de harina
¼ de taza de agua

1. Dore la salchicha suelta en un
sartén, desmenuzando los trozos de
carne con una cuchara de madera.
Cuele.
2. Ponga la salchicha, las batatas
y las manzanas en la olla de cocción
lenta.
3. Combine el resto de los ingredientes y viértalos sobre los ingredientes en la olla de cocción lenta.
4. Cubra. Gradúe la olla a "Bajo"
y cocine por 8–10 horas, o gradúe la
olla a "Alto" y cocine por 4 horas.

Plato de salchicha agridulce

Jena Hammond

Traverse City, Michigan

Rinde 8–10 porciones

Tiempo de preparación: 15 minutos
Tiempo de cocción: 3–6 horas
Tamaño ideal de la olla de cocción lenta:
4 cuartos de galón

2 latas de 20 onzas de trozos de
    piña, drenados
2 chiles (ajíes) verdes grandes,
    cortados en tiras tamaño de
    un bocado
3 paquetes de 16 onzas de
    salchicha ahumada, cortada
    en trozos de una pulgada
1 botella de 18 onzas de salsa de
    barbacoa y miel

1. Combine las piñas, los chiles
(ajíes) y los trozos de salchicha en la
olla de cocción lenta.
2. Vierta la salsa de barbacoa
sobre la mezcla y bata.
3. Cubra y gradúe la olla a "Alto"
y cocine por 3 horas, o gradúe la olla
a "Bajo" y cocine por 6 horas, o hasta
que el plato esté completamente
calentado.

Salchicha y papas guisadas al gratén

Melissa Warner
Broad Top, Pennsylvania
Carolyn Baer
Conrath, Wisconsin

Rinde 8 porciones

Tiempo de preparación: 20 minutos
Tiempo de cocción: 4–10 horas
Tamaño ideal de la olla de cocción lenta:
3¹/₂ a 4 cuartos de galón

---

2 libras de papas, cortadas en rodajas de ¹/₄ de pulgada de grosor, *divididas*
1 libra de salchicha ahumada completamente cocida, cortada en rodajas de ¹/₂ pulgada de grosor, *dividida*
2 cebollas medianas, picadas, *divididas*
1 lata de 10³/₄ onzas de sopa condensada de queso chedar, *dividida*
1 lata de 10³/₄ onzas de sopa de crema condensada de apio
1 paquete de 10 onzas de guisantes congelados, descongelado, *opcional*

1. Rocíe el interior de la olla con aerosol antiadherente.
2. Ponga un tercio de las papas, un tercio de la salchicha, un tercio de la cebolla y un tercio de la sopa de queso chedar en capas en la olla.
3. Repita las capas dos veces más.
4. Cubra con la sopa de crema de apio.
5. Cubra y gradúe la olla a "Bajo" y cocine por 8–10 horas, o gradúe la olla a "Alto" y cocine por 4–5 horas, o hasta que las verduras estén suaves.
6. Si usted desea, mézclele los guisantes. Cubra y permita que repose por 5 minutos. (Si se le olvidó

descongelar los guisantes, mézclelos pero permita que se asienten por 10 minutos.)

Fríjoles con salchicha

Mary B. Sensenig
New Holland, Pennsylvania

Rinde 4–5 porciones

Tiempo de preparación: 5 minutos
Tiempo de cocción: 4–5 horas
Tamaño ideal de la olla de cocción lenta:
4 cuartos de galón

---

1 paquete de 16 onzas de salchichitas ahumadas de desayuno
1 cuarto de galón de judías verdes, con la mayoría del jugo drenado
1 cebolla pequeña, picada
¹/₂ taza de azúcar morena
¹/₄ de taza de salsa de tomate

1. Coloque las salchichitas en la olla de cocción lenta. Cubra con los frijoles y luego la cebolla.
2. En un tazón, mezcle el azúcar y la salsa de tomate. Póngala encima de las salchichas.
3. Cubra y gradúe la olla a "Bajo" y cocine por 4–5 horas.

Salchicha y judías verdes

Joy Yoder
Harrisonburg, Virginia

Rinde 6 porciones

Tiempo de preparación: 15 minutos
Tiempo de cocción: 2–5 horas
Tamaño ideal de la olla de cocción lenta:
3 a 4 cuartos de galón

1¹/₂ libras de salchichas, cortadas en pedazos de 2 pulgadas
1 cuarto de galón de judías verdes, congeladas
1 manzana, picada en cubos o rebanada con la piel
1 taza de agua

1. Coloque la salchicha en la olla de cocción lenta.
2. Añada los frijoles, la manzana y el agua. Mezcle bien.
3. Cubra y gradúe la olla a "Alto" y cocine por 2 horas, o gradúe la olla a "Bajo" y cocine por 4–5 horas, o hasta que la salchicha y los frijoles estén suaves.

Salchicha y papas cremosas

Janet Oberholtzer

Ephrata, Pennsylvania

Rinde 6 porciones

Tiempo de preparación: 15 minutos
Tiempo de cocción: 6–8 horas
Tamaño ideal de la olla de cocción lenta:
3½ cuartos de galón

---

3 libras de papas pequeñas,
   peladas y cortadas en cuartos
1 libra de salchicha ahumada,
   cortada en rodajas de ¼ de
   pulgada
1 paquete de 8 onzas de queso
   crema, ablandado
1 lata de 10¾ onzas de sopa de
   crema de apio
1 sobre de mezcla seca de aderezo
   ranchero para ensalada

1. Coloque las papas en la olla de cocción lenta. Añada la salchicha.

2. En un tazón, bata el queso crema, la sopa y el aderezo para ensalada hasta que esté sin grumos. Vierta sobre las papas y la salchicha.

3. Cubra y gradúe la olla a "Bajo" y cocine por 6–8 horas, o hasta que las papas estén tiernas, mezclando al medio del tiempo de cocción si usted está en casa. Mezcle de nuevo antes de servir.

Consejos útiles:

1. Las papas rojas pequeñas son geniales en este plato. ¡Si usted las usa, no las pele!

2. Usted puede sustituir salchicha ahumada de pavo por la salchicha ahumada de cerdo.

Cazuela de salchicha consoladora

Kay M. Zurcher

Minot, North Dakota

Rinde 6–8 porciones

Tiempo de preparación: 30 minutos
Tiempo de cocción: 4–8 horas
Tamaño ideal de la olla de cocción lenta:
4 a 5 cuartos de galón

---

2 libras de salchicha Bratwurst de
   cerveza, o salchicha picante,
   dividida
2 latas de 14 onzas de caldo de
   pollo, *dividido*
3 libras de papas, cortadas en
   rodajas de ¼ de pulgada de
   gruesas, *divididas*
2 cebollas grandes, cortadas en
   rodajas finas, *divididas*
6 onzas de queso chedar fuerte,
   en tiras, *dividido*
sal y pimienta, *opcional, dividida*

1. Rocíe la olla de cocción lenta con aerosol para cocinar antiadherente.

2. Dore la salchicha en un sartén hasta que esté dorada en todos los lados.

3. Entretanto, vierta 1 taza de caldo de pollo en la olla de cocción lenta. Esparza un tercio de las papas en el fondo de la olla de cocción lenta. Espolvoree con sal y pimienta si usted desea.

4. Luego ponga un tercio de las cebollas, un tercio de la salchicha y un tercio del queso en capas.

5. Repita las capas de papa, de sal y pimienta si usted desea, de cebolla, de salchicha y de queso 2 veces más.

6. Vierta el resto del caldo de pollo encima.

7. Cubra y gradúe la olla a "Bajo" y cocine por 8 horas, o gradúe la olla a "Alto" y cocine por 4 horas, o hasta que las papas y las cebollas estén a su gusto.

Consejo útil: Revise que las papas esten cocidas sin revolverlas. Evite que estén sobrecocidas.

Cena italiana de salchicha

Janessa Hochstedler

East Earl, Pennsylvania

Rinde 6 porciones

Tiempo de preparación: 10 minutos
Tiempo de cocción: 5–10 horas
Tamaño ideal de la olla de cocción lenta:
4 cuartos de galón

1½ libras de salchicha italiana,
   cortada en rodajas de ¾ de
   pulgada
2 Cucharas de salsa de bistec *A–1*
1 lata de 28 onzas de tomates
   estilo italiano picados en
   cubos, con su jugo
2 chiles (ajíes) verdes, picados
½ cucharadita de hojuelas de ají
   colorado, *opcional*
2 tazas de arroz "al minuto",
   crudo

1.Coloque todos los ingredientes, menos el arroz, en la olla de cocción lenta.

2. Cubra y gradúe la olla a "Bajo" y cocine por 7½–9½ horas, o gradúe la olla a "Alto" y cocine por 4½ horas.

3. Revuélvale el arroz crudo. Cubra y cocine unos 20 minutos adicionales en "Alto" o en "Bajo".

Salchicha en salsa de espagueti

Mary Ann Bowman

East Earl, Pennsylvania

Rinde 10–12 porciones

Tiempo de preparación: 15 minutos
Tiempo de cocción: 3–6 horas
Tamaño ideal de la olla de cocción lenta: 5 cuartos de galón

4 libras de salchicha de su elección
1 chile (ají) rojo
1 chile (ají) verde
1 cebolla grande
1 tarro de 26 onzas de salsa de espagueti

1. Caliente un sartén antiadherente sobre fuego mediano–alto. Dore la salchicha en grupos en el sartén antiadherente. A medida que un grupo se termina de dorar por todos los lados, corte en trozos de 1½ pulgadas. Luego colóquelos en la olla de cocción lenta.

2. Corte o pique la cebolla y los chiles (ajíes) en rodajas y póngalos encima de la salchicha.

3. Añada la salsa de espagueti sobre todo.

4. Cubra y gradúe la olla a "Bajo" y cocine por 6 horas, o gradúe la olla a "Alto" y cocine por 3 horas.

Cena de salchicha "Super"

Anne Townsend

Albuquerque, New Mexico

Rinde 3–4 porciones

Tiempo de preparación: 5 minutos
Tiempo de cocción: 1–6 horas
Tamaño ideal de la olla de cocción lenta: 3 cuartos de galón

1 paquete de 8 onzas de salchicha picante
1 paquete de 16 onzas de verduras mixtas congeladas
1 lata de 10¾ onzas de sopa de crema de brócoli y queso

1. Corte la salchicha en rodajas y colóquelas en la olla de cocción lenta.

2. Distribuya las verduras congeladas sobre la salchicha.

3. Unte la sopa sin diluir encima de las verduras.

4. Cubra y gradúe la olla a "Alto" y cocine por 1 hora, o gradúe la olla a "Bajo" y cocine por 5–6 horas, o hasta que la carne esté cocida y las verduras estén suaves.

Consejos útiles:

1. Esta comida sencilla es bastante espesa y puede ser servida en platos de cena en lugar de tazones de sopa.

2. Es deliciosa también, al siguiente día.

Cena de salchicha y chucrut (col agría)

Bonnie Goering

Bridgewater, Virginia

Rinde 4–5 porciones

Tiempo de preparación: 10 minutos
Tiempo de cocción: 6–10 horas
Tamaño ideal de la olla de cocción lenta: 4 a 5 cuartos de galón

1 paquete de 1 libra de salchichas ahumadas de desayuno, cortadas en pedazos de 2 pulgadas
1 bolsa de 32 onzas de chucrut (col agría) refrigerada, o enlatada, drenada
mitad de una cebolla, picada
1 manzana, descorazonada y picada
2–3 Cucharas de azúcar morena
agua

1. Combine todos los ingredientes en la olla de cocción lenta con agua cubriendo la mitad del contenido.

2. Cubra y gradúe la olla a "Bajo" y cocine por 6–10 horas, o hasta que las verduras estén tan suaves como a usted le gustan.

3. Sirva al lado de puré de papas.

Consejo útil: Si usted va a cocinar la cena por más de 8 horas, Utilice bastante agua para casi cubrir los ingredientes en el paso 1.

Salchicha, papas y chucrut (col agria)

Janie Steele
Moore, Oklahoma

Rinde 6–8 porciones

Tiempo de preparación: 20 minutos
Tiempo de cocción: 6–8 horas
Tamaño ideal de la olla de cocción lenta: 4 a 5 cuartos de galón

1 lata de 32 onzas de chucrut (col agria), drenada
2 tazas de papas peladas, cortadas en rodajas finas
½ taza de cebollas picadas
1 libra de salchicha polaca o italiana, o cualquier salchicha de su elección, cortada en pedazos de 2–3 pulgadas

1. Coloque el chucrut (col agria) en el fondo de la olla de cocción lenta. Ponga las papas y las cebollas en capas.

2. Acomode los pedazos de salchicha encima.

3. Cubra y gradúe la olla a "Bajo" y cocine por 6–8 horas, o hasta que las verduras estén suaves y la salchicha esté cocida.

Chucrut (col agria) y *kielbasa*

Colleen Heatwole
Burton, Michigan

Rinde 4 porciones

Tiempo de preparación: 10 minutos
Tiempo de cocción: 5–6 horas
Tamaño ideal de la olla de cocción lenta: 3 a 4 cuartos de galón

2 latas de 14½ onzas de chucrut (col agria)
1 libra de salchicha kielbasa polaca

Desagüe el chucrut (col agria). Coloque en la olla de cocción lenta.

2. Corte la salchicha kielbasa en rebanadas de 1 pulgada de gruesas. Combine con el chucrut (col agria) en la olla de cocción lenta.

3. Cubra y gradúe la olla a "Bajo" y cocine por 5-6 horas.

Kielbasa dulce y enchilosa

Michele Ruvola
Selden, New York

Rinde 6–8 porciones

Tiempo de preparación: 5 minutos
Tiempo de cocción: 2½–3 horas
Tamaño ideal de la olla de cocción lenta: 3 cuartos de galón

1 taza de azúcar morena
1 Cuchara de mostaza enchilosa
2 libras de salchicha *kielbasa* ahumada completamente cocida, cortada en pedazos de 1 pulgada

1. Combine el azúcar morena y la mostaza en la olla de cocción lenta.

2. Añada la salchicha kielbasa; mezcle para cubrir uniformemente.

3. Cubra y gradúe la olla a "Bajo" y cocine por 2½–3 horas, mezclando ocasionalmente.

Kielbasa de la cosecha

Christ Kaczynski
Schenectady, New York

Rinde 6 porciones

Tiempo de preparación: 20 minutos
Tiempo de cocción: 4–8 horas
Tamaño ideal de la olla de cocción lenta:
4 cuartos de galón

2 libras de salchicha kielbasa
    ahumada
3 tazas de compota de manzana
    sin azúcar
½ taza de azúcar morena
3 cebollas medianas, cortadas en
    rodajas

1. Corte la salchicha kielbasa en rodajas de ¼ de pulgada. Dore en un sartén. Desagüe.

2. Combine la compota de manzana y el azúcar morena.

3. Ponga la salchicha kielbasa, las cebollas y la mezcla de compota de manzana en capas en la olla de cocción lenta.

4. Cubra. Gradúe la olla a "Bajo" y cocine por 4–8 horas.

Entre más se cocina, mejor será el sabor.

Consejo útil —

Si usted quiere verificar que la carne en su olla está completamente cocida, use un termómetro para revisar que la temperatura interna de la carne de ave ha alcanzado 180° F. La carne de res y el cerdo medio cocidos deben alcanzar una temperatura interna de 160° F. La carne de res y el cerdo bien cocidos deben alcanzar una temperatura interna de 170° F.

Salchicha "Se derrite en tu boca"

Susan Wenger
Lebanon, Pennsylvania

Rinde 6–8 porciones

Tiempo de preparación: 15 minutos
Tiempo de cocción: 4–6 horas
Tamaño ideal de la olla de cocción lenta:
4 cuartos de galón

2 libras de salchicha fresca,
    cortada en rodajas de ¾ de
    pulgada
1 tarro de 24 onzas de salsa de
    espagueti
1 lata de 6 onzas de concentrado
    de tomate
1 lata de concentrado de tomate
    llena de agua
1 Cuchara de queso parmesano

Ingredientes opcionales:
1 cucharadita de hojuelas de
    perejil
1 cebolla, cortada en rodajas finas
la mitad ó 1 chiles (ajíes) *Bell*
    entero, cortado en rodajas
1–2 tazas de hongos frescos,
    rebanados

1. Caliente un sartén antiadherente sobre fuego mediano–alto. Dore la salchicha por todos sus lados.

2. Coloque la salchicha dorada y todo el resto de los ingredientes en la olla de cocción lenta. Mezcle suavemente pero por completo.

3. Cubra y gradúe la olla a "Alto" y cocine por 4–6 horas. Sirva con rollos de bistec, o sobre puré de papas o pasta espiral.

Emparedados de salchicha, preparación fácil

Renee Suydam
Lancaster, Pennsylvania

Rinde 8 porciones

Tiempo de preparación: 10 minutos
Tiempo de cocción: 5½–8 horas
Tamaño ideal de la olla de cocción lenta:
5 cuartos de galón

8 pedazos de salchicha de su
    elección, del tamaño de un
    panecillo
agua
1 tarro de 26 onzas de salsa de
    espagueti, su preferida
2–3 tazas de queso mozzarella en
    tiras
8 panecillos

1. Coloque los pedazos de salchicha en la olla de cocción lenta. Añada 1–2 pulgadas de agua.

2. Cubra y gradúe la olla a "Bajo" y cocine por 5–7 horas. Desagüe.

3. Revuélvale la salsa de espagueti.

4. Cubra y cocine por 30–60 minutos más hasta que la salsa esté completamente caliente.

5. Sirva en panecillos cubiertos con queso *mozzarella*.

Consejo útil: Sirva con pimientos y cebollas sofritas como condimentos para cubrir los emparedados.

Perros calientes con aderezo

Donna Conto

Saylorsburg, Pennsylvania

Rinde 8 porciones

Tiempo de preparación: 15 minutos
Tiempo de cocción: 2 horas
Tamaño ideal de la olla de cocción lenta:
5 cuartos de galón

---

1 libra de perros calientes de res
1 tarro de 10 onzas de jalea de uva
1/3 de taza de mostaza preparada
1/4 de taza de vino rojo
1/4 de cucharadita de mostaza seca

1. Corte los perros calientes en rodajas de 1/2 pulgada. Colóquelos en la olla.
2. Mezcle el resto de los ingredientes con los perros calientes en la olla.
3. Cubra y gradúe la olla a "Bajo" y cocine por 2 horas.
4. Sirva en bollos o sobre pasta cocida.

Consejo útil: Éste también es un plato para buffet genial. Sírvalo caliente desde la olla de cocción lenta con palillos de dientes.

Salchichas de cóctel con salsa barbacoa

Radella Vrolijk

Hinton, Virginia

Rinde 10–12 porciones

Tiempo de preparación: 5 minutos
Tiempo de cocción: 4–6 horas
Tamaño ideal de la olla de cocción lenta:
3 cuartos de galón

---

1 botella de 12 onzas de salsa de barbacoa
1 tarro de 8 onzas de jalea de uva
1 1/2 libras de salchichitas de cóctel, o perros calientes, cortados en rodajas de 3/4 pulgadas

1. Mezcle la salsa de barbacoa y la jalea en la olla de cocción lenta. Añada la carne cortada.
2. Cubra y gradúe la olla a "Bajo" y cocine por 4–6 horas.
3. Sirva en bollos para perros calientes o sobre pasta cocida. o sirva en un *buffet* desde la olla caliente con palillos de dientes.

Perros calientes con salsa barbacoa

Shelia Heil

Lancaster, Pennsylvania

Rinde 10 porciones

Tiempo de preparación: 15 minutos
Tiempo de cocción: 2–2 1/2 horas
Tamaño ideal de la olla de cocción lenta:
2 a 3 cuartos de galón

16–20 perros calientes, cortados en trozos de 1 pulgada
1 tarro de salsa de cóctel
1/2 taza de azúcar morena
1/2 taza de salsa de tomate

1. Coloque los trozos de perro caliente en la olla de cocción lenta.
2. Añada el resto de los ingredientes a la olla y mezcle con los perros calientes.
3. Cubra y gradúe la olla a "Bajo" y cocine por 2–2½ horas.
4. Sirva con puré de papas o papas fritas. O sirva en un *buffet* desde la olla caliente, con palillos de dientes.

Variación: Use 1 taza de salsa de chili en lugar de la salsa de cóctel.
— Sandy Clugston
St. Thomas, Pennsylvania

Salchichas *wieners* briosas

Sherril Bieberly
Salina, Kansas

Rinde 10–12 porciones

Tiempo de preparación: 5 minutos
Tiempo de cocción: 1–2 horas
Tamaño ideal de la olla de cocción lenta:
   2 a 3 cuartos de galón

1 botella de 12 onzas de salsa de
   chili
1 tarro de 12 onzas de jalea de ají
1½ libras de salchichitas de cóctel

1. Combine la salsa de *chili* y la
jalea en la olla de cocción lenta.
Añada las salchichitas.
2. Hierva graduando la olla en
"Alto" hasta que la salsa se espese,
alrededor de 1–2 horas.
3. Sirva en bollos, o sobre arroz o
pasta ya cocidos. O sirva en un buffet desde la olla caliente, con palillos
de dientes para traspasar las salchichitas.

Salchichas con arándano

Loretta Krahn
Mountain Lake, Minnesota

Rinde 15–20 porciones

Tiempo de preparación: 10 minutos
Tiempo de cocción: 1–5 horas
Tamaño ideal de la olla de cocción lenta:
   3 cuartos de galón

2 paquetes de salchichitas de
   cóctel o salchichitas ahumadas
1 lata de 16 onzas de aderezo de
   arándano en jalea
1 taza de salsa de tomate
3 Cucharas de azúcar morena
1 Cuchara de jugo de limón

1. Combine todos los ingredientes
en la olla de cocción lenta.
2. Cubra. Gradúe la olla a "Alto"
y cocine por 1–2 horas.

Ésta comida es genial para comida
campestre, para comida para compartir
o para buffet.

Salchicha ahumada con judías verdes y papas nuevas

Sheila Soldner
Lititz, Pennsylvania

Rinde 4–6 porciones

Tiempo de preparación: 15 minutos
Tiempo de cocción: 8–10 horas
Tamaño ideal de la olla de cocción lenta:
   4 cuartos de galón

2 tazas de agua
1½ libras de salchicha ahumada,
   cortada en pedazos de 4
   pulgadas
2 cebollas medianas, cortadas en
   cuartos
1 cuarto de galón de papas
   nuevas pequeñas
2 cuartos de judías verdes frescas
sal y pimienta al gusto

1. Coloque el agua en la olla de
cocción lenta. Añada la salchicha y
luego las cebollas.
2. Ponga las papas encima por
capas. Añada sal y pimienta al gusto.
Coloque las judías verdes encima.
Añada sal y pimienta al gusto.
3. Cubra y gradúe la olla a "Bajo"
y cocine por 8–10 horas, o hasta que
las verduras estén suaves.

Horneado de salchicha *wiener* al azar

Ruth Ann Penner
Hillsboro, Kansas

Rinde 6 porciones

Tiempo de preparación: 8 minutos
Tiempo de cocción: 3 horas
Tamaño ideal de la olla de cocción lenta:
3 cuartos de galón

4 tazas de papas cocidas, peladas y picadas en cubos
1 lata de 10¾ onzas de sopa de crema de hongo
1 taza de mayonesa
1 taza de chucrut, drenada
1 libra de salchichas wiener, cortadas en rodajas.

1. Mezcle todos los ingredientes en la olla de cocción lenta.
2. Cubra y gradúe la olla a "Bajo" y cocine por 3 horas.

Un Consejo útil —

Usted obtendrá los mejores resultados de su olla de cocción lenta cuando esté ⅔ llena. Así, es menos probable quemarse alrededor del borde (a veces es un problema cuando la olla está muy vacía), o no cocinarse completamente (si la olla está llena hasta el punto de derramar).

Y si usted va a llevar con su olla llena a ⅔ para una comida para compartir, no se estará saliendo en su cajuela cuando usted da las vueltas en su carro.

Succotash de salchicha

June S. Groff
Denver, Pennsylvania

Rinde 4–6 porciones

Tiempo de preparación: 10 minutos
Tiempo de cocción: 4–6 horas
Tamaño ideal de la olla de cocción lenta:
2 cuartos de galón

1 libra de perros calientes, cortados en pedazos de ½ pulgada
2 paquetes de 10 onzas de especie de cocido de maíz (*Succotash*) congelado, 1 lata de 10¾ onzas de sopa de crema de queso chedar

1. Mezcle todos los ingredientes en la olla de cocción lenta.
2. Cubra y gradúe la olla a "Bajo" y cocine por 4–6 horas, o hasta que las verduras estén suaves.

Variación: Sustituya trozos de jamón cocido por los perros calientes.

Emparedados "Sloppy Jane"

Kathleen Rogge
Alexandria, Indiana

Rinde 4–5 porciones

Tiempo de preparación: 5–10 minutos
Tiempo de cocción: 2–3 horas
Tamaño ideal de la olla de cocción lenta:
2 cuartos de galón

1 paquete de perros calientes, cortados en rodajas de ¾ de pulgada
1 lata de 28 onzas de frijoles horneados
1 cucharadita de mostaza preparada
1 cucharadita de cebolla picada instantánea
⅓ de taza de salsa de chili

1. En la olla de cocción lenta, combine todos los ingredientes.
2. Cubra y gradúe la olla a "Bajo" y cocine por 2–3 horas.
3. Ponga en los bollos tostados de perros calientes.

Consejo útil: Ésta receta se duplica fácilmente.

Pasta y otros platos principales

Lasaña conveniente para la olla de cocción lenta

Rachel Yoder
Middlebury, Indiana

Rinde 6–8 porciones

Tiempo de preparación: 30–45 minutos
Tiempo de cocción: 4 horas
Tamaño ideal de la olla de cocción lenta:
6 cuartos de galón

1 libra de carne molida
1 lata de 29 onzas de salsa de tomate
1 paquete de 8 onzas de láminas de lasaña, crudas
4 tazas de queso *mozzarella* deshebrado
1½ tazas de requesón (*cottage cheese*)

1. Rocíe el interior de la olla con aerosol para cocinar antiadherente.
2. Dore la carne molida en un sartén grande antiadherente. Drenar la grasa.
3. Mézclele salsa de tomate. Mezcle bien.
4. Distribuya un cuarto de la salsa de carne en el fondo de la olla de cocción lenta.
5. Acomode un tercio de las láminas crudas sobre la salsa. (Yo normalmente las rompo para que quepan mejor.)
6. Combine los quesos en un tazón. Cucharear un tercio de los quesos sobre las láminas.
7. Repita estas capas dos veces.
8. Cubra con el resto de la salsa.
9. Cubra y gradúe la olla a "Bajo" y cocine por 4 horas.

Variaciones:
1. Añada 1 cebolla picada a la carne molida al Paso 2.
2. Añada 1 cucharadita de sal a la salsa de tomate y la carne al Paso 3.
3. Añada ½ taza de queso parmesano rallado a los quesos mozzarella y requesón al paso 6.
4. Añada ½ taza adicional de queso mozzarella deshebrado a la superficie de la lasaña 5 minutos antes de servir.

Consejo útil —

Permita que los platos de pasta cocidos, especialmente ésos con queso, así como también los platos con huevos, se asienten por 10–15 minutos antes de servir, de modo que absorban sus jugos y se endurezcan.

Lasaña para la olla de cocción lenta

Mary Jane Musser
Manheim, Pennsylvania
Janet Oberholtzer
Ephrata, Pennsylvania
Eleya Raim, *Oxford, Iowa*
Orpha Herr, *Andover, New York*

Rinde 6–8 porciones

Tiempo de preparación: 15 minutos
Tiempo de cocción: 4 horas
Tamaño ideal de la olla de cocción lenta:
4 cuartos de galón

1 paquete de 12 onzas de láminas de lasaña
mitad de una barra (¼ taza) de mantequilla
1½ libras de carne molida
1 cuarto de galón de salsa de espagueti
8 onzas de queso *Velveeta*, cortado en cubos, o su elección de quesos

1. Cocine las láminas de acuerdo a las direcciones en el paquete. Desagüe. Regrese las láminas cocidas a la cacerola y mézclele mantequilla hasta que se derrita.
2. Mientras las láminas se están cocinando, dore la carne en un sartén antiadherente. Drenar la grasa.
3. Luego ponga en capas en la olla de cocción lenta un cuarto de la salsa, un tercio de la carne molida, un tercio de las láminas cocidas y un tercio del queso cortado en cubos.
4. Repita estas capas dos veces más, finalizando con un cuarto de la salsa.
5. Cubra y gradúe la olla a "Bajo" y cocine por 3–4 horas, o hasta que esté completamente calentado y el queso se ha derretido.

Lasaña con queso chedar

LuAnna J. Hochstedler
East Earl, Pennsylvania

Rinde 4 porciones

Tiempo de preparación: 15 minutos
Tiempo de cocción: 3–8 horas
Tamaño ideal de la olla de cocción lenta:
3 cuartos de galón

1 libra de carne molida
1 jarro de 14 onzas de salsa de espagueti, o alrededor de 1½ tazas si usted está usando salsa casera
1 taza de agua
1 caja de 12 onzas de macarrones con queso, *dividido*
8 onzas de requesón (*cottage cheese*)
½ taza de queso *mozzarella* deshebrado

1. Dore la carne molida en un sartén antiadherente. Drenar la grasa. En un sartén antiadherente, mezcle la salsa de espagueti y el agua en la carne.
2. Coloque mitad de la mezcla de carne en la olla de cocción lenta. Cubra con mitad de la comida de macarrones crudos con queso y el paquete de salsa.
3. Cucharear el requesón sobre encima.
4. Añada el resto de la carne.
5. Luego añada el resto del paquete de la salsa de macarrones con queso.
6. Rocíe con queso *mozzarella*.
7. Cubra y gradúe la olla a "Bajo" y cocine por 6–8 horas o gradúe la olla a "Alto" y cocine por 3–4 horas, o hasta que los macar-

rones estén tiernos y los quesos estén derretidos.

Lasaña perezosa

Barb Harvey
Quarryville, Pennsylvania

Rinde 10 porciones

Tiempo de preparación: 30 minutos
Tiempo de cocción: 3¼–4¼ horas
Tamaño ideal de la olla de cocción lenta:
4 cuartos de galón

1 libra de carne molida
1 paquete de 12 onzas de fideos de huevo
1 jarro de 32 onzas de salsa de espagueti, su elección de sabores
8 onzas de queso *mozzarella*, deshebrado
16 onzas de requesón (*cottage cheese*)

1. Dore la carne molida en un sartén antiadherente. Drenar la grasa.
2. Mientras la carne se está dorando, cocine los fideos de acuerdo a las direcciones en el paquete. Desagüe. Regrese los fideos cocidos a la cacerola.
3. Mezcle la salsa de espagueti en la carne molida dorada y drenada.
4. Mezcle los quesos *mozzarella* y requesón en los fideos cocidos.
5. Ponga en capas un tercio de la salsa en el fondo de la olla de cocción lenta. Cubra con mitad de los fideos, seguido por mitad de los quesos.
6. Ponga en capas el resto de la salsa, seguido por todo el resto de los

fideos y los quesos. Cubra con el resto de la salsa.

7. Cubra y gradúe la olla a "Bajo" y cocine por 3–4 horas.

Variación: Sustituir 1 libra de salchicha separada por la carne molida.
— **Kendra Dreps**
Liberty, Pennsylvania

Lasaña sín carne, preparación rápida y fácil

Rhonda Freed
Lowville, New York

Rinde 6 porciones

Tiempo de preparación: 10 minutos
Tiempo de cocción: 3–4 horas
Tamaño ideal de la olla de cocción lenta: 4 cuartos de galón

1 jarro de 28 onzas de salsa de espagueti, su elección de sabores
6–7 láminas de lasaña cruda
2 tazas de queso *mozzarella* deshebrado, *dividido*
15 onzas de queso ricota
¼ taza de queso parmesano rallado

1. Unte un cuarto de la salsa en el fondo de la olla de cocción lenta.

2. Extienda 2 láminas, rotas en pedazos de 1 pulgada, sobre la salsa.

3. En un tazón, mezcle juntos 1½ tazas de queso *mozzarella*, el ricota y el queso parmesano.

4. Cucharear mitad de la mezcla de queso en las láminas y distribuir hacia los bordes.

5. Cucharear un tercio del resto de la salsa, y luego 2 más láminas rotas.

6. Distribuya el resto de la mezcla de queso sobre encima, luego mitad del resto de la salsa y el resto de todas las láminas.

7. Termine con el resto de la salsa.

8. Cubra y gradúe la olla a "Bajo" y cocine por 3–4 horas, o hasta que las láminas estén blandas y los quesos se han derretido.

9. Añada ½ taza de queso *mozzarella* y cocine hasta que el queso se derrita.

Consejo util —

Siempre pruebe la comida que usted ha preparado antes de servirla, para que pueda modificar los condimentos, si fuese necesario.

Espagueti con salsa

Beverly Flatt Getz
Warriors Mark, Pennsylvania

Rinde 8 porciones

Tiempo de preparación: 15 minutos
Tiempo de cocción: 4–8 horas
Tamaño ideal de la olla de cocción lenta: 4 cuartos de galón

1½ libras de carne molida
1 cebolla grande, picada
1 jarro de 26 onzas de salsa de espagueti con hongos
1 lata de 10 ½ onzas de sopa de tomate
1 lata de 14 onzas de tomates guisados, o picados en cubos pequeñitos
1 lata de sopa llena de agua

Condimentos opcionales:
ajo picadito, a gusto
condimento italiano, a gusto
sal de cebolla, a gusto

1. Sofreír la carne molida en un sartén grande antiadherente precisamente hasta que la carne esté dorada.

2. Coloque la carne y la cebolla en la olla de cocción lenta. Mézclele la salsa de espagueti, la sopa de tomate, los tomates cortados, el agua y cualquieres condimentos que usted desea.

3. Cubra, gradué la olla a "Alto" y cocine por 4 horas o con la olla graduada a "Bajo", por 6–8 horas.

4. Ahora ¡Esta listo para servir con su pasta preferida!

Espagueti cremoso

Kendra Dreps

Liberty, Pennsylvania

Rinde 10–12 porciones

Tiempo de preparación: 30 minutos
Tiempo de cocción: 2–4 horas
Tamaño ideal de la olla de cocción lenta:
4 a 5 cuartos de galón

1 libra de espagueti secos
1 libra de carne molida, *o*
 salchichas separadas
1 jarro de 1 libra y 10 onzas de
 salsa de espagueti, su sabor
 preferido
1 libra de queso *Velveeta*, cortada
 en cubos
1 lata de 10³/₄ onzas de sopa de
 crema de hongos

1. Cocine los espaguetis de
acuerdo con las direcciones en el
paquete. Desagüe. Luego coloque en
un tazón para mezclar grande.
2. En un sartén antiadherente,
dore la carne molida o la salchicha.
Drenar la grasa. Luego añada al
espagueti cocido en el tazón grande.
3. Mézclele el resto de los ingredientes en el tazón. Mezcle todo
bien, y luego coloque en la olla de
cocción lenta.
4. Gradúe la olla a "Bajo" y
cocine por 2–4 horas, o hasta que
esté completamente calentado.

Pizza para la olla de cocción lenta

Liz Rugg, *Wayland, Iowa*

Rinde 8–10 porciones

Tiempo de preparación: 30 minutos
Tiempo de cocción: 2–3 horas
Tamaño ideal de la olla de cocción lenta:
4 cuartos de galón

1 bolsa de 12 onzas de *Kluski, o*
 fideos firmes
1¹/₂ libras de carne molida
1 jarro de 32 onzas de salsa de
 espagueti, su elección de
 sabores
16 onzas de queso *mozzarella*,
 deshebrado
8 onzas de *peperoni,* cortado en
 rodajas finas

1. Cocine los fideos de acuerdo a
las direcciones en el paquete.
Desagüe.
2. Mientos los fideos cocinan,
dore la carne molida en un sartén
antiadherente. Drenar la grasa.
3. Entretanto, engrasar el interior
de la olla de cocción lenta.
4. Eche un cuarto de la salsa de
espagueti. Siga con mitad de los
fideos, y luego mitad de la carne
molida dorada. Cubra con un tercio
del queso deshebrado. Siga con mitad
del peperoni.
5. Repita estas capas, empezando
con un tercio de la salsa, seguido por
una capa del resto de los fideos, una
capa del resto de la carne molida,
mitad del queso y el resto del *peperoni.*
6. Cubra con el resto de la salsa
de espagueti. Termine con el resto
del queso.
7. Cubra, gradúe la olla a "Bajo" y

cocine por 2–3 horas, o hasta que
esté completamente calentado y
hasta que el queso esté derretido.

*Variación: Añada hongos rebanados,
cebollas picadas o rebanadas, olivas
negras rebanadas y pimientos verdes
picados en cubos a una o más de las
capas, si usted desea.*

Tortellini con brócoli

Susan Kasting, *Jenks, Oklahoma*

Rinde 4 porciones

Tiempo de preparación: 10 minutos
Tiempo de cocción: 2¹/₂–3 horas
Tamaño ideal de la olla de cocción lenta:
4 cuartos de galón

¹/₂ **taza de agua**
1 **jarro de 26 onzas de salsa para**
 pasta, su preferida
1 **Cuchara de condimento italiano**
1 **paquete de 9 onzas de espinaca**
 congelada y *tortellini* **de queso**
1 **paquete de 16 onzas de**
 cogollitos de brócoli
 congelados

1. En un tazón, mezcle el agua, la
salsa para pasta y el condimento.
2. Eche un tercio de la salsa en el
fondo de la olla de cocción lenta.
Cubra con todo el *tortellini.*
3. Eche un tercio de la salsa sobre
el *tortellini.* Cubra con brócoli.
4.Eche el resto de la salsa sobre
el brócoli.
5. Gradúe la olla a "Alto" y cocine
por 2¹/₂–3 horas, o hasta que el brócoli y la pasta estén tiernos pero no
blandos.

Cazuela de raviolis de res

Elizabeth Colucci

Lancaster, Pennsylvania

Rinde 4–6 porciones

Tiempo de preparación: 30 minutos
Tiempo de cocción: 2½–3 horas
Tamaño ideal de la olla de cocción lenta:
3 cuartos de galón

---

1 paquete de 10 onzas de raviolis de res
1 jarro de 16 onzas de salsa de espagueti, con pimientos, hongos y cebollas, *dividido*
½ taza de migajas de pan italiano
1 taza de queso *mozzarella*
¼ taza de queso parmesano, *opcional*
½ taza de queso chedar

1. Cocine el ravioli de acuerdo con las direcciones en el paquete. Desagüe.
2. Cucharear bastante salsa de espagueti en la olla de cocción lenta para cubrir el fondo. Coloque los raviolis encima.
3. Cubra con el resto de la salsa. Cubra con las migajas de pan. Rocíe con los quesos.
4. Mezcle para que se mezcle bien.
5. Cubra y gradúe la olla a "Bajo" y cocine por 2½–3 horas, o hasta que esté completamente calentado, pero sin sobrecalentar la pasta.

Alfredo con pollo y brócoli

Mrs. Mahlon Miller

Hutchinson, Kansas

Rinde 4 porciones

Tiempo de preparación: 30 minutos
Tiempo de cocción: 1–2 horas
Tamaño ideal de la olla de cocción lenta:
3 cuartos de galón

---

1 paquete de 8 onzas de fideos, *o* espagueti (mitad de un paquete de 16 onzas)
1½ tazas de brócoli fresco *o* congelado
1 libra de pechugas de pollo sin pellejo, crudas y sin hueso, cortadas en cubos
1 lata de 10¼ onzas de sopa de crema de hongos
½ taza de queso chedar suave, rallado

1. Cocine los fideos de acuerdo a las direcciones en el paquete, añadiendo brócoli durante los últimos 4 minutos del tiempo de cocción. Desagüe.
2. Sofría el pollo en un sartén antiadherente, o en el microondas, hasta que ya no esté rosado en el centro.
3. Combine todos los ingredientes en la olla de cocción lenta.
4. Cubra y gradúe la olla a "Bajo" y cocine por 1–2 horas, o hasta que esté completamente calentado y hasta que el queso se ha derretido.

Pollo y macarrones con queso

LuAnna J. Hochstedler

East Earl, Pennsylvania

Rinde 4–6 porciones

Tiempo de preparación: 5–10 minutos
Tiempo de cocción: 3–7 horas
Tamaño ideal de la olla de cocción lenta:
3 a 4 cuartos de galón

---

4 mitades de pechugas pequeñas, sin hueso y sin pellejo
1 paquete de 7¼ onzas de una comida de macarrones con queso, crudos
1 taza de queso chedar deshebrado
2 tazas de agua
2 tazas de mezcla de verduras congeladas, descongeladas
½ taza de agua, *opcional*

1. Coloque el pollo en la olla de cocción lenta.
2. Rocíe el contenido del paquete de la salsa de queso sobre el pollo.
3. Eche macarrones secos encima.
4. Rocíe con queso chedar.
5. Eche agua sobre todo, teniendo cuidado de no lavar el queso chedar.
6. Cubra y gradúe la olla a "Alto" y cocine por 2 horas, o gradúe la olla a "Bajo" y cocine a "Bajo" por 4 horas.
7. Mézclele las verduras descongeladas, mezclándolas completamente. Añada ½ taza de agua si es necesario para no dejar que el plato se cocine seco.
8. Cubra y gradúe la olla a "Alto" y cocine otra hora, o gradúe la olla a "Bajo" y cocine otras 2–3 horas, o hasta que las verduras estén tiernas pero la pasta no esté blanda o seca.

Cena cremosa para la olla

Anna Musser
Manheim, Pennsylvania

Rinde 6 porciones

Tiempo de preparación: 7 minutos
Tiempo de cocción: 2½–3 horas
Tamaño ideal de la olla de cocción lenta: 5 cuartos de galón

2 tazas de queso deshebrado, su elección
2 tazas de macarrones, crudos
3 tazas de leche
2 latas de 10¾ onzas de sopa de crema de hongos
2 tazas de jamón cocido, *o* perros calientes cortados en rodajas, *o* pollo cocido, cortado en cubos *o* carne molida cocida

1. Coloque todos los ingredientes en la olla de cocción lenta. Mezcle suavemente, pero hasta que estén bien mezclados.
2. Cubra y gradúe la olla a "Alto" y cocine por 2½–3 horas, o hasta que los macarrones estén cocidos pero no sobrecocidos.

Macarrones y queso

Cynthia Morris, *Grottoes, Virginia*
Jennifer A. Crouse
Mt. Crawford, Virginia
Esther S. Martin, *Ephrata, Pennsylvania*
Audrey L. Kneer
Williamsfield, Illinois
Virginia Eberly, *Loysville, Pennsylvania*

Rinde 4–5 porciones

Tiempo de preparación: 5 minutos
Tiempo de cocción: 3 horas
Tamaño ideal de la olla de cocción lenta: 3 cuartos de galón

1–3 Cucharas de mantequilla, derretida, dependiendo de lo exquisito que usted quiere que el plato esté
1½ tazas de macarrones crudos
1 cuarto de galón de leche
8–12 onzas de queso chedar fuerte rallado, *o* queso *Velveeta* cortado en cubos (no la variedad baja en grasa)
½–1 cucharadita de sal, dependiendo de su gusto y sus preferencias dietéticas
¼ cucharadita de pimienta

1. Mezcle todos los ingredientes juntos en la olla de cocción lenta.
2. Cubra y gradúe la olla a "Bajo" y cocine por 3 horas.

Variaciones:
1. Añada 2–3 Cucharas de cebolla cortada en rodajas finas, y 1 cucharadita de sal al Paso 1.
— **Dale Peterson**
Rapid City, South Dakota

2. En lugar de macarrones, use ½ libras de fideos medianos crudos.
— **Vera Martin**
East Earl, Pennsylvania
— **Lucille Martin**
Barnett, Missouri

Macarrones y queso con abundante queso

Renee Baum
Chambersburg, Pennsylvania

Rinde 10 porciones

Tiempo de preparación: 15 minutos
Tiempo de cocción: 3 horas
Tamaño ideal de la olla de cocción lenta: 3 cuartos de galón

1 libra de macarrones secos
1 libra de queso *Velveeta,* cortado en cubos
8 onzas de queso chedar extra-fuerte, deshebrado
1 cuarto de galón de leche
1 barra (½ taza) de mantequilla, cortada en trozos pequeños

1. Siga las instrucciones del paquete para preparar los macarrones, pero cocine los macarrones por solamente mitad del tiempo indicado. Desagüe. Eche los macarrones en la olla de cocción lenta.
2. Añada el resto de los ingredientes y mezcle bien.
3. Cubra y gradúe la olla a "Alto" y cocine por 3 horas, mezclando ocasionalmente.

Macaronís con queso

Renee Suydam, *Lancaster,*
Pennsylvania
Patricia Fleischer, *Carlisle,*
Pennsylvania
Ruth Zendt, *Mifflintown,*
Pennsylvania

Rinde 10–12 porciones

Tiempo de preparación: 30 minutos
Tiempo de cocción: 3 horas
Tamaño ideal de la olla de cocción lenta:
6 cuartos de galón

1 libra de macarrones secos
1 lata de 12 onzas de leche
    evaporada
3 tazas de leche
2 libras de queso *Velveeta,* cortado
    en cubos, o queso fuerte,
    deshebrado

1. Cocine los macarrones de acuerdo a las direcciones en el paquete. Desagüe.
2. Coloque las dos leches en la olla de cocción lenta. Corte el queso en cubos y añada a la leche.
3. Mézclele en los macarrones cocidos.
4. Cubra y gradúe la olla a "Bajo" y cocine por 3 horas.

Variaciones:
1. 1¼ taza de cebolla, cortada fina, añadida al Paso 2.
2. ¼ cucharadita de polvo de ají, añadido al Paso 2.
3. Perejil fresco picado, cebollino o pimiento verde y / o rojo, añadido como un aderezo precisamente antes de servir.
— **Bonita Ensenberger**
Albuquerque, New Mexico

4. 1½ cucharaditas de salsa Worcestershire, *añadida al Paso 2.*
— **Cindy Krestynick**
Glen Lyon, Pennsylvania

Macarrones de dos quesos

Mary Stauffer
Ephrata, Pennsylvania
Ruth Ann Bender
Cochranville, Pennsylvania
Esther Burkholder
Millerstown, Pennsylvania

Rinde 6 porciones

Tiempo de preparación: 8–10 minutos
Tiempo de cocción: 2½ horas
Tamaño ideal de la olla de cocción lenta:
4 a 5 cuartos de galón

1 barra (½ taza) de mantequilla,
    cortada en pedazos
2 tazas de macarrones crudos
2 tazas de queso fuerte rallado,
    dividido
24 onzas de requesón (*cottage
    cheese*) cuajada pequeño
2½ tazas de agua hirviendo

1. Coloque la mantequilla en el fondo de la olla de cocción lenta. Añada los macarrones crudos, 1½ tazas de queso deshebrado y requesón. Mezcle hasta que esté bien mezclado.
2. Eche el agua hirviendo sobre todo. No mezcle.
3. Cubra, gradúe la olla a "Alto" y cocine por 2 horas.
4. Mezcle. Rocíe con el resto de la ½ taza de queso rallado.
5. Permita que el plato se asiente por 10–15 minutos antes de servir de modo que permita que la salsa se espese.

Espírales cremosos

Janet Oberholtzer
Ephrata, Pennsylvania
Renee Baum
Chambersburg, Pennsylvania

Rinde 10–12 porciones

Tiempo de preparación: 30 minutos
Tiempo de cocción: 2–2½ horas
ITamaño ideal de la olla de cocción lenta:
4 a 5 cuartos de galón

1 libra de pasta espiral cruda
¾ de una barra (6 Cucharas) de
    mantequilla
2 tazas de *half-and-half* (mezcla
    de leche y crema de leche)
1 lata de 10¾ onzas de sopa de
    queso chedar
2–4 tazas de queso chedar
    deshebrado, dependiendo de
    lo cremoso que usted desea
    que el plato esté

1. Cocine la pasta de acuerdo de las instrucciones en el paquete, teniendo cuidado de no sobrecocinarlo. Desagüe.
2. Regrese la pasta a la cacerola. Mézclese la mantequilla hasta que se derrita.
3. Combine el *half-and-half* y la sopa en la olla de cocción lenta, mezclando bien.
4. Mézclele la pasta y el queso deshebrado en la mezcla en la olla.
5. Cubra y gradúe la olla a "Bajo" y cocine por 2–2½ horas, o hasta que esté completamente calentado. (Si usted está en la casa, mezcle el plato al final de la primera hora de cocción.)

Pescado con limón y mostaza *dijon*

June S. Groff
Denver, Pennsylvania

Rinde 4 porciones

Tiempo de preparación: 10 minutos
Tiempo de cocción: 3 horas
Tamaño ideal de la olla de cocción lenta:
2 cuartos de galón

1½ libras de filetes de pargo
   alazán
2 Cucharas de mostaza *Dijon*
3 Cucharas de mantequilla,
   derretida
1 cucharadita de salsa
   Worcestershire
1 Cuchara de jugo de limón

1. Corte los filetes de modo que
quepan en la olla de cocción lenta.
2. En un tazón, mezcle el resto de
los ingredientes. Eche la salsa sobre
el pescado. (Si usted tiene que apilar
el pescado, cucharear una porción de
la salsa sobre la primera capa de
pescado antes de añadir la segunda
capa.)
3. Cubra y gradúe la olla a "Bajo"
y cocine por 3 horas, o hasta que el
pescado se desmorona fácilmente
pero no está seco ni sobrecocido.

Soufflé de salmón

Betty B. Dennison
Grove City, Pennsylvania
Anne Townsend
Albuquerque, New Mexico

Rinde 4 porciones

Tiempo de preparación: 5 minutos
Tiempo de cocción: 2–3 horas
Tamaño ideal de la olla de cocción lenta:
2 a 3 cuartos de galón

1 lata de 15 onzas de salmón,
   drenado y desmoronado
2 huevos, bien batidos
2 tazas de crutones (cuscurrones)
   condimentados
1 taza de queso chedar rallado
2 cubitos de caldo de pollo
1 taza de agua hirviendo
¼ cucharadita de mostaza seca,
   opcional

1. Engrase el interior de su olla
de cocción lenta con aerosol para
cocinar antiadherente.
2. Combine el salmón, los
huevos, los crutones y el queso en la
olla de cocción lenta.
3. Disuelva los cubitos de caldo
en un tazón pequeño en agua
hirviendo. Añada mostaza, si desea,
y mezcle. Eche sobre la mezcla de
salmón y mezcle todo ligeramente.
4. Cubra y gradúe la olla a "Alto"
por 2-3 horas, o hasta que la mezcla
parece estar lista. Permita que se
asiente 15 minutos antes de servir.

Rollo de atún

Tina Goss
Duenweg, Missouri

Rinde 4 porciones

Tiempo de preparación: 5 minutos
Tiempo de cocción: 1 horas
Tamaño ideal de la olla de cocción lenta:
2 cuartos de galón

1 lata de 10¾ onzas de sopa de
   crema de hongo, *dividida*
¾ cup milk, *dividida*
2 huevos, batidos
2 tazas de mezcle de relleno seca
1 lata de 12 onzas de tuna,
   drenada y desmoronada

1. Coloque ⅔ de la sopa no diluida y ½ taza de la leche en una
cacerola pequeña. Mezcle todo; luego
ponga a un lado.
2. Engrase el interior de la olla de
cocción lenta con aerosol antiadherente para cocinar. Mezcle el resto de
los ingredientes en la olla de cocción
lenta.
3. Cubra y gradúe la olla a "Alto"
y cocine por 1 hora. Permita que se
asiente por 15 minutos antes de
servir.
4. Entretanto, caliente la sopa
reservada y la leche en la cacerola.
Sirva sobre el atún cocido como un
aderezo.

Variación: Añada ½ cucharadita de sal
y ¼ cucharadita de pimienta al Paso 2.

Verduras

Frijoles con salsa barbacoa

Mary Ann Bowman
East Earl, Pennsylvania

Rinde 8–10 porciones

Tiempo de preparación: 10 minutos
Tiempo de cocción: 3–4 horas
Tamaño ideal de la olla de cocción lenta:
4 cuartos de galón

---

2 latas de 16 onzas de frijoles
   horneados, su elección de
   variedad
2 latas de 15 onzas de frijoles
   rojos o pintos, o una de cada
   una, drenada
¹/₂ taza de azúcar morena
1 taza de *ketchup*
1 cebolla, picada

1. Combine todos los ingredientes
en la olla de cocción lenta. Mezcle
bien.

2. Cubra y gradúe la olla a "Bajo"
y cocine por 3–4 horas, o hasta que
esté completamente calentado.

Frijoles horneados con salsa barbacoa

Anne Nolt
Thompsontown, Pennsylvania

Rinde 6–8 porciones

Tiempo de preparación: 15 minutos
Tiempo de cocción: 3 horas
Tamaño ideal de la olla de cocción lenta:
3 cuartos de galón

---

6 lonjas de tocino crudo, cortado
   en pedazos
2 latas de 15 onzas de cerdo y
   frijoles
1 cucharadita de mostaza seca, ó
   1 Cuchara de mostaza
   preparada
¹/₂ taza de *ketchup*
³/₄ taza de azúcar morena

1. Dore el tocino en un sartén
antiadherente hasta que esté crujiente. Desagüe.

2. Mezcle con todo el resto de los
ingredientes en la olla de cocción
lenta.

3. Cubra y gradúe la olla a "Alto"
y cocine por 3 horas. Retire la tapa
durante los últimos 30 minutos para
permitir que un poco del jugo se
evapore al cocinar.

Fríjoles horneados de Bonnie

F. Elaine Asper
Norton, Ohio

Rinde 12–14 porciones

Tiempo de preparación: 15–20 minutos
Tiempo de cocción: 3–8 horas
Tamaño ideal de la olla de cocción lenta: 4 cuartos de galón

½ libra de tocino cortado en pedazos de ½ pulgada
2 latas de 28 onzas de cerdo y frijoles
2 cebollas medianas, picadas en pedazos de 1½ pulgadas
¾ taza de azúcar morena
1 taza de *ketchup*

1. Dore el tocino en un sartén antiadherente hasta que esté crujiente. Desagüe.
2. Coloque todos los ingredientes en la olla de cocción lenta.
3. Cubra y gradúe la olla a "Alto" y cocine por 3 horas, o gradúe la olla a "Bajo" y cocine por 7–8 horas

Variación: Añada 2 pimientos verdes al Paso 2, cortados en pedazos de 1 pulgada.

Fríjoles "Mac"

Wilma Haberkamp
Fairbank, Iowa
Mabel Shirk
Mount Crawford, Virginia

Rinde 6–8 porciones

Tiempo de preparación: 20 minutos
Tiempo de cocción: 4 horas
Tamaño ideal de la olla de cocción lenta: 3 a 4 cuartos de galón

---

4 lonjas de tocino
3 latas de 15 onzas de frijoles rojos, drenados, *u* otros frijoles de su elección
1 taza de salsa de chili
½ taza de cebollas verdes (cebollín) o rojas, cortadas en rodajas
⅓ taza de azúcar morena

1. En un sartén pequeño antiadherente, dore el tocino hasta que esté crujiente. Reserve la grasa. Desmenuce el tocino.
2. Combine todos los ingredientes menos el azúcar morena en la olla de cocción lenta. Rocíe azúcar morena encima.
3. Cubra y gradúe la olla a "Bajo" y cocine por 4 horas.
4. Sirva los frijoles directamante de su olla de cocción lenta.

Variaciones:

1. Use cebollas regulares en lugar de las verdes (cebollín).

2. Use habas enlatadas en lugar de frijoles rojos.

Fríjoles y res con salsa barbacoa

Joan Miller
Wayland, Iowa

Rinde 6 porciones

Tiempo de preparación: 20–25 minutos
Tiempo de cocción: 9–11 horas
Tamaño ideal de la olla de cocción lenta: 3½ a 4 cuartos de galón

---

1 cebolla mediana, picada
3 lonjas de tocino, cortadas en cuadrados
1½ libras de asado de carne de aguja deshuesada, o costillas de res
½ taza de salsa de barbacoa
3 latas de 16 onzas de frijoles horneados (¡no cerdo y frijoles!)

1. Mezcle la cebolla y el tocino juntos en la olla de cocción lenta.
2. Cubra con la carne de res. Eche la salsa de barbacoa sobre la carne de res.
3. Cubra y gradúe la olla a "Bajo" y cocine por 8–10 horas, o hasta que la carne de res esté tierna pero no seca.
4. Retire la carne de res de la olla de cocción lenta y colóquela en una tabla para cortar. Corte la carne de res en pedazos de ½ pulgada.
5. Eche los jugos de la olla de cocción lenta a través de un colador a un tazón pequeño. Reserve la cebolla, el tocino y solamente ½ taza de la grasa reservada.
6. Regrese la carne de res, la cebolla, el tocino y la ½ taza de la grasa reservada a la olla de cocción lenta. Mézclele los frijoles horneados.
7. Cubra y gradúe la olla a "Alto" y cocine por 40–50 minutos, o hasta que esté completamente calentado.

Frijoles horneados para la olla de cocción lenta

Kimberly Burkholder

Millerstown, Pennsylvania

Rinde 6 porciones

Tiempo de preparación: 15 minutos
Tiempo de cocción: 6 horas
después de que los frijoles sean remojados
Tamaño ideal de la olla de cocción lenta: 4 cuartos de galón

2¹⁄₂ **tazas de frijoles pintos secos, o frijoles rojos**
2¹⁄₂ **cuartos de galón de agua**
4 **tazas de agua**
2 **tazas de salsa de pizza**
3 **Cucharas de melaza de sorgo**
2 **cucharaditas de polvo de ají**
2 **cucharaditas de sal**
2 **lonjas de tocino, fritas y desmenuzadas,** *opcional*

1. Coloque los frijoles secos en un calderón grande para sopa. Cubra con 2¹⁄₂ cuartos de galón de agua. Permita que se remojen por 8 horas o durante la noche. Desagüe.

O para un método más rápido, lleve los frijoles a un hervor después de cubrirlos con 2¹⁄₂ cuartos de galón de agua. Hierva, cubiertos, por 2 minutos. Apague el fuego y permita que los frijoles se asienten por 1 hora, cubiertos. Desagüe.

2. Coloque los frijoles y 4 tazas de agua fresca en la olla de cocción lenta.

3. Añada el resto de los ingredientes, mezclando bien.

4. Gradúe la olla a "Bajo" y cocine por 6 horas, o hasta que los frijoles estén tiernos.

Frijoles de menú completo

Reita Yoder

Carlsbad, New Mexico

Rinde 10–12 porciones

Tiempo de preparación: 25 minutos
Tiempo de cocción: 7–8 horas, después de que los frijoles sean remojados
Tamaño ideal de la olla de cocción lenta: 4 cuartos de galón

---

3 **tazas de frijoles pintos secos, agrupados y lavados**
3 **cuartos de galón de agua**
1 **hueso de jamón ¡con mucho jamón todavía colgándole!**
1 **manojo de cebollines, picados**
1 **Cuchara de comino molido,** *opcional*
5¹⁄₂ **tazas de agua**
1 **lata de 10³⁄₄ onzas de chili y tomates Rotel**
sal al gusto, *opcional*

1. Coloque los frijoles secos en un calderón grande para sopa y cubra con 3 cuartos de galón de agua. Cubra y permita que se asiente durante la noche o por 8 horas.

O para un método más rápido, siga las mismas instrucciones, pero en lugar de asentar durante 8 horas, lleve a un hervor y cocine por 2 minutos. Mantenga los frijoles cubiertos, retire del fuego y permita que se asiente por 1 hora. Desagüe los frijoles.

2. Coloque el hueso de jamón, los cebollines y el comino en el fondo de la olla de cocción lenta.

3. Ponga los frijoles drenados encima. Añada 5¹⁄₂ tazas de agua fresca y tomates.

4. Cubra y gradúe la olla a "Alto" y cocine por 7–8 horas o hasta que los frijoles estén suaves.

5. Mézclele sal si usted desea. Permita que se asiente por 15 minutos antes de servir

Frijoles horneados "Hacen una comida"

Ruth Fisher

Leicester, New York

Rinde 6–8 porciones

Tiempo de preparación: 15 minutos
Tiempo de cocción: 3 horas
Tamaño ideal de la olla de cocción lenta: 3 cuartos de galón

---

1 **libra de carne molida**
¹⁄₂ **taza de cebollas picadas**
¹⁄₂ **cucharadita, o más de condimento para taco**
1 **ó 2 latas de 15 onzas de cerdo y frijoles**
³⁄₄ **taza de salsa de barbacoa**

1. Dore la carne molida y las cebollas en un sartén antiadherente. Desagüe.

2. Mezcle todos los ingredientes en la olla de cocción lenta, incluyendo la carne molida dorada y las cebollas.

3. Cubra y gradúe la olla a "Bajo" y cocine por 3 horas.

Habas horneadas

Eleanor Larson

Glen Lyon, Pennsylvania

Rinde 6 porciones

Tiempo de preparación: 1½–8 minutos
Tiempo de cocción: 4–8 horas
Tamaño ideal de la olla de cocción lenta:
10 a 12 cuartos de galón

---

1 libra de habas secas
2½ cuartos de galón de agua
¼ libra de tocino, cortado en
    cuadrados
¼ taza de melaza
2 Cucharas de azúcar morena
1 taza de salsa de tomate

1. Lave las habas. Coloque en un calderón grande para sopa. Cubra con 2½ cuartos de galón de agua. Cubra y remoje por 8 horas o durante la noche. Desagüe, reservando el agua que usó para remojar.

O para un método más rápido, lleve los frijoles a un hervor en 2½ cuartos de galón de agua. Cubra y continúe hirviendo por 2 minutos.

Retire del fuego, manteniendo cubierto, y permita que se asiente por 1 hora. Desagüe, reservando el agua que usó para remojar.

2. Entretanto, dore el tocino en un sartén antiadherente hasta que esté crujiente. Desagüe.

3. Coloque los frijoles remojados en la olla de cocción lenta. Añada el resto de los ingredientes y mezcle. Añada bastante agua de frijoles para cubrir los frijoles.

4. Cubra y gradúe la olla a "Bajo" y cocine por 8 horas, o gradúe la olla a "Alto" y cocine por 4 horas, o hasta que los frijoles estén tiernos pero no blandos.

Fríjoles negros barbacoa con batatas

Barbara Jean Fabel

Wausau, Wisconsin

Rinde 4–6 porciones

Tiempo de preparación: 15 minutos
Tiempo de cocción: 2–4 horas
Tamaño ideal de la olla de cocción lenta:
3 cuartos de galón

---

4 batatas grandes, cada una
    pelada y cortada en 8 trozos
1 lata de 15 onzas de frijoles
    negros, enjuagados y drenados
1 cebolla mediana, picada en
    cubos
2 tallos de apio, cortados en
    rodajas
9 onzas de salsa de barbacoa
    Sweet Baby Ray

1. Coloque las batatas en la olla de cocción lenta.

2. Combine el resto de los ingredientes. Eche sobre las batatas.

3. Cubra. Gradúe la olla a "Alto" y cocine por 2–3 horas, o gradúe la olla a "Bajo" y cocine por 4 horas.

Brócoli cremoso

Carolyn Fultz

Angola, Indiana

Rinde 4–5 porciones

Tiempo de preparación: 10 minutos
Tiempo de cocción: 2½–6 horas
Tamaño ideal de la olla de cocción lenta:
3 cuartos de galón

---

2 paquetes de 10 onzas de ramos
    de brócoli, descongeladas y
    cortadas en pedazos
1 lata de 10¾ onzas de sopa de
    crema de apio
1¼ tazas de queso chedar fuerte
    rallado, *dividido*
¼ taza de cebollín, picado
1 taza de galletas saladas,
    desmigajadas

1. Rocíe la olla de cocción lenta con aerosol para cocinar antiadherente.

2. Combine el brócoli, la sopa, 1 taza de queso y la cebolla en la olla de cocción lenta.

3. Rocíe encima con las galletas y el resto del queso.

4. Cubra y gradúe la olla a "Bajo" y cocine por 5–6 horas, o gradúe la olla a "Alto" y cocine por 2½–3 horas.

Consejo útil —

Los ñames y las batatas no son iguales. Los ñames son más secos. Asimismo, hay muchas variedades de manzanas, desde muy agria a muy dulce, desde textura firme a suave. Experimente con diferentes clases para descubrir su preferido para una receta.

Coliflor dorado

Rosalie D. Miller
Mifflintown, Pennsylvania
Dede Peterson
Rapid City, South Dakota

Rinde 4–6 porciones

Tiempo de preparación: 5–10 minutos
Tiempo de cocción: 1½–5 horas
Tamaño ideal de la olla de cocción lenta:
3 cuartos de galón

2 paquetes de 10 onzas de coliflor
  congelado, descongelado
sal y pimienta
1 lata de 10¾ onzas de sopa
  condensada de queso chedar
4 lonjas de tocino, fritas
  crujientes y desmenuzadas

1. Coloque el coliflor en la olla de
cocción lenta. Condimente con sal y
pimienta.
2. Cucharee la sopa encima.
Rocíe con tocino.
3. Cubra y gradúe la olla a "Alto"
y cocine por 1½ horas, o gradúe la
olla a "Bajo" y cocine por 4–5 horas,
o hasta que el coliflor esté tierno.

*Consejo útil: Si a usted se le olvida
descongelar el coliflor, cocínelo 30 minutos más.*

Zanahorias cocidas al vapor

Dede Peterson
Rapid City, South Dakota

Rinde 4 porciones

Tiempo de preparación: 15–20 minutos
Tiempo de cocción: 4–6 horas
Tamaño ideal de la olla de cocción lenta:
4 cuartos de galón

8 zanahorias grandes, cortadas en
  rodajas diagonales
¼ taza de agua
2 Cucharas de mantequilla
1 cucharadita de azúcar
¼ cucharadita de sal

1. Ponga las zanahorias en capas
en la olla de cocción lenta. Añada
agua y pedazos de mantequilla. Rocíe
con azúcar y sal.
2. Cubra y gradúe la olla a "Bajo"
y cocine por 4–6 horas.

*Variación: Mézclele 1–2 Cucharas de
azúcar morena precisamente antes de
servir.*

— **Rhonda Freed**
Lowville, New York

Zanahorias con almíbar de cocción lenta

Michele Ruvola
Selden, New York

Rinde 6–7 porciones

Tiempo de preparación: 5 minutos
Tiempo de cocción: 6½–8½ horas
Tamaño ideal de la olla de cocción lenta:
3 a 4 cuartos de galón

1 bolsa de 2 libras de zanahorias
  pequeñitas
1½ tazas de agua
¼ taza de miel
2 Cucharas de mantequilla
¼ cucharadita de sal
⅛ cucharadita de pimienta

1. Combine las zanahorias y el
agua en la olla de cocción lenta.
2. Cubra y gradúe la olla a "Bajo"
y cocine por 6–8 horas, o hasta que
las zanahorias estén tiernas.
3. Desagüe las zanahorias y
regrese a la olla de cocción lenta.
4. Mézclele la miel, la mantequilla, la sal y la pimienta. Mezcle bien.
5. Cubra y gradúe la olla a "Bajo"
y cocine por 30 minutos, o hasta que
esté glaseado.

Zanahorias con almíbar

Jan Mast

Lancaster, Pennsylvania

Rinde 6 porciones

Tiempo de preparación: 5 minutos
Tiempo de cocción: 3–4 horas
Tamaño ideal de la olla de cocción lenta:
*   2 cuartos de galón*

---

1 bolsa de 2 libras de zanahorias
    pequeñitas
¹/₂ taza de pasas doradas
1 barra (¹/₂ taza) de mantequilla,
    derretida o ablandada
¹/₃ taza de miel
2 Cucharas de jugo de limón
¹/₂ cucharadita de jengibre molido,
    opcional

1. Combine todos los ingredientes
en la olla de cocción lenta.

2. Cubra y gradúe la olla a "Bajo"
y cocine por 3–4 horas, o hasta que las
zanahorias estén tiernas–crujientes.

Variación: Para usar zanahorias
enteras, corte en trozos de 1 pulgada de
largas.

Si las zanahorias son gruesas, usted
pueda necesitar cocinarlas por 5–6 horas
hasta que estén tiernas–crujientes.

Zanahorias con almíbar de albaricoque

Marcia S. Myer

Manheim, Pennsylvania

Rinde 8 porciones

Tiempo de preparación: 5 minutos
Tiempo de cocción: 9 horas, más
*   10–15 minutos*
Tamaño ideal de la olla de cocción lenta:
*   4 cuartos de galón*

---

1 bolsa de 2 libras de zanahorias
    pequeñitas
1 cebolla, picada
¹/₂ taza de agua
¹/₃ taza de miel
¹/₃ taza de confitura de albaricoque
2 Cucharas de perejil fresco
    picado

1. Coloque las zanahorias y las
cebollas en la olla de cocción lenta.
Añada al agua.

2. Cubra y gradúe la olla a "Bajo"
y cocine por 9 horas.

3. Desagüe el líquido de la olla de
cocción lenta.

4. En un tazón pequeño, mezcle
la miel y la confitura. Eche sobre las
zanahorias.

5. Cubra y gradúe la olla a "Alto"
y cocine por 10–15 minutos.

6. Rocíe con perejil antes de
servir.

Zanahorias con almíbar

Gloria Frey

Lebanon, Pennsylvania

Rinde 4 porciones

Tiempo de preparación: 10–15 minutos
Tiempo de cocción: 2¹/₂–3¹/₂ horas
Tamaño ideal de la olla de cocción lenta:
*   2 cuartos de galón*

---

1 bolsa de 16 onzas de zanahorias
    pequeñitas congeladas
¹/₄ taza de sidra o jugo de
    manzana
¹/₄ taza de jalea de manzana
1¹/₂ cucharadita de mostaza *Dijon*

1. Coloque las zanahorias y el
jugo de manzana en la olla de cocción lenta.

2. Cubra y gradúe la olla a "Alto"
y cocine por 2–3 horas, o hasta que
las zanahorias estén tiernas.

3. Mezcle la jalea y la mostaza en
un tazón pequeño.

4. Durante los últimos 45 minutos del tiempo de cocción, después
de que las zanahorias estén tiernas,
mézclele la jalea de manzana y la
mostaza mezclada. Continúe a calentar hasta que esté humeante y
caliente.

Zanahorias acarameladas
Arlene M. Kopp
Lineboro, Maryland

Rinde 3–4 porciones

Tiempo de preparación: 10 minutos
Tiempo de cocción: 2¹/₂–3¹/₂ horas
Tamaño ideal de la olla de cocción lenta:
3 cuartos de galón

1 libra de zanahorias, cortadas en
   pedazos de 1 pulgada
¹/₂ cucharadita de sal
¹/₄ taza de agua
2 Cucharas de mantequilla
¹/₂ taza de azúcar morena con
   pocas calorías, empaquetada
   firmemente
2 Cucharas de nueces picadas

1. Coloque las zanahorias en la
olla de cocción lenta. Rocíe con sal.
2. Eche agua adentro a lo largo de
la olla.
3. Cubra y gradúe la olla a "Alto"
y cocine por 2–3 horas, o hasta que
las zanahorias estén tiernas. Desagüe.
4. Mézclele la mantequilla. Rocíe
con azúcar.
5. Cubra y gradúe la olla a "Alto"
y cocine por 30 minutos.
6. Rocíe con las nueces alrededor
de 10 minutos antes del final del
tiempo de cocción.

Cazuela de zanahorias
Janessa Hochstedler
East Earl, Pennsylvania

Rinde 4–5 porciones

Tiempo de preparación: 20 minutos
Tiempo de cocción: 4–5 horas
Tamaño ideal de la olla de cocción lenta:
2 cuartos de galón

4 tazas de zanahorias cortadas en
   rodajas
1 cebolla mediana, picada
1 lata de 10³/₄ onzas de sopa de
   crema de apio
¹/₂ taza de queso *Velveeta*, cortado
   en cubos
¹/₄–¹/₂ cucharadita de sal

1. Mezcle todos los ingredientes
en la olla de cocción lenta.
2. Cubra y gradúe la olla a "Bajo"
y cocine por 4–5 horas, o hasta que
las zanahorias estén tiernas pero no
blandas.

Mezcolanza vegetal chévere
Gloria Frey
Lebanon, Pennsylvania

Rinde 4–5 porciones

Tiempo de preparación: 10–15 minutos
Tiempo de cocción: 2¹/₂ horas
Tamaño ideal de la olla de cocción lenta:
2 cuartos de galón

1 paquete de 16 onzas de brócoli,
   coliflor y zanahorias
   congelados
1 paquete de 16 onzas de maíz
   congelado
2 latas de 10¹/₂ onzas de sopa de
   queso de nacho de fiesta
¹/₂ taza de leche

1. Combine la mezcla de brócoli
y maíz en la olla de cocción lenta.
2. Combine las sopas y la leche
en un tazón hecho para horno de
microondas. Caliente en el horno de
microondas en "Alto", o bastante
tiempo para que se mezcle bien.
Cuando esté mezclado, eche sobre
las verduras.
3. Cubra y gradúe la olla a "Alto"
y cocine por 2¹/₂ horas, o hasta que
esté caliente y burbujeante y las verduras estén hechas a su gusto.

*Variación: Si a usted le gustaría un
plato más suave, cambie una lata de
sopa de queso de nacho de fiesta por
una lata de sopa de queso chedar.*
   — Yvonne Boettger
   Harrisonburg, *Virginia*

Verduras del jardín

Esther Gingerich
Parnell, Iowa
Judy A. and Sharon Wantland
Menomonee Falls, Wisconsin

Rinde 6 porciones

Tiempo de preparación: 15 minutos
Tiempo de cocción: 2½–4 horas
*Tamaño ideal de la olla de cocción lenta:
3 cuartos de galón*

---

1 paquete de 16 onzas de
    verduras congeladas,
    descongeladas (combinación
    de brócoli, zanahorias, coliflor,
    etc.)
1 lata de 10¾ onzas de sopa de
    crema de hongo
mitad de una lata de sopa con
    agua
⅓ taza de crema agria
1–2 tazas de queso suizo *o*
    mozarella deshebrado, *dividido*
1 lata de 6 onzas de *French-fried
    onions, divididas*

1. En la olla de cocción lenta,
combine las verduras descongeladas,
la sopa, el agua, la crema agria,
mitad del queso y mitad de las cebollas.

2. Cubra y gradúe la olla a "Bajo"
y cocine por 2½–4 horas, o hasta que
las verduras estén tan suaves como a
usted le gusten.

3. Quince minutos antes del final
del tiempo de cocción, rocíe el resto
del queso y las cebollas encima.

Verduras cremosas

Gloria Frey
Lebanon, Pennsylvania

Rinde 4–5 porciones

Tiempo de preparación: 5–10 minutos
Tiempo de cocción: 2½–3½ horas
*Tamaño ideal de la olla de cocción lenta:
2 a 3 cuartos de galón*

---

1 paquete de 16 onzas de brócoli
    y coliflor congelados
1 lata de 10¾ onzas de sopa de
    crema de hongo
1 cartón de 8 onzas de queso
    crema untable de verduras del
    jardín
1 taza de crutones condimentados

1. Coloque las verduras congeladas en la olla de cocción lenta.

2. Ponga la sopa y el queso crema
en un tazón hecho para el horno de
microondas. Cocine en el horno de
microondas en "Alto" por 1 minuto.
Mezcle la sopa y el queso hasta que
esté sin grumos. Cocine en el horno
de microondas por 30–60 segundos
más si es necesario para derretir los
dos ingredientes.

3. Eche la sopa con sabor a queso
sobre las verduras en la olla de cocción lenta y mezcle bien.

4. Cubra y gradúe la olla a "Bajo"
y cocine por 2½–3½ horas, o hasta
que las verduras estén tiernas.

5. Treinta minutos antes del
tiempo final de cocción, rocíe los crutones encima. Continúe a cocinar, sin
cubrir.

Maíz de compañía

Sherril Bieberly
Salina, Kansas
Jeannine Janzen
Elbing, Kansas

Rinde 8–10 porciones

Tiempo de preparación: 5–10 minutos
Tiempo de cocción: 5 horas
*Tamaño ideal de la olla de cocción lenta:
3 a 4 cuartos de galón*

---

2 paquetes de 20 onzas de maíz
    congelado
½ cucharadita de sal
2–4 Cucharas de azúcar, según su
    preferencia de gusto
1 barra (½ taza) de mantequilla
1 paquete de 8 onzas de queso
    crema

1. Coloque el maíz congelado en
la olla de cocción lenta. Mézclele sal
y azúcar.

2. Corte la mantequilla y el queso
crema en pedazos pequeños y
colóquelos encima del maíz.

3. Gradúe la olla a "Bajo" y
cocine por 5 horas, mezclando ocasionalmente si usted está en su casa
y es capaz de hacerlo.

Variaciones:
*1. Añada 6 rodajas de queso ameri-
cano, hecho pedazos, al Paso 2.*
— **Mary Ann Bowman**
East Earl, Pennsylvania

*2. Para un sabor más quesoso, use
½ libra de queso Velveeta, cortado en
cubos, en lugar del queso crema. Y use
½–1 taza de queso chedar deshebrado
en lugar del queso americano (más
arriba).*
— **Sheila Soldner**
Lititz, Pennsylvania

3. Reduzca la sal a ¹⁄₄ cucharadita. Añada ¹⁄₄ cucharadita de pimienta y ¹⁄₂ cucharadita de polvo de ajo.

— Shawn Eshleman
Ephrata, Pennsylvania

4. No le eche sal y azúcar, pero incluya todo lo demás.

— Ruth Hofstetter
Versailles, Missouri

Pudín de maíz

Clara Newswanger
Gordonville, Pennsylvania

Rinde 4–5 porciones

Tiempo de preparación: 10–15 minutos
Tiempo de cocción: 4 horas
Tamaño ideal de la olla de cocción lenta:
3 cuartos de galón

¹⁄₄–¹⁄₂ **taza de azúcar, según su preferencia de gusto**
3 **Cucharas de maicena**
2 **huevos, un poco batidos**
1 **lata de 12 onzas de leche evaporada**
1 **lata de 16 onzas de maíz estilo crema**

1. Combine todos los ingredientes menos el maíz en la olla de cocción lenta hasta que estén bien mezclados.
2. Añada el maíz. Mezcle bien.
3. Gradúe la olla a "Bajo" y cocine por 4 horas. Pemita que se asiente por 15 minutos antes de servir.

Maíz dulce reseco

Shelia Heil
Lancaster, Pennsylvania

Rinde 14 porciones

Tiempo de preparación: 5 minutos
Tiempo de cocción: 2–2¹⁄₂ horas
Tamaño ideal de la olla de cocción lenta:
4 cuartos de galón

5 **latas de 15 onzas de maíz de grano entero, drenado**
1 **barra (¹⁄₂) de mantequilla, a temperatura ambiente**
³⁄₄ **taza de azúcar morena**

1. Coloque el maíz en la olla de cocción lenta. Añada la mantequilla y el azúcar morena. Mezcle para combinar.
2. Gradúe la olla a "Alto" hasta que esté caliente alrededor de 1¹⁄₂ horas. Mezcle. Continúe a cocinar en "Bajo" por otros 30–60 minutos, o hasta que el maíz esté muy caliente.

Maíz reseco

Mary B. Sensenig
New Holland, Pennsylvania

Rinde 4 porciones

Tiempo de preparación: 3–5 minutos
Tiempo de cocción: 4 horas
Tamaño ideal de la olla de cocción lenta:
3 cuartos de galón

1 **lata de 15 onzas de maíz reseco**
2 **Cucharas de azúcar**
3 **Cucharas de mantequilla, ablandada**
1 **cucharadita de sal**
1 **taza de mitad y mitad (mezcla de leche y crema de leche)**

1. Coloque todos los ingredientes en la olla de cocción lenta. Mezcle bien.
2. Cubra y gradúe la olla a "Bajo" y cocine por 4 horas. Si usted puede, revise después de cocinar por 3 horas para asegurar que el maíz no se esté secando. Si parece estar secándose, mézclele ¹⁄₄–¹⁄₂ taza de mitad y mitad (mezcla de leche y crema de leche). Cubra y continúe a cocinar.

Un consejo útil —

Si hay mucho líquido en su olla, meta un palillo de dientes debajo del borde de la tapa para inclinarla un poco y permitir que el vapor se escape.
Carol Sherwood
Batavia, New York

Judías verdes al gratén

Donna Lantgen
Chadron, Nebraska

Rinde 12–14 porciones

Tiempo de preparación: 10 minutos
Tiempo de cocción: 5–6 horas
Tamaño ideal de la olla de cocción lenta:
4 cuartos de galón

2 libras de judías verdes
  congeladas, o 4 latas de 14$\frac{1}{2}$
  onzas, drenadas
1–2 tazas de queso *Velveeta*
  cortado en cubos,
  dependiendo de lo tanto que
  le guste el queso a usted
$\frac{1}{2}$ taza de cebolla picada
$\frac{1}{2}$ taza de leche
1 Cuchara de harina

1. Coloque las judías verdes, el
queso y la cebolla en la olla de cocción lenta. Mezcle bien.

2. Coloque la leche primero, y
luego la harina, en un tarro con una
tapa que quede apretada. Agite hasta
que quede sin grumos. O mezcle en
un tazón pequeño hasta que esté sin
grumos. Luego mézclele los otros
ingredientes.

3. Cubra y gradúe la olla a "Bajo"
y cocine por 5–6 horas, o hasta que
las judías verdes estén completamente calentadas.

Judías verdes aderezadas

Pat Unternahrer
Wayland, Iowa

Rinde 10–12 porciones

Tiempo de preparación: 5–10 minutos
Tiempo de cocción: 2$\frac{1}{2}$–2$\frac{3}{4}$ horas
Tamaño ideal de la olla de cocción lenta:
3 a 4 cuartos de galón

3 latas de 14$\frac{1}{2}$ onzas de judías
  verdes, drenadas
2 latas de 10$\frac{3}{4}$ onzas de sopa de
  hongo
1 lata de 6 onzas de *French-fried*
  onions con queso chedar, u
  originales, *divididas*

1. Rocíe el interior de la olla de
cocción lenta con aerosol para cocinar antiadherente.

2. Ponga las judías verdes
drenadas en la olla.

3. Ponga 2 latas de sopa de hongo
encima de las judías verdes. Mezcle
suavemente.

4. Gradúe la olla a "Alto" y cocine
por 2 horas.

5. Añada mitad de una lata de
French-fried onions. Mezcle y continúe
a cocinar por 30–45 minutos.

6. Rocíe con el resto de las cebollas encima y sirva.

Judías verdes con salsa barbacoa

Sharon Timpe
Jackson, Wisconsin
Ruth E. Martin
Loysville, Pennsylvania

Rinde 10–12 porciones

Tiempo de preparación: 15 minutos
Tiempo de cocción: 3–4 horas
Tamaño ideal de la olla de cocción lenta:
4 cuartos de galón

3 latas de 14$\frac{1}{2}$ onzas de judías
  verdes cortadas (desagüe 2
  latas completamente; reserve
  el líquido de 1 lata)
1 cebolla pequeña, picada en
  cubos
1 taza de *ketchup*
$\frac{3}{4}$ taza de azúcar morena
4 lonjas de tocino, cocidas
  crujientes y desmenuzadas

1. Combine las judías verdes, la
cebolla picada en cubos, el *ketchup*
y el azúcar morena en su olla de
cocción lenta.

2. Añada $\frac{1}{3}$ taza de líquido reservado de judías verdes. Mezcle suavemente.

3. Cubra y gradúe la olla a "Bajo"
y cocine por 3–4 horas, o hasta que
las judías verdes estén tiernas y completamente calentadas. Mezcle al
final de 2 horas de cocción, si usted
está en su casa.

4. Eche un poco del jugo reservado de judías verdes si el aderezo se
espesa más de lo que a usted le
guste.

5. Rocíe tocino sobre las judías
verdes precisamente antes de servir.

*Variación: Use 1$\frac{1}{2}$ libras de judías
verdes frescas en lugar de judías verdes
enlatadas. Cuando está usando judías
verdes frescas, usted necesitará aumen-*

tar el tiempo de cocción a 5–6 horas en "Bajo", dependiendo de lo suave o crujiente que le gustén sus judías verdes.

— **Lois Niebauer**
Pedricktown, New Jersey

Judías verdes especiales

Sara Kinsinger
Stuarts Draft, Virginia

Rinde 12–14 porciones

Tiempo de preparación: 30–45 minutos
Tiempo de cocción: 1–2 horas
Tamaño ideal de la olla de cocción lenta:
4 cuartos de galón

4 latas de 14½ onzas de judías
  verdes, drenadas
1 lata de 10¾ onzas de sopa de
  crema de hongo
1 lata de 14½ onzas de caldo de
  pollo
1 taza de papitas *tater tots*
1 lata de 3 onzas de aros de
  cebolla *French-fried*

1. Ponga las judías verdes en la olla de cocción lenta.

2. En un tazón, mezcle la sopa y el caldo. Unte sobre las judías verdes.

3. Cucharee las papitas *tater tots* sobre todo. Cubra con aros de cebolla.

4. Cubra y gradúe la olla a "Alto" y cocine por 1–2 horas, o hasta que esté completamente calentado y las papas están cocidas.

Judías verdes criollas

Jan Mast
Lancaster, Pennsylvania

Rinde 4–6 porciones

Tiempo de preparación: 10 minutos
Tiempo de cocción: 3–4 horas
Tamaño ideal de la olla de cocción lenta:
2 cuartos de galón

2 cebollas pequeñas, picadas
mitad (¼) de una barra de
  mantequilla
4 tazas de judías verdes, frescas o
  congeladas
½ taza de salsa
2–3 Cucharas de azúcar morena
½ cucharadita de sal de ajo,
  opcional

1. Sofría las cebollas en mantequilla en una cacerola.

2. Combine con el resto de los ingredientes en la olla de cocción lenta.

3. Cubra y gradúe la olla a "Bajo" y cocine por 3–4 horas, o más, dependiendo de lo suave o crujiente que a usted le gusten sus judías verdes.

Judías verdes estilo griego

Diann J. Dunham
State College, Pennsylvania

Rinde 6 porciones

Tiempo de preparación: 5 minutos
Tiempo de cocción: 2–5 horas
Tamaño ideal de la olla de cocción lenta:
4 cuartos de galón

20 onzas de judías verdes
  congeladas enteras o cortadas
  en pedazos (no de corte
  francés)
2 tazas de salsa de tomate
2 cucharaditas de hojuelas secas
  de cebolla, *opcional*
una pizca de mejorana seca *u*
  oregano
una pizca de nuez moscada
  molida
una pizca de canela

1. Combine todos los ingredientes en la olla de cocción lenta, mezclando completamente.

2. Cubra y gradúe la olla a "Bajo" y cocine por 2–4 horas si las judías verdes están descongeladas, o por 3–5 horas en "Bajo" si las judías verdes están congeladas, o hasta que las judías verdes estén hechas a su gusto.

Judías verdes estilo portugués

Joyce Kaut
Rochester, New York

Rinde 8 porciones

Tiempo de preparación: 20 minutos
Tiempo de cocción: 3–8 horas
Tamaño ideal de la olla de cocción lenta:
5 cuartos de galón

¼ libra de cerdo con sal, o tocino
2 libras de judías verdes frescas
2 tomates medianos
½ cucharadita de sal y ½
cucharadita de pimienta
2 tazas de cubitos de caldo de res,
ó 2 cubitos de caldo de res
disueltos en 2 tazas de agua

1. Pique el cerdo con sal o el tocino en cubitos, y unte a través del fondo de su olla de cocción lenta.

2. Lave las judías verdes, y luego rompa en pedazos de 2–3 pulgadas. Ponga las judías verdes en capas sobre el cerdo o el tocino.

3. Pele, despepite y corte los tomates en cubos. Cucharee sobre las judías verdes.

4. Rocíe con sal y pimienta. Eche el cubito de caldo sobre todos los ingredientes en la olla de cocción lenta.

5. Cubra y gradúe la olla a "Alto" y cocine por 3–4 horas, o gradúe la olla a "Bajo" y cocine por 6–8 horas, o hasta que las judías verdes estén hechas a su gusto.

Variaciones:

1. Usted puede usar 1 lata de 14 ½ onzas de tomates en lugar de los frescos.

2. Usted puede usar judías verdes enlatadas en lugar de las frescas.

Si usted usa tomates y/o judías verdes enlatadas, gradúe la olla a "Alto" y cocine por 2–3 horas, o gradúe la olla a "Bajo" y cocine por 4–5 horas.

Judías verdes "Súper"

Esther J. Yoder
Hartville, Ohio

Rinde 5 porciones

Tiempo de preparación: 15 minutos
Tiempo de cocción: 1–2 horas
Tamaño ideal de la olla de cocción lenta:
3 cuartos de galón

2 latas de 14½ onzas de judías
verdes, en su jugo
1 taza de jamón cocido cortado
en cubos
⅓ taza de cebolla picada
finamente
1 Cuchara de mantequilla
derretida, o grasa de tocino

1. Coloque las judías verdes y su jugo en la olla. Añada el resto de los ingredientes y mezcle bien.

2. Gradúe la olla a "Alto" y cocine por 1–2 horas, o hasta que esté humeante y caliente.

Judías verdes nuevas

Lizzie Ann Yoder
Hartville, Ohio

Rinde 6–8 porciones

Tiempo de preparación: 20 minutos
Tiempo de cocción: 6–24 horas
Tamaño ideal de la olla de cocción lenta:
4 a 5 cuartos de galón

¼ libra de jamón o pedazos de
tocino
2 libras de judías verdes frescas,
lavadas y cortadas en pedazos,
o cortadas en tiras franceses
3–4 tazas de agua
un poco de 1 cucharadita de sal

1. Si está usando tocino, córtelo en cuadrados y dórelo en un sartén antiadherente. Cuando esté crujiente, desagüe y aparte.

2. Coloque todos los ingredientes en la olla de cocción lenta. Mezcle bien.

3. Cubra y gradúe la olla a "Alto" y cocine por 6–10 horas, o gradúe la olla a "Bajo" y cocine por 10–24 horas, o hasta que las judías verdes estén hechas a su gusto.

Papas con sabor a queso

Barbara Sparks
Glen Burnie, Maryland

Rinde 8–10 porciones

Tiempo de preparación: 10 minutos
Tiempo de cocción: 5½–8 horas
Tamaño ideal de la olla de cocción lenta:
4 cuartos de galón

---

1 paquete de 30 onzas de papas
hash brown deshebradas
congeladas, parcialmente
descongeladas
1 lata de 10¾ onzas de sopa de
queso chedar
1 lata de 12 onzas de leche
evaporada
2 Cucharas de mantequilla,
ablandada o derretida
½ cucharadita de sal
pimienta al gusto, *opcional*

1. Rocíe el interior de la olla de
cocción lenta con aerosol para cocinar antiadherente.
2. Deshaga las papas parcialmente descongeladas en la olla de
cocción lenta.
3. En un tazón mezcle la sopa, la
leche, la mantequilla y la sal y
pimineta si usted desea. Eche sobre
las papas. Mezcle suavemente.
4. Cubra y gradúe la olla a "Bajo"
y cocine por 5½–8 horas, o hasta que
las papas estén tiernas y completamente cocidas.

Papas con sabor a queso de cocción lenta

Tracey Hanson Schramel
Windom, Minnesota
Sherry H. Kauffman
Minot, North Dakota

Rinde 10–12 porciones

Tiempo de preparación: 8–10 minutos
Tiempo de cocción: 3–9 horas
Tamaño ideal de la olla de cocción lenta:
5 cuartos de galón

---

1 paquete de 30 onzas de papas
hash browns congeladas,
deshebradas o cortadas en
rodajas
2 latas de 10¾ onzas de sopa de
queso chedar
1 lata de 12 onzas de leche
evaporada
1 lata de 3 onzas de aros de
cebolla *French-fried, divididas*
¾ cucharadita de sal
¼ cucharadita de pimienta

1. Rocíe el interior de la olla de
cocción lenta con aerosol para cocinar antiadherente.
2. Combine las papas, la sopa, la
leche, mitad de los aros de cebolla,
sal y pimienta en la olla de cocción
lenta.
3. Cubra y gradúe la olla a "Bajo"
y cocine por 7–9 horas, o gradúe la
olla a "Alto" y cocine por 3–4 horas, o
hasta que las papas estén completamente calentadas.
4. Rocíe el resto de los aros de
cebolla encima antes de servir.

*Variación: En lugar de los aros de
cebolla French-fried, mezcle ¼ taza de
mantequilla derretida y 1½ tazas de
copos de maíz (cornflakes) machacado
en un tazón. Rocíe sobre las papas
durante sus últimos 15 minutos de coc-*

ción. (No hay necesidad de sustituir los
aros de cebolla mezclados en las papas
en el Paso 2.)
— **Audrey Romonosky**
Austin, Texas

Papas fáciles cremosas

Loretta Hanson
Hendricks, Minnesota

Rinde 6–8 porciones

Tiempo de preparación: 15 minutos
Tiempo de cocción: 4–6 horas
Tamaño ideal de la olla de cocción lenta:
4 cuartos de galón

---

1 paquete de 30 onzas de papas
hash brown congeladas
cortadas en cubos,
descongeladas
1 lata de 12 onzas de leche
evaporada
1 lata de 10¾ onzas de sopa de
crema de apio
1 lata de 10¾ onzas de sopa de
crema de papa
½ taza de cebolla , picada en
cubos, *opcional*
1 taza de queso chedar
deshebrado

1. Rocíe la olla de cocción lenta
con aerosol para cocinar antiadherente.
2. Combine las papas *hash brown*,
la leche, las sopas y la cebolla en la
olla de cocción lenta si usted desea.
3. Rocíe el queso encima.
4. Cubra y gradúe la olla a "Bajo"
y cocine por 4–6 horas, mezclando
ocasionalmente si usted está cerca, o
hasta que las papas estén tiernas y
completamente calentadas.

Papas con sabor a queso, preparación fácil

Carol Sherwood
Batavia, New York

Rinde 4 porciones

Tiempo de preparación: 20 minutos
Tiempo de cocción: 3–8 horas
Tamaño ideal de la olla de cocción lenta:
4 cuartos de galón

1 paquete de 30 onzas de papas *hash brown* congeladas, parcialmente descongeladas
1 paquete de 1 libra de *kielbasa*, picada
1 cebolla mediana, picada en cubos
1 lata de 10¾ onzas de sopa de queso chedar
1 lata de sopa llena de leche

1. Rocíe el interior de la olla de cocción lenta con aerosol para cocinar antiadherente.
2. Coloque los primeros tres ingredientes en la olla de cocción lenta. Mezcle.
3. Mezcle la sopa y la leche en un tazón, mezclando hasta que esté bien mezclado. Eche en la olla de cocción lenta.
4. Cubra y gradúe la olla a "Alto" y cocine por 3 horas, o gradúe la olla a "Bajo" y cocine por 7–8 horas.

Papas *hash brown* con crema agría

Katrina Eberly
Stevens, Pennsylvania
Stacy Petersheim
Mechanicsburg, Pennsylvania
Jeanette Oberholtzer
Manheim, Pennsylvania

Rinde 10–12 porciones

Tiempo de preparación: 5 minutos
Tiempo de cocción: 3½–4½ horas
Tamaño ideal de la olla de cocción lenta:
4 a 6 cuartos de galón

1 lata de 10¾ onzas de sopa de crema de hongo, sencilla, *o* con ajo asado
1 taza de crema agria, sin grasa *o* regular
1½–3 tazas de queso chedar *o* Monterey Jack, deshebrado
1 paquete de 30 onzas de papas *hash brown* congeladas cortadas en cubos

1. Rocíe el interior de la olla de cocción lenta con aerosol para cocinar antiadherente.
2. Combine la sopa, la crema agria y el queso en un tazón mediano. Mezcle.
3. Eche mitad de las papas en la olla de cocción lenta.
4. Cubra con mitad de la mezcla de sopa.
5. Repita las capas. Unte la mezcla de sopa uniformemente encima.
6. Gradúe la olla a "Bajo" y cocine por 3½–4½ horas, o hasta que las papas estén tiernas y cocidas completamente.

Ingredientes opcionales:
¼ libra de tocino, cortado en pedazos, dorado hasta que esté crujiente y drenado
½ taza de cebollines cortados en rodajas
1 diente de ajo, picadito
sal y pimienta al gusto

Añada cualquiera o todos de estos a la mezcla en el Paso 2.
— **Mary Kennell**
Roanoke, Illinois

Papas cremosas gratificantes

Sherry Kauffman
Minot, North Dakota

Rinde 8–10 porciones

Tiempo de preparación: 15 minutos
Tiempo de cocción: 3–4 horas
Tamaño ideal de la olla de cocción lenta:
5 cuartos de galón

1 pinta de crema agria
1 lata de 10¾ onzas de sopa de crema de pollo
2 tazas de queso *Velveeta*, cortado en cubos
½ taza de cebollas picadas
1 paquete de 30 onzas de papas *hash brown* congeladas

1. Rocíe el interior de la olla de cocción lenta con aerosol para cocinar antiadherente.
2. Combine todos los ingredientes en la olla de cocción lenta.
3. Cubra y gradúe la olla a "Bajo" y cocine por 3–4 horas, o hasta que las papas estén tiernas y cocidas completamente.

Papas *hash brown* cremosas

Starla Kreider

Mohrsville, Pennsylvania

Rinde 14 porciones

Tiempo de preparación: 10 minutos
Tiempo de cocción: 4–5 horas
*Tamaño ideal de la olla de cocción lenta:
5 cuartos de galón*

---

1 paquete de 30 onzas de papas
    hash brown congeladas,
    picadas en cubos
2 tazas de queso de su elección
    cortado en cubos *o* deshebrado
2 tazas de crema agria
2 latas de 10¾ onzas de sopa de
    crema de pollo
mitad (¼) de una barra de
    mantequilla, derretida

1. Coloque las papas *hash brown*
en una olla de cocción lenta sin
grasa.
2. Combine el resto de los ingredientes y eche sobre las papas.
Mezcle bien.
3. Cubra y gradúe la olla a "Bajo"
y cocine por 4–5 horas, o hasta que
las papas estén tiernas y completamente calentadas.

Papas guisadas al gratén

Edna Mae Herschberger

Arthur, Illinois

Rinde 6–8 porciones

Tiempo de preparación: 5 minutos
Tiempo de cocción: 4½–5½ horas
*Tamaño ideal de la olla de cocción lenta:
4 cuartos de galón*

---

1 pinta de mitad y mitad (mezcla
    de leche y crema de leche)
1 barra (½ taza) de mantequilla,
    ablandada *o* derretida
1 paquete de 30 onzas de papas
    hash brown
1 cucharadita de polvo de ajo
¼ cucharadita de pimienta, *opcional*
1 libra de queso *Velveeta*, cortado
    en cubos.

1. Rocíe el interior de la olla de
cocción lenta con aerosol para cocinar antiadherente.
2. Coloque todos los ingredientes
menos el queso *Velveeta* en la olla de
cocción lenta. Mezcle suavemente
pero hasta que esté bien mezclado.
3. Cubra y gradúe la olla a "Bajo"
y cocine por 4–5 horas, o hasta que
las papas estén tiernas y completamente calentadas.
4. Mézclele el queso *Velveeta*.
Cocine hasta que se derrita, aproximadamente 30 minutos.

Papas con sabor a cebolla

Jeannine Janzen

Elbing, Kansas

Rinde 6–8 porciones

Tiempo de preparación: 5–10 minutos
Tiempo de cocción: 4 horas
*Tamaño ideal de la olla de cocción lenta:
4 cuartos de galón*

---

1 paquete de 30 onzas de papas
    hash brown congeladas,
    descongeladas
½ taza de cebolla picada en
    cubos, *opcional*
5⅔ Cucharas (⅓ taza) de
    mantequilla, derretida
2 tazas de crema (dip) francesa de
    cebolla
1 paquete de 16 onzas de queso
    americano, cortado en pedazos

1. Rocíe el interior de la olla de
cocción lenta con aerosol para cocinar antiadherente.
2. Combine todos los ingredientes
en la olla de cocción lenta. Mezcle
bien.
3. Cubra y gradúe la olla a "Bajo"
y cocine por 4 horas, o hasta que las
papas estén tiernas y completamente
cocidas.

Un consejo útil —

Es bastante conveniente usar la olla de cocción lenta para cocer papas
para ensaladas o para hacer patatas fritas o papas horneadas. Solamente
llene la olla de cocción lenta con papas limpiadas y cocine todo el día hasta
que estén hechas.

Darla Sathre
Baxter, Minnesota

Papas *hash brown* con tocino

Tierra Woods
Duenweg, Missouri

Rinde 5–6 porciones

Tiempo de preparación: 15 minutos
Tiempo de cocción: 4 horas
Tamaño ideal de la olla de cocción lenta:
  4 cuartos de galón

¼ libra de tocino
6 tazas de papas *hash brown*
  congeladas, parcialmente
  descongeladas
1 taza de mayonesa
½ taza de aderezo de queso
  procesado

1. Corte el tocino en pedazos.
Dore en un sartén antiadherente
hasta que esté crujiente. Desagüe y
aparte.

2. Rocíe el interior de la olla de
cocción lenta con aerosol para cocinar antiadherente.

3. Mida ¼ de una taza de tocino y
resérvelo. Coloque el resto del
tocino, y el resto de los ingredientes
en la olla de cocción lenta. Mezcle
bien.

4. Cubra y gradúe la olla a "Bajo"
y cocine por 4 horas.

5. Rocíe con el tocino reservado
precisamente antes de servir.

Papas *hash brown* rancheras

Jean Butzer
Batavia, New York

Rinde 5–6 porciones

Tiempo de preparación: 5 minutos
Tiempo de cocción: 4–7 horas
Tamaño ideal de la olla de cocción lenta:
  6 cuartos de galón

1 bolsa de 30 onzas de papas
  hash brown congeladas,
  descongeladas
1 paquete de 8 onzas de queso
  crema, ablandado
1 sobre de mezcla seca de aderezo
  ranchero
1 lata de 10¾ onzas de sopa de
  crema de papa

1. Rocíe el interior de la olla de
cocción lenta con aerosol para cocinar antiadherente.

2. Coloque las papas en la olla de
cocción lenta. Despedaze con una
cuchara si está congelado.

3. Mezcle el resto de los ingredientes en un tazón. Mezcle suavemente en las papas.

4. Gradúe la olla a "Bajo" y
cocine por 4–7 horas, o hasta que las
papas estén completamente cocidas.
Mezcle cuidadosamente antes de
servir.

Papas cremosas guisadas al gratén

Nancy Wagner Graves
Manhattan, Kansas

Rinde 8–10 porciones

Tiempo de preparación: 5–15 minutos
  dependiendo de la clase de papas
  que usted use
Tiempo de cocción: 3–4 horas para
  papas frescas; 2–5 horas para papas
  hash brown congeladas
Tamaño ideal de la olla de cocción lenta:
  4 a 5 cuartos de galón

2 Cucharas de cebolla seca
  picadita
1 diente de ajo, mediano, picadito
1 cucharadita de sal
8–10 papas frescas medianas,
  cortadas en rodajas, ó 1 bolsa
  de 30 onzas de papas *hash
  brown, divididas*
1 paquete de 8 onzas de queso
  crema, cortado en cubos,
  dividido
1/2 taza de queso chedar
  deshebrado, *opcional*

1. Rocíe el interior de la olla de cocción lenta con aerosol para cocinar antiadherente.

2. En un tazón pequeño, combine la cebolla, el ajo y la sal.

3. Ponga alrededor de un cuarto de las papas en capas en la olla de cocción lenta.

4. Rocíe con un cuarto de la mezcla de cebolla–ajo sobre las papas.

5. Cucharee alrededor de un tercio de los cubos de queso crema encima.

6. Repita las capas, terminando con el condimento.

7. Si está usando papas frescas, gradúe la olla a "Alto" y cocine por 3–4 horas, o hasta que las papas estén tiernas. Si está usando papas *hash brown* congeladas, gradúe la olla a "Alto" y cocine por 2 horas, o gradúe la olla a "Bajo" y cocine por 4–5 horas, o hasta que las papas estén tiernas y completamente cocidas.

8. Mezcle las papas para acomodar el queso crema. Si usted desea, puede aplastar las papas en este momento.

9. Si usted desea, rocíe el queso deshebrado sobre las papas aplastadas o cortadas en rodajas.

10. Cubra y cocine unos 10 minutos adicionales, o hasta que el queso se derrita.

Papas guisadas al gratén antiguas sencillas

Ruth Ann Penner
Hillsboro, Kansas

Rinde 3–4 porciones

Tiempo de preparación: 10 minutos
Tiempo de cocción: 2 horas
Tamaño ideal de la olla de cocción lenta:
3 cuartos de galón

2 tazas de papas crudas cortadas en rodajas finas, *divididas*
1 Cuchara de harina
1 cucharadita de sal
pimienta
1 taza de leche
1 Cuchara de mantequilla

1. Rocíe el interior de la olla de cocción lenta con aerosol para cocinar antiadherente.

2. Ponga mitad de las papas cortadas en rodajas finas en el fondo de la olla de cocción lenta.

3. En un tazón pequeño, mezcle la harina, la sal y la pimienta. Rocíe mitad encima de las papas.

4. Repita las capas.

5. Eche la leche sobre todo. Salpique con mantequilla.

6. Cubra y gradúe la olla a "Alto" y cocine por 2 horas.

Consejos útiles:

1. Eche la leche sobre todo lo más pronto posible para evitar que las papas se pongan negras.

2. Una taza de cubitos de jamón completamente cocidos puede ser mezclado con las papas antes de servir.

3. Cubra con queso deshebrado, si usted desea.

Plato de papas veloz

Esther J. Yoder
Hartville, Ohio

Rinde 3–4 porciones

Tiempo de preparación: 15 minutos
Tiempo de cocción: 3–4 horas
Tamaño ideal de la olla de cocción lenta:
4 cuartos de galón

5 papas medianas, peladas y cortadas en rodajas
1 lata de 10¾ onzas de sopa de crema de pollo
¼ taza de caldo de pollo
¼–½ cucharadita de pimienta

1. Rocíe el interior de la olla de cocción lenta con aerosol para cocinar antiadherente.

2. Cuidadosamente doble los ingredientes juntos en la olla de cocción lenta.

3. Cubra y gradúe la olla a "Alto" y cocine por 3–4 horas, o hasta que las papas estén suaves pero no blandas o secas.

Papas guísadas al gratén hechas desde cero

Heather Horst
Lebanon, Pennsylvania

Rinde 12–15 porciones

Tiempo de preparación: 20 minutos
Tiempo de cocción: 4–5 horas
Tamaño ideal de la olla de cocción lenta:
5 a 6 cuartos de galón

6 libras de papas, peladas y cortadas en rodajas finas, *divididas*
2 tazas de queso chedar, deshebrado
1 taza de cebolla, picada
2 latas de 10¾ onzas de sopa de crema de hongo
1 taza de agua
½ cucharadita de sal y ½ cucharadita de pimienta
1 cucharadita de polvo de ajo, *opcional*

1. Coloque un tercio de las papas cortadas en rodajas en la olla de cocción lenta.
2. En un tazón mediano, mezcle el queso deshebrado, la cebolla, la sopa, el agua y los condimentos.
3. Eche un tercio de la mezcla cremosa sobre las papas.
4. Repita las capas dos veces más.
5. Cubra y gradúe la olla a "Alto" y cocine por 4–5 horas, o hasta que las papas estén tiernas.

Papas guísadas al gratén *gourmet*

Jean Hindal
Grandin, Missouri

Rinde 10–12 porciones

Tiempo de preparación: 15 minutos
Tiempo de cocción: 4–8 horas
Tamaño ideal de la olla de cocción lenta:
6 cuartos de galón

8 papas crudas (peladas o sin pelar), deshebradas
2 tazas de crema agria
1 lata de 10¾ onzas de sopa de crema de pollo *u* hongo
2 tazas de queso chedar deshebrado
1 cucharadita de sal
¼ cucharadita de pimienta, *opcional*
1 cucharadita de hojuelas secas de cebolla, *opcional*

1. Rocíe el interior de la olla de cocción lenta con aerosol para cocinar antiadherente.
2. Combine todos los ingredientes cuidadosamente en su olla de cocción lenta.
3. Cubra y gradúe la olla a "Alto" y cocine por 4 horas, o gradúe la olla a "Bajo" y cocine por 6–8 horas, o hasta que las papas estén tiernas.

Papas cremosas hechas desde cero

Mary Stauffer
Ephrata, Pennsylvania

Rinde 15 porciones

Tiempo de preparación: 1 hora preparando; 3 horas enfriando
Tiempo de cocción: 5 horas
Tamaño ideal de la olla de cocción lenta:
6 cuartos de galón

5½ libras de papas
2 latas de 10½ onzas de sopa de queso chedar
3 tazas de crema agria
1 taza de cebolla picada
1 cucharadita de sal
½ cucharadita de pimienta

1. Cocine las papas enteras sin pelar en agua en una cacerola grande hasta que estén suaves. Permita que se enfríen a temperatura ambiente. Luego refrigere hasta que estén completamente enfriadas.
2. Rocíe el interior de la olla con aerosol para cocinar antiadherente.
3. Pele las papas enfriadas. Luego ralle en la olla.
4. Añada el resto de los ingredientes a la olla de cocción lenta y mezcle bien.
5. Cubra y gradúe la olla a "Alto" y cocine por 5 horas, o hasta que esté caliente y burbujeante.

Papas guisadas al gratén y tocino

Jean Butzer

Batavia, New York

Rinde 6–8 porciones

Tiempo de preparación: 10 minutos
Tiempo de cocción: 8-10 horas
Tamaño ideal de la olla de cocción lenta:
  3 a 4 cuartos de galón

---

6 papas grandes, peladas y
  cortadas en rodajas, *divididas*
1 cebolla pequeña, picada en
  cubos
2 tazas de queso chedar
  deshebrado, *dividido*
8 tiras de tocino, crudas y picadas
  en cubos, *divididas*
1 lata de 10³/₄ onzas de sopa de
  crema de hongo

1. Rocíe el interior de la olla con
aerosol para cocinar antiadherente.
2. Coloque mitad de las papas
cortadas en rodajas en el fondo de la
olla de cocción lenta. Cubra con
mitad de la cebolla picada, el queso y
el tocino.
3. Repita las capas en orden.
Cubra con la sopa.
4. Cubra y gradúe la olla a "Bajo"
y cocine por 8-10 horas, o hasta que
las papas estén tiernas pero no
blandas o secas.

*Consejo útil: Usted tal vez querrá
dorar el tocino en un sartén antiadherente hasta que esté crujiente, y luego
drenarlo de su grasa, antes de colocarlo
en la olla. Eso añade algún tiempo al
proceso, pero rebaja el contenido de
grasa.*

Salchichas y papas guisadas al gratén

Mrs. Mahlon Miller

Hutchinson, Kansas

Rinde 3–4 porciones

Tiempo de preparación: 15 minutos
Tiempo de cocción: 4 horas
Tamaño ideal de la olla de cocción lenta:
  3 cuartos de galón

---

¹/₂ libra de salchicha suelta
4 tazas de papas crudas, picadas
  en cubos finos
¹/₂ taza de queso chedar
  deshebrado
¹/₂ taza de crema agria
1 lata de 10³/₄ onzas de sopa de
  crema de hongo

1. Cocine la salchicha en un
sartén antiadherente hasta que
pierda su color rosado. Desagüe.
2. Rocíe el interior de la olla con
aerosol para cocinar antiadherente.
3. Combine todos los ingredientes
en su olla de cocción lenta.
4. Cubra y gradúe la olla a "Bajo"
y cocine por 4 horas, o hasta que las
papas estén tiernas.

Papas con aderezo sencillas

Mary Lynn Miller

Reinholds, Pennsylvania

Rinde 8–10 porciones

Tiempo de preparación: 15–20 minutos
Tiempo de cocción: 4–5 horas
Tamaño ideal de la olla de cocción lenta:
  5 cuartos de galón

---

10 lonjas de tocino
4 latas de 15 onzas de papas
  blancas cortadas en rodajas,
  drenadas
2 latas de 10³/₄ onzas de sopa de
  crema de apio
2 tazas de crema agria
6 cebollines, cortados en rodajas
  finas

1. Dore el tocino en un sartén
antiadherente. Desagüe. Desmenuce
y aparte.
2. Coloque las papas en la olla de
cocción lenta.
3. En un tazón grande, combine
el resto de los ingredientes
incluyendo el tocino. Eche sobre las
papas y mezcle bien.
4. Cubra y gradúe la olla a "Alto"
y cocine por 4–5 horas, o hasta que
las papas estén completamente cocidas.

Papas rancheras

Jean Butzer

Batavia, New York

Rinde 6 porciones

Tiempo de preparación: 10–15 minutos
Tiempo de cocción: 3¹/₂–8 horas
Tamaño ideal de la olla de cocción lenta:
4 cuartos de galón

2¹/₂ libras de papas rojas
    pequeñas, cortadas en cuartos
1 taza de crema agria
1 sobre de mezcla seca de aderezo
    de ensalada de rancho de
    suero de leche
1 lata de 10³/₄ onzas de sopa de
    crema de hongo

1. Rocíe el interior de la olla con aerosol para cocinar antiadherente.
2. Coloque las papas en la olla de cocción lenta.
3. Combine el resto de los ingredientes en un tazón. Cucharee sobre las papas y mezcle suavemente.
4. Cubra y gradúe la olla a "Bajo" y cocine por 7–8 horas, o gradúe la olla a "Alto" y cocine por 3¹/₂–4 horas, o hasta que las papas estén tiernas pero no secas o blandas.
5. Mezcle cuidadosamente antes de servir.

Papas rojas cremosas

Orpha Herr

Andover, New York

Rinde 4–6 porciones

Tiempo de preparación: 25 minutos
Tiempo de cocción: 8 horas
Tamaño ideal de la olla de cocción lenta:
5 cuartos de galón

---

2 libras de papas rojas pequeñas,
    lavadas, cortadas en cuartos y
    sin pelar
1 paquete de 8 onzas de queso
    crema, ablandado
1 lata de 10³/₄ onzas de sopa de
    crema de papa
mitad de una lata de sopa con
    leche o agua
1 sobre de mezcla seca de aderezo
    ranchero para ensalada

1. Coloque las papas en la olla de cocción lenta.
2. En un tazón pequeño, bata el resto de los ingredientes hasta que estén bien mezclados. Mezcle en las papas.
3. Cubra y gradúe la olla a "Bajo" y cocine por 8 horas, o hasta que las papas estén tiernas pero no blandas o secas.

Consej útil: Las chuletas de cerdo con salsa barbacoa son una combinación genial con este plato.

En un tazón, mezcle 1 lata de 10³/₄ onzas de sopa de crema de hongo con 1 taza de ketchup, 1 Cuchara de aderezo Worcestershire y ¹/₂ taza de cebolla picada.

¡Coloque 4 ó 5 chuletas de cerdo en su otra olla de cocción lenta! Eche el aderezo encima, asegurándose que todas las chuletas tienen aderezo encima.

Cubra y gradúe la olla a "Alto" y cocine por 4–6 horas, o gradúe la olla a "Bajo" y cocine por 6–8 horas, o hasta que las chuletas estén tiernas pero no secas.

Papas rojas con límón

Carol Leaman

Lancaster, Pennsylvania

Rinde 6 porciones

Tiempo de preparación: 15–20 minutos
Tiempo de cocción: 2¹/₂–3 horas
Tamaño ideal de la olla de cocción lenta:
3 a 4 cuartos de galón

10-12 papas rojas pequeñas a
    medianas
¹/₄ taza de agua
¹/₄ taza de mantequilla, derretida
1 Cuchara de jugo de limón
3 Cucharas de perejil fresco o
    seco
sal y pimienta al gusto

1. Corte una tira de cáscara alrededor del medio de cada papa, usando un pelador de papas.
2. Coloque las papas y el agua en la olla de cocción lenta.
3. Cubra y gradúe la olla a "Alto" y cocine por 2¹/₂–3 horas, o hasta que las papas estén tiernas. No sobrecocine.
4. Desagüe.
5. Combine la mantequilla, el jugo de limón y el perejil. Mezcle bien. Eche sobre las papas y revuelva para cubrir. Condimente con sal y pimienta.

Papas nuevas de romero

Carol Shirk

Leola, Pennsylvania

Rinde 4–5 porciones

Tiempo de preparación: 15 minutos
Tiempo de cocción: 2–6 horas
Tamaño ideal de la olla de cocción lenta:
3 a 4 cuartos de galón

1½ libras de papas rojas nuevas,
    sin pelar
1 Cuchara de aceite de oliva
1 Cuchara de romero fresco
    picado, ó 1 cucharadita de
    romero seco
1 cucharadita de condimento de
    ajo y pimienta, ó 1 diente
    grande de ajo, picadito más ½
    cucharadita de sal y ¼
    cucharadita de pimienta

1. Si las papas son más grandes que las pelotas de golf, córtelas en mitad o en cuartos.

2. En un tazón o bolsa plástica, revuelva las papas con aceite de oliva, cubriendo bien.

3. Añada romero y condimento de ajo y pimienta (o el ajo picadito, la sal y la pimienta). Revuelva de nuevo hasta que las papas estén bien cubiertas.

4. Coloque las papas en la olla de cocción lenta. Gradúe la olla a "Alto" y cocine por 2–3 horas, o gradúe la olla a "Bajo" y cocine por 5–6 horas, o hasta que las papas estén tiernas pero no blandas o secas.

Trozos de papa con queso parmesano

Carol and John Ambrose

McMinnville, Oregon

Rinde 6 porciones

Tiempo de preparación: 15 minutos
Tiempo de cocción: 4 horas
Tamaño ideal de la olla de cocción lenta:
3 cuartos de galón

2 libras de papas rojas, cortadas
    en trozos o tiras de ½ pulgada
¼ taza de cebolla picada
2 Cucharas de mantequilla,
    cortada en pedazos
1½ cucharadita de orégano seco
¼ taza de queso parmesano
    rallado

1. Ponga las papas, la cebolla, la mantequilla y el orégano en capas en la olla de cocción lenta.

2. Cubra y gradúe la olla a "Alto" y cocine por 4 horas, o hasta que las papas estén tiernas pero no secas o blandas.

3. Cucharee en el plato de servir y rocíe con el queso.

Papas con sabor a ajo

Donna Lantgen

Chadron, Nebraska

Rinde 4–5 porciones

Tiempo de preparación: 30 minutos
Tiempo de cocción: 4½–6 horas
Tamaño ideal de la olla de cocción lenta:
3 a 4 cuartos de galón

6 papas, peladas y cortadas en
    cubos
6 dientes de ajo, picaditos
¼ taza de cebolla picada en
    cubos, ó 1 papa mediana,
    picada
2 Cucharas de aceite de oliva

1. Rocíe el interior de la olla con aerosol para cocinar antiadherente.

2. Combine todos los ingredientes en la olla de cocción lenta.

3. Cubra y gradúe la olla a "Bajo" y cocine por 4½–6 horas, o hasta que las papas estén tiernas pero no secas.

Papas con cebolla

Donna Lantgen
Chadron, Nebraska

Rinde 6 porciones

Tiempo de preparación: 20–30 minutos
Tiempo de cocción: 5–6 horas
Tamaño ideal de la olla de cocción lenta:
4 cuartos de galón

6 papas medianas, picadas en
cubos
⅓ taza de aceite de oliva
1 sobre de mezcla seca de sopa de
cebolla

1. Combine las papas y el aceite
de oliva en una bolsa plástica. Agite
bien.
2. Añada la mezcla de sopa de
cebolla. Agite bien.
3. Eche en la olla de cocción
lenta.
4. Cubra y gradúe la olla a "Bajo"
y cocine por 5–6 horas.

Un consejo útil —

Las ollas de cocción lenta son
adecuadas para cualquier
estación. Cuando está caliente
afuera, ellas no calientan su
cocina. Así que active su olla
antes de ir a la piscina o a la
playa—o al jardín.

O ponga su cena en la olla de
cocción lenta, y luego vaya a
jugar o a ver su deporte favorito

Las papas "horneadas" más sencillas

Mary Kathryn Yoder
Harrisonville, Missouri

Rinde 4–12 porciones

Tiempo de preparación: 20 minutos
Tiempo de cocción: 4–10 horas
Tamaño ideal de la olla de cocción lenta:
3½ a 5 cuartos de galón

4–12 papas

1. Haga agujeritos en las papas.
Envuelva cada una en papel de aluminio. Coloque las papas en la olla
de cocción lenta. (No añada agua.)
2. Cubra y gradúe la olla a "Alto"
y cocine por 4–5 horas, o gradúe la
olla a "Bajo" y cocine por 8–10 horas,
o hasta que las papas estén tiernas
cuando les mete un tenedor.

Papas "horneadas" condimentadas

Donna Conto
Saylorsburg, Pennsylvania

Rinde tantas porciones como usted nece-
site!

Tiempo de preparación: 5 minutos
Tiempo de cocción: 4–10 horas
Tamaño ideal de la olla de cocción lenta:
¡bastante grande para aguantar las
papas!

papas
aceite de oliva o verduras
condimento *Season-All,* o su
elección de su condimento
seco favorito

1. Lave y restriegue las papas.
Frote cada papa sin pelar con aceite.
2. Ponga alrededor de 1 cucharadita de condimento por papa en un
tazón para mezclar o una bolsa plástica. Añada las papas una a la vez y
cubra con los condimentos.
3. Coloque las papas en la olla de
cocción lenta a medida que usted termina de cubrirlas.
4. Cubra y gradúe la olla a "Alto"
y cocine por 4 horas, o gradúe la olla
a "Bajo" y cocine por 8–10 horas, o
hasta que las papas estén tiernas
cuando les mete un tenedor.

Papas horneadas "sín estrés"

Leona Yoder

Hartville, Ohio

Rinde 12 porciones

Tiempo de preparación: 10 minutos
Tiempo de cocción: 4–10 horas
Tamaño ideal de la olla de cocción lenta:
4 a 5 cuartos de galón

12 papas
mantequilla, ablandada

1. Rocíe la olla con aerosol para cocinar antiadherente.
2. Frote la mantequilla sobre las papas enteras sin pelar. Coloque en la olla de cocción lenta.
3. Cubra y gradúe la olla a "Alto" y cocine por 4–5 horas, o gradúe la olla a "Bajo" y cocine por 8–10 horas, o hasta que las papas estén tiernas cuando les mete un tenedor.

Consejo útil: Mezcle 1 Cuchara de pesto en $^1/_2$ taza de crema agria para un aderezo exquisito de papa horneada.

Papas con *cornflakes* para la olla

Anne Nolt

Thompsontown, Pennsylvania

Rinde 4–6 porciones

Tiempo de preparación: 15 minutos
Tiempo de cocción: 4 horas
Tamaño ideal de la olla de cocción lenta:
3 cuartos de galón

6–8 papas, peladas
2 cucharaditas de sal
2–3 Cucharas de mantequilla
1 taza de cornflakes, un poco machacados

1. Coloque las papas en la olla de cocción lenta.
2. Llene la olla con agua caliente. Rocíe con sal.
3. Cubra y gradúe la olla a "Alto" y cocine por 4 horas, o hasta que las papas estén tiernas.
4. Mientras las papas se están cociendo, derrita la mantequilla. Continúe a derretir hasta que la mantequilla se dore, pero no se quema. (¡Vigile cuidadosamente!) Mézclele los cornflakes. Aparte.
5. Desagüe las papas. Cucharee los *cornflakes* enmantequillados sobre las papas. O aplaste las papas y luego cubra con los *cornflakes* enmantequillados.

Puré de papas

Alice Miller
Stuarts Draft, Virginia

Rinde 4 porciones

Tiempo de preparación: 15 minutos
Tiempo de cocción: 3–5 horas
Tamaño ideal de la olla de cocción lenta:
3 a 4 cuartos de galón

8 papas grandes, peladas y cortadas en trozos de 1 pulgada
agua
mitad ($^1/_4$ taza) de una barra de mantequilla, ablandada
1 cucharadita de sal
1½ tazas de leche, calentada hasta que nata se forma encima

1. Coloque las papas en la olla de cocción lenta; añada agua para cubrir.
2. Cubra y gradúe la olla a "Alto" y cocine por 3–5 horas, o hasta que las papas estén muy tiernas pero no aguadas.
3. Saque las papas con una cuchara perforada en un tazón. Bata con un batidor eléctrico en velocidad alta, raspando los lados hacia abajo.
4. Corte la mantequilla en trozos. Añada las papas. Lentamente añada la leche, teniendo cuidado de no salpicarse con la leche caliente. Añada la sal. Bata hasta que esté cremoso.

Consejo útil: Ponga las papas en la olla de cocción lenta y olvídese de ellas mientras esté ocupada de lo contrario. Regrese a la cocina 3–5 horas después, y usted tiene papas suaves, ¡listas para aplastar!

Puré de papas refrigerado

Elsie Schlabach
Millersburg, Ohio

Rinde 8–10 porciones

Tiempo de preparación: 15–20 minutos
Tiempo de cocción: 2–3 horas
Tamaño ideal de la olla de cocción lenta:
4 a 5 cuartos de galón

5 libras de papas (no para hornear),
  peladas y cortadas en trozos
1 paquete de 8 onzas de queso
  crema, ablandado
1–2 tazas de crema agria
2 Cucharas de mantequilla,
  ablandada
1 cucharadita de sal

1. Cocine las papas en 2–3 pulgadas de agua en calderón grande hasta que estén tiernas. Desagüe, reservando 1–2 tazas de agua de cocción.
2. Aplaste hasta que esté sin grumos. Añada el agua de cocción según lo necesitado para evitar que las papas estén muy duras.
3. Aplástele el resto de los ingredientes y bata hasta que esté liviano y esponjoso.
4. Enfríe. Cubra y refrigere.
5. Cuando esté listo para usar, rocíe el interior de la olla de cocción con aerosol para cocinar antiadherente.
6. Mezcle las papas enfriadas y luego coloque en la olla de cocción lenta. Cubra y gradúe la olla a "Bajo" y cocine por 2–3 horas—o hasta que esté completamente calentado.

Variaciones:
1. Añada 1–2 cucharaditas de sal de ajo al Paso 3.
   — **Colleen Heatwole**
      Burton, Michigan

2. Añada 2 cucharaditas de cebollino fresco o seco al Paso 3.
   — **Thelma Good**
      Harrisonburg, Virginia

Consejo útil: Éste es un plato genial para una comida del mediodía de domingo, o cualquier otro tiempo que usted está fuera de la cocina pero quiere un plato de papa confortador para una comida.

Puré de papas individual

Mrs. Audrey L. Kneer
Williamsfield, Illinois

Tiempo de preparación: 25 minutos
Tiempo de cocción: 3 horas
Tamaño ideal de la olla de cocción lenta:
1 a 2 cuartos de galón

1–2 papas medianas por persona
3 Cucharas de leche por papa
½ Cuchara de mantequilla por
  papa, derretida
⅛ cucharadita de sal por papa

1. Pele y hierva las papas hasta que estén suaves. Aplaste.
2. Mientras aplasta las papas, caliente la leche hasta escaldar. Luego añada la leche caliente, la mantequilla y la sal a las papas aplastadas, mezclándole bien.
3. Ponga en la olla de cocción lenta unas dos horas antes de servir. Gradúe la olla a "Bajo". Mezcle de vez en cuando. Éstas serán lo mismo que las papas aplastadas frescas

Nota: Esto evita necesitar aplastar las papas al último momento.

Puré de papas condimentadas

Elena Yoder
Carlsbad, New Mexico

Rinde 12 porciones

Tiempo de preparación: 30 minutos
Tiempo de cocción: 3–4 horas
Tamaño ideal de la olla de cocción lenta:
4 cuartos de galón

papas para llenar una olla de
  cocción lenta de 4 cuartos de
  galón, peladas y cortadas en
  trozos
agua hirviendo para cubrir las
  papas
1 paquete de 8 onzas de queso
  crema, ablandado
2 tazas de suero de la leche
1 taza de leche seca
1 sobre de mezcla seca de aderezo
  de ensalada de rancho

1. Coloque las papas en la olla de cocción lenta. Cubra con agua hirviendo.
2. Cubra y gradúe la olla a "Alto" y cocine por 3–4 horas, o hasta que estén muy tiernas.
3. Desagüe, reservando el líquido.
4. Aplaste las papas.
5. Bátale el queso crema.
6. Bátale el suero de la leche, la leche seca y la mezcla de aderezo de ensalada de rancho.

7. Si es necesario, bata tanto del agua de las papas reservado como usted quiera hasta que las papas alcanzen la consistencia deseada.

Puré de papas con ajo
Katrine Rose
Woodbridge, Virginia

Rinde 6 porciones

Tiempo de preparación: 20 minutos
Tiempo de cocción: 4–7 horas
Tamaño ideal de la olla de cocción lenta:
4 cuartos de galón

2 libras de papas para hornear, sin pelar y cortadas en cubos de ½ pulgada
¼ taza de agua
3 Cucharas de mantequilla, cortada en rodajas
1 cucharadita de sal
¾ cucharadita de polvo de ajo
¼ cucharadita de pimienta negra
1 taza de leche

1. Combine todos los ingredientes, menos la leche, en la olla de cocción lenta. Revuelva para combinar.
2. Cubra. Gradúe la olla a "Bajo" y cocine por 7 horas, o gradúe la olla a "Alto" y cocine por 4 horas.
3. Añada la leche a las papas durante los últimos 30 minutos del tiempo de cocción.
4. Aplaste las papas con el triturador de papas o el batidora eléctrica hasta que esté bastante liso.
5. Coloque en la olla de cocción lenta 2 horas antes de servir. Cubra. Gradúe la olla a "Bajo".
6. Mezcle antes de servir.

Nota: Estas papas sabrán como si fueron aplastadas recientemente, y le evitarán trabajo de última hora.

Puré de papas hecho por adelantado
Tracey Hanson Schramel
Windom, Minnesota

Rinde 8–12 porciones

Tiempo de preparación: 45–60 minutos
Tiempo de cocción: 4–5 horas
Tamaño ideal de la olla de cocción lenta:
2 ollas de cocción lenta de 6 cuartos de galón

5 libras de papas, peladas y cortadas en cubos
1 paquete de 8 onzas de queso crema, ablandado
1 taza de mitad y mitad (mezcla de leche y crema de leche)
1 barra (½ taza) de mantequilla, ablandada
sal y pimienta al gusto

1. Cocine las papas en agua en una cacerola grande hasta que estén tiernas pero no blandas. Desagüe, reservando 1 taza de agua de cocción.
2. En un tazón grande, bata el queso crema ablandado y el mitad y mitad (mezcla de leche y crema de leche) hasta que esté sin grumos.
3. Mézclele las papas calientes y el agua de cocción reservada y mezcle bien.
4. Mézclele la mantequilla, la sal y la pimienta.
5. Coloque porciones de la mezcla tamaño de una comida, en recipientes para el congelador. Enfríe; luego congele.
6. Cuando sea necesario, descongele un recipiente de papas. Rocíe el interior de la olla de cocción lenta. Luego coloque la mezcla de papa en la olla de cocción lenta.
7. Mézclele 1–2 Cucharas de mantequilla ablandada y ½–1 cucharadita de paprika.

8. Cubra y gradúe la olla a "Bajo" y cocine por 4–5 horas, o hasta que las papas estén completamente calentadas, pero no secas.

Puré de papas con queso chedar
Gloria Good
Harrisonburg, Virginia

Rinde 5–6 porciones

Tiempo de preparación: 10 minutos
Tiempo de cocción: 3–5 horas
Tamaño ideal de la olla de cocción lenta:
2 cuartos de galón

1 lata de 10¾ onzas de sopa condensada de queso chedar
½ taza de crema agria
2 Cucharas de cebollines picados
una pizca de pimienta
3 tazas de puré de papas condimentadas que sobraron, o que está duro

1. Rocíe el interior de la olla con aerosol para cocinar antiadherente.
2. Mezcle todos los ingredientes en la olla de cocción lenta.
3. Cubra y gradúe la olla a "Alto" y cocine por 3 horas, o gradúe la olla a "Bajo" y cocine por 5 horas, o hasta que las papas estén completamente calientes.

Batatas sencillas

Leona Yoder
Hartville, Ohio

Rinde 4 porciones

Tiempo de preparación: 5 minutos
Tiempo de cocción: 6–9 horas
Tamaño ideal de la olla de cocción lenta:
2 a 3 cuartos de galón

---

3 batatas grandes
¼ taza de agua

1. Coloque las batatas sin pelar en la olla de cocción lenta.
2. Añada ¼ taza de agua.
3. Cubra y gradúe la olla a "Alto" y cocine por 1 hora. Luego gradúe la olla a "Bajo" y cocine por 5–8 horas, o hasta que las papas estén tiernas.

Batatas con frutas

Jean Butzer
Batavia, New York
Evelyn Page
Lance Creek, Wyoming

Rinde 6 porciones

Tiempo de preparación: 15 minutos
Tiempo de cocción: 6–8 horas
Tamaño ideal de la olla de cocción lenta:
3 a 4 cuartos de galón

---

2 libras (alrededor de 6 medianas) de batatas, o ñames
1½ tazas de compota de manzana
⅔ taza de azúcar morena
3 Cucharas de mantequilla, derretida
1 cucharadita de canela
nueces picadas, *opcional*

1. Pele las batatas si usted desea. Corte en cubos o en rodajas. Coloque en la olla de cocción lenta.
2. En un tazón, mezcle la compota de manzana, el azúcar morena, la mantequilla y la canela. Cucharee sobre las papas.
3. Cubra y gradúe la olla a "Bajo" y cocine por 6–8 horas, o hasta que las papas estén tiernas.
4. Aplaste las papas y el aderezo juntos si usted desea con una cuchara grande—o cucharee las papas en un plato de servir y cubra con el aderezo.
5. Rocíe con nueces, si usted desea.

Variación: En lugar de batatas crudas, sustituya 1 lata de 40 onzas de batatas cortadas en pedazos, drenadas. Luego gradúe la olla a "Bajo" y cocine por 3–4 horas.

— **Shelia Heil**
Lancaster, Pennsylvania

Manzanas y batatas

Rebecca Plank Leichty
Harrisonburg, Virginia

Rinde 8–10 porciones

Tiempo de preparación: 25 minutos
Tiempo de cocción: 4–6 horas
Tamaño ideal de la olla de cocción lenta:
4 a 5 cuartos de galón

---

1 Cuchara de jugo de limón, *o* limonada
6 manzanas, peladas y cortadas en rodajas
6 ñames o batatas grandes, pelados y cortados en rodajas finas
¼ taza de jugo de manzana
1 Cuchara de mantequilla, derretida

1. Revuelva las manzanas y los ñames cortados en rodajas en el jugo de limón.
2. Combine el jugo de manzana y la mantequilla. Eche sobre las manzanas y las batatas. Eche en una olla de cocción lenta engrasada.
3. Cubra. Gradúe la olla a "Alto" y cocine por 4 horas o gradúe la olla a "Bajo" y cocine por 6 horas

Éste es un plato de verduras sabroso para añadir a una comida cuando va a servir a niños. Las manzanas huelen maravillosas cuando se están cociendo y verdaderamente humedecen las papas cuando se sirven juntas. Es un modo completo y fácil de servir las batatas.

Batatas con canela
Deborah Heatwole
Waynesboro, Georgia

Rinde 4–6 porciones

Tiempo de preparación: 10–15 minutos
Tiempo de cocción: 3 horas
Tamaño ideal de la olla de cocción lenta:
2 a 3 cuartos de galón

¼ taza de azúcar morena
¼ taza de canela
3 batatas medianas, peladas y
   cortadas en rodajas finas
   (alrededor de 4–6 tazas de
   rodajas), *divididas*
½ barra (¼ taza) de mantequilla,
   derretida
sal al gusto

1. Rocíe el interior de la olla con aerosol para cocinar antiadherente.
2. Combine el azúcar morena y la canela en un tazón pequeño.
3. Coloque un tercio de las rodajas de batatas en la olla de cocción lenta.
4. Salpique con un tercio de la mantequilla. Rocíe con sal y un tercio de la mezcla de azúcar morena.
5. Repita las capas dos veces más.
6. Cubra y gradúe la olla a "Alto" y cocine por 3 horas, o hasta que las papas estén tiernas.

Batatas con almíbar
Jan Mast
Lancaster, Pennsylvania

Rinde 8–10 porciones

Tiempo de preparación: 20 minutos
Tiempo de cocción: 3–4 horas
Tamaño ideal de la olla de cocción lenta:
2 cuartos de galón

8–10 batatas medianas
½ cucharadita de sal
¾ taza de azúcar morena
2 Cucharas de mantequilla
1 Cuchara de harina
¼ taza de agua

1. Cocine las batatas en 2–3 pulgadas de agua en una cacerola grande hasta que estén apenas suaves. Desagüe. Cuando se enfríen suficientemente para tocarlas, pele y corte en rodajas en la olla de cocción lenta.
2. Mientras las papas se están cociendo en la cacerola, combine el resto de los ingredientes en un tazón hecho para el horno de microondas.
3. Cocine en el horno de microondas en "Alto" por 1½ minutos. Mezcle. Repita hasta que el glaseado se espese un poco.
4. Eche el glaseado sobre las batatas peladas y cocidas en la olla de cocción lenta.
5. Cubra y gradúe la olla a "Alto" y cocine por 3–4 horas.

Batatas con almíbar de arce
Jeannine Janzen
Elbing, Kansas

Rinde 5 porciones

Tiempo de preparación: 5–10 minutos
Tiempo de cocción: 7–9 horas
Tamaño ideal de la olla de cocción lenta:
4 cuartos de galón

5 batatas medianas, cortadas en
   rodajas de ½ pulgada de
   gruesas
¼ taza de azúcar morena,
   empacada
¼ taza de almíbar puro de arce
¼ taza de sidra de manzana
2 Cucharas de mantequilla

1. Coloque las papas en la olla de cocción lenta.
2. En un tazón pequeño, combine el azúcar morena, el almíbar de arce y la sidra de manzana. Mezcle bien. Eche sobre las papas. Mezcle hasta que todas las rodajas de papa estén cubiertas.
3. Cubra y gradúe la olla a "Bajo" y cocine por 7–9 horas, o hasta que las papas estén tiernas.
4. Mézclele la mantequilla antes de servir.

Arroz sabroso

Starla Kreider
Mohrsville, Pennsylvania

Rinde 6–8 porciones

Tiempo de preparación: 5–10 minutos
Tiempo de cocción: 2–3 horas
Tamaño ideal de la olla de cocción lenta:
  2 cuartos de galón

1½ tazas de arroz de grano largo
  crudo
3–3½ tazas de agua, *dividida*
1 lata de 10¾ onzas de sopa de
  crema de apio
2 cucharaditas de gránulos de
  caldo de pollo
1 cebolla, picada
sal y pimienta al gusto

1. Rocíe el interior de la olla con aerosol para cocinar antiadherente.
2. Combine el arroz, 3 tazas de agua, la sopa, el caldo, la cebolla y una pizca de pimienta en la olla de cocción.lenta.
3. Cubra y gradúe la olla a "Alto" y cocine por 2–3 horas. Si después de 2 horas, el arroz se está empezando a secar, mézclele ½ taza de agua y continúe cociendo hasta que esté completamente calentado.

Arroz cocído

Mary Kathryn Yoder
Harrisonville, Missouri

Rinde 8 porciones

Tiempo de preparación: 5 minutos
Tiempo de cocción: 1½–2½ horas
Tamaño ideal de la olla de cocción lenta:
  4 cuartos de galón

1 Cuchara de mantequilla
3 tazas de arroz de grano largo
  crudo
6 tazas de agua
sal al gusto, alrededor de 3
  cucharaditas

1. Engrase la olla de cocción lenta con mantequilla.
2. Si usted tiene tiempo, caliente el agua hasta hervir en una cacerola en su estufa, o en un tazón hecho para el horno de microondas en su microondas. Luego eche el arroz, el agua (calentada o no) y sal en la olla y mezcle.
3. Cubra y gradúe la olla a "Alto" y cocine por 1½–2½ horas. Si usted está en su casa y es capaz de hacerlo, mezcle ocasionalmente.

Consejos útiles:
1. Para hacer una cantidad más pequeña de arroz, intente estas proporciones y tiempo de cocción:

1 Cuchara de mantequilla
1 taza de arroz de grano largo
  crudo, o arroz integral
2½ tazas de agua
1 cucharadita de sal

Siga las instrucciones más arriba, pero cocine en "Bajo" 1 hora y 20 minutos, o hasta que el arroz esté tierno pero no seco.
  Esto hace 4–5 porciones.
  — **Sarah J. Miller**
    Harrisonburg, Virginia
  — **Vera Martin**
    East Earl, Pennsylvania

  2. Cuando la olla de cocción lenta es apagada, el arroz se mantendrá bastante caliente para servir por 2–3 horas.
  — **Leona Yoder**
    Hartville, Ohio

Cazuela de arroz salvaje

Loretta Hanson
Hendricks, Minnesota

Rinde 4 porciones

Tiempo de preparación: 15 minutos
Tiempo de cocción: 2 horas
Tamaño ideal de la olla de cocción lenta:
  4 cuartos de galón

1 caja de 6 onzas de arroz salvaje
  y de grano largo
1 lata de 10¾ onzas de sopa de
  crema de hongo
¾ taza de agua
2 Cucharas de cebolla picada,
  opcional
2 Cucharas de mantequilla,
  derretida
1 Cuchara de caldo de res
una pizca de aderezo
  Worcestershire

1. Coloque todos los ingredientes en la olla de cocción lenta, incluyendo el paquete de condimentos de la caja de arroz.

Cuando yo uso hongos o pimientos verdes en la olla de cocción lenta, yo normalmente los mezclo durante la última hora de modo que no se ablanden.

Trudy Kutter
Corfu, New York

2. Cubra y gradúe la olla a "Alto" y cocine por 2 horas. Mueva el arroz con un tenedor para esponjarlo antes de servir.

Pílaf de arroz salvaje
Judi Manos
West Islip, New York

Rinde 6 porciones

Tiempo de preparación: 10 minutos
Tiempo de cocción: 3½–5 horas
Tamaño ideal de la olla de cocción lenta:
3 a 4 cuartos de galón

1½ tazas de arroz salvaje crudo
½ taza de cebolla picada finamente
1 lata de 14 onzas de caldo de pollo
2 tazas de agua
1 lata de 4 onzas de hongos cortados en rodajas, drenados
½ cucharadita de hojas de tomillo secas

1. Rocíe el interior de la olla con aerosol para cocinar antiadherente.
2. Enjuague el arroz y desagüe bien.
3. Combine el arroz, la cebolla, el caldo de pollo y el agua en la olla de cocción lenta. Mezcle bien.
4. Cubra y gradúe la olla a "Alto" y cocine por 3–4 horas.
5. Añada los hongos y el tomillo y mezcle suavemente. 6. Cubra y gradúe la olla a "Bajo" y cocine 30–60 minutos más, o hasta que el arroz salvaje se reviente y esté tierno.

Variación: Añada ¾ cucharadita de sal al Paso 3.

Arroz con frutas sabroso
Sandra Haverstraw
Hummelstown, Pennsylvania

Rinde 4 porciones

Tiempo de preparación: 7 minutos
Tiempo de cocción: 2 horas
Tamaño ideal de la olla de cocción lenta:
2 a 3½ cuartos de galón

⅓ taza de cebolla picada
1 paquete de 6 onzas de mezcla de arroz de grano largo y arroz salvaje
2 tazas de caldo de pollo
¼ taza de arándanos secos
¼ taza de albaricoques secos picados

1. Rocíe un sartén para freír pequeño con aerosol para cocinar antiadherente. Añada las cebollas picadas y cocine en fuego mediano alrededor de 5 minutos, o hasta que las cebollas se empiecen a dorar.
2. Coloque las cebollas y el resto de los ingredientes en la olla de cocción lenta, incluyendo los condimentos en el paquete de arroz. Mezcle bien para disolver los condimentos.
3. Cubra y gradúe la olla a "Alto" y cocine por 2 horas. Mueva el arroz con un tenedor para esponjarlo antes de servir.

Variaciones:
1. Precisamente antes de servir salpique el plato con ½ taza de pecanas tostadas, u otras nueces.
2. Use otras frutas secas en lugar de los arándanos, tales como las pasas o las cerezas secas.

Arroz con queso chedar
Natalia Showalter
Mt. Solon, Virginia

Rinde 8–10 porciones

Tiempo de preparación: 10–15 minutos
Tiempo de cocción: 2–3 horas
Tamaño ideal de la olla de cocción lenta:
3 cuartos de galón

2 tazas de arroz integral crudo
3 Cucharas de mantequilla
½ taza de cebollines cortados en rodajas finas, o chalotas
1 cucharadita de sal
5 tazas de agua
½ cucharadita de pimienta
2 tazas de queso chedar deshebrado
1 taza de almendras cortadas en rodajitas, *opcional*

1. Combine el arroz, la mantequilla, el cebollín y la sal en la olla de cocción lenta.
2. Lleve el agua a un hervor y eche sobre la mezcla de arroz.
3. Cubra y gradúe la olla a "Alto" y cocine por 2–3 horas, o hasta que el arroz esté tierno y el líquido sea absorbido.
4. Cinco minutos antes de servir mézclele la pimienta y el queso.
5. Aderece con las almendras cortadas en rodajitas, si usted desea.

Guiso de fríjol rojo y arroz integral

Barbara Gautcher

Harrisonburg, Virginia

Rinde 6 porciones

Tiempo de preparación: 15 minutos, más 8 horas para remojar los frijoles
Tiempo de cocción: 6 horas
Tamaño ideal de la olla de cocción lenta: 6 cuartos de galón

2 tazas de frijoles rojos secos
agua
³/₄ taza de arroz integral crudo
4 tazas de agua
6 zanahorias, peladas si usted desea, y cortadas en trozos
1 cebolla grande, cortada en trozos
1 Cuchara de comino

1. Coloque los frijoles secos en la olla de cocción lenta y cubra con agua. Permita que se remojen por 8 horas. Desagüe. Deseche el agua de remojar.

2. Regrese los frijoles remojados a la olla. Mézclele todo el resto de los ingredientes.

3. Cubra y gradúe la olla a "Bajo" y cocine por 6 horas, o hasta que las verduras estén tiernas.

Variación: Añada 1 Cuchara de sal al Paso 2.

Cazuela de brócoli y arroz

Liz Rugg

Wayland, Iowa

Rinde 6 porciones

Tiempo de preparación: 5 minutos
Tiempo de cocción: 3–4 horas
Tamaño ideal de la olla de cocción lenta: 3 a 4 cuartos de galón

1 taza de arroz de minuto crudo
1 paquete de 1 libra de brócoli picado congelado
1 tarro de 8 onzas de crema de untar de queso procesado
1 lata de 10³/₄ onzas de sopa de crema de hongo

1. Mezcle todos los ingredientes en la olla de cocción lenta.

2. Cubra y gradúe la olla a "Alto" y cocine por 3–4 horas, o hasta que el arroz y el brócoli estén tiernos pero no blandos o secos.

Arroz con sabor a queso

Janice Muller

Derwood, Maryland

Rinde 6 porciones

Tiempo de preparación: 20 minutos
Tiempo de cocción: 4–6 horas
Tamaño ideal de la olla de cocción lenta: 3¹/₂ a 4 cuartos de galón

2 tazas de arroz cocido caliente
1 lata de 3 onzas de *French-fried onions, dividida*
1 taza de crema agria
1 tarro de 16 onzas de salsa mediana, *dividida*
1 taza de queso deshebrado, *o queso de mezcla de taco, dividido*

1. Rocíe el interior de la olla de cocción lenta con aerosol para cocinar antiadherente.

2. En un tazón, combine el arroz y ²/₃ taza de cebollas. Cucharee mitad de la mezcla de arroz en la olla de cocción lenta.

3. Extienda la crema agria sobre el arroz. Ponga mitad de la salsa y mitad del queso en capas sobre la crema agria.

4. Cubra con el resto del arroz, la salsa y el queso.

5. Gradúe la olla a "Bajo" y cocine por 4–6 horas, o hasta que el queso esté derretido y la cazuela esté completamente calentada.

Arroz español casero

Beverly Flatt-Getz

Warriors Mark, Pennsylvania

Rinde 6–8 porciones

Tiempo de preparación: 20 minutos
Tiempo de cocción: 2–4 horas
Tamaño ideal de la olla de cocción lenta:
4 cuartos de galón

1 cebolla grande, picada
1 pimiento, picado
1 libra de tocino, cocido y
    desmenuzado en pedazos
    tamaño de un bocado
2 tazas de arroz de grano largo
    cocido
1 lata de 28 onzas de tomates
    guisados con su jugo
queso parmesano rallado,
    opcional

1. Sofría la cebolla y el pimiento
en un sartén pequeño antiadherente
hasta que estén tiernos.

2. Rocíe el interior de la olla de
cocción lenta con aerosol para cocinar antiadherente.

3. Combine todos los ingrediente-
sen la olla de cocción lenta.

4. Cubra y gradúe la olla a "Bajo"
y cocine por 4 horas, o gradúe la olla
a "Alto" y cocine por 2 horas, o hasta
que estén completamente cocidos.

5. Rocíe con queso parmesano
precisamente antes de servir, si usted
desea.

Arroz y frijoles y salsa

Heather Horst

Lebanon, Pennsylvania

Rinde 6–8 porciones

Tiempo de preparación: 7 minutos
Tiempo de cocción: 4–10 horas
Tamaño ideal de la olla de cocción lenta:
3 a 5 cuartos de galón

2 latas de 16 onzas de frijoles
    negros, o blancos, drenados
1 lata de 14 onzas de caldo de
    pollo
1 taza de arroz de grano largo *o*
    arroz integral, crudo
1 cuarto de galón de salsa, suave,
    mediana o picante
1 taza de agua
½ cucharadita de polvo de ajo

1. Combine todos los ingredientes
en la olla de cocción lenta. Mezcle
bien.

2. Cubra y gradúe la olla a "Bajo"
y cocine por 8–10 horas, o gradúe la
olla a "Alto" y cocine por 4 horas.

Chucrut (col agria) al estilo alemán del nuevo año

Judith A. Govotsos

Frederick, Maryland

Rinde 4–6 porciones

Tiempo de preparación: 10–15 minutos
Tiempo de cocción: 2–10 horas
Tamaño ideal de la olla de cocción lenta:
3 cuartos de galón

3 tazas de chucrut (col agria),
    enjuagado y drenado
½–¾ taza de azúcar morena
1 manzana, descorazonada y
    picada
1 cebolla pequeña, picada
agua para cubrir

1. Coloque el chucrut (col agria)
en la olla de cocción lenta. Añada el
azúcar, la manzana y las cebollas.
Mezcle.

2. Cubra con agua.

3. Cubra con la tapa y gradúe la
olla a "Alto" y cocine por 2–3 horas, o
gradúe la olla a "Bajo" y cocine todo
el día.

Calabacín de bellota

Janet L. Roggie
Lowville, New York
Mary Stauffer
Ephrata, Pennsylvania
Leona Yoder
Hartville, Ohio
June S. Groff
Denver, Pennsylvania
Trudy Kutter
Corfu, New York

Rinde 4–6 porciones, dependiendo del tamaño del calabacín

Tiempo de preparación: 5 minutos
Tiempo de cocción: 7–8 horas, dependiendo del tamaño del calabacín
Tamaño ideal de la olla de cocción lenta: 4 a 5 cuartos de galón, dependiendo del tamaño del calabacín

---

1 calabacín de bellota entero
agua
sal
canela
mantequilla
azúcar morena o almíbar de arce, *opcional*

1. Lave el calabacín. Corte el tallo. Coloque el calabacín entero en la olla de cocción lenta. Añada agua a una profundidad de alrededor de 1 pulgada.

2. Cubra y gradúe la olla a "Bajo" y cocine por 7–8 horas, dependiendo del tamaño del calabacín. Dentar con un tenedor afilado para saber si está tierno. Cocine más tiempo si no lo está.

Revise cada 2 horas durante el tiempo de cocción, si usted puede, para asegurar que el calabacín no se está secando. Añada agua si el agua baja debajo de 1 pulgada de profundo.

3. Retire el calabacín de la olla y permita que se enfríe hasta que usted pueda tocarlo.

4. Corte en mitad con un cuchillo con hoja larga. Saque las semillas de las dos mitades con una cuchara.

5. Rocíe la pulpa con sal y canela. Salpique con mantequilla. Salpique con azúcar morena o almíbar de arce, si usted desea. Sirva.

O saque la pulpa con una cuchara a un tazón para mezclar. Añada el resto de los ingredientes y aplaste juntos hasta que estén bien mezclados y sin grumos.

Otro método:

Corte el calabacín en mitad antes de colocarlo en la olla. Saque las semillas con una cuchara. Envuelva cada mitad en papel de aluminio y coloque en la olla. Añada agua a una profundidad de 1 pulgada.

Continúe con el Paso 2 más arriba, pero ignore los Pasos 3 y 4.

— Alice Rush
Quakertown, Pennsylvania

Alcachofas

Gertrude Dutcher
Hartville, Ohio

Rinde 4–6 porciones

Tiempo de preparación: 15 minutos
Tiempo de cocción: 6–8 horas
Tamaño ideal de la olla de cocción lenta: 4 cuartos de galón

4–6 alcachofas
1–1½ cucharaditas de sal
1 taza de jugo de limón, *dividida*
2 tazas de agua caliente
1 barra (½ taza) de mantequilla derretida

1. Lave y recorte las alcachofas. Corte alrededor de 1 pulgada de encima. Si usted desea, recorte las puntas de las hojas. Pare las alcachofas verticalmente en la olla de cocción lenta.

2. Rocíe cada alcachofa con ¼ de sal y 2 Cucharas de jugo de limón.

3. Eche 2 tazas de agua caliente alrededor de la base de las alcachofas.

4. Cubra y gradúe la olla a "Bajo" y cocine por 6–8 horas.

5. Sirva con mantequilla derretida y jugo de limón para untar.

Col morada

Kristin Tice
Shipshewana, Indiana

Rinde 8 porciones

Tiempo de preparación: 30 minutos
Tiempo de cocción: 6 horas
Tamaño ideal de la olla de cocción lenta: 3 cuartos de galón

---

5 tazas de col morada deshebrada
1 taza de azúcar blanca
1 taza de vinagre blanco
1 manzana, picada
1 cucharadita de sal
1 taza de agua

1. Combine todos los ingredientes en la olla de cocción lenta.

2. Cubra y gradúe la olla a "Bajo" y cocine por 6 horas.

Consejo útil: Éste es un plato acompañante genial para servir con cerdo.

Cebollas con sabor a queso

Janessa Hochstedler

East Earl, Pennsylvania

Rinde 6–8 porciones

Tiempo de preparación: 10–20 minutos
Tiempo de cocción: 2–4 horas
Tamaño ideal de la olla de cocción lenta:
  2 cuartos de galón

1½ libras cebollas pequeñas
4 lonjas de tocino, cocidas y
  desmenuzadas
1 lata de 10¾ onzas de sopa de
  queso chedar
½ taza de leche
¼ taza de queso parmesano
  rallado

1. Pele las cebollas, pero deje enteras. Coloque en la olla de cocción lenta.

2. Mezcle el resto de los ingredientes en un tazón.

3. Eche en la olla de cocción lenta. Suavemente mézclele las cebollas.

4. Cubra y gradúe la olla a "Alto" y cocine por 2 horas, o gradúe la olla a "Bajo" y cocine por 4 horas, o hasta que las cebollas estén completamente tiernas.

Cebollas acarameladas

Jeanette Oberholtzer

Manheim, Pennsylvania

Rinde 6–8 porciones

Tiempo de preparación: 15 minutos
Tiempo de cocción: 10–12 horas
Tamaño ideal de la olla de cocción lenta:
  4 a 6 cuartos de galón

4–6 cebollas dulces grandes
½ taza (1 barra) de mantequilla, o
  aceite de oliva

1. Pele las cebollas y corte las puntas de arriba y de abajo.

2. Coloque las cebollas en la olla de cocción lenta.

3. Eche la mantequilla o el aceite de oliva encima de las cebollas. Mezcle.

4. Gradúe la olla a "Bajo" y cocine por 10–12 horas.

5. Use cebollas acarameladas como relleno para las tortillas de huevo o los emparedados, como un ingrediente en la sopa o como un condimento con carne asada a la parrilla.

Un consejo útil —

Cuando escoja col, seleccione una cabeza de color verde vivo que esté firme y sólida.

Calabacita zucchini fresca y tomates

Pauline Morrison

St. Marys, Ontario

Rinde 6–8 porciones

Tiempo de preparación: 15 minutos
Tiempo de cocción: 2½–3 horas
Tamaño ideal de la olla de cocción lenta:
  3½ cuartos de galón

1½ libras de calabacita zucchini,
  pelada si usted desea, y
  cortada en rodajas de ¼
  pulgada
1 lata de 19 onzas de tomates
  guisados, hechos pedazos y en
  su jugo
1½ dientes de ajo, picaditos
½ cucharadita de sal
1½ Cuchara de mantequilla

1. Coloque las rodajas de la calabacita zucchini en la olla de cocción lenta.

2. Añada los tomates, el ajo y la sal. Mezcle bien.

3. Salpique la superficie con mantequilla.

4. Cubra y gradúe la olla a "Alto" y cocine por 2½–3 horas, o hasta que la calabacita zucchini esté hecha a su gusto.

Variación: Rocíe con queso parmesano rallado cuando sirva, si usted desea.

Tomates guisados

Michelle Showalter

Bridgewater, Virginia

Rinde 10–12 porciones

Tiempo de preparación: 15 minutos
Tiempo de cocción: 3–4 horas
Tamaño ideal de la olla de cocción lenta:
3 cuartos de galón

2 cuartos de galón de tomates
  enlatados
¹/₃ taza de azúcar
1¹/₂ cucharaditas de sal
una pizca de pimienta
3 Cucharas de mantequilla
2 tazas de cubos de pan

    1. Coloque los tomates en la olla
de cocción lenta.
    2. Rocíe con azúcar, sal y
pimienta.
    3. Ligeramente tueste los cubos
de pan en la mantequilla derretida.
Unte sobre los tomates.
    4. Cubra. Gradúe la olla a "Alto"
y cocine por 3–4 horas.

Variación: Si usted prefiere pan que es
menos mojado y suave, añada cubos de
pan 15 minutos antes de servir y con-
tinúe cociendo sin la tapa.

Hongos en vino tinto

Donna Lantgen

Chadron, Nebraska

Rinde 4 porciones

Tiempo de preparación: 10 minutos
Tiempo de cocción: 4–6 horas
Tamaño ideal de la olla de cocción lenta:
2 cuartos de galón

1 libra de hongos frescos,
  limpiados
4 dientes de ajo, picados
¹/₄ taza de cebolla, picada
1 Cuchara de aceite de oliva
1 taza de vino tinto

    1. Combine todos los ingredientes
en la olla de cocción lenta. Gradúe la
olla a "Bajo" y cocine por 4–6 horas,
o hasta que estén hechos a su gusto.
    2. Sirva como un plato acom-
pañante con su carne preferida.

Hongos rellenos

Melanie L. Thrower

McPherson, Kansas

Rinde 4–6 porciones

Tiempo de preparación: 20–30 minutos
Tiempo de cocción: 2–4 horas
Tamaño ideal de la olla de cocción lenta:
3 cuartos de galón

8–10 hongos grandes
¹/₄ cucharadita de ajo picadito
1 Cuchara de aceite
una pizca de sal
una pizca de pimienta
una pizca de pimienta de cayena,
  opcional
¹/₄ taza de queso *Monterey Jack*
  rallado

    1. Retire los tallos de los hongos y
pique en cubos.
    2. Caliente el aceite en el sartén.
Sofría los tallos picados en cubos con
ajo hasta que estén suaves. Retire el
sartén del fuego.
    3. Mézclele los condimentos y el
queso. Rellene en las cáscaras de
hongo. Coloque en la olla de cocción
lenta.
    4. Cubra. Gradúe la olla a "Bajo"
y cocine por 2–4 horas.

Variaciónes:
1. Añada 1 Cuchara de cebolla picada
al Paso 2.
2. Use el queso Monterey Jack con
jalapeños.

Pimientos rellenos

Virginia Blish
Akron, New York

Rinde 4 porciones

Tiempo de preparación: 15–25 minutos
Tiempo de cocción: 3 horas
Tamaño ideal de la olla de cocción lenta:
 5 cuartos de galón

4 pimientos medianos verdes,
 amarillos o rojos dulces, o una
 mezcla de colores
1 taza de arroz cocido
1 lata de 15 onzas de frijoles chili
 con aderezo de chili
1 taza (4 onzas) de queso
 deshebrado, *dividido*
1 lata de 14½ onzas de tomates
 pequeñitos picados en cubitos,
 con cebolla, apio y pimiento
 verde

1. Lave y seque los pimientos dulces. Quite las partes superiores, las membranas y las semillas, pero mantenga los pimientos enteros.
2. En un tazón, mezcle el arroz, los frijoles y mitad del queso. Cucharee la mezcla en los pimientos.
3. Eche los tomates en la olla de cocción lenta. Coloque los pimientos rellenos encima, manteniéndolos vertical. No amontone los pimientos.
4. Cubra y gradúe la olla a "Alto" y cocine por 3 horas.
5. Cuidadosamente levante los pimientos fuera de la olla y colóquelos en un plato de servir. Cucharee los tomates calientes encima. Rocíe el resto del queso sobre los pimientos.

Maíz para pozole del sudoeste

Reita Yoder
Carlsbad, New Mexico

Rinde 12–14 porciones

Tiempo de preparación: 10 minutos
Tiempo de cocción: 1½–3 horas
Tamaño ideal de la olla de cocción lenta:
 3 a 4 cuartos de galón

3 latas de 29 onzas de maíz para
 pozole, drenadas
1 lata de 10¾ onzas de sopa de
 crema de pollo
½ libra de queso *Velveeta* o
 chedar, rallado o cortado en
 cubos
1 libra de jamón cocido cortado
 en cubos, o perros calientes
 cortados en rodajas
2 latas de 2¼ onzas de chiles
 verdes, en su jugo

1. Mezcle todos los ingredientes en una olla de cocción lenta.
2. Cubra y gradúe la olla a "Alto" y cocine por 1½ horas, o gradúe la olla a "Bajo" y cocine por 2–3 horas, o hasta que esté burbujeante y el queso esté derretido.

Consejo útil: Sirva con salsa fresca.

Maíz para pozole mexicano

Janie Steele
Moore, Oklahoma

Rinde 6–8 porciones

Tiempo de preparación: 10 minutos
Tiempo de cocción: 1 hora
Tamaño ideal de la olla de cocción lenta:
 3 a 4 cuartos de galón

2 latas de 29 onzas de maíz para
 pozole, drenadas
1 lata de 4 onzas de chiles verdes
 picados, suaves o picantes
1 taza de crema agria
1 tarro de 8 onzas de queso *Cheez
 Whiz*

1. Combine todos los ingredientes en la olla de cocción lenta.
2. Cubra y gradúe la olla a "Bajo" y cocine por 1 hora, o hasta que el queso esté derretido y el plato esté completamente caliente.

Un consejo útil —

Muchas recetas para la estufa y el horno pueden ser adaptadas para una olla de cocción lenta. Si usted quiere experimentar, use estos factores de conversión:
- Bajo (en una olla de cocción lenta) = 200° en una estufa, aproximadamente
- Alto (en una olla de cocción lenta) = 300° en un horno, aproximadamente
- En una olla de cocción lenta, 2 horas en Bajo = 1 hora, aproximadamente, en Alto.

Relleno de manzana

Judi Manos
West Islip, New York
Jeanette Oberholtzer
Manheim, Pennsylvania

Rinde 4–5 porciones

Tiempo de preparación: 20 minutos
Tiempo de cocción: 4–5 horas
Tamaño ideal de la olla de cocción lenta:
4 a 6 cuartos de galón

1 barra ($\frac{1}{2}$ taza) de mantequilla,
  dividida
1 taza de nueces (nogales) picadas
2 cebollas, picadas
1 paquete de 14 onzas de mezcla
  seca de relleno condimentado
  con hierbas
$1\frac{1}{2}$ tazas de compota de manzana
agua, *opcional*

1. En un sartén antiadherente, derrita 2 Cucharas de mantequilla. Sofría las nueces (nogales) sobre fuego mediano hasta que estén tostadas, alrededor de 5 minutos, mezclando con frecuencia. Retire del sartén y aparte.

2. Derrita el resto de la mantequilla en el sartén. Añada las cebollas y cocine 3–4 minutos, o hasta que estén casi tiernas. Aparte.

3. Rocíe la olla de cocción lenta con aerosol para cocinar antiadherente. Coloque la mezcla seca de relleno en la olla de cocción lenta.

4. Añada la mezcla de cebolla–mantequilla y mezcle. Añada la compota de manzana y mezcle.

5. Cubra y gradúe la olla a "Bajo" y cocine por 4–5 horas, o hasta que esté completamente caliente.

Revise después de que el relleno se haya cocido por $3\frac{1}{2}$ horas. Si el relleno se está adhiriendo a la olla,

se está secando o se está dorando mucho en los bordes, mézclele $\frac{1}{2}$–1 taza de agua. Continúe a cocinar.

6. Rocíe con nueces (nogales) antes de servir.

Relleno de piña

Edwina F. Stoltzfus
Narvon, Pennsylvania
Krista Hershberger
Elverson, Pennsylvania

Rinde 4–6 porciones

Tiempo de preparación: 10 minutos
Tiempo de cocción: 3–4 horas
Tamaño ideal de la olla de cocción lenta:
4 cuartos de galón

1 barra ($\frac{1}{2}$ taza) de mantequilla,
  ablandada
$\frac{1}{2}$ taza de azúcar
3 huevos
1 lata de 20 onzas de piña
  machacada, drenada
6 rodajas de pan duro, cortado en
  cubo

1. En un tazón para mezclar grande, mezcle la mantequilla y el azúcar.

2. Mezcle 1 huevo a la vez, mezclando hasta que esté completamente combinado.

3. Mézclele la piña drenada. Replegue los cubos de pan.

4. Cucharee en la olla de cocción lenta.

5. Gradúe la olla a "Bajo" y cocine por 3–4 horas, o hasta que esté completamente calentado.

6. Permita que se asiente por 15 minutos antes de servir.

Pan de maíz con maíz

Pat Unternahrer
Wayland, Iowa

Rinde 8 porciones

Tiempo de preparación: 5 minutos
Tiempo de cocción: 3 horas y 45 minutos
Tamaño ideal de la olla de cocción lenta:
4 cuartos de galón

1 huevo
$\frac{1}{2}$ taza de crema agria
1 barra ($\frac{1}{2}$ taza) de mantequilla,
  derretida
2 latas de $14\frac{3}{4}$ onzas de maíz
  estilo crema
1 caja de $8\frac{1}{2}$ onzas de mezcla de
  pan de maíz

1. Rocíe el interior de la olla de cocción lenta con aerosol para cocinar antiadherente.

2. Mezcle todos los ingredientes en un tazón. Cucharee en la olla de cocción lenta engrasada.

3. Gradúe la olla a "Alto" y cocine por 3 horas y 45 minutos.

Aperitivos, bocadillos y cremas de untar

Crema (*díp*) de queso picante con carne molída

Susan Tjon
Austin, Texas

Rinde 12–15 porciones

Tiempo de preparación: 25 minutos
Tiempo de cocción: 2¹⁄₂ horas
Tamaño ideal de la olla de cocción lenta: 2 a 3 cuartos de galón

---

1 libra de carne molida magra
¹⁄₄ taza de cebollas, mitad de una cebolla grande picada finamente
1¹⁄₂ libras de queso *Velveeta*, cortado en cubos
1 lata de 15 onzas de tomates con chiles verdes *Rotel*

1. Dore la carne molida y ¹⁄₄ taza de cebollas en un sartén grande antiadherente. Desmenuze la carne moloida según lo necesitado. Desagüe.
2. Combine la carne molida con el resto de los ingredientes en la olla de cocción lenta.

3. Gradúe la olla a "Bajo" y cocine por 2¹⁄₂ horas, o hasta que el queso se está derritiendo.
4. Sirva de la olla de cocción lenta con *chips* de tortilla en forma de una cuchara.

Consejo útil: Entre más pequeños los trozos del queso Velveeta, más rápido se derretirán.

Variación: En lugar del ¹⁄₄ taza de cebollas, use ³⁄₄ cucharadita de polvo de ajo.

— **Tierra Woods**
Duenweg, Missouri

Crema caliente (*díp*) con carne molída

Jennifer Yoder Sommers
Harrisonburg, Virginia

Rinde 10–12 porciones

Tiempo de preparación: 10 minutos
Tiempo de cocción: 1 hora
Tamaño ideal de la olla de cocción lenta: 3 cuartos de galón

1 libra de carne molida magra
1 libra de queso *Velveeta*, cortado en cubos
1 lata de 15 onzas de salsa de tomate
aderezo *Worcestershire*, al gusto
pimiento verde, picado en cubos, al gusto

1. Dore la carne molida en un sartén antiadherente. Desagüe.
2. Combine todos los ingredientes en la olla de cocción lenta.
3. Gradúe la olla a "Alto" y cocine por 1 hora.

Variación: Añada 2 latas de 4¹⁄₂ onzas de chiles verdes picados en cubos al Paso 2.

— **Eleya Raim**
Oxford, Iowa

Consejo útil: Sirva caliente con chips de tortilla para sumergir.

Crema (*dip*) "tía Cheri"
Cynthia Morris
Grottoes, Virginia

Rinde 20–30 porciones

Tiempo de preparación: 20–30 minutos
Tiempo de cocción: 45 minutos a 1 hora
Tamaño ideal de la olla de cocción lenta:
   6 cuartos de galón

---

1 libra de carne molida magra
2 libras de queso *Velveeta*, cortado
   en cubos
2 latas de 10¾ onzas de sopa de
   tomate
2 latas de 10¾ onzas de sopa de
   crema de apio
pimiento verde picado, *opcional*
cebolla picada, *opcional*

1. Dore la carne molida en un
sartén grande antiadherente.
Desagüe.
2. Regrese la carne al sartén.
Gradúe el fuego a "Bajo". Mezcle los
cubos de queso en la carne en el
sartén. Caliente con cuidado hasta
que el queso se derrita, mezclando
ocasionalmente.
3. Coloque la carne dorada y el
queso derretido en la olla de cocción
lenta. Añada el resto de los ingredientes y mezcle bien.
4. Gradúe la olla a "Alto" y cocine
por 45–60 minutos.
5. Sirva con *nacho chips*.

Crema (*dip*) con queso y carne molída
Carol Eberly
Harrisonburg, Virginia

Rinde alrededor de 6 tazas de crema (dip)

Tiempo de preparación: 20 minutos
Tiempo de cocción: 2 horas
Tamaño ideal de la olla de cocción lenta:
   2 cuartos de galón

---

1 caja de 2 libras de queso
   Velveeta, cortado en cubos
1 libra de carne molida
1 cebolla, picada
1 lata de 10¾ onzas de sopa de
   crema de hongo
1 lata de 14½ onzas de tomates
   picados en cubos con chiles
   verdes

1. Mientras está cortando el
queso, dore la carne y las cebollas en
un sartén. Desagüe la mezcla de
carne y coloque en la olla de cocción
lenta.
2. Coloque el resto de los ingredientes en la olla de cocción lenta y
combine.
3. Cubra. Gradúe la olla a "Bajo"
y cocine por 2 horas, o hasta que el
queso esté derretido, mezclando ocasionalmente.
4. Sirva sobre papas horneadas o
con *chips* de tortilla.

*Variación: Para más sabor, añada 1
lata de 4¼ onzas de chiles verdes al
Paso 2.*

Salsa con queso y carne molída
Mary Jane Musser
Manheim, Pennsylvania
Colleen Heatwole
Burton, Michigan

Rinde 20 porciones

Tiempo de preparación: 15 minutos
Tiempo de cocción: 1 hora
Tamaño ideal de la olla de cocción lenta:
   3 a 4 cuartos de galón

---

2 libras de carne molida
2 libras de queso *Velveeta*, cortado
   en cubos
1 tarro de 16 ó 32 onzas de salsa,
   según su preferencia de gusto
chips de tortilla

1. Dore la carne molida en un
sartén antiadherente. Desagüe.
2. Coloque la carne en la olla
mientras está caliente. Mézclele el
queso hasta que se derrita.
3. Añada la salsa.
4. Gradúe la olla a "Alto" y cocine
por 1 hora. Gradúe la olla a "Bajo" y
sirva con *chips* de tortilla para sumergir.

*Variaciones: Añada ¼ taza de leche
para una cocsistencia más cremosa.*
   — Ruth Ann Bender
   Cochranville, Pennsylvania

*Añada 1 lata de 4 onzas de chiles
verdes.*
   — Norma Grieser
   Clarksville, Michigan

*Consejo útil: Usted puede hacer esto
de antemano y refrigerarlo. Luego reca-
lentarlo en la olla de cocción lenta por
1 hora o dos antes que esté lista para
servirlo.*

Salsa mexicana

Barbara Smith
Bedford, Pennsylvania

Rinde 20 porciones

Tiempo de preparación: 20 minutos
Tiempo de cocción: 4 horas
Tamaño ideal de la olla de cocción lenta:
3 a 4 cuartos de galón

1/2 libra de carne molida
1 libra de queso *Velveeta,* cortado
   en cubos
1 paquete de 3 onzas de queso
   crema
mitad de un sobre de condimento
   seco de taco
1 tarro de 14 onzas de salsa, su
   elección de enchilosidad

1. Dore la carne molida en un
sartén antiadherente. Desagüe.
2. Coloque la carne en la olla de
cocción lenta. Añada el resto de los
ingredientes. Mezcle bien.
3. Cubra y gradúe la olla a "Bajo"
y cocine por 4 horas.
4. Mezcle, y luego sirva con *chips*
de taco.

Un consejo útil —

Para quitar el olor de la
cebolla de sus dedos, frote una
cuchara de metal entre su dedo y
su pulgar bajo agua corriente.

Crema (*dip*) mexicana de carne molida y queso

Liz Rugg
Wayland, Iowa

Rinde 10 porciones

Tiempo de preparación: 15 minutos
Tiempo de cocción: 1½–2 horas
Tamaño ideal de la olla de cocción lenta:
2 a 3 cuartos de galón

1 libra de carne molida
1 lata de 15 onzas de aderezo de
   enchilada
1 libra de queso *Velveeta*, cortado
   en cubos

1. Dore la carne molida en un
sartén antiadherente. Desagüe.
2. Coloque la carne en la olla de
cocción lenta. Añada el aderezo y el
queso cortado en cubos. Mezcle bien.
3. Cubra y gradúe la olla a "Bajo"
y cocine por 4–5 horas.
4. Cuando esté completamente
calentado, sirva con sus *chips* de taco
preferidas.

Crema (*dip*) de pizza y taco

Arlene Snyder
Millerstown, Pennsylvania

Rinde 8–10 porciones

Tiempo de preparación: 15 minutos
Tiempo de cocción: 1½–2 horas
Tamaño ideal de la olla de cocción lenta:
2 a 3 cuartos de galón

2 paquetes de 8 onzas de queso
   crema, ablandado
1 recipiente de 8–12 onzas de
   crema (*dip*) francés de cebolla
1 libra de carne molida
mitad de un sobre de condimento
   seco de taco
1 taza de queso chedar
   deshebrado

Ingredientes opcionales:
pimiento verde, picado en cubos
hongos, cortados en rodajas

1. Combine el queso crema y la
crema (*dip*) de cebolla. Unte en la
olla de cocción lenta.
2. Dore la carne molida en un
sartén. Desagüe. Mezcle el condimento en la carne.
3. Coloque la carne condimentada encima de la mezcla de queso
crema.
4. Rocíe el queso chedar encima
de la carne. Cubra con pimientos y
hongos, si usted desea.
5. Cubra y gradúe la olla a "Bajo"
y cocine por 1½–2 horas. Sirva con
chips de tortilla blancas.

203

Crema (*dip*) para tacos mexicanos cremosa

Elaine Rineer
Lancaster, Pennsylvania

Rinde 10–12 porciones

Tiempo de preparación: 15 minutos
Tiempo de cocción: 2–3 horas
Tamaño ideal de la olla de cocción lenta:
  2–3 cuartos de galón

1½ libra de carne molida
1 sobre de condimento seco de
  taco
1 tarro de 16 onzas de salsa
2 tazas de crema agria
1 taza de queso chedar, rallado

1. Dore la carne molida en un sartén antiadherente. Desagüe.

2. Regrese la carne al sartén. Añada el condimento de taco y la salsa.

3. Retire de la estufa y añada la crema agria y el queso. Eche la mezcla en la olla de cocción lenta.

4. Cubra y gradúe la olla a "Bajo" y cocine por 2–3 horas, o hasta que esté caliente.

5. Sirva con *chips* de tortilla.

Crema (*dip*) saciadora con brócoli y carne

Renee Baum
Chambersburg, Pennsylvania

Rinde 24 porciones

Tiempo de preparación: 15–20 minutos
Tiempo de cocción: 2–3 horas
Tamaño ideal de la olla de cocción lenta:
  3 cuartos de galón

1 libra de carne molida
1 libra de queso americano,
  cortado en cubos
1 lata de 10¾ onzas de sopa de
  crema de hongo
1 paquete de 10 onzas de brócoli
  picado congelado,
  descongelado
2 Cucharas de salsa caliente,
  mediana o suave

1. Dore la carne molida en un sartén antiadherente. Desagüe.

2. Combine todos los ingredientes en la olla de cocción lenta. Mezcle bien.

3. Cubra y gradúe la olla a "Bajo" y cocine por 2–3 horas, o hasta que esté completamente caliente, mezclando después de 1 hora.

4. Sirva con *chips* de tortilla.

Consejo útil: Sirva como un plato principal sobre papas horneadas o arroz cocido.
— **Cindy Harney**
Lowville, New York

Crema caliente (*dip*) para papas horneadas o papítas

Sharon Wantland
Menomonee Falls, Wisconsin

Rinde 8 porciones

Tiempo de preparación: 15 minutos
Tiempo de cocción: 1½ horas
Tamaño ideal de la olla de cocción lenta:
  4 cuartos de galón

1 libra de carne molida
1 lata de 1 libra de *chili* sin
  frijoles
1 manojo de cebollines, picados
1 lata de 4¼ onzas de chiles
  verdes, picados
1 libra de queso *Velveeta*, cortado
  en cubos

1. Dore la carne en un sartén antiadherente hasta que esté desmenuzada. Desagüe.

2. Coloque en la olla de cocción lenta y añada todos los otros ingredientes. Mezcle bien.

3. Cubra y gradúe la olla a "Alto" y cocine por 1½ horas.

4. Gradúe la olla a "Bajo" y sirva la crema (*dip*) con *chips* grandes de tortilla.

Crema (*díp*) de chílí-queso

Dorothy Lingerfelt
Stonyford, California
Gertrude Dutcher
Hartville, Ohio
Corinna Herr
Stevens, Pennsylvania

Rinde 10–12 porciones

Tiempo de preparación: 10 minutos
Tiempo de cocción: 1 hora
Tamaño ideal de la olla de cocción lenta:
4 cuartos de galón

1 libra de carne molida magra
1 libra de queso americano,
  cortado en cubos
1 lata de 8–10 onzas de tomates y
  chiles verdes
2 cucharaditas de aderezo
  Worcestershire
¹/₂ cucharadita de polvo de ají

1. Dore la carne en un sartén antiadherente. Desagüe.
2. Coloque la carne dorada en la olla de cocción lenta. Añada todo el resto de los ingredientes. Mezcle bien.
3. Cubra y gradúe la olla a "Alto" y cocine por 1 hora, mezclando ocasionalmente hasta que el queso esté completamente derretido.
4. Sirva inmediatamente o gradúe la olla a "Bajo" para servir hasta 6 horas después.

Consejos útiles:
1. Sirva con chips de tortilla o de maíz.
2. Para una crema (dip) más espesa, mezcle 2 Cucharas de harina y 3 Cucharas de agua juntas en un tazón pequeño hasta que esté sin grumos. Cuando la crema (dip) esté caliente y el queso esté derretido, mezcle la masa en la olla de cocción lenta. Continúe a mezclar hasta que esté bien mezclada.

Crema (*díp*) "Nacho"

Gladys M. High
Ephrata, Pennsylvania

Rinde 10–12 porciones

Tiempo de preparación: 15 minutos
Tiempo de cocción: 1 hora
Tamaño ideal de la olla de cocción lenta:
5 a 6 cuartos de galón

1 libra de carne molida
2 libras de queso americano,
  cortado en cubos
1 tarro de 16 onzas de salsa, su
  elección de enchilosidad
1 Cuchara de aderezo
  Worcestershire

1. Dore la carne molida en un sartén antiadherente. Desagüe.
2. Coloque la carne en la olla de cocción lenta. Añada todo el resto de los ingredientes y mezcle bien.
3. Cubra y gradúe la olla a "Alto" y cocine por 1 hora. Mezcle ocasionalmente hasta que el queso esté completamente derretido.
4. Sirva inmediatamente, o gradúe la olla a "Bajo" para servir hasta 6 horas después.
5. Sirva con *chips* de tortilla o de maíz.

Aperitívos de pízza, preparación fácil

Sharon Wantland
Menomonee Falls, Wisconsin

Rinde 8 porciones

Tiempo de preparación: 15 minutos
Tiempo de cocción: 1 hora
Tamaño ideal de la olla de cocción lenta:
4 cuartos de galón

1 libra de carne molida
1 libra de salchicha italiana a
  granel
1 libra de queso Velveeta, cortado
  en cubos y *dividido*
4 cucharaditas de condimento de
  pizza
¹/₂ cucharadita de aderezo
  Worcestershire

1. En un sartén antiadherente, dore la carne y la salchicha hasta que esté desmenuzada. Desagüe.
2. Añada el resto de los ingredientes y coloque la mezcla en la olla de cocción lenta.
3. Cubra y gradúe la olla a "Bajo" y cocine por 1 hora.
4. Cuando esté completamente calentado, ofrezca una cuchara o un cuchillo pequeño para untar y servir con pan de centeno de fiesta.

Crema (*dip*) de queso con carne

Janie Steele
Moore, Oklahoma

Rinde 15 porciones de aperitivo

Tiempo de preparación: 50 minutos
Tiempo de cocción: 30–60 minutos
Tamaño ideal de la olla de cocción lenta:
3 a 4 cuartos de galón

1 libra de carne molida
1 libra de salchicha italiana
   picante a granel
1 libra de queso jalapeño
   Velveeta, cortado en cubos
1 lata de 10¾ onzas de sopa de
   hongo dorado
chips de tortilla

1. Dore la carne molida en un sartén antiadherente. Desagüe. Coloque en la olla de cocción lenta.
2. Dore la salchicha suelta en un sartén. Desagüe. Añada a la olla de cocción lenta.
3. Añada todo el resto de los ingredientes menos los *chips* de tortilla a la olla de cocción lenta. Mezcle bien.
4. Cubra y gradúe la olla a "Alto" y cocine por 30–60 minutos, mezclando con frecuencia hasta que el queso esté completamente derretido.
5. Gradúe la olla a "Bajo". Sirva con *chips* de tortilla, mezclando ocasionalmente para evitar que se queme.

Crema (*dip*) saciadora de pizza

Natalia Showalter
Mt. Solon, Virginia

Rinde 18 porciones

Tiempo de preparación: 30 minutos
Tiempo de cocción: 3 horas
Tamaño ideal de la olla de cocción lenta:
3 cuartos de galón

1 libra de salchicha ahumada a
   granel
2 paquetes de 8 onzas de queso
   crema, cortado en cubos
2 tazas de salsa de pizza
2 tazas de queso *mozzarella*
   rallado
1 taza de queso chedar rallado

1. Dore la salchicha en un sartén, desmenuzando en pedazos pequeños con una cuchara a medida que se va dorando. Desagüe.
2. Coloque la salchicha en la olla de cocción lenta. Mézclele todo el resto de los ingredientes.
3. Cubra y gradúe la olla a "Alto" y cocine por 1 hora. Mezcle.
4. Gradúe la olla a "Bajo" y cocine hasta que esté completamente calentado, alrededor de 2 horas más.

Consejo útil: Sirva con chips de maíz.

Variación: Para un desayuno que se le "adhiere a las costillas", mezcle 2 Cucharas de la crema (dip) completada en 3 huevos mientras los revuelve. Sirva la mezcla en bollos ingleses tostados sin tapa.

— **Elaine Patton**
West Middletown,
Pennsylvania

Crema (*dip*) caliente de carne de res

Sarah Miller
Harrisonburg, Virginia

Rinde 12–15 porciones

Tiempo de preparación: 30 minutos
Tiempo de cocción: 2–3 horas
Tamaño ideal de la olla de cocción lenta:
1 a 2 cuartos de galón

2 paquetes de 8 onzas de queso
   crema, ablandado
8 onzas de queso chedar rallado
1 pimiento verde, picado
   finamente
1 cebolla pequeña, picada
   finamente
¼ libra de carne de res seca,
   deshilachada

1. En un tazón para mezclar mediano, combine el queso crema y el queso rallado.
2. Replegue los pimientos, las cebollas y la carne de res seca. Coloque la mezcla en la olla de cocción lenta.
3. Cubra y gradúe la olla a "Bajo" y cocine por 2–3 horas. Mezcle ocasionalmente.
4. Sirva caliente con galletas saladas.

Variaciones: Use solamente un paquete de queso crema. No use el queso chedar. Añada 1 taza de crema agria al Paso 1.
Sirva con puntas tostadas de pan para sumergir.

— **Judith A. Govotsos**
Frederick, Maryland

Aperitivos *Reuben*

Joleen Albrecht
Gladstone, Michigan

Rinde 10 porciones

Tiempo de preparación: 15 minutos
Tiempo de cocción: 1–2 horas
Tamaño ideal de la olla de cocción lenta:
2 cuartos de galón

½ taza de mayonesa
2 tazas (10 onzas) de queso suizo,
 deshebrado
½ libra de carne salada de res
 cortada en lonjas finas, en
 pedazos
1 lata de 14 onzas de chucrut (col
 agria), drenado
1 barra de pan de centeno ó 1
 paquete de pan de centeno de
 fiesta

1. Combine todos los ingredientes, menos el pan, en la olla de cocción lenta.
2. Cubra y gradúe la olla a "Alto" y cocine por 1–2 horas, o hasta que esté completamente calentado y el queso esté derretido.
3. Unte en rebanadas de pan de centeno. Sirva caliente.

Consejo útil: La consistencia es mejor si usted no usa queso o mayonesa bajo en grasas.

Variaciones:
1. Para sabor adicional, añada 2 tazas de queso chedar deshebrado. Y aumente la mayonesa a 1 taza. Estos ingredientes adicionales aumentarán el número de porciones a 14–16.
— **Norma Grieser**
Clarksville, Michigan

2. En lugar de la mayonesa, use 1 paquete de 8 onzas de queso crema. ablandado y ½ taza de aderezo de ensalada Thousand Island.
— **Jeanette Oberholtzer**
Manheim, Pennsylvania

Crema de untar *Reuben*

Renee Baum
Chambersburg, Pennsylvania

Rinde 18–20 porciones

Tiempo de preparación: 15 minutos
Tiempo de cocción: 3 horas
Tamaño ideal de la olla de cocción lenta:
2½ cuartos de galón

2½ tazas de carne salada de res
 cocida, cortada en cubos
1 tarro de 16 onzas de chucrut
 (col agria), enjuagado y
 drenado bien
2 tazas (8 onzas) de queso suizo
 deshebrado
2 tazas (8 onzas) de queso chedar
 deshebrado
1 taza de mayonesa

1. Combine todos los ingredientes en la olla de cocción lenta. Mezcle bien.
2. Cubra y gradúe la olla a "Bajo" y cocine por 3 horas, mezclando ocasionalmente. Sirva caliente.

Albóndigas con sabor agridulce

Valerie Drobel
Carlisle, Pennsylvania
Sharon Hannaby
Frederick, Maryland

Rinde 15–20 porciones

Tiempo de preparación: 10 minutos
Tiempo de cocción: 2–4 horas
Tamaño ideal de la olla de cocción lenta:
3 a 4 cuartos de galón

1 tarro de 12 onzas de jalea de
 uva
1 tarro de 12 onzas de salsa de
 chili
2 bolsas de 1 libra de albóndigas
 preparadas congeladas,
 descongeladas

1. Combine la jalea y la salsa en la olla de cocción lenta. Mezcle bien.
2. Añada las albóndigas. Mezcle para cubrir.
3. Cubra y gradúe la olla a "Bajo" y cocine por 4 horas, o gradúe la olla a "Alto" y cocine por 2 horas. Mantenga la olla de cocción lenta en "Bajo" mientras usted sirve.

Variación: En lugar de albóndigas, use 2 paquetes de 1 libra de salchichitas de cóctel.
— **Krista Hershberger**
Elverson, Pennsylvania

Consejo útil: Si sus albóndigas están congeladas, añada otra hora al tiempo de cocción.

Albóndigas agrías

Penny Blosser
Beavercreek, Ohio

Rinde 50–60 albóndigas

Tiempo de preparación: 15 minutos
Tiempo de cocción: 2–4 horas
Tamaño ideal de la olla de cocción lenta:
4 cuartos de galón

---

2 libras de albóndigas precocidas
1 botella de 16 onzas de salsa de
  barbacoa
8 onzas de jalea de uva

   1. Coloque las albóndigas en la
olla de cocción lenta.
   2. Combine la salsa de barbacoa
y la jalea en un tazón para mezclar
mediano.
   3. Eche sobre las albóndigas y
mezcle bien.
   4. Cubra y gradúe la olla a "Alto"
y cocine por 2 horas, o gradúe la olla
a "Bajo" y cocine por 4 horas.
   5. Gradúe la olla a "Bajo" y sirva.

Míní perros calíentes y albóndigas

Mary Kay Nolt
Newmanstown, Pennsylvania

Rinde 15 porciones

Tiempo de preparación: 5 minutos
Tiempo de cocción: 2–3 horas
Tamaño ideal de la olla de cocción lenta:
5 a 6 cuartos de galón

---

36 albóndigas italianas cocidas,
  congeladas (½ onza cada una)
1 paquete de 16 onzas de perros
  calientes pequeñitos, *o*
  salchichitas ahumadas
1 tarro de 26 onzas de salsa de
  espagueti sin carne
1 botella de 18 onzas de salsa de
  barbacoa
1 botella de 12 onzas de salsa de
  chili

   1.Combine todos los ingredientes
en la olla de cocción lenta.
   2. Cubra y gradúe la olla a "Alto"
y cocine por 2 horas, o gradúe la olla
a "Bajo" y cocine por 3 horas, o hasta
que esté completamente calentado.

Variación: Añada 1 paquete de 3½
onzas de peperoni cortdao en rodajas al
Paso 1.

Crema (*díp*) de tocíno y queso chedar

Arlene Snyder
Millerstown, Pennsylvania

Rinde 15 porciones

Tiempo de preparación: 10–15 minutos
Tiempo de cocción: 1½–2 horas
Tamaño ideal de la olla de cocción lenta:
4 cuartos de galón

---

2 paquetes de 8 onzas de queso
  crema, ablandado
2 tazas de crema agria
1 libra de tocino, frito y
  desmenuzado
4 tazas de queso chedar
  deshebrado, *dividido*

   1. En un tazón para mezclar, bata
el queso crema y la crema agria
hasta que esté sin grumos.
   2. Replegue el tocino y 3 tazas de
queso chedar.
   3. Coloque la mezcla en la olla de
cocción lenta y rocíe con el resto del
queso.
   4. Cubra y gradúe la olla a "Bajo"
y cocine por 1½–2 horas, o hasta que
esté completamente calentado.
   5. Sirva con *chips* de maíz blancas.

Consejo útil: *Guarde unas pocas*
  migajas de tocino para rociar
  encima.

Variación: Para una versión más
enchilosa, mezcle algunas hierbas fres-
cas, o algunos chiles picados, al Paso 2.

Un consejo útil —

  Ya que yo trabajo tiempo completo, con frecuencia pongo mi cena en la
olla de cocción lenta para cocinar hasta que llegue a mi hogar. Mis tres ado-
lescentes y mi esposo árbitro pueden todos comer una comida nutritiva no
importa a que hora lleguen a casa.

Rhonda Burgoon
Collingswood, New Jersey

Crema (*dip*) de queso suízo

Jennifer Yoder Sommers
Harrisonburg, Virginia

Rinde 12 porciones

Tiempo de preparación: 5 minutos
Tiempo de cocción: 1–2 horas
Tamaño ideal de la olla de cocción lenta:
1¹⁄₂ cuartos de galón

2 tazas (8 onzas) de queso suizo
  deshebrado
1 taza de mayonesa
¹⁄₂ taza de trocitos de tocino
2 Cucharas de cebolla picada
¹⁄₂ taza de migajas de galleta de
  bocadillo

1. Combine el queso, la mayonesa, los trocitos de tocino y la cebolla en la olla de cocción lenta.
2. Rocíe las migajas de galleta encima.
3. Cubra y gradúe la olla a "Bajo" y cocine por 1–2 horas.
4. Sirva con una variedad de galletas de bocadillo o verduras frescas cortadas en pedazos.

Crema (*dip*) de pizza de peperoni

Annabelle Unternahrer
Shipshewana, Indiana

Rinde 10–15 porciones

Tiempo de preparación: 10 minutos
Tiempo de cocción: 2 horas
Tamaño ideal de la olla de cocción lenta:
3 cuartos de galón

2 paquetes de 8 onzas de queso
  crema, cortado en cubos
1 lata de 14 onzas de salsa de
  pizza
1 paquete de 8 onzas de peperoni
  cortado en rodajas, picado
1 lata pequeña de olivas maduras
  cortadas en rodajas, drenadas
2 tazas (8 onzas) de queso
  mozzarella deshebrado

1. Coloque el queso crema en su olla de cocción lenta.
2. En un tazón pequeño, combine la salsa de pizza, el peperoni y las olivas. Eche sobre el queso crema.
3. Rocíe con queso *mozzarella* encima.
4. Cubra y gradúe la olla a "Bajo" y cocine por 2 horas, o hasta que el queso está derretido.
5. Mezcle y sirva con *chips* de tortilla, *chips* de *bagel* o tostaditos de ajo.

Perros calientes de fiesta para los amantes de la mostaza

Barb Harvey
Quarryville, Pennsylvania

Rinde 12 porciones

Tiempo de preparación: 15 minutos
Tiempo de cocción: 1–2 horas
Tamaño ideal de la olla de cocción lenta:
3 cuartos de galón

12 perros calientes cortados en
  pedazos tamaño de un bocado
1 taza de jalea de uva
1 taza de mostaza preparada

1. Coloque todos los ingredientes en la olla de cocción lenta. Mezcle bien.
2. Cubra y gradúe la olla a "Alto" hasta que la mezcla hierva. Mezcle.
3. Gradúe la olla a "Bajo" y lleve a la mesa de *buffet*.

Favoritos de carne para la mesa *buffet*

Judy A. Wantland
Menomonee Falls, Wisconsin

Rinde 24 porciones

Tiempo de preparación: 5 minutos
Tiempo de cocción: 2 horas
Tamaño ideal de la olla de cocción lenta:
2 a 3 cuartos de galón

1 taza de salsa de tomate
1 cucharadita de aderezo
 Worcestershire
½ cucharadita de mostaza
 preparada
2 Cucharas de azúcar morena
1 libra de albóndigas preparadas,
 ó 1 libra de salchichitas
 wieners

1. Mezcle los primeros cuatro
ingredientes en la olla de cocción
lenta.
2. Añada las albóndigas o las
salchichitas *wieners*.
3. Cubra y gradúe la olla a "Alto"
y cocine por 2 horas. Gradúe la olla a
"Bajo" y sirva como un aperitivo de
la olla de cocción lenta.

Consejos útiles:
1. Doble el aderezo y añada las
salchichas y las albóndigas
2. Añada ¼–½ taza de cebolla para
sabor y textura adicional.

Mini perros calientes

Carolyn Fultz
Angola, Indiana

Rinde 20–30 porciones de aperitivo

Tiempo de preparación: 5 minutos
Tiempo de cocción: 4–5 horas
Tamaño ideal de la olla de cocción lenta:
4 cuartos de galón

2 tazas de azúcar morena
1 Cuchara de aderezo
 Worcestershire
1 botella de 14 onzas de salsa de
 tomate
2 ó 3 libras de perros calientes
 pequeñitos

1. En la olla de cocción lenta,
mezcle el azúcar morena, el aderezo
Worcestershire y la salsa de tomate.
2. Mézclele los perros calientes.
3. Cubra y gradúe la olla a "Alto"
y cocine por 1 hora. Gradúe la olla a
"Bajo" y cocine por 3–4 horas.
4. Sirva de la olla de cocción
lenta mientras la olla está graduada a
"Bajo".

Salchichas en vino

Mary E. Wheatley
Mashpee, Massachusets

Rinde 10–12 porciones o 24 appetizers

Tiempo de preparación: 15 minutos
Tiempo de cocción: 45 minutos a 1 hora
Tamaño ideal de la olla de cocción lenta:
3 cuartos de galón

1 taza de vino tinto seco
2 Cucharas de jalea de grosella
6–8 salchichas italianas suaves, *o*
 salchicha polaca

1. Coloque el vino y la jalea en la
olla de cocción lenta. Caliente hasta
que la jalea es disuelta y el aderezo
empieza a hervir. Añada las
salchichas.
2. Cubra y gradúe la olla a "Alto"
y cocine por 45 minutos a 1 hora, o
hasta que las salchichas estén completamente cocidas y un poco
glaseadas.
3. Cambie las salchichas a una
tabla de cortar y corte en rodajas.
Sirva con los jugos cuchareados
encima.

Un consejo útil —

Use azúcar morena clara para
un sabor de caramelo. Use azúcar morena oscura cuando usted
prefiere un sabor y un color a
melaza.

Crema (*dip*) chévere de queso y salchicha

Reita Yoder
Carlsbad, New Mexico

Rinde 12 porciones

Tiempo de preparación: 15 minutos
Tiempo de cocción: 1–2 horas
Tamaño ideal de la olla de cocción lenta:
1 cuarto de galón

---

1 libra de salchicha de cerdo, cortada en rodajas finas, *o* exprimida de la envoltura y desmenuzada
2 libras de queso *Velveeta,* cortado en cubos
2 latas de 10¾ onzas de tomates con chiles verdes *Rotel,* en su jugo

1. Dore la salchicha en un sartén grande antiadherente. Desagüe.
2. Regrese la salchicha dorada al sartén y mézclele el queso Velveeta cortado en cubos.
3. Cocine sobre fuego bajo hasta que el queso se derrita. Mezcle ocasionalmente.
4. Coloque el cerdo y el queso derretido en la olla de cocción lenta. Mézclele los tomates.
5. Cubra y gradúe la olla a "Bajo" y cocine por 1–2 horas, hasta que esté completamente calentado.
6. Sirva caliente con verduras crudas cortadas o con *chips.*

Consejos útiles:
1. Si la crema (dip) se seca mucho, añada ¼–½ taza de agua tibia.
2. Si el queso se mira cortado, está bien. Mezcle la mezcla y reduzca el fuego, o apague la olla.

Variación: Para un plato más cremoso, añada 2 latas de 10¾ onzas de sopa de crema de hongo al Paso 4, mezclando la sopa con los tomates.
— **Edna Mae Herschberger**
Arthur, Illinois

Salchichas ahumadas hervidas a fuego lento

Jonice Crist
Quinter, Kansas
Mary Lynn Miller
Reinholds, Pennsylvania
Joette Droz
Kalona, Iowa
Renee Baum
Chambersburg, Pennsylvania

Rinde 16–20 porciones

Tiempo de preparación: 15 minutos
Tiempo de cocción: 4 horas
Tamaño ideal de la olla de cocción lenta:
2 cuartos de galón

---

2 paquetes de 16 onzas de salchichitas de cóctel ahumadas
1 taza de azúcar morena, empacada
½ taza de *ketchup*
¼ taza de rábano picante preparado

1. Coloque las salchichitas en la olla de cocción lenta.
2. Combine el resto de los ingredientes en un tazón y eche sobre las salchichitas.
3. Cubra y gradúe la olla a "Bajo" y cocine por 4 horas.

Salchichitas de cóctel de cocción lenta

Renee Baum
Chambersburg, Pennsylvania

Rinde 12–16 porciones

Tiempo de preparación: 5 minutos
Tiempo de cocción: 6–7 horas
Tamaño ideal de la olla de cocción lenta:
3 a 4 cuartos de galón

---

2 libras de salchichitas de cóctel ahumadas
1 botella de 28 onzas de salsa de barbacoa
1¼ tazas de agua
3 Cucharas de aderezo *Worcestershire*
3 Cucharas de salsa de bistec
½ cucharadita de pimienta

1. En la olla de cocción lenta, combine todos los ingredientes. Mezcle bien.
2. Cubra y gradúe la olla a "Bajo" y cocine por 6–7 horas.

Salchichitas de cóctel sabor barbacoa
Jena Hammond
Traverse City, Michigan

Rinde 48–60 porciones de aperitivo

Tiempo de preparación: 5 minutos
Tiempo de cocción: 4 horas
Tamaño ideal de la olla de cocción lenta:
4 cuartos de galón

4 paquetes de 16 onzas de
  salchichitas de cóctel
1 botella de 18 onzas de salsa de
  barbacoa

1. Mezcle los ingredientes en la olla de cocción lenta.
2. Cubra y gradúe la olla a "Bajo" y cocine por 4 horas.

Kielbasa con sabor a manzana
Jeanette Oberholtzer
Manheim, Pennsylvania

Rinde 12 porciones

Tiempo de preparación: 15 minutos
Tiempo de cocción: 6–8 horas
Tamaño ideal de la olla de cocción lenta:
3 cuartos de galón

2 libras de salchicha *kielbasa*
  cocida, cortada en pedazos de 1
  pulgada
³/₄ taza de azúcar morena
1 taza de compota de manzana, con
  trozos
2 dientes de ajo, picaditos

1. Combine todos los ingredientes en la olla de cocción lenta.
2. Cubra y gradúe la olla a "Bajo" y cocine por 6–8 horas hasta que esté completamente calentado.

Salchichitas de cóctel sabor barbacoa, preparación fácil
Ruth Ann Bender
Cochranville, Pennsylvania

Rinde 12–16 porciones

Tiempo de preparación: 5 minutos
Tiempo de cocción: 2 horas
Tamaño ideal de la olla de cocción lenta:
3¹/₂ cuartos de galón

1 botella de 18 onzas de salsa de
  barbacoa
8 onzas de salsa
2 paquetes de 16 onzas de
  salchichitas de cóctel

1. Mezcle la salsa de barbacoa y la salsa en la olla de cocción lenta.
2. Añada las salchichitas de cóctel.
3. Caliente en "Alto" por 2 horas.
4. Mezcle. Gradúe a "Bajo" para servir.

Crema de untar de cangrejo
Jeanette Oberholtzer
Manheim, Pennsylvania

Rinde 8 porciones

Tiempo de preparación: 20 minutos
Tiempo de cocción: 4 horas
Tamaño ideal de la olla de cocción lenta:
1 a 3 cuartos de galón

¹/₂ taza de mayonesa
8 onzas de queso crema,
  ablandado
2 Cucharas de jugo de manzana

1 cebolla, picadita
1 trozo de 1 libra de carne de
  cangrejo, revisado para retirar
  el cartílago y los pedacitos de
  concha

1. Mezcle la mayonesa, el queso y el jugo en un tazón mediano hasta que esté bien mezclado.
2. Mézclele las cebollas, mezclando bien. Con cuidado mézclele la carne de cangrejo.
3. Coloque en la olla de cocción lenta, cubra y gradúe a "Bajo" y cocine por 4 horas.
4. La crema (*dip*) se mantendrá por 2 horas. Mezcle ocasionalmente. Sirva con galletas saladas de bocadillo, pan de bocadillo o verduras crudas.

Fundido caliente de queso
Tierra Woods
Duenweg, Missouri

Rinde 9–10 porciones

Tiempo de preparación: 5–10 minutos
Tiempo de cocción: 1¹/₂– 2 horas
Tamaño ideal de la olla de cocción lenta:
3 a 4 cuartos de galón

1 lata de 12 onzas de jalapeños
  enteros, o picados, drenados
1 lata de 15 onzas de tomates
  mexicanos guisados o *Rotel*, en
  su jugo
2 libras de queso *Velveeta*, cortado
  en cubos
4 lonjas de tocino, cocidos
  crujientes y desmenuzados

1. Ponga los jalapeños picados en el fondo de la olla de cocción lenta.
Cucharee los tomates y luego cubra con trozos de queso.

2. Cubra y gradúe la olla a "Bajo" y cocine por 1½ horas, o hasta que el queso esté completamente derretido.

3. Cuando está listo para servir, rocíe el tocino encima.

4. Mantenga la olla en "Bajo" y sirva el fundido con *chips* de tortilla, trozos de pan, o verduras frescas y cortadas.

Fondue de pizza

Bonnie Whaling
Clearfield, Pennsylvania

Rinde 4–6 porciones

Tiempo de preparación: 15 minutos
Tiempo de cocción: 1 hora
Tamaño ideal de la olla de cocción lenta:
  3½ cuartos de galón

1 bloque de 1 libra de queso, su elección de queso(s) buenos para derretir, cortados en cubos de ½ pulgada
2 tazas de queso *mozzarella* rallado
1 lata de 19 onzas de tomates guisados estilo italiano con su jugo
1 barra de pan italiano, rebanadas tostadas y luego cortadas en cubos de 1 pulgada

1. Coloque los cubos de queso, el queso mozzarella rallado y los tomates en una olla de cocción lenta ligéramente engrasada.

2. Cubra y gradúe la olla a "Alto" y cocine por 45–60 minutos, o hasta que el queso esté derretido.

3. Mezcle ocasionalmente y raspe los lados de la olla de cocción lenta con una espátula de goma para evitar que se queme.

4. Reduzca el fuego a "Bajo" y

sirva. (El *fondue* mantendrá una consistencia sin grumos por hasta 4 horas.)

5. Sirva con cubos de pan tostados para sumergir.

Variación: Añada ¼ libra de peperoni cortado en rodajas al Paso 1.

Crema (*díp*) mexicana de frijoles y queso

Mary Sommerfeld
Lancaster, Pennsylvania

Rinde 5 tazas de crema (dip)

Tiempo de preparación: 5 minutos
Tiempo de cocción: 2–3 horas
Tamaño ideal de la olla de cocción lenta:
  2 cuartos de galón

1 lata de 15 onzas de frijoles refritos
1 tarro de 8 onzas de salsa de taco
1 libra de queso *Velveeta*, cortado en cubos
1 paquete de condimento seco de taco

1. Combine los ingredientes en la olla de cocción lenta.

2. Cubra. Gradúe la olla a "Bajo" y cocine por 2–3 horas, o hasta que el queso esté derretido.

3. Sirva caliente de la olla con *chips* de tortilla.

Nota: Si usted es cautelosa acerca de la sal, escoja chips mínimamente saladas.

Crema (*díp*) mexícana de queso

Dale Peterson
Rapid City, South Dakota

Rinde 12 porciones

Tiempo de preparación: 10 minutos
Tiempo de cocción: 2–3 horas
Tamaño ideal de la olla de cocción lenta:
  3 cuartos de galón

2 libras de queso *Velveeta*, cortado en cubos
2 cucharaditas de condimento de taco
1 lata de 10 onzas de tomates y chiles verdes, en su jugo

1. Coloque el queso cortado en cubos en la olla de cocción lenta.

2. Cubra y gradúe la olla a "Bajo" y cocine por 1–1½ horas, o hasta que el queso esté derretido.

3. Mézclele el condimento y los tomates con chiles verdes.

4. Cubra y gradúe la olla a "Bajo" y cocine por otras 1–1½ horas. Mezcle ocasionalmente para evitar que el queso se pegue al fondo de la olla.

5. Sirva con sus *chips* firmes preferidas.

Chili con queso

Arlene Leaman Kliewer
Lakewood, Colorado

Rinde 12–16 porciones

Tiempo de preparación: 15 minutos
Tiempo de cocción: 2 horas
Tamaño ideal de la olla de cocción lenta:
  2 cuartos de galón

2 Cucharas de aceite
1 cebolla mediana, picada
2 latas de 4¼ onzas de chiles
  verdes picados
1 lata de 14½ onzas de tomates
  guisados estilo mexicano,
  drenados
1 libra de queso *Velveeta*, cortado
  en cubos

1. En un sartén, sofría la cebolla
en el aceite hasta que esté transparente. Añada los chiles y los tomates.
Lleve a un hervor.
2. Añada el queso. Eche en la olla
de cocción lenta en "Bajo". Cocine
por 2 horas.
3. Mantenga caliente en la olla de
cocción lenta, mezclando ocasionalmente.
4. Sirva con *chips* de tortilla.

Chiles rellenos

Andrea Cunningham
Arlington, Kansas

Rinde 8 porciones

Tiempo de preparación: 15 minutos
Tiempo de cocción: 6–8 horas
Tamaño ideal de la olla de cocción lenta:
  4 cuartos de galón

1¼ tazas de leche
4 huevos, batidos
3 Cucharas de harina

1 lata de 12 onzas de chiles
  verdes picados
2 tazas de queso chedar rallado

1. Combine todos los ingredientes
en la olla de cocción lenta hasta que
estén bien mezclados.
2. Cubra y gradúe la olla a "Bajo"
y cocine por 6-8 horas.
3. Sirva con *chips* de tortilla y
salsa.

*Variación: Sirva como relleno de bur-
rito.*

Crema (*díp*) de chili-queso

Sharon Timpe
Jackson, Wisconsin

Rinde 10–12 porciones

Tiempo de preparación: 5 minutos
Tiempo de cocción: 2–3 horas
Tamaño ideal de la olla de cocción lenta:
  2 cuartos de galón

1 libra de crema de untar de
  queso pasteurizado
1 lata de 15–16 onzas de *chili* sin
  los frijoles
¼ taza de cebolla picada
1 lata de 4 onzas de chiles verdes
  picados

1. Mezcle todos los ingredientes
en la olla de cocción lenta.
2. Cubra y gradúe la olla a "Bajo"
y cocine por 2-3 horas, o hasta que
esté completamente calentado.

*Consejo útil: Sirva caliente de una olla
con chips de maíz o tortilla en forma
de una cuchara.*

Crema (*díp*) de chili con queso

Janie Steele
Moore, Oklahoma

Rinde 12–15 porciones

Tiempo de preparación: 5–10 minutos
Tiempo de cocción: 1–2 horas
Tamaño ideal de la olla de cocción lenta:
  4 cuartos de galón

1 libra de queso *Velveeta*, cortado
  en cubos
1 lata de 15 onzas de *chili* con
  frijoles
1 lata de 4 onzas de chiles verdes
  picados
1 cebolla mediana, picada

1. Combine todos los ingredientes
en la olla de cocción lenta.
2. Cubra y gradúe la olla a "Alto"
y cocine por 30 minutos, mezclando
con frecuencia hasta que el queso
esté derretido.
3. Gradúe a "Bajo", manteniendo
la olla cubierta, por 30-60 minutos.
Mezcle ocasionalmente para evitar
que se queme.
4. Sirva con *chips*.

Crema (*díp*) de papas horneadas "Mommy Trapp"

Penny Blosser
Beavercreek, Ohio

Rinde 18–24 porciones

Tiempo de preparación: 15 minutos
Tiempo de cocción: 1 hora
Tamaño ideal de la olla de cocción lenta:
3 cuartos de galón

---

2 libras de queso *Velveeta*, cortado en cubos
¼ taza de leche
1 taza de queso chedar fuerte, rallado
2 latas de 2¾ onzas de chiles verdes
1 tarro pequeño de pimiento morrón

1. Combine todos los ingredientes en la olla de cocción lenta.

2. Cubra y gradúe la olla a "Alto" y cocine por 1 hora, o hasta que el queso se derrita. Mezcle con frecuencia.

3. Gradúe la olla a "Bajo" y sirva con *chips* de su elección.

Consejo útil: Añada jalapeños picados si usted quiere una crema (dip) más enchilosa.

Crema (*díp*) potente de *chilí*

Renee Baum
Chambersburg, Pennsylvania
Shirley Sears
Sarasota, Florida
Mary Lynn Miller
Reinholds, Pennsylvania

Rinde 15 porciones

Tiempo de preparación: 5–10 minutos
Tiempo de cocción: 2 horas
Tamaño ideal de la olla de cocción lenta:
2 a 3 cuartos de galón

---

1 tarro de 24 onzas de salsa
1 lata de 15 onzas de *chilí* con frijoles
2 latas de 2¼ onzas de olivas maduras cortadas en rodajas, drenadas
12 onzas de queso americano, cortado en cubos

1. En la olla de cocción lenta, combine la salsa, el *chilí* y las olivas. Mézclele el queso.

2. Cubra y gradúe la olla a "Bajo" y cocine por 2 horas, o hasta que el queso esté derretido, mezclando a medio tiempo de cocción.

3. Sirva con *chips* de tortilla firmes.

Crema (*díp*) de queso al *curry*

Susan Kasting
Jenks, Oklahoma

Rinde 9–10 porciones

Tiempo de preparación: 10 minutos
Tiempo de cocción: 45 minutos a 1 hora
Tamaño ideal de la olla de cocción lenta:
1 a 2 cuartos de galón

---

2 tazas de queso chedar deshebrado
1 paquete de 8 onzas de queso crema, ablandado
½ taza de leche
¼ taza de chalotes picados
1½ cucharadita de polvo de *curry*

1. Mezcle todos los ingredientes en la olla de cocción lenta.

2. Cubra y gradúe la olla a "Alto" y cocine por 45 minutos a 1 hora, o hasta que los quesos están derretidos y la crema (*dip*) está completamente calentada. Mezcle ocasionalmente.

3. Gradúe la olla a "Bajo" y sirva la crema (*dip*) con galletas saladas o verduras.

Fondue de queso con sidra—para una mesa estilo buffet

Ruth Ann Bender
Cochranville, Pennsylvania

Rinde 4 porciones

Tiempo de preparación: 15 minutos
Tiempo de calefacción: ¡hasta que la olla esté vacía!
Tamaño ideal de la olla de cocción lenta: 1 cuarto de galón

¾ taza de jugo de manzana o sidra
2 tazas (8–10 onzas) de queso chedar deshebrado
1 taza (4–5 onzas) de queso suizo deshebrado
1 Cuchara de maicena
⅛ cucharadita de pimienta
1 barra de 1 libra de pan francés, cortado en trozos

1. En una cacerola grande, lleve la sidra a un hervor. Reduzca el fuego a bajo mediano.
2. En un tazón para mezclar grande, revuelva los quesos con la maicena y la pimienta.
3. Mezcle la mezcla en la sidra. Cocine y mezcle por 3–4 minutos, o hasta que el queso está derretido.
4. Cambie a una olla de cocción lenta de 1 cuarto de galón para mantener caliente. Mezcle ocasionalmente.
5. Sirva con cubitos de pan o trozos de manzana para sumergir.

Crema (*díp*) "Súper Tazón"

Liz Rugg
Wayland, Iowa

Rinde 30 porciones

Tiempo de preparación: 15 minutos
Tiempo de cocción: 2–3 horas
Tamaño ideal de la olla de cocción lenta: 3 a 4 cuartos de galón

2 libras de carne molida
1 sobre de mezcla de condimento seco de taco
1 tarro de 24 onzas de salsa, su elección de enchilosidad
1 libra de queso *Velveeta*, cortado en cubos
1 lata de 16 onzas de frijoles refritos

1. Dore la carne en un sartén antiadherente. Desagüe.
2. Coloque la carne en la olla de cocción lenta. Mézclele el resto de los ingredientes.
3. Cubra y gradúe la olla a "Bajo" y cocine por 2–3 horas, o hasta que el queso esté derretido.

Consejo útil: Sirva con sus chips de tortilla preferidas.

Crema (*díp*) de frijoles refritos

Mabel Shirk
Mount Crawford, Virginia
Wilma Haberkamp
Fairbank, Iowa

Rinde 8–10 porciones

Tiempo de preparación: 5–10 minutos
Tiempo de cocción: 2–2½ horas
Tamaño ideal de la olla de cocción lenta: 1 a 2 cuartos de galón

1 lata de 20 onzas de frijoles refritos
1 taza de queso chedar o de pimiento caliente, deshebrado
½ taza de cebollines picados
¼ cucharadita de sal
2–4 Cucharas de salsa de taco embotellada (dependiendo de su preferencia de gusto)

1. En la olla de cocción lenta, combine los frijoles con el queso, las cebollas, la sal y la salsa de taco.
2. Cubra y gradúe la olla a "Bajo" y cocine por 2 a 2½ horas.
3. Sirva caliente de la olla con *chips* de tortilla.

Crema (*dip*) de frijoles refritos, preparación fácil

Katrina Eberly
Stevens, Pennsylvania

Rinde 12 porciones

Tiempo de preparación: 10 minutos
Tiempo de cocción: 1½ horas
Tamaño ideal de la olla de cocción lenta:
2 cuartos de galón

2 latas de 15 onzas de frijoles refritos
1 sobre de mezcla seca de condimento de taco (use todo, ó ¾ , dependiendo de su preferencia de gusto)
½ tazas de queso *Monterey Jack o Mezcla mexicana* deshebrado
jalapeños picados, o chiles suaves, al gusto
2–4 gotas de salsa de *Tabasco*, *opcional*

1. Coloque los frijoles, el condimento de taco, las cebollas y el queso en su olla de cocción lenta. Mezcle bien.
2. Mézclele los jalapeños o los chiles y la salsa de Tabasco.
3. Gradúe la olla a "Bajo" y cocine hasta que el queso esté derretido, alrededor de 1½ horas.
4. Añada un poquito de agua si la crema (*dip*) parece estar muy espesa.

Consejo útil: Si usted tiene sobras (poco probable), envuelva el resto de la crema (dip) en una tortilla de harina y cubra con un poco de crema agria para un almuerzo o cena liviano.
— **Joleen Albrecht**
Gladstone, Michigan

Crema (*dip*) de frijoles con queso

Deborah Heatwole
Waynesboro, Georgia

Rinde 18–20 porciones

Tiempo de preparación: 5–10 minutos
Tiempo de cocción: 1½–3 horas
Tamaño ideal de la olla de cocción lenta:
2 cuartos de galón

1 latas de 16 onzas de frijoles refritos
2 paquetes de 8 onzas de queso crema, cortado en cubos
2 tazas de salsa, picante, mediana o suave
2 tazas de queso chedar deshebrado
1 sobre de mezcla seca de condimento de taco

1. Mezcle todos los ingredientes en la olla de cocción lenta. Mezcle para combinar bien.
2. Cubra y gradúe la olla a "Alto" y cocine por 1½ horas, o gradúe la olla a "Bajo" y cocine por 3 horas, mezclando ocasionalmente.
3. Sirva con *chips* de maíz.

Consejo útil: Un aplastador de papas funciona bien para mezclar los ingredientes.

Un consejo útil —

El ajuste de "caliente" en una olla de cocción lenta mantiene las comidas a una temperatura entre 145° and 165° F.

Crema (*dip*) fiesta

Melissa Warner
Broad Top, Pennsylvania

Rinde 8 porciones

Tiempo de preparación: 10 minutos
Tiempo de cocción: 30–60 minutos
Tamaño ideal de la olla de cocción lenta:
1 cuarto de galón

1 lata de 16 onzas de frijoles refritos
1 taza de queso chedar deshebrado
½ taza de salsa mexicana
1 chile verde, picado, *opcional*

1. Combine todos los ingredientes y colóquelos en la olla de cocción lenta.
2. Gradúe la olla y cocine por 30–60 minutos, o hasta que el queso esté derretido.
3. Sirva con *chips* de tortilla o de maíz.

Crema (*díp*) de queso y brócoli

Maryann Markano
Wilmington, Deleware

Rinde 24 porciones

Tiempo de preparación: 20–25 minutos
Tiempo de cocción: 1½–2 horas
Tamaño ideal de la olla de cocción lenta: 3 a 4 cuartos de galón

---

2 paquetes de 10 onzas de brócoli picado congelado
1 libra de queso *Velveeta* mexicano, o queso *Velveeta* sencillo o una combinación de los dos
2 latas de 10¾ onzas de sopa de crema de hongo
¼ taza de crema agria
1 cucharadita de polvo de ajo

1. Cocine el brócoli precisamente hasta que esté tierno en una cacerola. Desagüe.
2. Gradúe su olla a "Bajo" y derrita el queso en su olla de cocción lenta por alrededor de 1½–2 horas. (Usted puede adelantar las cosas derritiendo el queso en el horno de microondas—30 segundos en "Alto". Mezcle. Continúe calentando en "Alto" por incrementos de 15 segundos, seguidos por mezclar cada vez, hasta que el queso esté derretido.)
3. En un tazón para mezclar grande, mezcle la sopa, la crema agria, el brócoli y el polvo de ajo. Mézclele al queso derretido.
4. Cucharee en la olla de cocción lenta. Mantenga la olla de cocción lenta caliente mientras sirve con *chips* de tortilla. Mezcle ocasionalmente.

Crema (*díp*) caliente de brócoli

Brenda Hochstedler
East Earl, Pennsylvania

Rinde 24 porciones

Tiempo de preparación: 20 minutos
Tiempo de cocción: 1 hora
Tamaño ideal de la olla de cocción lenta: 2 cuartos de galón

---

2 tazas de brócoli fresco *o* congelado, picado
4 Cucharas de pimiento rojo picado
2 recipientes de 8 onzas de crema (*díp*) de rancho
½ taza de queso parmesano rallado
2 tazas de queso chedar deshebrado

1. Mezcle todos los ingredientes en su olla de cocción lenta.
2. Gradúe la olla a "Bajo" y cocine por 1 hora.
3. Sirva con *chips* de pita, *chips* de verduras o verduras crudas cortadas en pedazos.

Crema (*díp*) caliente de hongos

Carol L. Stroh
Akron, New York

Rinde 6–8 porciones

Tiempo de preparación: 30 minutos
Tiempo de cocción: 3–4 horas
Tamaño ideal de la olla de cocción lenta: 1½ a 2 cuartos de galón

---

1 paquete de 8 onzas de queso crema
1 lata de 10¾ onzas de sopa de crema de hongo
1 lata de 4 onzas de hongos, picados y drenados
⅔ taza de camarón, cangrejo *o* jamón
½ taza de leche

1. Corte el queso crema en pedazos pequeños y coloque en la olla de cocción lenta con el resto de los ingredientes. Mezcle para combinar.
2. Caliente en "Bajo" por 3–4 horas, mezclando ocasionalmente durante la primer hora.
3. Sirva con pan francés, verduras o galletas saladas.

Alcachofas

Dorothy Lingerfelt
Stonyford, California

Rinde 4 porciones

Tiempo de preparación: 10 minutos
Tiempo de cocción: 2½–4 horas
Tamaño ideal de la olla de cocción lenta:
4 cuartos de galón

4 alcachofas enteras, frescas
1 cucharadita de sal
4 Cucharas de jugo de limón,
   dividido
2 Cucharas de mantequilla,
   derretida

1. Lave y recorte las hojas duras del exterior y alrededor de la base de las alcachofas.

Corte alrededor de 1 pulgada de la parte superior de cada una, y recorte las puntas de las hojas.

Extienda las hojas de la parte superior y use una cuchara de mango largo para sacar los corazones vellosos en sus centros.

2. Pare las alcachofas preparadas en la olla de cocción lenta. Rocíe cada una con ¼ cucharadita de sal.

3. Cucharee 2 Cucharas de jugo de limón sobre las alcachofas. Eche bastante agua para cubrir la mitad de la parte inferior de las alcachofas.

4. Cubra y gradúe la olla a "Alto" y cocine por 2½–4 horas.

5. Sirva con mantequilla derretida y el resto del jugo de limón para sumergirlas.

Crema (*dip*) de alcachofa

Colleen Heatwole
Burton, Michigan

Rinde 9–12 porciones

Tiempo de preparación: 20 minutos
Tiempo de cocción: 1–1½ horas
Tamaño ideal de la olla de cocción lenta:
2 cuartos de galón

1 tarro de corazones de alcachofas
   adobados
1 taza de queso parmesano
   rallado
²/₃ taza de crema agria
²/₃ taza de mayonesa
2 Cucharas de pimiento picado en
   cubos

1. Desagüe los corazones de las alcachofas muy bien. Pique finamente.

2. Coloque los corazones de alcachofas picados en la olla de cocción lenta. Combine con el resto de los ingredientes.

3. Cubra y gradúe la olla a "Bajo" y cocine por 1–1½ horas, mezclando ocasionalmente.

4. Sirva con *chips* de tortilla.

Crema (*dip*) de manzana

Leticia A. Zehr
Lowville, New York

Rinde 24 porciones

Tiempo de preparación: 15 minutos
Tiempo de cocción: 20 minutos
Tamaño ideal de la olla de cocción lenta:
2 a 3 cuartos de galón

2 barras (1 taza) de mantequilla
2 tazas de azúcar morena,
   empacada
2 latas de 14 onzas de leche
   azucarada condensada
1 taza de sirope de maíz
1 taza de crema de cacahuate
   (maní), *opcional*
**rodajas de manzana para
   sumergir**

1. Combine todos los ingredientes menos las rodajas de manzana en una cacerola hasta que esté sin grumos. Caliente hasta que esté muy caliente, observando para asegurar que no se pegue al fondo de la cacerola.

2. Cambie la crema (*dip*) a la olla de cocción lenta.

3. Cubra y gradúe la olla a "Bajo" y cocine por 20 minutos.

4. Mientras la crema (*dip*) se está calentando, corte las manzanas en rodajas y coloque en un plato de servir.

5. Sirva la crema (*dip*) de la olla, mientras está graduada a "Bajo" para mantenerla cremosa.

Crema *(díp)* de butterscotch

Renee Baum
Chambersburg, Pennsylvania

Rinde 10–15 porciones

Tiempo de preparación: 5–10 minutos
Tiempo de cocción: 45–50 minutos
Tamaño ideal de la olla de cocción lenta:
1 cuarto de galón

2 paquetes de 10–11 onzas de
 chispas de sirope de caramelo
1 lata de 5 onzas de leche
 evaporada
²/₃ taza de pecanas picadas
1 Cuchara de extracto de ron,
 opcional
trozos de manzana y pera

1. Combine las chispas de sirope
de caramelo y la leche en la olla de
cocción lenta.
2. Cubra y gradúe la olla a "Bajo"
y cocine por 45–50 minutos, o hasta
que las chispas de sirope de caramelo
se ablanden. Mezcle hasta que esté
sin grumos.
3. Mézclele las pecanas y el
extracto.
4. Sirva caliente con trozos de
fruta para sumergir.

Dulces para la olla de cocción lenta

Eileen M. Landis
Lebanon, Pennsylvania
Sarah Miller
Harrisonburg, Virginia
Janet Oberholtzer
Ephrata, Pennsylvania

Rinde 80–100 pedazos

Tiempo de preparación: 5–10 minutos
Tiempo de cocción: 2 horas
Tiempo de enfriar: 45 minutos
Tamaño ideal de la olla de cocción lenta:
2 a 3 cuartos de galón

1¹/₂ libras de corteza de almendra,
 quebrada
4 onzas de chocolate dulce
 alemán *Baker's Brand*,
 quebrado
8 onzas de chispas de chocolate
8 onzas de chispas de crema de
 cacahuate (maní)
2 libras de cacahuates (maní)
 salteadas ligéramente, o sin sal

1. Rocíe el interior de la olla con
aerosol para cocinar antiadherente.
2. Ponga los ingredientes en capas
en la olla de cocción lenta en el
orden enumerado más arriba.
3. Gradúe la olla a "Bajo" y
cocine por 2 horas. No mezcle ni levante la tapa durante el tiempo de
cocción.
4. Después de 2 horas, mezcle
bien.
5. Cucharee con cucharaditas a
papel encerado. Refrigere por aproximadamente 45 minutos antes de
servir o guardar.

Racímos de cacahuate (maní)

Jeannine Janzen
Elbing, Kansas
Marcia Parker
Lansdale, Pennsylvania

Rinde 3¹/₂–4 dozenas de pedazos

Tiempo de preparación: 20 minutos
Tiempo de cocción: 3 horas
Tiempo de enfriar: 30 minutos
Tamaño ideal de la olla de cocción lenta:
4 cuartos de galón

2 libras de capa blanca de dulce,
 picada
1 paquete de 12 onzas de chispas
 de chocolate semi-dulces
1 barra de 4 onzas de chocolate de
 leche, ó 1 paquete de 4 onzas
 de chocolate dulce alemán,
 picado
1 tarro de 24 onzas de cacahuates
 (maní) tostados secos

1. Rocíe el interior de la olla con
aerosol para cocinar antiadherente.
2. En la olla de cocción lenta, combine la capa blanca de dulce, las chispas de chocolate y el chocolate de
leche.
3. Cubra y gradúe la olla a "Bajo"
y cocine por 3 horas. Mezcle cada 15
minutos.
4. Añada los cachuates (maní) al
chocolate derretido. Mezcle bien.
5. Cucharee con Cucharas a papel
encerado. Enfríe hasta que esté hecho.
Sirva inmediatamente, o guarde en un
recipiente con una tapa apretada, sep-
arando las capas con papel encerado.
Mantenga frío y seco.

Consejos útiles:
*1. Esta mezcla rica puede ponerse
grumosa a medida que va derritiendo.
Mezcle con frecuencia, usando una
cuchara de madera para aplastar los
grumos.*
*2. Esto hace un regalo de la Navidad
genial. Y el sabor se mejora un día
después de que se ha hecho.*

Almiares de fideos y almendras

Cathy Boshart

Lebanon, Pennsylvania

Rinde 3 dozenas de pedazos

Tiempo de preparación: 15 minutos
Tiempo de cocción: 15 minutos
Tiempo de enfriar: 30 minutos
Tamaño ideal de la olla de cocción lenta:
2 cuartos de galón

---

2 paquetes de 6 onzas de chispas de sirope de caramelo
³/₄ taza de almendras picadas
1 lata de 5 onzas de fideos *chow mein*

1. Gradúe la olla a "Alto". Coloque las chispas en la olla de cocción lenta. Mezcle cada pocos minutos hasta que se derritan.

2. Cuando las chispas estén completamente derretidas, cuidadosamente mézclele las almendras y los fideos.

3. Cuando esté bien mezclado, cucharee con cucharaditas al papael encerado.

4. Permita que se asiente hasta que los almiares estén hechos, o accelere el proceso colocándolos en el refrigerador hasta que estén hechos.

5. Sirva, o guarde en un recipiente cubierto, colocando papel encerado entre las capas de dulce. Mantenga en un lugar frío y seco.

Almíbar de chocolate caliente tradicional

Jennie Martin

Richfield, Pennsylvania

Rinde 18 porciones

Tiempo de preparación: 10 minutos
Tiempo de cocción: 4 horas
Tamaño ideal de la olla de cocción lenta:
5 cuartos de galón

---

1 taza de cacao en polvo seco
2 tazas de azúcar
1¹/₂ tazas de agua caliente
¹/₂ cucharadita de vainilla
3 cuartos de galón de leche

1. Mezcle los primeros tres ingredientes con un batidor de mano en una cacerola de 2 cuartos de galón. Lleve a un hervor y hierva por 2 minutos.

2. Retire del fuego y mézclele la vainilla.

3. Añada este almíbar a aproximadamente 3 cuartos de galón de leche.

Usted puede calentar la leche en una cacerola de 5 cuartos de galón, mezclar el almíbar en ella y echar el chocolate caliente en la olla de cocción lenta.

O usted puede calentar la leche en su olla de cocción lenta y añadir el almíbar a éste.

4. De todos modos, usted puede mantener el chocolate caliente en la olla de cocción lenta a través de una fiesta de noche.

Mantequilla de manzana para la olla de cocción lenta

Sarah Miller

Harrisonburg, Virginia

Rinde 10 tazas

Tiempo de preparación: 15 minutos
Tiempo de cocción: 12–15 horas
Tamaño ideal de la olla de cocción lenta:
5 cuartos de galón

---

4 cuartos de galón de compota de manzana sin azúcar
3¹/₂ tazas de azúcar
¹/₄ cucharadita de aceite de canela (busque en el pasillo de los ingredientes para pastel/caramelos de su supermercado)
¹/₄ cucharadita de aceite de clavo (busque en el pasillo de los ingredientes para pastel/caramelos de su supermercado)
¹/₄ taza de vinagre
una pizca o dos de canela, *opcional*

1. Ponga la compota de manzana en la olla de cocción lenta. Cubra, y gradúe la olla a "Bajo" y cocine durante la noche.

2. En la mañana, añada el resto de los ingredientes. Gradúe la olla a "Alto", mezclando ocasionalmente hasta que alcance el espesor que usted desea. Esto puede tardar varias horas, dependiendo de la variedad de manzanas.

3. Eche en tarros esterelizados y procese según los métodos estándares de enlatamiento.

Mantequilla de manzana tradicional

Wilma Haberkamp
Fairbank, Iowa
Vera Martin
East Earl, Pennsylvania

Rinde 8 porciones

Tiempo de preparación: 15 minutos
Tiempo de cocción: 10–13 horas
Tamaño ideal de la olla de cocción lenta:
3 cuartos de galón

12–14 manzanas agrias para cocinar medianas (alrededor de 16 tazas picadas)
2 tazas de sidra
2 tazas de azúcar
1 cucharadita de canela molida
1/8–1/4 cucharadita de clavos (de condimento) molidos (añada 1/8 cucharadita de clavos primero; saboree alrededor de la mitad del tiempo de cocción para decidir si usted quiere añadir la otra 1/8 cucharadita)

1. Descorazone y pique las manzanas. No las pele. Combine las manzanas y la sidra en su olla de cocción lenta.

2. Cubra y gradúe la olla a "Bajo" y cocine por 9–12 horas, o hasta que las manzanas se ablanden y luego se espesan.

3. Haga puré de manzanas en un moledor de comida o en un colador.

4. Regrese la mezcla de puré a su olla de cocción lenta.

5. Añada el azúcar, la canela y los clavos (de condimento) y mezcle bien.

6. Cubra y gradúe la olla a "Bajo" y cocine por 1 hora.

Variaciones: Para un prducto terminado más espeso, ignore el Paso 6 y haga esto en su lugar: Cubra y gradúe la olla a "Alto" y cocine por 6–8 horas, mezclando alrededor de cada 2 horas.

Retire la tapa después de 3 horas de modo que la fruta y el jugo puedan cocinarse y hacerse más espesos y más concentrados.

Cucharee en los tarros calientes esterelizados y procese según los métodos estándares de enlatación.
— **Dorothy VanDeest**
Memphis, Tennessee

Consejos útiles:

1. Esto se mantendrá por varias semanas en su refrigeradora. Usted tal vez quiera enlatar o congelarlo.

2. Esto es bueno en pan o pan tostado. O use como un aderezo para su helado. O como un relleno para sus empanadas de manzana.

3. Si no puede encontrar sidra, usted puede usar jugo de manzana en su lugar.

Mantequilla de manzana con abundantes manzanas

Mary Kathryn Yoder
Harrisonville, Missouri

Rinde 5 tazas

Tiempo de preparación: 30 minutos
Tiempo de cocción: todo el día
Tamaño ideal de la olla de cocción lenta:
3 1/2 cuartos de galón

---

1 olla llena de manzanas picadas
2 tazas de azúcar
3 cucharaditas de canela
1/4 cucharadita de sal

1. Pele, decorazone y pique las manzanas finamente. Usted puede llenar la olla tan llena que la tapa no le cabe al principio, pero las manzanas se cocinarán hacia abajo de modo que la tapa caberá eventualmente.

2. Salpique el azúcar, la canela y la sal sobre las manzanas.

3. Cubra y gradúe la olla a "Alto" y cocine por 1 hora. Reduzca el fuego a "Bajo". Cocine todo el día hasta que la mezcla se espese y se oscurezca. Mezcle ocasionalmente.

4. Coloque en tarros pequeños, enfríe y congele, dejando espacio para expansión.

Mantequilla de albaricoque

Janet L. Roggie
Lowville, New York

Rinde 15 tazas

Tiempo de preparación: 10 minutos
Tiempo de cocción: 8 horas
Tamaño ideal de la olla de cocción lenta:
5 cuartos de galón

---

4 latas de 28 onzas de albaricoques, drenados
3 tazas de azúcar
2 cucharaditas de canela
1/2 cucharadita de clavos (de condimento) molidos
2 Cucharas de jugo de limón

1. Haga puré de las frutas en el procesador de comida. Eche en la olla de cocción lenta.

2. Mézclele el resto de los ingredientes.

3. Cubra y gradúe la olla a "Bajo" y cocine por 8 horas.

4. Eche en tarros calientes esterelizados de 1 taza, ó 1 pinta, y procese según los métodos estándares de enlatación.

5. Sirva como una crema de untar con pan, o como un aderezo con platos de cerdo o pollo.

Bebidas

Jugo de tomate estilo casero

Wilma Haberkamp
Fairbank, Iowa

Rinde 4 tazas

Tiempo de preparación: 20 minutos
Tiempo de cocción: 4–6 horas
Tamaño ideal de la olla de cocción lenta:
*   3 cuartos de galón*

10–12 tomates grandes maduros
1 cucharadita de sal
1 cucharadita de sal sazonada
¼ de cucharadita de pimienta
1 Cuchara de azúcar

1. Lave y drene los tomates. Remueva el centro y las hojas.
2. Coloque los tomates completos en la olla de cocción lenta. (No añada agua)
3. Cubra y gradúe la olla a "Bajo" durante 4–6 horas, o hasta que los tomates estén muy blandos.
4. Presiónelos a través de un tamiz o molino.
5. Añada los condimentos. Enfríe.

Consejo útil: Si usted tiene más de 10–12 tomates, usted puede usar una olla de cocción lenta más grande y duplicar la receta.

Sidra caliente sazonada

Michelle High
Fredericksburg, Pennsylvania

Rinde 16 porciones

Tiempo de preparación: 5 minutos
Tiempo de cocción: 3 horas
Tamaño ideal de la olla de cocción lenta:
*   5 cuartos de galón*

---

1 galón de sidra de manzana
4 barras de canela
2 Cucharas de especias mixtas
    molidas
¼–½ taza de azúcar morena

1. Combine todos los ingredientes en la olla de cocción lenta.
Comience con ¼ de taza de azúcar morena. Mezcle para disolver. Si usted quiere la sidra más dulce, añada más azúcar, hasta ½ taza en total.
2. Cubra y gradúe la olla a "Bajo" durante 3 horas.
3. Sirva la sidra tibia de la olla.

Sidra roja sazonada con canela

Allison Ingels

Maynard, Iowa

Rinde 16 porciones

Tiempo de preparación: 5 minutos
Tiempo de cocción: 1½–2 horas
Tamaño ideal de la olla de cocción lenta:
  5 cuartos de galón

---

1 galón de sidra de manzana, o
  jugo de manzana
1¼ de tazas corazones de canela
  roja
16 barras de 4 pulgadas de canela

1. Combine la sidra y los corazones de canela en la olla de cocción lenta.
2. Cubra. Gradúe la olla a "Bajo" durante 1½–2 horas.
3. Sirva caliente con una barra de canela en cada taza.

Nuestra familia disfruta esta receta en las noches frías de invierno y especialmente en Navidad. El olor crea una atmósfera muy relajante.

Sidra caliente de manzanas

Jeannine Janzen

Elbing, Kansas

Rinde 4 porciones

Tiempo de preparación: 5 minutos
Tiempo de cocción: 2–3 horas
Tamaño ideal de la olla de cocción lenta:
  3 cuartos de galón

---

1 cuarto de galón de sidra de
  manzana
⅛ cucharadita de nutmeg
½ taza de corazones de canela
  roja

1. Combine todos los ingredientes en la olla de cocción lenta.
2. Cubra y gradúe la olla a "Alto" durante 2–3 horas, o hasta que muy caliente. Si usted está en casa y disponible, revuelva la sidra ocasionalmente para ayudar disolver el dulce rojo.
3. Sirva tibio de la olla de cocción lenta.

Wassail

Dawn Hahn

Lititz, Pennsylvania

Rinde 16 porciones

Tiempo de preparación: 5 minutos
Tiempo de cocción: 3–5 horas
Tamaño ideal de la olla de cocción lenta:
  5 cuartos de galón

½ taza de corazones de canela
  roja
1 galón de sidra de manzana
16 mitades de naranja
16 barras de 3–4 pulgadas de
  canela

1. Vierta los corazones de canela en el fondo de la olla de cocción lenta.
2. Añada la sidra de manzana.
3. Gradúe la olla a "Bajo" durante 3–5 horas, o hasta que la sidra esté muy caliente y el dulce se haya derretido. Si usted puede, revuelva ocasionalmente para ayudar al dulce a disolver.
4. Coloque una mitad de naranja y una barra de canela en cada taza. Vierta caliente la sidra encima.

Consejo útil: Esto es excelente para servir en Navidad o en San Valentín.

Consejo útil —

Las ollas de cocción lenta tienen una variedad de tamaños, desde 2 hasta 8 cuartos de galón. El mejor tamaño para una familia de cuatro o cinco es de 5–6 cuartos de galón.

Dorothy M. Van Deest
Memphis, Tennessee

Sidra cítrica

Valerie Drobel

Carlisle, Pennsylvania

Rinde 8–10 porciones

Tiempo de preparación: 10 minutos
Tiempo de cocción: 2–5 horas
Tamaño ideal de la olla de cocción lenta:
  3 a 5 cuartos de galón

2 cuartos de galón de sidra de
  manzana
1/2 taza de azúcar morena
  empacado
2 barras de 4 pulgadas de canela
1 cucharadita de clavos enteros
1 naranja o limón, rebanado

1. Vierta la sidra en la olla de
cocción lenta. Mezcle en el azúcar
morena.
2. Coloque las barras de canela y
los clavos en un filtro de tela y
amarre con una tira para formar una
bolsa. Ponga a flotar en la olla de
cocción lenta.
3. Añada rebanadas de fruta
encima.
4. Cubra y gradúe la olla a "Bajo"
durante 2–5 horas. Remueva la bolsa
de especias. Mezcle antes de servir.

Variaciones:
  *1. Añada 1/3 de cucharadita de gin-
ger molido al paso 1.*
  — **Christie Anne**
    Detamore-Hunsberger
    Harrisonburg, Virginia

  *2. Añada 1 cucharadita de
especias tipo* whole allspice *a la bolsa
en el paso 2.*
  — **Mary Stauffer**
    Ephrata, Pennsylvania

  *3. Reemplace el azúcar morena por
una bebida menos dulce.*
  — **Pauline Morrison**
    St. Marys, Ontario

Sidra sazonada con sabor de naranja

Carolyn Baer

Conrath, Wisconsin

Rinde 8 porciones

Tiempo de preparación: 5 minutos
Tiempo de cocción: 2–3 horas
Tamaño ideal de la olla de cocción lenta:
  2 a 3 cuartos de galón

4 tazas de jugo de manzana sin
  endulzar
1 lata de 12 onzas de jugo de
  naranja concentrado,
  descongelado
1/2 taza de agua
1 Cuchara de corazones de canela
  roja
1/2 cucharadita de nutmeg molido
1 cucharadita de clavos enteros
8 mitades de naranja frescas,
  opcionales
8 barras de 3–4 pulgadas de
  canela, *opcionales*

1. Combine los primeros cinco
ingredientes en la olla de cocción
lenta.
2. Coloque los clavos en un
pedazo de tela de filtrado. Ate con
una tira para hacer una bolsa.
Sumerja la bolsa en el jugo de la olla
de cocción lenta.
3. Cubra y gradúe la olla a "Bajo"
durante 2–3 horas, o hasta que la
sidra esté muy caliente.
4. Remueva la bolsa antes de
servir. Mezcle la sidra.
5. Si usted lo desea, coloque una
barra de canela, cubra con una
rebanada de naranja en cada taza.
Vierta en la sidra caliente.

Ponche de sidra de frutas

Becky Frey

Lebanon, Pennsylvania

Rinde 10–12 porciones

Tiempo de preparación: 5–10 minutos
Tiempo de cocción: 4–10 horas
Tamaño ideal de la olla de cocción lenta:
  3 1/2 cuartos de galón

4 tazas de sidra de manzana
2 tazas de jugo de arándano
1 taza de jugo de naranja
1 lata de 12 onzas de néctar de
  albaricoque
1/4 de taza de azúcar, *opcionales*
2 barras de 4 pulgadas de canela

1. Combine completamente todos
los ingredientes en la olla de cocción
lenta.
2. Cubra y gradúe la olla a "Bajo"
durante 4–10 horas.
3. Sirva tibio de la olla.

*Consejo útil: Pruebe el ponche antes
de añadir el azúcar para ver si usted
cree que es necesario.*

Cidra de arándano y manzana

Norma Grieser
Clarksville, Michigan

Rinde 20 porciones

Tiempo de preparación: 10 minutos
Tiempo de cocción: 2–3 horas
Tamaño ideal de la olla de cocción lenta:
8 cuartos de galón

1 galón de sidra, o jugo de
   manzana
1 lata de 64 onzas de jugo de
   cóctel de arándano
½ taza de azúcar morena
1 taza de corazones de canela roja
2 cucharaditas de canela

1. Vierta los ingredientes juntos
en la olla de cocción lenta. Mezcle
bien.

2. Cubra y gradúe la olla a "Alto"
durante 2–3 horas, o hasta que la
sidra esté muy caliente. Si usted está
en casa y puede hacerlo, revuelva
ocasionalmente para ayudar al dulce
a disolver.

3. Sirva tibio de la olla.

Wassaíl de frutas

Melissa Warner
Broad Top, Pennsylvania

Rinde 10 porciones

Tiempo de preparación: 5 minutos
Tiempo de cocción: 5–9 horas
Tamaño ideal de la olla de cocción lenta:
3 cuartos de galón

2 cuartos de galón de jugo de
   manzana, o de sidra
2 tazas jugo de cóctel de
   arándano
2 barras de 4 pulgadas de canela
1 cucharadita de especias tipo
   whole allspice
1 lata de 10 onzas de
   mandarinas, con jugo

1. Coloque el jugo de manzana, o
la sidra, y el jugo de arándano en la
olla de cocción lenta.

2. Coloque las barras de canela y
especias tipo whole allspice en un
pedazo de tela para filtrado. Ate con
una tira para hacer una bolsa.
Coloque en la olla.

3. Cubra y gradúe la olla a "Alto"
durante 1 hora, y entonces gradúe a
"Bajo" durante 4–8 horas.

4. Añada naranjas y su jugo 15
minutos antes de servir.

5. Remueva la bolsa antes de
servir.

Sidra de arándanos con especias

Esther Burkholder
Millerstown, Pennsylvania

Rinde 7 porciones

Tiempo de preparación: 5–10 minutos
Tiempo de cocción: 3–5 horas
Tamaño ideal de la olla de cocción lenta:
3 cuartos de galón

1 cuarto de galón de sidra de
   manzana
3 tazas de jugo de cóctel de
   arándano
3 Cucharas de azúcar morena
2 barras de 3 pulgadas de canela
¾ cucharadita de clavos enteros
½ limón, rebanado delgadamente,
   opcional

1. Vierta la sidra de manzana y el
jugo de arándano en la olla de cocción lenta.

2. Mezcle en el azúcar morena.

3. Coloque las especias en un
pedazo de tela de filtrado. Ate con
una tira para hacer una bolsa.
Coloque en la olla de cocción lenta.

4. Mezcle con rebanadas de
limón si usted lo desea.

5. Cubra y gradúe la olla a "Bajo"
durante 3–5 horas, o hasta que la
sidra esté muy caliente. Si usted
puede, revuelva ocasionalmente para
estar seguro de que el azúcar morena
se está disolviendo.

6. Remueva la bolsa de especias,
y rebanadas de limón si usted las ha
incluido, antes de servir tibio de la
olla.

*Variación: En lugar de clavos
enteros, sustituya 1 cucharadita de
especias tipo* whole allspice.
— **Jean Butzer**
Batavia, New York

Ponche de lima
y arándano

Sandra Haverstraw

Hummelstown, Pennsylvania

Rinde 10–12 porciones

Tiempo de preparación: 5 minutos
Tiempo de cocción: 3–4 horas
Tamaño ideal de la olla de cocción lenta:
4 cuartos de galón

---

8 tazas de jugo de cóctel de
  arándano
3 tazas de agua
½ taza de jugo de lima fresco
⅔ de taza de azúcar
3 barras de 4 pulgadas de canela,
  partidas en dos
8 mitades de naranja, *opcionales*

1. Coloque todos los ingredientes
excepto las mitades de naranja en la
olla de cocción lenta. Mezcle hasta
que el azúcar esté disuelto.

2. Cubra y gradúe la olla en
"Bajo" durante 3–4 horas, o hasta que
esté muy caliente.

3. Con una cuchara con ranuras,
remueva las barras de canela y
deseche antes de servir.

4. Si usted lo desea, coloque una
mitad de naranja en cada porción
individual de ponche caliente.

*Consejo útil: Refrigere el ponche
sobrante; luego recaliéntelo o disfrútelo
frío.*

Sidra de albaricoques
con especias

Janet Oberholtzer

Ephrata, Pennsylvania

Rinde 4–6 porciones

Tiempo de preparación: 5 minutos
Tiempo de cocción: 3–4 horas
Tamaño ideal de la olla de cocción lenta:
2 cuartos de galón

---

2 latas de 12 onzas de néctar de
  albaricoque
¼ de taza de jugo de limón
2 tazas de agua
¼ de taza de azúcar
3 clavos enteros
3 barras de 3–4 pulgadas de
  canela

1. Combine los jugos, el agua, y
el azúcar en la olla de cocción lenta.
Mezcle bien.

2. Coloque los clavos enteros y
las barras de canela en un pedazo de
tela de filtrado. Ate con una tira para
crear una bolsa. Sumerja en los jugos
en la olla.

3. Cubra y gradúe la olla a "Bajo"
durante 3–4 horas, o hasta que la
sidra esté muy caliente.

4. Remueva los clavos y las
barras de canela antes de servir.
Sirva tibio de la olla.

Té de la Delta

Vera F. Schmucker

Goshen, Indiana

Rinde 6 tazas

Tiempo de preparación: 5 minutos
Tiempo de cocción: 3–4 horas
Tamaño ideal de la olla de cocción lenta:
2 a 3 cuartos de galón

---

1 lata de 6 onzas de limonada
  congelada
5 tazas de agua
1 cucharadita de vainilla
1 cucharadita de extracto de
  almendra
3 cucharaditas de té instantáneo
  seco

1. Combine todos los ingredientes
en la olla de cocción lenta.

2. Cubra y gradúe la olla a "Alto"
durante 3–4 horas, o hasta que esté
muy caliente.

3. Sirva caliente de la olla, o póngale hielo y sírvalo frío.

Té "Johnny Appleseed"

Sheila Plock

Boalsburg, Pennsylvania

Rinde 8–9 tazas

Tiempo de preparación: 15–20 minutos
Tiempo de cocción: 1–2 horas
Tamaño ideal de la olla de cocción lenta:
3 cuartos de galón

---

2 cuartos de galón agua, *divididos*
6 bolsas de té de su sabor favorito
6 onzas de jugo de manzana
   congelado, descongelado
¼ de taza, más 2 Cucharas, de
   azúcar morena empacado
   firmemente

1. Hierva 1 cuarto de galón de agua. Añada las bolsas de té. Retire del calor. Cubra y deje reposar 5 minutos. Vierta en la olla de cocción lenta.

2. Añada los ingredientes restantes y mezcle bien.

3. Cubra. Gradúe la olla a "Bajo" y espere hasta que caliente. Continúe en "Bajo" mientras se sirve de la olla de cocción lenta.

Yo sirvo esta maravillosa bebida caliente con galletas en nuestros tardes de Open House Tea and Cookies, las cuales yo organizo en tiempo de Navidad para amigos y vecinos.

Té sazonado

Ruth Retter

Manheim, Pennsylvania

Rinde 9–10 porciones

Tiempo de preparación: 15 minutos
Tiempo de cocción: 2–3 horas
Tamaño ideal de la olla de cocción lenta:
3½ cuartos de galón

---

6 tazas de agua
6 bolsas de té, experimente con
   varios sabores, o use su
   favorito
⅓ de taza de azúcar
2 Cucharas de miel
1½ tazas de jugo de naranja
1½ tazas de jugo de piña

1. Coloque agua en una cacerola y deje hervir. Añada las bolsas de té al agua hirviendo. Deje reposar 5 minutos.

2. Remueva las bolsas de té. Vierta el té en la olla de cocción lenta.

3. Mezcle en los ingredientes restantes.

4. Cubra y gradúe la olla a "Bajo" durante 2–3 horas, hasta que esté muy caliente.

Chocolate caliente

Colleen Heatwole

Burton, Michigan

Rinde 10–12 porciones

Tiempo de preparación: 10 minutos
Tiempo de cocción: 2–3 horas
Tamaño ideal de la olla de cocción lenta:
3 cuartos de galón

---

8 tazas de agua
3 tazas leche en polvo
⅓ taza de crema de café no láctea
1 taza de mezcla de chocolate
   instantáneo caliente (del tipo
   que se mezcla con leche, no
   con agua)
malvaviscos

1. Vierta el agua en la olla de cocción lenta.

2. Gradualmente revuelva en leche en polvo hasta que se mezcle.

3. Cubra y gradúe la olla a "Alto" durante 2–3 horas, o hasta que leche esté caliente.

4. Mezcle con la crema de café y la mezcla de chocolate caliente.

5. Gradúe la olla a "Bajo" hasta que sea tiempo de servir, hasta 3–4 horas.

6. Sirva en tazones cubiertos con malvaviscos.

Malta caliente de menta

Clarice Williams

Fairbank, Iowa

Rinde 6 porciones

Tiempo de preparación: 5 minutos
Tiempo de cocción: 2–3 horas
Tamaño ideal de la olla de cocción lenta:
2 a 3 cuartos de galón

---

6 dulces de menta cubiertas de
　chocolate y rellenas de crema
5 tazas de leche
½ taza de leche en polvo
　malteada de chocolate
1 cucharadita de vainilla
crema batida, consistencia dura

1. En la olla de cocción lenta,
combine las dulces de menta con la
leche, la leche en polvo malteada y la
vainilla.

2. Gradúe la olla a "Bajo" durante
2–3 horas. Si usted puede, revuelva
ocasionalmente para ayudar a derretir las dulces.

3. Cuando la bebida esté completamente caliente, bata con una batidora hasta que esté espumosa.

4. Vierta en tazas y cubra con
crema batida.

Chocolate caliente malteado

Sharon Timpe

Jackson, Wisconsin

Rinde 8–10 porciones

Tiempo de preparación: 10 minutos
Tiempo de cocción: 3 horas
Tamaño ideal de la olla de cocción lenta:
3½ cuartos de galón

1½ tazas de mezcla de cacao
　caliente
½ taza leche en polvo malteada
　de chocolate
6 caramelos, desenvueltos
1 cucharadita de vainilla
8 tazas de agua o leche
complementos batidos, *opcionales*
25–30 malvaviscos miniatura,
　opcional

1. Mezcle todos los ingredientes,
excepto los últimos dos opcionales,
en a la olla de cocción lenta.

2. Gradúe la olla a "Alto" durante
3 horas, mezclando ocasionalmente si
usted está en casa y lo puede hacer.

3. Pruebe antes de servir.
Dependiendo de la mezcla de cacao
caliente que usted haya usado, usted
puede querer añadir más agua o
leche. (Caliente el líquido adicional
en el horno de microondas antes de
añadirlo al chocolate caliente.)

4. Vierta en tazas y cubra cada
una con una Cuchara de crema
batida o malvaviscos, si usted lo
desea.

Chocolate caliente cremoso

Deborah Heatwole

Waynesboro, Georgia

Rinde 8 porciones

Tiempo de preparación: 15 minutos
Tiempo de cocción: 2–4 horas
Tamaño ideal de la olla de cocción lenta:
3 cuartos de galón

½ taza de cacao seco de hornear
1 lata de 14 onzas de leche
　condensada endulzada
⅛ cucharadita de sal
7½ tazas de agua
1½ cucharadita de vainilla
24, o más, malvaviscos miniatura,
　opcional

1. En la olla de cocción lenta,
combine el cacao seco, la leche y la
sal. Mezcle hasta que esté sin grumos. Añada agua gradualmente, mezclando hasta que esté sin grumos.

2. Cubra y gradúe la olla a "Alto"
durante 2 horas, o gradúe la olla a
"Bajo" durante 4 horas, o hasta que
esté muy caliente.

3. Justo antes de servir, revuelva
con la vainilla.

4. Cubra cada porción con 3 o
más malvaviscos, si usted lo desea.

Consejos útiles:

*1. Para agilizar la preparación,
caliente el agua antes de añadirla a la
mezcla de chocolate.*

*2. Mantenga caliente el chocolate al
graduar la olla a "Bajo" hasta por 4
horas.*

3. Añada sabor a mocha mezclándolo en el café en el paso 3.

Chocolate caliente italiano

Cyndie Marrara
Port Matilda, Pennsylvania

Rinde 4–6 porciones pequeñas

Tiempo de preparación: 3–5 minutos
Tiempo de cocción: 1–2 horas
Tamaño ideal de la olla de cocción lenta:
1 a 2 cuartos de galón

2 tazas de café fuerte preparado
¹/₂ taza de mezcla instantánea de chocolate caliente
1 barra de 4 pulgadas de canela, partida en pedazos grandes
1 taza de crema batida
1 Cuchara de azúcar en polvo

1. Coloque el café, la mezcla instantánea de chocolate caliente, y las barras de canela en la olla de cocción lenta. Mezcle.

2. Cubra y gradúe la olla a "Alto" durante 1–2 horas, o hasta que esté muy caliente. Deseche los pedazos de canela.

3. Inmediatamente después de que usted haya prendido la olla, coloque las aspas de la batidora eléctrica y el tazón de mezcla en el refrigerador para enfriarlos (esto hace que la crema se bata mejor).

4. Justo antes de servir, vierta la crema batida al tazón de mezcla enfriado. Bata la crema a alta velocidad hasta que forme picos suaves.

5. Añada el azúcar en la crema batida. Bata de nuevo a alta velocidad hasta que los picos estén más firmes.

6. Vierta el café–chocolate caliente en pequeñas tazas. Cubra cada una con una Cuchara de crema batida.

Moca de fiesta

Barbara Sparks
Glen Burnie, Maryland

Rinde 10 porciones pequeñas

Tiempo de preparación: 5 minutos
Tiempo de cocción: 3 horas
Tamaño ideal de la olla de cocción lenta:
3 a 4 cuartos de galón

¹/₂ taza de gránulos de café instantáneo
6 sobres de mezcla de cacao instantáneo
2 cuartos de galón de agua caliente
2 tazas de leche
complementos batidos, *opcionales*
10 barras de 4 pulgadas de canela, *opcionales*
10 barras de menta piperita, *opcional*

1. Combine todos los ingredientes, excepto los últimos tres opcionales, en la olla de cocción lenta. Mezcle bien.

2. Cubra y gradúe la olla a "Alto" durante 3 horas.

3. Mezcle y gradúe la olla a "Bajo" para mantener tibio mientras se sirve.

4. Para servir, vierta moca en las tazas. Cubra cada una con una Cuchara de complementos batidos, o añada una barra de canela o una barra de menta piperita a cada taza, si usted lo desea.

Café con especias

Esther Burkholder
Millerstown, Pennsylvania

Rinde 8 porciones pequeñas

Tiempo de preparación: 10 minutos
Tiempo de cocción: 3 horas
Tamaño ideal de la olla de cocción lenta:
3 cuartos de galón

8 tazas de café preparado
¹/₃ de taza de azúcar
¹/₄ de taza de almíbar de chocolate
4 barras de 3 pulgadas de canela
1¹/₂ cucharaditas de clavos enteros

1. Vierta el café en la olla de cocción lenta. Mezcle en el azúcar y el almíbar de chocolate.

2. Coloque las barras de canela y los clavos enteros en un pedazo de tela de filtrado. Ate con tira para crear una bolsa. Sumerja en la olla de cocción lenta.

3. Cubra y gradúe la olla a "Bajo" durante 3 horas, o hasta que el café esté muy caliente. Remueva la bolsa.

4. Gradúe la olla a "Bajo" y sirva tibio de la olla.

Desayunos y desayuno-almuerzos

Cazuela de salchicha de desayuno

Kendra Dreps,
Liberty, Pennsylvania

Rinde 8 porciones

Tiempo de preparación: 15 minutos
Tiempo de enfriamiento: 8 horas
Tiempo de cocción: 4 horas
Tamaño ideal de la olla de cocción lenta:
3 cuartos de galón

1 libra de salchicha holgada
6 huevos
2 tazas de leche
8 rebanadas de pan, en cubos
2 tazas de queso chedar rayado

1. En un sartén antiadherente, dore y drene la salchicha.
2. Mezcle los huevos y la leche en un tazón grande.
3. Revuelva el pan en cubos, el queso, y la salchicha.
4. Colóquelo en la olla de cocción lenta, engrasada.
5. Refrigere durante la noche.

6. Gradúe la olla a "Bajo" y cocine por 4 horas.

Variaciones: Utilice jamón cocido cortado en cubos en lugar de la salchicha.

Hojaldre de huevo y salchicha, preparación fácil

Sara Kinsinger
Stuarts Draft, Virginia

Rinde 6 porciones

Tiempo de preparación: 10–15 minutos
Tiempo de cocción: 2–2¹/₂ horas
Tamaño ideal de la olla de cocción lenta:
2 a 4 cuartos de galón

1 libra de salchicha holgada
6 huevos
1 taza de harina multiuso
1 taza de queso chedar rayado
2 tazas de leche
¹/₄ de cucharadita de mostaza
   seca, *opcional*

1. Dore la salchicha en un sartén antiadherente. Retacee la carne en pedazos pequeños a medida que ésta se cocine. Drene.
2. Al mismo tiempo, rocie el interior de la olla de cocción lenta con aceite de cocina de spray o en aerosol.
3. Mezcle todos los ingredientes en la olla de cocción lenta.
4. Cubra y gradúe la olla a "Alto" y cocine por 1 hora. Cambie la graduación de la olla a "Bajo" y cocine por 1-1¹/₂ horas o hasta que el platillo esté completamente cocinado en el centro.

Consejo útil —

Guarde los extremos del pan en una bolsa en el congelador. Cuando usted tenga una bolsa llena, introdusca el pan en el procesador de alimentos o en la licuadora para hacer migas. (A mis niños les gusta hacer esto.) Use las migas para empanar pollo, rebosar un rollo de carne, o para utilizar junto con la mantequilla derretida para acompañar los macarrones con queso.

Cazuela de desayuno en capas

Cathy Boshart

Lebanon, Pennsylvania

Rende 8–10 porciones

Tiempo de preparación: 30 minutos
Tiempo de enfriamiento: 4–8 horas
Tiempo de cocción: 1 hora
Tamaño ideal de la olla de cocción lenta:
6 cuartos de galón

---

6 papas medianas
2 docenas de huevos
1 libra de jamón picado
12 onzas de queso *Velveeta*,
    rayado

1. Un día antes de servir el plato,
hierva las papas con su cáscara hasta
que estén suaves. Enfríelas. Cuando
esten completamente frías, rállelas.
Engrase el fondo de la olla de cocción lenta.

2. Revuelva los huevos y cocíne-
los en un sartén antiadherente.
Cuando ya estén listos, saque con
una cuchara el huevo cocido y con la
ayuda de una cuchara depositelo
sobre las papas.

3. Cubra el huevo con una capa
uniforme de jamón. Esparsa el
queso.

4. Hornea temperatura baja por 1
hora o hasta que el queso este derretido.

Variaciones: Usted puede hacer sólo la
mitad o inclusive una cuarta parte de
esta receta si la cantidad resulta ser
demasiado grande.

No necesita revolver los huevos
antes de colocarlos en la olla.
Simplemente mezcle las papas cocidas,
el jamón y el queso en la olla de cocción lenta. Bata los huevos en un tazón
aparte, agregándoles sal y pimienta a
gusto. Seguidamente, viértalos sobre los
otros ingredientes, gradúe la olla a
"Bajo" y cocine por 2–4 horas.

— **Kendra Dreps**
Liberty, Pennsylvania

Consejos útiles:
1. Este es un platillo perfecto para
servir en un buffet.

2. O prepárelo un día antes, siguiendo el paso 3 de la primera instruc-
ción (enfríelo en el refrigerador durante
la noche), pero esparsa el queso encima
antes de cocinar.

Si usted ha refrigerado la olla de
cocción lenta durante la noche, permita
que ésta alcance una temperatura
ambiente antes de encenderla y recalen-
tar el platillo.

3. Sirva con panecillos ingleses
tostados y fruta fresca.

Horneado de desayuno

Kristi See

Weskan, Kansas

Rende 10 porciones

Tiempo de preparación: 15 minutos
Tiempo de cocción: 3–4 horas
Tamaño ideal de la olla de cocción lenta:
4 a 5 cuartos de galón

---

12 huevos
1½–2 tazas de queso rayado,
    según su gusto
1 taza de jamón cocinado cortado
    en cuadritos
1 taza de leche
1 cucharadita de sal
½ cucharadita de pimienta

1. Bata los huevos. Viértalos dentro de la olla de cocción lenta.

2. Mézclos junto con los démas
ingredientes.

3. Cubra y gradúe la olla a "Bajo"
y cocine por 3–4 horas.

Avena con dátiles y almendras

Audrey L. Kneer
Williamsfield, Illinois

Rinde 8 porciones

Tiempo de preparación: minutos
Tiempo de cocción: 4–8 horas,
  o toda la noche
Tamaño ideal de la olla de cocción lenta:
  3 cuartos de galón

2 tazas de hojuelas de avena seca
¹/₂ taza de cereal de *Grape–Nuts*
  (seco)
¹/₂ taza de almendras picadas
¹/₄ de taza de dátiles picados
4¹/₂ tazas de agua

1. Combine todos los ingredientes
en la olla de cocción lenta.
2. Cubra y gradúe la olla a "Bajo"
y cocine por 4–8 horas, o toda la
noche.
3. Sirva con leche libre de grasa.

Avena para la olla de cocción lenta

Martha Bender
New Paris, Indiana

Rinde 7–8 porciones

Tiempo de preparación: 10–15 minutos
Tiempo de cocción: 8–9 horas
Tamaño ideal de la olla de cocción lenta:
  4 a 5 cuartos de galón

2 tazas de hojuelas de avena seca
4 tazas de agua
1 manzana grande, pelada y
  picada
1 taza de uvas pasas
1 cucharadita de canela
1–2 cucharadas de *zest* de naranja

1. Combine todos los ingredientes
en la olla de cocción lenta.
2. Cubra y gradúe la olla a "Bajo"
y cocine por 8–9 horas.
3. Sirva poniendo en la parte de
arriba azúcar morena, y si lo desea,
leche.

Avena de desayuno

Donna Conto
Saylorsburg, Pennsylvania

Rinde 6 porciones

Tiempo de preparación: 5 minutos
Tiempo de cocción: 8 horas
Tamaño ideal de la olla de cocción lenta:
  4 cuartos de galón

2 tazas de hojuelas de avena seca
4 tazas de agua
1 cucharadita de sal
¹/₂–1 taza picada de dátiles, o uvas
  pasas, o arándano agrio, o una
  mezcla de cualquiera de estas
  frutas

1. Combine todos los ingredientes
en la olla de cocción lenta.
2. Cubra y gradúe la olla a "Bajo"
y cocine toda la noche o por 8 horas.

Consejo útil: Este es un gran platillo
cuando usted tiene compañía para
desayunar. No necesita prepararlo en el
último minuto!

Avena por la noche

Jody Moore
Pendleton, Indiana

Rinde 4–5 porciones

Tiempo de preparación: 5 minutos
Tiempo de cocción: 8 horas
Tamaño ideal de la olla de cocción lenta:
3 cuartos de galón

1 taza de avena *steel-cut,* seca
4 tazas de agua

1. Combine los ingredientes en la olla de cocción lenta.

2. Cubra y gradúe la olla a "Bajo" y cocine toda la noche o por 8 horas.

3. Revuelva antes de servir. Sirva con azúcar morena, canela en polvo, frutas en conserva, mermelada, jalea, especias de tarta de calabaza, fruta fresca, miel maple, o sus aderezos favoritos.

Consejo útil:

Por favor fijese que la avena tenga el nombre steel-cut. Son diferentes—con mas textura requiere un tiempo de cocción mas largo—que la hojuela de avena tradicional.

Avena de piña al horno

Sandra Haverstraw
Hummelstown, Pennsylvania

Rinde 5–6 porciones

Tiempo de preparación: 5 minutos
Tiempo de cocción: 1½ –2½ horas
Tamaño ideal de la olla de cocción lenta:
2 a 3½ cuartos de galón

1 caja de 8 sobres de avena instantánea (aproximadamente de 12 a 14 onzas por caja)
1½ cucharadita de polvo para hornear
2 huevos batidos
½ taza de leche
1 lata de 8 onzas de piña picada en su jugo, sin drenar

1. Rocíe el interior de la olla de cocción lenta con aceite de cocina en aerosol.

2. Vacíe los paquetes de avena en un tazón grande. Agregue el polvo para hornear y mezcle.

3. Vacíe los huevos, la leche y la piña sin drenar. Mezcle muy bien. Vierta la mezcla dentro de la olla de cocción lenta.

4. Cubra y gradúe la olla a "Alto" y cocine por 1½ horas, o en "Bajo" 2½ horas.

Consejo útil:

1. Sírvalo caliente, cómo esté, o con leche, para desayunar.

2. Este es un buen postre, sustancioso, no demasiado dulce que se sirve con helado.

3. Las porciones individuales recalientadan bien en el horno de microondas para un desayuno rápido.

Manzanas de desayuno

Joyce Bowman
Lady Lake, Florida
Jeanette Oberholtzer
Manheim, Pennsylvania

Rinde 4 porciones

Tiempo de preparación: 10–15 minutos
Tiempo de cocción: 2–8 horas
Tamaño ideal de la olla de cocción lenta:
3 cuartos de galón

4 manzanas de tamaño mediano, pelelas y rebanelas
¼ taza de miel
1 cucharadita de canela
2 cucharadas de mantequilla derretida
2 tazas de cereal de granola seco

1. Coloque las manzanas en la olla de cocción lenta.

2. Combine los ingredientes restantes. Esparsa la mezcla uniformemente sobre las manzanas.

3. Cubra y gradúe la olla a "Bajo" y cocine por 6–8 horas, o toda la noche, o en "Alto" 2–3 horas.

4. Sírvalo como plato acompañante para tocino y panecillos, o úselo como un aderezo para *waffles,* tostadas francesas, panque, o avena cocida.

Polenta o gacha de harina de maíz

Dorothy VanDeest
Memphis, Tennessee

Rinde 8–10 porcioness

Tiempo de preparación: 10 minutos
Tiempo de cocción: 2–9 horas
Tiempo de enfriamiento: 8 horas,
  o toda la noche
Tamaño ideal de la olla de cocción lenta:
  1½ cuartos de galón.

4 cucharadas de mantequilla,
  derretida, *divididos*
¼ de cucharadita de pimentón ⁰⁄₀
  una pizca de pimienta de
  cayena
6 tazas de agua hirviendo
2 tazas de harina de maíz seca
2 cucharaditas de sal

1. Use 1 cucharada de mantequilla para engrasar ligeramente el interior de la olla de cocción lenta. Espolvore el pimentón/cayena. Gradúe la olla a "Alto".

2. Agregue los ingredientes restantes a la olla de cocción lenta en el orden indicado, incluyendo una cucharada de mantequilla. Revuelva bien.

3. Cubra y gradúe la olla a "Alto" y cocine por 2–3 horas, o en "Bajo" por 6–9 horas. Revuelva ocasionalmente.

4. Vierta la polenta/gacha caliente dentro de 2 cacerolas ligeramente engrasadas. Enfríe toda la noche.

5. Para servir, corte en rebanadas gruesas de ¼ de pulgada. Derrita 2 cucharadas de mantequilla en un sartén grande antiadherente, después ponga las rebanadas y cocínelas hasta dorarlas. Voltéelas para dorarlas por el otro lado.

6. Para desayunar, sírvalo con jarabe de maple, miel, o su endulzante preferido.

Variaciones: Sirva como plato principal con el jugo de la salchicha o como plato acompañante con una porción de mantequilla.

— **Sara Kinsinger**
Stuarts Draft, VA

Maíz para pozole de desayuno

Bonnie Goering
Bridgewater, VA

Rinde 5 porciones

Tiempo de preparación: 5 minutos
Tiempo de cocción: 8 horas
Tamaño ideal de la olla de cocción lenta:
  2 cuartos de galón

1 taza de maíz para pozole
  quebrado y seco
1 cucharadita de sal
Pimienta negra, *opcional*
3 tazas de agua
2 cucharadas de mantequilla

1. Revuelva todos los ingredientes en la olla de cocción lenta engrasada.

2. Cubra y gradúe la olla a "Bajo" y cocine por 8 horas, o toda la noche.

3. Sírvalo caliente para desayunar.

Variaciones: Puede hacer maíz para pozole con queso disminuyendo la sal a ¾ de cucharadita y agregando 1 taza de queso rayado (preferimos el queso americano) al paso 1.

Maíz para pozole con queso

Deborah Heatwole
Waynesboro, Georgia

Rinde 6–8 porciones

Tiempo de preparación: 5 minutos
Tiempo de cocción: 2½ horas
Tamaño ideal de la olla de cocción lenta:
  2 cuartos de galón

1 lata de maíz para pozole de 29
  onzas, o 2 de 15½ onzas,
  escúrralas
1 taza de queso cortado en
  cubitos (chedar o *Velveta*
  funcionan bien)
½ cucharadita de sal
Una pizca de pimienta
8 galletas saltinas, desmenuzadas
½ taza de leche
mantequilla, *opcional*

1. Rocíe el interior de la olla de cocción lenta con aceite de cocina de spray o en aerosol. Agregue maíz para pozole, queso, sal, pimienta, y saltinas. Revuelva para mezclar.

2. Vierta la leche sobre todo. Ponga un poco de mantequilla, si usted lo desea.

3. Cubra y gradúe la olla a "Alto" y cocine por 2½ horas.

Consejo útil: Sirva para el desayuno con salchicha y fruta, o para una comida principal con carne y verduras verdes.

Elaborado de arándano azul

Leticia A. Zehr
Lowville, New York

Makes 12 servings

Tiempo de preparación: 10–15minutos
Tiempo de coccíone: 3–4 horas
Tamaño ideal de la olla de cocción lenta:
*   5 cuartos de galón.*

1 barra de pan italiano, cortado
    en cubos, *dividido*
1 pinta de arándanos, *dividido*
8 onzas de queso crema, cortado
    en cubos, *dividido*
6 huevos
1½ tazas de leche

1. Ponga la mitad del pan cortado
en cubos en la olla de cocción lenta.
2. Deje caer la mitad de los arándanos sobre el pan.
3. Esparsa la mitad del queso
crema sobre los arándanos.
4. Repita las 3 capas.
5. En un tazón mezclador, bata
los huevos y la leche. Vierta la mezcla sobre todos los ingredientes.
6. Cubra y gradúe la olla a "Bajo"
y cocine hasta que el platillo este
cuajado y cocido.
7. Sirva con jarabe de maple o
jugo de arándano.

*Variaciones: Agregue 1 cucharadita de
vainilla en el paso 5.*

Pastel *Streusel*

Jean Butzer
Batavia, New York

Makes 8–10 servings

Tiempo de preparación: 10 minutos
Tiempo de cocción: 3–4 horas
Tamaño ideal de la olla de cocción lenta:
*   3 cuartos de galón*

1 paquete de 16 onzas de harina
    para pastel, prepárelo de
    acuerdo a las intrucciones del
    paquete
¼ de taza de azúcar morena
    empaquetada
1 cucharada de harina
¼ de taza de nueces picadas
1 cucharadita de canela

1. Engrase y enharine abundante-
mente 1 lata de 2 libras de café, o un
recipiente para hornear que quepa
bien en la olla de cocción lenta.
Vierta la mezcla preparada de pastel
en la lata de café o en el recipiente
para hornear.
2. En un pequeño tazón, mezcle
el azúcar morena, la harina, las nueces y la canela. Espársa sobre la mezcla del pastel.
3. Coloque la lata de café o el
recipiente para hornear en la olla de
cocción lenta. Cúbralos con muchas
capas de toallas de papel.
4. Cubra y gradúe la olla a "Alto"
y cocine por 3–4 horas, o hasta que
al insertar un palillo en el centro del
pastel, el palillo salga limpio.
5. Remueva el recipiente para
hornear de la olla de cocción lenta y
dejelo enfriar por 30 minutos antes
de cortarlo en rebanadas para
servirlo.

> **Consejo útil —**
>
> Mantenga espátulas, batidor,
> cucharas de madera, etc. cerca
> de la estufa, al alcance de sus
> manos.

Postres

Tarta de cereza

Michele Ruvola
Selden, New York

Rinde 6–8 porciones

Tiempo de preparación: 5 minutos
Tiempo de cocción: 2½–5½ horas
Tamaño ideal de la olla de cocción lenta:
3 cuartos de galón

1 lata de 16 onzas de relleno de
   cereza para pastel
1¾ tazas de harina seca para
   pastel, de su elección
1 huevo
3 Cucharas de leche evaporada
½ cucharadita de canela

1. Rocíe ligeramente la olla de
cocción lenta con aerosol antiadherente para cocina.
2. Ponga el relleno de pastel en la
olla de cocción lenta, gradúe la olla a
"Alto" y cocine por 30 minutos.
3. Mientras tanto, mezcle los
demás ingredientes hasta esté
desmenuzada en un tazón hasta
desmenuzar. Saque la mezcla y
cucharéela sobre el relleno de pastel caliente.
4. Cubra y gradúe la olla a "Bajo"

y cocine por 2–5 horas, o hasta que
al insertar un palillo en el centro del
pastel, el palillo salga seco.
5. Sirva caliente o frío.

Justamente con sabor a durazno

Betty B. Dennison
Grove City, Pennsylvania

Rinde 4–6 porciones

Tiempo de preparación: 2–3 minutos
Tiempo de cocción: 4–5 horas
Tamaño ideal de la olla de cocción lenta:
3 cuartos de galón

4 tazas de duraznos rebanados,
   frescos o enlatados (si usa
   duraznos enlatados, conserve
   el jugo)
⅔ de taza de avena integral seca
⅓ de taza de mezcla para todo
   tipo de horneado
½ taza de azúcar
½ taza de azúcar morena
½ cucharadita de canela, *opcional*
½ taza de agua, *o el jugo que
   conservo de los duraznos
   enlatados*

1. Rocíe el interior de la olla de
cocción lenta con aerosol antiadherente para cocina.
2. Ponga los duraznos en la olla
de cocción lenta.
3. En un tazón, mezcle todos los
ingredientes secos. Cuando ya estén
mezclados, revuelva con el agua o el
jugo y mezcle bien.
4. Ponga una Cuchara de mantequilla dentro de la olla y revuelva
con los duraznos, hasta que estén
bien mezclados.
5. Cubra y gradúe la olla a "Bajo"
y cocine por 4–5 horas.
6. Sirva caliente con helado de
vainilla o yogurt congelado.

Pastel de mantequilla de cacahuate (maní)

Velma Sauder
Leola, Pennsylvania

Rinde 6 porciones

Tiempo de preparación: 5–10 minutos
Tiempo de cocción: 2–3 horas
Tamaño ideal de la olla de cocción lenta:
4 cuartos de galón

2 tazas de harina amarilla para pastel
$^1/_3$ de taza de mantequilla de cacahuate crujiente
$^1/_2$ taza de agua

1. Combine todos los ingredientes en el tazón del mezclador electrónico. Bata con el mezclador electrónico aproximadamente 2 minutos.
2. Vierta lo batido dentro de la ya engrasada y enharinada inserción para hornear, diseñada para ajustar dentro de su olla de cocción lenta.
3. Coloque la inserción para hornear dentro de su olla de cocción lenta. Cubra con 8 toallas de papel.
4. Cubra y gradúe la olla a "Alto" y cocine por 2–3 horas, o hasta que al insertar un palillo en el centro del pastel, el palillo salga limpio.
Aproximadamente 30 minutos antes de terminar el tiempo de cocción, remueva la tapa de la olla, pero mantenga las toallas de papel en su lugar.
5. Cuando el pastel esté completamente cocido, saque la inserción para hornear de la olla de cocción lenta. Volteé la inserción hacia abajo sobre un platón y saque el pastel.

Pastel con frutas

Janice Muller
Derwood, Maryland

Rinde 10–12 porciones

Tiempo de preparación: 15 minutos
Tiempo de cocción: 3–5 horas
Tamaño ideal de la olla de cocción lenta:
3½ a 4 cuartos de galón

1 ó 2 latas de 21 onzas de relleno para pastel de manzana, arándano azul, o durazno
1 paquete de 18¼ onzas de harina amarilla para pastel
1 barra ($^1/_2$ taza) de mantequilla, derretida
$^1/_3$ de taza de nueces picadas

1. Rocíe el interior de la olla de cocción lenta con aerosol antiadherente para cocina.
2. Ponga el relleno de pastel en la olla de cocción lenta.
3. En un tazón mezclador, combine la harina seca de pastel y la mantequilla. Saque con una cuchara y ponga la mezcla sobre el relleno.
4. Deje caer las nueces.
5. Cubra y gradúe la olla a "Bajo" y cocine por 3–5 horas, o hasta que al insertar un palillo en el centro del pastel, el palillo salga limpio.

Pastel de piña al revés

Vera M. Kuhns
Harrisonburg, Virginia

Rinde 10 porciones

Tiempo de preparación: 20 minutos
Tiempo de cocción: 4–5 horas
Tamaño ideal de la olla de cocción lenta:
4 cuartos de galón

$^1/_2$ taza de mantequilla o margarina, derretida
1 taza de azúcar morena
1 lata de tamaño mediano de rebanadas de piña, drenadas, conserve el jugo
6–8 cerezas marrachino
1 caja de harina amarilla seca para pastel

1. Combine la mantequilla y el azúcar morena. Esparza sobre el fondo bien engrasado de la olla.
2. Agregue las rebanadas de piña y ponga una cereza en el centro de cada una.
3. Prepare el pastel de acuerdo a las instrucciones del paquete, usando el jugo de la piña como parte del líquido. Saque con una cuchara la mezcla ya preparada del pastel y viértala dentro de la olla, encima de la fruta.
4. Cubra la olla con 2 paños de cocina y después con su propia tapa. Gradúe la olla a "Alto" y cocine por 1 hora, y después gradúe la olla a "Bajo" y cocine por 3–4 horas.

Consejo útil —

Usted puede usar 1 lata de 2 libras de café, 2 latas de 1 libra de café, 3 latas de 16 onzas de vegetales, 6–7 tazas, o un plato para hornear de 1½–2 cuartos de galón, como molde para "hornear" el pastel en la olla de cocción lenta. Deje la tapa de la olla ligeramente levantada para dejar salir el vapor extra.

Eleanor J. Ferreira
North Chelmsford, Massachusetts

5. Permita que el pastel se enfríe 10 minutos. Después pase el cuchillo alrededor del molde y volteé el pastel sobre un platón grande.

Pastel de otoño, preparación fácil

Janice Muller
Derwood, Maryland

Rinde 8 porciones

Tiempo de preparación: 15 minutos
Tiempo de cocción: 3–5 horas
Tamaño ideal de la olla de cocción lenta:
3½ a 4 cuartos de galón

---

2 latas de 16 onzas de rebanadas de manzana, no drene (no relleno de pastel)
1 paquete de 18¼ onzas de harina para pastel con especias
1 barra (½ taza de mantequilla), derretida
½ taza de pacanas, picadas

1. Rocíe el interior de la olla de cocción lenta con aerosol antiadherente para cocina.
2. Ponga las manzanas y su jugo dentro de la olla de cocción lenta, espárzalas uniformemente sobre el fondo.
3. Espolvoréelas con la harina seca para pastel con especias.
4. Ponga mantequilla derretida sobre la mezcla seca. Cubra con las pacanas picadas.
5. Gradúe la olla a "Bajo" y cocine por 3–5 horas, o hasta que al insertar un palillo en el centro del pastel, el palillo salga limpio.
6. Sirva caliente de la olla.

Pastel de especias de sopa de tomate

Janessa Hochstedler
East Earl, Pennsylvania

Rinde 12 porciones

Tiempo de preparación: 10 minutos
Tiempo de cocción: 6–7 horas
Tamaño ideal de la olla de cocción lenta:
6 cuartos de galón

---

1 paquete de 18¼ onzas de harina para pastel con especias
1 lata de 10¾ onzas de sopa de tomate
½ taza de agua
2 huevos

1. Revuelva la harina para pastel, la sopa, el agua, y los huevos en un tazón mezclador.
2. Engrase y enharine la inserción para hornear, diseñada para ajustarse a su olla de cocción lenta.
3. Vierta la masa batida dentro de la inserción para hornear.
4. Ponga la inserción en la olla de cocción lenta. Cubra la inserción con 8 toallas de papel. Tape la olla.
5. Cubra y gradúe la olla a "Bajo" y cocine por 6–7 horas, o hasta que al insertar un palillo en el centro del pastel, el palillo salga limpio.
Cerca de 30 minutos antes de que finalice el tiempo de cocción, quite la tapa de la olla, pero mantenga las toallas de papel en su lugar.
6. Cuando el cocimiento esté finalizado, quite las toallas de papel. Saque la inserción de la olla y déjelo reposar 10 minutos. Volteé la inserción sobre un platón grande y remueva el pastel.

Postre de pastel de calabaza

Bonnie Whaling
Clearfield, Pennsylvania

Rinde 4–6 porciones

Tiempo de preparación: 15–20 minutos
Tiempo de cocción: 3–4 horas
Tamaño ideal de la olla de cocción lenta:
5 a 6 cuartos de galón

---

1 lata de 19 onzas de relleno de calabaza para pastel
1 lata de 12 onzas de leche evaporada
2 huevos, batidos ligeramente
Agua hirviendo
1 taza de galletas de jengibre espolvoreadas

1. En un tazón mezclador grande, revuelva el relleno para pastel, la leche y los huevos, hasta que esté todo bien mezclado.
2. Vierta dentro de la inserción para hornear, diseñada para ajustarse a su olla de cocción lenta.
No engrase la inserción.
3. Ponga la inserción con la mezcla dentro de la olla de cocción lenta. Cubra la inserción con su tapa o con 8 toallas de papel.
4. Cuidadosamente vierta el agua hirviendo alrededor de la inserción, hasta una pulgada de profundidad.
5. Cubra y gradúe la olla a "Alto" y cocine por 3–4 horas, o hasta que al insertar un palillo en el centro del pastel, el palillo salga limpio.
6. Saque la inserción para hornear de la olla de cocción lenta. Quite su tapa. Espolvoree el pastel con el polvo de galletas. Sirva caliente directo de la inserción para hornear.

Pastel *Black Forest*

Marla Folkerts
Holland, Ohio

Rinde 8–10 porciones

Tiempo de preparación: 10 minutos
Tiempo de cocción: 2–2½ horas
Tamaño ideal de la olla de cocción lenta:
4 a 5 cuartos de galón

---

1 lata de 20 onzas de relleno de
  cerezas para pastel (lite *o*
  regular)
1 caja de 18¼ onzas de harina
  para pastel de chocolate, estilo
  mantequilla

1. Precaliente la olla de cocción
lenta en "Alto" por 10 minutos.

2. Mientras tanto, rocíe el interior
de la inserción para hornear, diseñada para ajustarse a su olla de cocción lenta con aerosol antiadherente
para cocina.

3. En un tazón, revuelva el
relleno para pastel y la harina hasta
tener una mezcla completamente
humedecida. Póngala dentro de la
inserción.

4. Coloque la inserción dentro de
la olla. Cubra la inserción con 8 toallas de papel. Tape la olla de cocción
lenta.

5. Gradúe la olla a "Alto" y cocine
por 1¾ horas. Quite las toallas de
papel y la tapa de la olla. Continué
cocinando por otros 30 minutos, o
hasta que al insertar un palillo en el
centro del pastel, el palillo salga
limpio.

6. Saque la inserción de la olla.
Sirva el pastel caliente directamente
de la cacerola.

Brownies con nueces

Dorothy VanDeest
Memphis, Tennessee

Rinde 24 brownies

Tiempo de preparación: 10–15 minutos
Tiempo de cocción: 3 horas
Tamaño ideal de la olla de cocción lenta:
5 cuartos de galón

½ barra (¼ de taza) mantequilla,
  derretida
1 taza de nueces picadas, *dividida*
1 paquete de 23 onzas de harina
  para bizcochos "brownies"

1. Ponga la mantequilla derretida
dentro de la inserción para hornear,
diseñada para ajustarse a su olla de
cocción lenta. Engrase con mantequilla alrededor de la inserción.

2. Revuelva la mantequilla con la
mitad de las nueces.

Consejo útil —

Siempre corte los bizcochos
con un cuchillo de plástico. Evita
el acumulamiento y los bordes
desiguales.

---

3. En un tazón, prepare la harina
de bizcochos de acuerdo a las
instrucciones del paquete. Ponga la
mitad de lo batido dentro de la inserción para hornear, tratando de cubrir
las nueces uniformemente.

4. Agregue la mitad de las nueces
sobrantes. Ponga la mezcla sobrante.

5. Coloque la inserción en la olla
de cocción lenta. Cubra la inserción
con 8 toallas de papel.

6. Cubra y gradúe la olla a "Alto"
y cocine por 3 horas. No revise ni
quite la tapa hasta la última hora de
cocimiento. Luego inserte un palillo
en el centro del bizcocho. Si este sale
limpio, el bizcocho está cocinado. Si
el bizcocho no está cocinado, continué cocinándolo otros 15 minutos.
Revise otra vez. Repita hasta que el
palillo salga limpio.

7. Cuando el cocimiento esté terminado, destape la olla y la inserción
que está adentro. Deje reposar los
bizcochos durante 5 minutos.

8. Voltee la inserción sobre un
platón. Corte los bizcochos con un
cuchillo de plástico (evita que las
migas se rieguen). Sirva caliente.

Pastel de pudín de chocolate al revés

Sarah Herr
Goshen, Indiana

Rinde 8 porciones

Tiempo de preparación: 15 minutos
Tiempo de cocción: 2-3 horas
Tamaño ideal de la olla de cocción lenta:
3½ cuartos de galón

1 taza de harina para todo tipo de horneado
1 taza de azúcar, *dividida*
3 Cucharas de polvo de cacao sin azúcar, mas un ⅓ de taza, *dividido*
½ taza de leche
1 cucharadita de vainilla
1⅔ tazas de agua caliente

1. Rocíe el interior de la olla de cocción lenta con aerosol antiadherente para cocina.

2. En un tazón, mezcle la harina para hornear, ½ taza de azúcar, 3 Cucharas de polvo de cacao, leche y vainilla. Vierta lo batido uniformemente dentro de la olla de cocción lenta.

3. En un tazón limpio, mezcle el sobrante ½ taza de azúcar, ⅓ de taza de polvo de cacao, y agua caliente. Vierta la mezcla en la olla de cocción lenta. No revuelva.

4. Cubra y gradúe la olla a "Alto" y cocine por 2-3 horas, o hasta que al insertar un palillo en el centro del pastel, el palillo salga limpio.

Consejo útil: Lo rebosante se levantará hacia arriba y se convertirá en el pastel. Por debajo quedará un rico pudín de chocolate.

Soufflé de chocolate

Rachel Yoder
Middlebury, Indiana

Rinde 10–12 porciones

Tiempo de preparación: 5 minutos
Tiempo de cocción: 6 horas
Tamaño ideal de la olla de cocción lenta:
6 cuartos de galón

1 paquete de 18¼ onzas de harina para pastel de chocolate
½ taza de aceite vegetal
2 tazas de crema agria
4 huevos, batidos
1 caja de 3 onzas de pudín instantáneo de chocolate
1 taza de chispas de chocolate, *opcional*

1. Combine todos los ingredientes en un tazón mezclador grande.

2. Rocíe el interior de la olla de cocción lenta con aerosol antiadherente para cocina. Vierta la mezcla de soufflé dentro de la olla.

3. Cubra y gradúe la olla a "Bajo" y cocine por 6 horas. (No quite la tapa hasta que finalice el tiempo de cocción)

4. Inserte un palillo en el centro del pastel para ver si sale limpio. Si está limpio, el soufflé esta terminado. Si no sale limpio continué cocinando otros 15 minutos. Revise otra vez. Repita hasta que esté completamente cocinado.

5. Sirva caliente de la olla con helado o yogurt congelado.

Pastel de chocolate y mantequilla de cacahuate (maní)

Esther Hartzler
Carlsbad, New Mexico

Rinde 8–10 porciones

Tiempo de preparación: 7 minutos
Tiempo de cocción: 2–2½ horas
Tamaño ideal de la olla de cocción lenta:
5 a 6 cuartos de galón

2 tazas de harina seca para pastel de leche de chocolate
½ taza de agua
6 Cucharas de mantequilla de cacahuate
2 huevos
½ taza de nueces picadas

1. Combine todos los ingredientes en el tazón del mezclador electrónico. Bata por 2 minutos.

2. Enharine y engrase el interior de la inserción para hornear, diseñada para ajustarse dentro de su olla de cocción lenta. Vierta lo batido dentro de la inserción. Ponga la inserción dentro de la olla de cocción lenta.

3. Cubra la inserción con 8 toallas de papel.

4. Cubra y gradúe la olla a "Alto" y cocine por 2–2½ horas, o hasta que al insertar un palillo en el centro del pastel, el palillo salga limpio.

5. Permita que el pastel se enfríe. Después voltéelo sobre un plato, córtelo y sírvalo.

Fondue de chocolate

Diann J. Dunham
State College, Pennsylvania

Rinde 2½–3 tazas

Tiempo de preparación: 5 minutos
Tiempo de cocción: 2½ horas
Tamaño ideal de la olla de cocción lenta:
2 cuartos de galón

1 barra (½ de taza) mantequilla, derretida
1½ tazas de azúcar
¼ de taza de crema de leche
3 Cucharas de nata de cacao, ron, o licor sabor naranja (o 1 cucharadita de naranja, ron, o vainilla)
6 tablillas de 1 onza de chocolate sin azúcar

1. Combine la mantequilla y el azúcar dentro de la olla de cocción lenta hasta que estén bien mezcladas.
2. Revuelva la crema de leche hasta que esté bien mezclada. Revuelva el licor o el saborizante hasta que esté bien mezclado.
3. Revuelva las tablillas de chocolate.
4. Cubra y gradúe la olla a "Alto" y cocine por 30 minutos.
5. Revuelva bien, gradúe la olla a "Bajo" y cocine por 2 horas.
6. Sirva caliente de la olla con trozos de *angel food* o pastel, del tamaño de un bocado, malvavisco, pedazos de manzana, pedazos de plátano y fresas, enteras o cortadas por la mitad.

Consejo útil: *Mientras el fondue tenga una pulgada o más de profundidad, en la olla, usted puede mantener la olla graduada en "Bajo" hasta por 6 horas. Revuelva ocasionalmente.*

Fondue de postre

Sara Kinsinger
Stuarts Draft, Virginia
Bonita Ensenberger
Albuquerque, New Mexico

Rinde 3 tazas

Tiempo de preparación: 10–15 minutos
Tiempo de cocción: 2 horas
Tamaño ideal de la olla de cocción lenta:
4 cuartos de galón

1 Cuchara de mantequilla
16 barras de 1 onza de dulce, la mitad de chocolate con leche; la mitad de chocolate semidulce, *divididas*
30 malvaviscos grandes
⅓ de taza de leche
1 taza de crema de leche

1. Engrase la olla de cocción lenta con mantequilla. Graduela a "Alto" por 10 minutos.
2. Mientras tanto, mezcle las barras de dulce trozados los malvaviscos, y la leche en un tazón.
3. Ponga el dulce y la leche mezclada dentro de la olla de cocción lenta.
4. Cubra y gradúe la olla a "Bajo" y cocine por 30 minutos. Revuelva. Cubra y cocine otros 30 minutos. Revuelva.
5. Gradualmente revuelva la crema de leche. Cubra y gradúe la olla a "Bajo" y cocine por otra hora.
6. Sirva el fondue caliente de la olla con piezas de pastel, pastel tipo angel food, plátanos, y *pretzels* para untar.

El mejor pudín de pan

Betty B. Dennison
Grove City, Pennsylvania

Rinde 8–10 porciones

Tiempo de preparación: 10 minutos
Tiempo de cocción: 2–3 horas
Tamaño ideal de la olla de cocción lenta:
5 cuartos de galón

¾ de taza de azúcar morena
6 rebanadas de pan con pasas y canela, enmantequillados y cortados en cubos
4 huevos
1 cuarto de galón de leche
1½ cucharaditas de vainilla
½ cucharadita de extracto de limón, *opcional*

1. Rocíe el interior de la olla de cocción lenta con aerosol antiadherente para cocina.
2. Esparza el azúcar morena dentro del fondo de la olla. Agregue el pan partido en cubos. (No revuelva el azúcar y el pan.)
3. En un tazón mezclador, bata los huevos bien. Bata la leche y la vainilla, y el extracto de limón si lo desea. Viértalo sobre el pan.
4. Cubra y gradúe la olla a "Alto" y cocine por 2–3 horas, o hasta que el pudín no tenga más consistencia de sopa. No revuelva. El azúcar morena formará un jarabe en el fondo.
5. Cuando el pudín este terminado, sirva una porción en un plato, esparza el jarabe encima del pan.

Natílla al horno

Barbara Smith
Bedford, Pennsylvania

Rinde 5–6 porciones

Tiempo de preparación: 10–15 minutos
Tiempo de cocción: 2–3 horas
Tamaño ideal de la olla de cocción lenta:
4 a 5 cuartos de galón

2 tazas de leche entera
3 huevos, bátalos ligeramente
^{1}/₃ de taza de azúcar
^{1}/₂ cucharadita más de azúcar, *dividido*
1 cucharadita de vainilla
^{1}/₄ de cucharadita de canela

1. Caliente la leche en un pocillo pequeño sin taparla hasta que se forme nata en la parte de arriba. Quite la leche del fuego y enfríe ligeramente.
2. Mientras tanto, en un tazón mezclador grande combine los huevos, ^{1}/₃ de taza de azúcar y la vainilla.
3. Revuelva suavemente la leche ligeramente fría y viértala en la mezcla de huevo con azúcar.
4. Vierta la mezcla dentro de un recipiente para hornear engrasado, de 1 cuarto de galón, el cual se ajuste dentro de su olla de cocción lenta, o vierta la mezcla en la inserción para hornear diseñada para su olla de cocción lenta.
5. Mezcle la canela y ^{1}/₂ cucharadita de azúcar sobrante en un tazón pequeño. Espárzala sobre la mezcla gelatinosa.
6. Cubra el recipiente para hornear o la inserción con papel aluminio. Coloque el recipiente en una rejilla de metal o en el protector para manteles de la olla de cocción lenta. Vierta agua alrededor del recipiente a una profundidad de 1 pulgada.
7. Cubra y gradúe la olla a "Alto" y cocine por 2–3 horas, o hasta que la natilla se cuaje. (Cuando inserte un cuchillo en el centro de la natilla y este salga limpio, la natilla esta lista.)
8. Sirva caliente del recipiente o de la inserción.

Variaciones: En lugar de canela, use ^{1}/₄ de cucharadita de nuez moscada, ó 1–2 Cucharas de coco rallado.
— **Jean Butzer**
Batavia, New York

Tapíoca

Ruth Ann Hoover
New Holland, Pennsylvania
Sharon Anders
Alburtis, Pennsylvania
Pat Unternahrer
Wayland, Iowa

Rinde 10–12 porciones

Tiempo de preparación: 10–15 minutos
Tiempo de cocción: 3 horas y 20 minutos
Tiempo de enfriamiento: 4–5 horas
Tamaño ideal de la olla de cocción lenta:
3 cuartos de galón

2 cuartos de galón de leche entera
1^1/₄ tazas de azúcar
1 taza de perlas pequeñas de tapioca seca
4 huevos
1 cucharadita de vainilla
complementos batidos, *opcional*

1. Combine la leche y el azúcar en la olla de cocción lenta, revuelva hasta que el azúcar se disuelva lo más que se pueda. Revuelva la tapioca.
2. Cubra y gradúe la olla a "Alto" y cocine por 3 horas.
3. En un tazón mezclador pequeño, bata los huevos ligeramente. Bata la vainilla y cerca de una taza caliente de la olla de cocción lenta. Cuando todo este bien mezclado, viértalo sobre la olla de cocción lenta
4. Cubra y gradúe la olla a "Alto" y cocine por 20 minutos más.
5. Enfríe. Sirva con complementos batidos si usted lo desea.

Variaciones:
1. Para un pudín menos duro, use sólo 3 huevos y/o sólo ^{3}/₄ de taza de perlas pequeñas de tapioca.
— **Susan Kasting**
Jenks, Oklahoma
— **Karen Stoltzfus**
Alto, Michigan

2. Para un pudín más esponjoso, bata el pudín frío con una batidora hasta que esponje. Póngalo en un recipiente de 8 onzas de complementos batidos.

— **Evelyn Page**
Lance Creek, Wyoming

3. Cubra el pudín frío con una barra de chocolate dulce machacado o quebrado. O sirva la tapioca caliente sin ningún aderezo.

— **Karen Stoltzfus**
Alto, Michigan

4. Cubra el pudín frío con arándanos o fruta picada de su elección (duraznos, fresas, o arándanos azules son especialmente buenos).

— **Virginia Eberly**
Loysville, Pennsylvania

Tapioca de piña

Janessa K. Hochstedler
East Earl, Pennsylvania

Rinde 4–6 porciones

Tiempo de preparación: 15 minutos
Tiempo de cocción: 3 horas
Tiempo de enfriamiento: 2–3 horas
Tamaño ideal de la olla de cocción lenta:
3 cuartos de galón

2½ tazas de agua
2½ tazas de jugo de piña
½ taza de perlas pequeñas de
tapioca seca
¾–1 taza de azúcar
1 lata de 15 onzas de piña picada,
sin drenar

1. Mezcle los primeros cuatro
ingredientes en la olla de cocción
lenta.
2. Cubra y gradúe la olla a "Alto"
y cocine por 3 horas.
3. Revuelva con la piña picada.
Enfríe por varias horas.

Pudín de arroz para la olla de cocción lenta

Nadine Martinitz
Salina, Kansas

Rinde 6 porciones

Prep Time: 5–20 minutos,
Depende sobre todo si necesita o
no cocinar el arroz
Tiempo de cocción: 2–4 horas
Tamaño ideal de la olla de cocción lenta:
2 cuartos de galón

2½ tazas de arroz cocinado
1 lata de 12 onzas de leche
evaporada
½ taza de azúcar
2 huevos, batidos
1 cucharadita de vainilla
½ taza de uvas pasas, *opcional*

1. Rocíe el interior de la olla de
cocción lenta con aerosol antiadherente para cocina.
2. Mezcle todos los ingredientes
en la olla de cocción lenta.
3. Cubra y gradúe la olla a "Alto"
y cocine por 2 horas, o en "Bajo" por
4 horas.
4. Revuelva después de la
primera hora. Si el arroz parece casi
listo, revise otra vez después de otros
30 minutos, y ajuste el tiempo de
cocción consecuentemente.
5. Sirva caliente o frío.

Pudín de arroz hecho desde cero

Rhonda Freed
Lowville, New York

Rinde 8–10 porciones

Tiempo de preparación: 25 minutos
Tiempo de cocción: 3¼–3¾ horas
Tamaño ideal de la olla de cocción lenta:
4 cuartos de galón

8 tazas de leche
1 taza de arroz de grano largo
crudo
1 taza de azúcar
2 Cucharas de mantequilla
2 cucharaditas de vainilla

1. En un tazón grande para usar
en microondas, mezcle la leche, el
arroz, el azúcar, y la mantequilla.
Tápelo.
2. Póngalo en el horno de
microondas en "Alto" durante 5 minutos, y entonces revuelva. Tápelo.
Póngalo en el horno de microondas 4
minutos, y entonces revuelva. Repita
por tres, dos, y un minuto de tiempo
de cocción, revolviendo entre cada
tiempo de cocción.
3. Vierta dentro de la olla de cocción. Revuelva la vainilla.
4. Cubra y gradúe la olla a "Alto"
y cocine por 1½ horas. Revuelva ocasionalmente si usted está en casa y
puede hacerlo.
5. Gradúe la olla en "Alto" y
cocine por 1½–2 horas adicionales sin
tapar, o hasta que el arroz esté completamente cocinado y cremoso pero
no seco o pastoso.

*Consejo útil: El pudín de arroz se
espesa mientras se enfría. Si le gusta un
pudín más ligero, reduzca el tiempo de
cocción.*

Pudín de arroz tradicional

Ruth Zendt
Mifflintown, Pennsylvania
Arianne Hochstetler
Goshen, Indiana

Rinde 10–12 porciones

Tiempo de preparación: 5 minutos
Tiempo de cocción: 4–7 horas
Tamaño ideal de la olla de cocción lenta:
3 a 4 cuartos de galón

2 cuartos de galón de leche
　descremada al 2%
1 taza de arroz de grano largo
　crudo
1 taza de azúcar
una pizca de sal
¼ de taza de mantequilla,
　derretida, *opcional*
½–¾ de taza de uvas pasas,
　opcional

1. Rocíe el interior de la olla de cocción lenta con aerosol antiadherente para cocina.
2. Ponga todos los ingredientes en la olla de cocción lenta. Revuelva a fondo.
3. Gradúe la olla en "Alto" y cocine por 4–5 horas, o en "Bajo" y cocine por 6–7 horas, revolviendo ocasionalmente si usted está en casa y puede hacerlo.

El tiempo de cocción variará dependiendo de cómo le gustaría la consistencia del arroz al estar terminado. El pudín de arroz se espesa mientras se enfría.

Consejo útil: Para servir, espolvoréelo con canela, azúcar, o vierta un poco de leche sobre cada porción.

Manzanas rellenas al horno

Miriam Nolt
New Holland, Pennsylvania
Ruth Hofstetter
Versailles, Missouri
Sara Kinsinger
Stuarts Draft, Virginia
Betty Drescher
Quakertown, Pennsylvania
Dorothy Lingerfelt
Stonyford, California
Kaye Taylor
Florissant, Missouri
Dale Peterson
Rapid City, South Dakota
Karen Ceneviva
New Haven, Connecticut

Rinde 6–8 porciones

Tiempo de preparación: 15–30 minutos
Tiempo de cocción: 2½–5 horas
Tamaño ideal de la olla de cocción lenta:
5 cuartos de galón

2 Cucharas de uvas pasas
¼ de taza de azúcar
6–8 manzanas medianas para
　hornear, sin corazón pero
　enteras y sin pelar
1 cucharadita de canela molida
2 Cucharas de mantequilla
½ taza de agua

1. Mezcle las uvas pasas y el azúcar en un tazón pequeño.
2. Coloque las manzanas en el fondo de la olla de cocción lenta. Ponga la mezcla de uvas y azúcar en el centro de las manzanas, dividiéndola en partes iguales entre las manzanas.
3. Espolvoree las manzanas rellenas con canela. Agregue gotas de mantequilla.

4. Agregue ½ taza de agua a lo largo del borde de la olla.
5. Cubra y gradúe la olla a "Bajo" y cocine por 3–5 horas, o en "Alto" 2½–3½ horas, o hasta que las manzanas estén suaves pero aplastadas.
6. Sirva caliente, o con helado o yogurt congelado.

Variaciones:

1. En vez de las pasas, use nueces picadas o pacanas.
　　— Connie Casteel
　　　Mt. Pleasant, Iowa

2. En vez de mantener las manzanas enteras, quíteles el corazón y córtelas a la mitad. Póngalas con el lado cortado hacia arriba y rellene el área del corazón. Ponga las manzanas en la olla de cocción lenta con el lado cortado hacia arriba, apilándolas si es necesario.
　　— Carol Eberly
　　　Harrisonburg, Virginia

3. En vez de azúcar granulada, use ¼ de taza de azúcar morena. Y en vez de canela use especies para pastel de manzana, o una mezcla de pimienta inglesa, 1 cucharadita de clavos y canela por igual.
　　— Linda E. Wilcox
　　　Blythewood, South Carolina
　　— Arlene M. Kopp
　　　Lineboro, Maryland

4. En vez de azúcar, use un ¼ de taza de Splenda.
　　— Leona Yoder
　　　Hartville, Ohio

Manzanas horneadas

Donna Lantgen
Rapid City, South Dakota

Rinde 4 porciones

Tiempo de preparación: 15 minutos
Tiempo de cocción: 4–5 horas
Tamaño ideal de la olla de cocción lenta:
3 a 4 cuartos de galón

4 manzanas para hornear, sin corazón pero enteras y sin pelar
1 cucharadita de canela
¼ de taza de azúcar morena
4 Cucharas de mantequilla

1. Coloque las manzanas en la olla de cocción lenta, cerciorándose de que cada une esté bien colocada en el fondo de la olla de cocción lenta.

2. Combine la canela y el azúcar morena. Rellene las manzanas.

3. Cubra cada manzana con 1 Cuchara de mantequilla.

4. Cubra y gradúe la olla a "Bajo" y cocine por 4–5 horas.

5. Delicioso como plato acompañante servido caliente, o como aderezo para *waffles*, panqués o helado.

Compota de manzana sin azúcar

Lauren M. Eberhard
Seneca, Illinois

Rinde 12 porciones

Tiempo de preparación: 20 minutos
Tiempo de cocción: 3–5 horas
Tamaño ideal de la olla de cocción lenta:
3 cuartos de galón

8 tazas de manzanas, peladas y rebanadas finamente
1–2 cucharaditas de canela
½–1 lata de 12 onzas de *Diet 7–Up*, o cualquier gaseosa clara sin azúcar

1. Revuelva las manzanas con la canela en la olla de cocción lenta.

2. Vierta suficiente gaseosa sobre las manzanas para cubrir una tercera parte de ellas.

3. Cubra y gradúe la olla a "Bajo" y cocine por 3–4 horas, o hasta que las manzanas estén su suficientemente suaves para puré dentro de la salsa.

4. Quite la tapa y gradúe la olla a "Alto". Cocine hasta que la salsa adquiera el espesor que usted prefiere. Revuelva ocasionalmente, rompiendo los pedazos.

5. Retire de la olla. Enfríe y sirva.

Compota de manzana casera

Paula King
Flanagan, Illinois
Lizzie Ann Yoder
Hartville, Ohio
Dorothy Lingerfelt
Stonyford, California
Ellen Ranck
Gap, Pennsylvania
Janet L. Roggie
Lowville, New York
Mary E. Wheatley
Mashpee, Massachusetts
Sharon Miller
Holmesville, Ohio
Donna Treloar
Hartford City, Indiana

Makes 6–8 servings

Tiempo de preparación: 15–20 minutos
Tiempo de cocción: 4½–6½ horas
Tamaño ideal de la olla de cocción lenta:
3 a 4 cuartos de galón

8–10 manzanas medianas para cocinar, peladas, sin corazón y rebanadas
½ taza de agua
Poco menos de ½–¾ taza de azúcar, de acuerdo al tipo de manzanas que usted use
½–1 cucharadita de canela, *opcional*

1. En la olla de cocción lenta, combine las manzanas y el agua.

2. Cubra y gradúe la olla a "Bajo" y cocine por 4–6 horas, o hasta que las manzanas estén muy suaves. Agregue azúcar y canela si usted lo desea (o reserve la canela y espolvoréela sobre la salsa terminada), y gradúe la olla a "Bajo" y cocine por otros 30 minutos.

3. Espolvoree con canela al tiempo de servir si usted lo desea

(a menos que usted lo haya agregado en el paso 2).

Consejo útil: Esta compota de manzana estará ligeramente fuerte. Si usted prefiere una compota suave, machaque o tamice las manzanas después de que las haya cocinado.

Compota de manzana

Jean Butzer
Batavia, New York
Trudy Cutter
Corfu, New York

Rinde 8 porciones

Tiempo de preparación: 15 minutos
Tiempo de cocción: 1½–2 horas
Tamaño ideal de la olla de cocción lenta:
 4 a 5 cuartos de galón

---

8 manzanas agrias medianas, peladas, sin corazón y cortadas en cuartos
²/₃ de taza de azúcar
³/₄ de taza de jugo de manzana, o agua, o jugo de arándano
2 Cucharas de mantequilla, derretida
1 cucharadita de canela molida
2 cucharaditas de jugo de limón, *opcional*

1. Mezcle todos los ingredientes en la olla de cocción lenta, excepto el jugo de limón.
2. Cubra y gradúe la olla a "Alto" y cocine por 1½–2 horas.
3. Revuelva bien para romper los pedazos grandes de manzana.
4. Pruebe. Si la salsa es más dulce de lo que a usted le gusta, póngale 2 cucharaditas de jugo de limón.
5. Sirva caliente o frío. La compota es especialmente buena. Sirva con carne asada de cerdo o chuletas

de cerdo. Es también bueno como fruta de desayuno o sobre pan tostado.

Variación: Ajuste la cantidad de canela para satisfacer su gusto personal o familiar. Usted podría también usar ½ cucharadita de nuez moscada en lugar de la canela.

Compota de manzana con trozos de arándano

Christie Anne Detamore-Hunsberger
Harrisonburg, Virginia

Rinde 6 porciones

Tiempo de preparación: 15 minutos
Tiempo de cocción: 3–4 horas
Tamaño ideal de la olla de cocción lenta:
 3 cuartos de galón

---

6 *MacIntosh* o *Winesap*, o sus manzanas favoritas para hornear, peladas o sin pelar, córtelas en cubos de 1 pulgada
½ taza de jugo de manzana
½ taza de arándanos frescos o congelados
¼ de taza de azúcar
¼ de cucharadita de canela molida, *opcional*

1. Combine todos los ingredientes en la olla de cocción lenta.
2. Cubra y gradúe la olla a "Bajo" y cocine por 3–4 horas, o hasta que las manzanas estén tan suaves como a usted le gusta.
3. Sirva caliente, o refrigere y sirva frío. Sirva la salsa como plato acompañante durante el segundo plato. O úselo como postre, aderezo para pastel o helado.

Manzanas acarameladas

Lucy O'Connell
Goshen, Massachusetts

Rinde 4 porciones

Tiempo de preparación: 10 minutos
Tiempo de cocción: 2–3 horas
Tamaño ideal de la olla de cocción lenta:
 3 cuartos de galón

---

4 manzanas agrias grandes, sin corazón
1 tarro de 14 onzas de salsa de caramelo
½ taza de jugo de manzana
1 cucharadita de especias para pastel de manzana

1. Quite 1 pulga de cáscara en la parte superior de las manzanas enteras.
2. Ponga las manzanas en la olla de cocción lenta, asegurándose que cada una esté asentada completamente en el fondo de la olla. Rellene el centro de cada manzana con un cuarto de salsa de caramelo.
3. Vierta el jugo de manzana en el fondo de la olla.
4. Espolvoreé las manzanas con especias para pastel de manzana.
5. Cubra y gradúe la olla a "Alto" y cocine por 2–3 horas.

Consejo útil:
 1. El tiempo de cocción variara de acuerdo al tamaño de las manzanas.
 2. Sirva con helado de vainilla o crema batida si usted lo desea.

Manzanas acarameladas en palo

Becky Harder
Monument, Colorado
Jeanette Oberholtzer
Manheim, Pennsylvania

Rinde 8–10 porciones

Tiempo de preparación: 30 minutos
Tiempo de cocción: 1–1½ horas
Tamaño ideal de la olla de cocción lenta:
2 cuartos de galón

---

2 bolsas de 14 onzas de caramelos
¼ de taza de agua
8–10 manzanas medianas
palitos
papel encerado
azúcar gran

1. Combine los caramelos y el agua en la olla de cocción lenta.
2. Cubra y gradúe la olla a "Alto" y cocine por 1–1½ horas, revolviendo cada 5 minutos.
3. Lave y seque las manzanas. Inserte un palito en el extremo de cada manzana. Gradúe la olla a "Bajo". Sumerja las manzanas dentro del caramelo caliente, dándoles vuelta para cubrir la superficie entera.
4. Sostenga las manzanas sobre la olla, quite el exceso de caramelo acumulado en el extremo de las manzanas.
5. Sumerja el extremo de la manzanas cubierta de caramelo en el azúcar granulada para mantenerla pegada. Ponga las manzanas a enfriar en un papel encerado y engrasado.

Ésta es una buena receta para las fiestas de Otoño / Cosecha / Noche de brujas. Los niños no olvidarán la experiencia de practicar sumergiendo sus propias manzanas. Las maestras pueden mezclar el caramelo antes de tiempo y traerlo a clase. Esta receta es también una divertida actividad para diferentes generaciones en grupos de iglesia o reuniones familiares.

A finales de los años 50 y principios de los años 60, mi hermana y yo éramos premiadas con manzanas acarameladas de una tienda de compras, solamente después de tomar nuestro baño de sábado por la noche y de haber completado nuestras lecciones de escuela de domingo. Recuerdo que el papel encerado envuelto alrededor de cada manzana tenía payasos coloridos impresos, las manzanas se vendían por menos de 50¢ cada una.

— Becky Harder

Plato de manzana

Vera Martin
East Earl, Pennsylvania

Rinde 7 tazas

Tiempo de preparación: 15–20 minutos
Tiempo de cocción: 2–2½ horas
Tamaño ideal de la olla de cocción lenta:
3 a 4 cuartos de galón

¾ de taza de azúcar
3 Cucharas de harina
1½ cucharaditas de canela, opcional
5 manzanas grandes para hornear, peladas, sin corazón, y rebanadas en piezas de ¾ de pulgada
½ barra (¼ taza) mantequilla, derretida
3 Cucharas de agua

1. Rocíe el interior de la olla de cocción lenta con aerosol antiadherente para cocina.
2. En un tazón grande, mezcle el azúcar y la harina, junto con canela si usted lo desea. Separe.
3. Mezcle las manzanas, la mantequilla y el agua en la olla de cocción lenta. Revuelva suavemente con la mezcla de la harina hasta que las manzanas estén bien cubiertas.
4. Cubra y gradúe la olla a "Alto" y cocine por 1½ horas, y después gradúe la olla a "Bajo" y cocine por 30–60 minutos, o hasta que las manzanas estén cocidas como a usted le gustan.
5. Sirva con leche, vertiéndola en la superficie.

Variación: Añada ½ taza de avena seca de preparación instantánea u hojuelas de avena en el paso 2, si usted lo desea.

— Deb Herr
Mountaintop, Pennsylvania

Postre de manzana

Barbara Sparks

Glen Burnie, Maryland

Rinde 5 porciones

Tiempo de preparación: 15 minutos
Tiempo de cocción: 1½–3 horas
Tamaño ideal de la olla de cocción lenta:
  2 cuartos de galón

---

3 manzanas grandes para hornear
1 Cuchara de jugo de limón
1 Cuchara de mantequilla,
  derretida
1½ Cucharas de azúcar morena
½ cucharadita de canela

1. Descorazone las manzanas, pele si usted lo desea, y después córtelas en ocho. Póngalas en la olla de cocción lenta.

2. Salpique la mantequilla y el jugo de limón sobre las manzanas.

3. Espolvoree el azúcar y la canela por encima.

4. Cubra y gradúe la olla a "Bajo" y cocine por 3 horas, o en "Alto" por 1½ horas.

5. Sirva como un acompañante del plato principal, como postre (caliente o frío) cubierto con crema batida o salpicado con leche evaporada, o como un aderezo para helado de vainilla.

Manzanas en jalea

Patricia Howard

Green Valley, Arizona

Rinde 10 porciones

Tiempo de preparación: 20 minutos
Tiempo de cocción: 4–6 horas
Tiempo de enfriamiento:5–6 horas
Tamaño ideal de la olla de cocción lenta:
  4 cuartos de galón

---

10 manzanas agrias, peladas, sin
  corazón y rebanadas
½–1 taza de azúcar, dependiendo
  de cómo le guste de dulce
2 tazas de agua caliente
¾ de taza de caramelo rojo
  caliente
jugo de 1 limón
½ taza de agua fría
1 sobre de gelatina sin sabor

1. Ponga las manzanas preparadas en la olla de cocción lenta.

2. Combine el azúcar, el agua caliente, y el caramelo rojo caliente en una cacerola. Caliente por arriba del fuego medio, revolviendo hasta que el azúcar y el dulce estén disueltos.

Continué cocinando, sin tapar, hasta que la mezcla se haga jarabe y se espese.

3. Vierta el jarabe sobre las manzanas.

4. Cubra y gradúe la olla a "Bajo" y cocine por 4–6 horas, o hasta que las manzanas estén suaves.

5. Apague la olla. Usando una cuchara calada, remueva las manzanas, reserve el jarabe en la olla. Ponga las rebanadas de manzana en un plato de servir profundo.

6. Coloque el agua fría en un tazón pequeño. Revuelva la gelatina hasta que se disuelva.

7. Agréguele jugo de limón, junto con la gelatina disuelta y el agua, al jarabe caliente de la olla de cocción lenta. Revuelva bien.

8. Permita que la mezcla se enfrié. Entonces viértala sobre las manzanas.

9. Coloque el recipiente en el refrigerador, cerca de 3–4 horas.

Consejo útil: Empiece esta receta el día o la noche anterior al día en que usted desea servirla.

Antojo de manzana

Anne Townsend
Albuquerque, NM

Rinde 6 porciones

Tiempo de preparación: 10 minutos
Tiempo de cocción: 4–5 horas
Tamaño ideal de la olla de cocción lenta:
  3 cuartos de galón

6 manzanas para hornear,
  peladas, sin corazón y
  cortadas en cuartos
¼ de cucharadita de nuez
  moscada
2 Cucharas de azúcar
¾ de cucharadita de polvo
  asiático de cinco–especias
¼ de taza de jugo de manzana

1. Coloque las manzanas
preparadas en la olla de cocción
lenta.

2. En un tazón mezclador
pequeño, combine todos los ingredientes restantes.

3. Viértalos dentro de la olla de
cocción lenta, revuelva suavemente
cubriendo las manzanas.

4. Cubra y gradúe la olla a "Bajo"
y cocine por 4–5 horas, o hasta que
las manzanas estén suaves como
usted las quiere.

5. Sirva las manzanas en
rebanadas o trituradas, calientes o
frías, o a temperatura ambiente.

6. ¡Estás manzanas versátiles
pueden ser servidas como plato
acompañante con jamón, papas estilo
"scalloped", judías verdes almandine,
pan de maíz, pastel de pacana, y
como aderezo para tostadas!

Consejo útil —

Mantenga las nueces en el
congelador hasta que usted las
necesite.

Postre de manzanas y piña

Joan S. Eye
Harrisonburg, Virginia

Rinde 5–6 porciones

Tiempo de preparación: 25–30 minutos
Tiempo de cocción: 7–8 horas
Tamaño ideal de la olla de cocción lenta:
  4 a 5 cuartos de galón

5–6 manzanas para hornear,
  peladas y sin corazón
2–4 Cucharas de azúcar morena,
  de acuerdo a su preferencia de
  gusto*
1–2 cucharaditas de canela, de
  acuerdo a su preferencia de
  gusto*
½ taza de piña picada enlatada,
  drénela pero conserve el
  líquido
¼ de taza de nueces picadas

1. Rebane las manzanas peladas
dentro de la olla de coció lenta.

2. En un tazón aparte, mezcle el
azúcar, la canela y la piña. Empiece
primero con pequeñas cantidades de
azúcar y canela. *Pruebe, y entonces
agregue más si usted lo desea, de
acuerdo a las cantidades sugeridas.

3. Vierta la mezcla del jugo de
azúcar sobre las rebanadas de manzana. Revuelva bien todo.

4. Espolvoree con las nueces.

5. Cubra y gradúe la olla a "Bajo"
y cocine por 7–8 horas, o hasta que
las manzanas estén cocinadas a su
gusto.

Pudín de piña

Lois Niebauer
Pedricktown, NJ

Rinde 4–5 porciones

Tiempo de preparación: 10 minutos
Tiempo de cocción: 4 horas
Tamaño ideal de la olla de cocción lenta:
  1½ cuartos de galón

1 lata de 20 onzas de piña picada,
  sin drenar
¼ de taza de agua
2 huevos, batidos
2 Cucharas de maicena
½–¾ de taza de azúcar,
  dependiendo de su preferencia
  para lo dulce

1. Rocíe el interior de la olla de
cocción lenta con aerosol antiadherente para cocina.

2. Mezcle todos los ingredientes
en la olla de cocción lenta.

3. Cubra y gradúe la olla a "Alto"
y cocine por ½ hora, y después
gradúe la olla a "Bajo" y cocine por
3½ horas.

4. Sirva caliente con una Cuchara
de helado de vainilla o yogurt congelado, o un pegote de crema batida en
cada plato, si usted lo desea.

Compota de arándano entera

Sherril Bieberly

Salina, Kansas

Rinde 5–6 porciones

Tiempo de preparación: 5 minutos
Tiempo de cocción: 5–6 horas
Tiempo de enfriamiento: 6–8 horas,
  o toda la noche
Tamaño ideal de la olla de cocción lenta:
  2 cuartos de galón

---

1 paquete de 12 onzas de
  arándanos
2 tazas de azúcar
½ taza de licor, o jugo blanco de
  uva, o jugo de manzana
¼–½ taza de nueces, *opcional*

1. Ponga los primeros 3 ingredientes en la olla de cocción lenta. Gradúe la olla a "Bajo" y cocine por 5–6 horas, revolviendo ocasionalmente si usted está en casa para hacerlo.

2. Quite los arándanos cocinados y coloque el plato en el refrigerador y refrigere toda la noche. Sirva frío.

3. Si usted lo desea, pique las nueces. Dispérselas en una sola capa en un sartén antiadherente con temperatura media. Revuelva ocasionalmente, calentando las nueces hasta tostarlas. Permita que se enfríe, y entonces revuelva dentro de la compota de arándanos andes de servirla.

Consejo útil: Usted puede preparar esto con muchos días de anticipación antes de servirlo, y refrigerarlo hasta que usted lo necesite.

Arándanos del sudoeste

Bernita Boyts

Shawnee Mission, Kansas

Rinde 8 porciones

Tiempo de preparación: 5 minutos
Tiempo de cocción: 2–3 horas
Tamaño ideal de la olla de cocción lenta:
  1½ a 2 cuartos de galón

---

1 lata de 16 onzas de arándanos
  enteros
compota de arándano
1 tarro de 10½ onzas de gelatina
  de jalapeños
2 Cucharas de cilantro fresco

1. Combine los ingredientes en la olla de cocción lenta.

2. Cubra y gradúe la olla a "Bajo" y cocine por 2–3 horas.

3. Enfrié. Sirva a temperatura ambiente.

4. Sirva estos arándanos picantes como plato acompañante o como adobo para aves o cerdo.

Compota caliente de frutas

Renee Baum

Chambersburg, Pennsylvania

Rinde 14–18 porciones

Tiempo de preparación: 15 minutos
Tiempo de cocción: 2–2½ horas
Tamaño ideal de la olla de cocción lenta:
  5 cuartos de galón

---

2 latas de 29 onzas de rebanadas
  de durazno, drénelas
2 latas de 29 onzas de mitades de
  peras, rebanadas y drenadas
1 lata de 20 onzas de piña picada,
  drenada
1 lata de 15¼ onzas de mitades
  de albaricoque, rebanados y
  drenados
1 lata de 21 onzas de relleno de
  cereza para pastel

1. En la olla de cocción lenta, combine los duraznos, las peras, la piña y los albaricoques. Cúbralos con el relleno de pastel.

2. Cubra y gradúe la olla a "Alto" y cocine por 2–2½ horas, o hasta que esté caliente en todas partes.

3. Sirva caliente como plato acompañante o segundo plato. O enfríe y sirva también como plato acompañante, o como postre. Es un buen aderezo para pastel *angel food*, helado de vainilla y yogurt congelado.

Compota de ruibarbo y piña

Dorothy VanDeest
Memphis, Tennessee

Rinde 4–6 porciones

Tiempo de preparación: 15–20 minutos
Tiempo de cocción: 2–6 horas
Tamaño ideal de la olla de cocción lenta:
   3½ cuartos de galón

1 libra de ruibarbo fresco
2 tazas de piña fresca picada
½ taza de gaseosa de naranja
1 Cucharas de azúcar
nuez moscada, *opcional*

1. Lave el ruibarbo, y después córtelo en pedazos de 1 pulgada. Póngalo en la olla de cocción lenta.

2. Revuelva la piña.

3. Agregue la gaseosa, y después espolvoree con el azúcar. Revuelva en las frutas.

4. Cubra y gradúe la olla a "Alto" y cocine por 2 horas, gradúe la olla a "Bajo" y cocine por 4–6 horas, o hasta que los ruibarbos estén suaves.

5. Sirva caliente o frío. Si lo desea, esparza la nuez moscada antes de servir.

Consejo útil: Esto es un buen acompañante de un plato de carne asada de cerdo o res. O sírvalo como un aderezo para helado de vainilla o yogurt congelado.

Variación: Revuelva una Cuchara de tapioca pequeña 15 minutos antes de finalizar el tiempo de cocción para espesar la compota ligeramente.

— **Betty Drescher**
Quakertown, Pennsylvania

Acompañamientos Ligeros
(usando su estufa o horno)

Panes

Aro de nuez y manzana
Naomi Cunningham
Arlington, Kansas

Rinde 10 porciones

Tiempo de preparación: 10 minutos
Tiempo de horneado: 25–30 minutos

2 paquetes de 7½ onzas de galletas de suero de manteca, refrigeradas
¼ de taza de mantequilla, o margarina, derretida
⅔ de taza de azúcar
2 Cucharas de canela en polvo
3–4 manzanas medianas
⅓ de taza de nueces, picadas

1. Separe las galletas.
2. En una cacerola, derrita la mantequilla o margarina.
3. Combine el azúcar y la canela en un tazón pequeño.
4. Unte las galletas en mantequilla, y luego páselas encima de la mezcla de azúcar.

Arregle las galletas, de forma que estén encima, alrededor del borde y en el centro de un molde para hornear de 9 × 13 pulgadas.

5. Pele, quite el corazón, y rebane las manzanas. Corte las rebanadas en dos partes diagonalmente. Coloque una rebanada de manzana entre cada galleta y alrededor del borde exterior del plato de cocción.
6. Mezcla las nueces con los restos de la mezcla de azúcar.

Aplique sobre las galletas y las manzanas.

7. Hornee a 400° durante 25–30 minutos, o hasta que las galletas estén bien doradas.

Panecíllos de chocolate bajos en grasa
Teresa Martin

Gordonville, Pennsylvania

Rinde 12 porciones

Tiempo de preparación: 15–20 minutos
Tiempo de horneado: 15–20 minutos

1½ tazas de harina
¾ de taza de azúcar
¼ de taza de cacao para hornear
2 cucharaditas de polvo de hornear
1 cucharadita de soda de hornear
½ cucharadita de sal
⅔ de taza de yogurt de vainilla libre de grasa
⅔ de taza de leche descremada
½ cucharadita de vainilla
azúcar de confite, *opcional*

1. En un tazón de mezcla grande, combine la harina, el azúcar, el cacao para hornear, el polvo de hornear, la soda de hornear, y la sal.
2. En un tazón aparte, bata el yogurt, la leche, y la vainilla hasta que esté bien mezclados.
3. Vierta los ingredientes líquidos en los secos, solo hasta que estén humedecidos.
4. Llene los recipientes para panecillos hasta ⅔ partes de su capacidad.
5. Hornee a 400° durante 15–20 minutos, o hasta que al insertar un palillo en el centro de los panecillos éste salga limpio.
6. Enfríe por 5 minutos antes de pasar de la charola a la base de alambre.
7. Aplique el azúcar de confite, si usted lo desea.

Consejo: Estos panecillos se solidifican bien.

Pízza almohada
Sharon Miller

Holmesville, Ohio

Rinde 8 porciones

Tiempo de preparación: 20 minutos
Tiempo de horneado: 20 minutos

2 tubos de galletas refrigeradas (10 galletas por tubo)
1½ libras de carne de res
1 lata de 16 onzas de salsa de pizza
Ingredientes *opcionales:*
  cebollas picadas
  pimienta picada
  hongos enlatados
  pepperoni
1 libra de queso *mozzarella,* deshilachado

1. Corte cada galleta en cuartos y colóquelas en el fondo de un molde para hornear de 9 × 13 pulgadas.
2. En un sartén, dore la carne. Drene los líquidos. Añada la salsa a la carne en el sartén y mezcle.
3. Vierta sobre los cuartos de galleta.
4. Coloque alguno de los ingredientes opcionales como lo haría en una pizza. Espolvoree el queso encima.
5. Hornee a 400° durante 20 minutos.

Bollos pegajosos de jamón y queso
Rosanne Weiler

Myerstown, Pennsylvania

Rinde 12 porciones

Tiempo de preparación: 10 minutos
Tiempo de horneado: 20 minutos

24 rollos de papas tamaño fiesta
1 libra de queso suizo rebanado
½ libra de jamón rebanado
2 barras (1 taza) de mantequilla
⅓ de taza de azúcar morena
2 Cucharas de salsa *Worcestershire*
2 Cucharas de mostaza preparada
2 Cucharas de semillas de amapola

1. Rebane los rollos por la mitad y colóquelos en el fondo de un molde para hornear de 9 × 13 pulgadas.
2. Coloque el queso y el jamón, y cubra con las tapas de los rollos.
3. Derrita la mantequilla en una cacerola y añada el azúcar, la salsa *Worcestershire*, la mostaza y las semillas de amapola. Deje hervir y espere 2 minutos.
4. Inmediatamente vierta sobre los rollos y hornee a 350° durante 20 minutos.

Consejo: Éstos pueden ser hechos con anticipación y calentados cuando se esté listo para servir.

Cuando yo los sirvo como aperitivo, ¡todos regresan para segundos!

Verduras

Suprema de judías verdes

Deb Martin
Pennsylvania

Rinde 4–6 porciones

Tiempo de preparación: 15 minutos
Tiempo de cocción: 15 minutos

4 rebanadas de tocino
¼ de taza de cebolla, picada
1 lata de crema de apio, *o* de sopa de hongos
⅓ de taza de leche
1 libra de judías frescas, *o* 2 paquetes de 9 onzas de judías congeladas

1. Cocine el tocino hasta que esté quebradizo en un sartén grande. Remueva el tocino y desmenúcelo. Ponga aparte.
2. Sofría la cebolla en dos Cucharas del líquido del tocino hasta que se suavice.
3. Mezcle en la sopa, la leche, y las judías. Caliente, mezclando ocasionalmente, hasta que las judías estén cocinadas y suaves como usted guste.
4. Cubra con tocino y sirva.

Cazuela de brócoli

Ruth H. White
Pennsylvania

Rinde 4–6 porciones

Tiempo de preparación: 30 minutos
Tiempo de cocción: 15–20 minutos

2 manojos de brócoli
¼–½ libra de queso de su elección, rayado
1 barra (½ taza) de mantequilla
alrededor de 36 galletas para tentempié

1. Cocine el brócoli hasta que esté suave.
2. Derrita el queso con la mantequilla en una cacerola.
3. Rompa las galletas.
4. En una cazuela engrasada de 2 cuartos de galón, alterne capas de brócoli, salsa de queso y las galletas.
5. Hornee sin cubrir a 325°F por 15-20 minutos.

Pastel de espinaca sin corteza

Helene Kusnitz
West Hempstead, New York

Rinde 6–8 porciones

Tiempo de preparación: 10 minutos
Tiempo de cocción: 30 minutos

1 paquete de 10 onzas de espinaca picada y congelada
½ barra (¼ de taza) de mantequilla *o* margarina, derretida
3 Cucharas de harina
3 huevos, batidos ligeramente
½ cucharadita de sal
⅛ de cucharadita de pimienta
1 cartón de 8 onzas de requezón
½ taza de queso mozzarella rayado

1. Descongele y drene las espinacas.
2. Combine todos los ingredientes y mezcle bien. Vierta en un plato engrasado para pastel o plato para tarta.
3. Hornee a 350°F durante 30 minutos.

Coliflor crujiente

Pat Taylor

Paw Paw, West Virginia

Rinde 4 porciones

Tiempo de preparación: 30 minutos
Tiempo de horneado/cocción: 25 minutos

---

1 cabeza de coliflor
agua fresca
1 barra (½ taza) de mantequilla
1 taza de pedazos de pan secos
1 cucharadita de sazonador
  italiano
1 taza de queso chedar
  deshilachado

1. Separe la coliflor en cogollos. Coloque en un plato para microondas. Salpique con una Cuchara de agua. Cubra y cocine en "Alto" durante 3–4 minutos.

2. Drene los cogollos y permita enfriar hasta que usted pueda agarrarlos.

3. Coloque la mantequilla derretida en un plato pando. Mezcle los pedazos de pan y condimente en otro plato pando.

4. Unte cada cogollo con la mantequilla derretida, y luego con los pedazos de pan condimentados, moviendo en círculos para cubrir bien.

5. Coloque en un plato para hornear engrasado de 9 × 13 pulgadas. Hornee, sin cubrir, a 375° durante 20 minutos. Apague el horno. Añada queso deshilachado y regrese al horno para derretir.

Tomates guisados

Esther J. Mast

Lancaster, Pennsylvania

Rinde 4–5 porciones

Tiempo de preparación: 5 minutos
Tiempo de cocción: 10 minutos

---

2 Cucharas de cebolla picada
2 Cucharas de hojas de apio
  fresco, picadas
2 Cucharas de mantequilla
2 tazas de tomates enlatados
  cortados en cubos, sin drenar
2 Cucharas de maicena
4 Cucharas de azúcar
½ cucharadita de sal
⅛ de cucharadita de canela

1. En un sartén grande o cacerola, sofría las cebollas y las hojas de apio en la mantequilla hasta que estén suaves pero no doradas.

2. Añada los tomates y mezcle bien.

3. En un tazón pequeño, combine la maicena, el azúcar, la sal y la canela. Vierta justo la suficiente mezcla de tomate en la mezcla seca para humedecer. Inmediatamente combine con la mezcla de tomate restante. Continúe cocinando y mezclando hasta que espese.

Consejo: Si la mezcla se espesa mucho, añada agua hasta que los tomates alcancen la consistencia que usted quiere.

Variaciones:

1. Revuelva 1½ cucharaditas de mostaza preparada en el paso 2.

2. Unte con mantequilla y tueste 3 rebanadas de pan. Luego córtelas en cubos y colóquelas encima de los tomates al final del paso 3. Deslice bajo la parrilla para dorar.

*— **Dorothy Hartley***
Carmichaels, Pennsylvania

3. Incluya 1 Cuchara de albahaca fresca, picada, o ¾ de cucharadita de albahaca seca, en el paso 2.

4. Si usted añade la variación Nº 2 (indicada arriba), espolvoree la tostada con mantequilla con un poco de orégano seco antes de cortar la tostada en cubos.

*— **Colleen Heatwole***
Burton, Michigan

Conseguí esta receta en la cafetería de la escuela donde yo trabajé cuando nuestros hijos estaban en el primer periodo de secundaria. Se volvió favorita en nuestra familia, servida como plato acompañante de macarrones y queso.

*— **Esther J. Mast***
Lancaster, Pennsylvania

Un consejo útil —

Una o dos cucharaditas de azúcar morena en platos con tomate mejora el sabor y ayuda a suavizar el sabor ácido.

Patatas de batata

Kathy Keener Shantz
Lancaster, Pennsylvania

Rinde 6 porciones

Tiempo de preparación: 10 minutos
Tiempo de horneado: 20 minutos

2 Cucharas de aceite de oliva
1 cucharadita de sal
1 cucharadita de pimienta
1 cucharadita de *curry*
¹⁄₂ cucharadita de salsa picante
4 batatas medianas,
rebanadas como papas fritas
    estilo francés

1. En un tazón grande de mezcla, combine el aceite, la sal, la pimienta, el curry y la salsa picante.
2. Revuelva con las batatas rebanadas.
3. Cuando estén completamente cubiertas, dispérselas sobre una lamina de horneado ligeramente engrasada.
4. Hornee a 375°F durante 20 minutos, o hasta que estén suaves.

Papas horneadas con queso parmesano

Edith Groff
Pennsylvania

Rinde 8 porciones

Tiempo de preparación: 10 minutos
Tiempo de horneado: 40–45 minutos

6 Cucharas de mantequilla, derretida
3 Cucharas de queso parmesano, rayado
8 papas rojas medianas, sin pelar y cortadas en dos partes a lo largo

1. Vierta la mantequilla en un molde para hornear de 9 × 13 pulgadas.
2. Espolvoree el queso sobre la mantequilla.
3. Coloque las papas con la parte cortada hacia abajo sobre el queso.
4. Hornee sin cubrir a 400° durante 40–45 minutos, o hasta que estén suaves.

Trozos de papa horneados

Sally A. Price
Reston, Virginia

Rinde 4 porciones

Tiempo de preparación: 15 minutos
Tiempo de horneado: 35–40 minutos

4 papas grandes para hornear
1 barra (¹⁄₂ taza) de mantequilla, o margarina, derretida
¹⁄₄ de taza de salsa de tomate
1 cucharadita de mostaza preparada
¹⁄₂ cucharadita de paprika
¹⁄₄ de cucharadita de sal
¹⁄₄ de cucharadita de pimienta

1. Lave las papas y escúrralas. Corte cada papa en cuatro pedazos. Corte cada cuarto de papa transversalmente en rebanadas de ¹⁄₄ de pulgada de grosor, cortando hacia el fondo, pero no completamente, simulando la forma de un ventilador.
2. Coloque cada trozo de papa, con la cáscara hacia abajo, en una lámina de horneado grande. Ponga aparte.
3. Combine todos los demás ingredientes y mezcle bien. Unte la parte de arriba y los lados de las papas con la mezcla.
4. Hornee, sin cubrir, a 425° durante 35–40 minutos.

Ensaladas

Ensalada de cerezas resecas

Stacy Schmucker Stoltzfus

Enola, Pennsylvania

Rinde 12 porciones

Tiempo de preparación: 20 minutos
Tiempo de cocción: 10 minutos

½ **cabeza de lechuga romana, cortada**
½ **cabeza de lechuga roja, cortada**
½ **cebolla roja grande, rebanada**
1 **taza de cerezas secas**
1 **taza de queso feta**
⅓ **de taza de azúcar**
1 **taza de mitades de pacanas**

Aderezo de frambuesa:
4 **Cucharas de vinagre de frambuesa**
½ **cucharadita de salsa Tabasco**
½ **cucharadita de sal**
4 **Cucharas de azúcar**
pimienta al gusto
1 **Cuchara de perejil picado**
½ **taza de aceite vegetal**

1. Coloque las lechugas en un tazón de ensalada grande. Espolvoree con rebanadas de cebolla, cerezas secas, y queso feta.

2. En un sartén, que esté a fuego medio, combine ⅓ de taza de azúcar y pacanas. Revuelva constantemente hasta que el azúcar se mezcle y las pacanas estén cubiertas. Inmediatamente vierta las pacanas en papel encerado para enfriar.

3. Espolvoree las nueces frías sobre la ensalada.

4. Para hacer aderezo, combine el vinagre, la salsa Tabasco, la sal, las 4 Cucharas de azúcar, la pimienta, y el perejil en un tazón de mezcla pequeño. Mientras está agitando, suavemente vierta en aceite hasta que quede como una emulsión. Justo antes de servir, vierta sobre la ensalada.

Lechuga Bibb con pacanas y naranjas

Betty K. Drescher

Quakertown, Pennsylvania

Rinde 8 porciones

Tiempo de preparación: 10–15 minutos

4 **cabezas de lechuga Bibb**
¾ **de taza de pacanas partidas en dos, tostadas**
2 **naranjas, peladas y rebanadas**

Aderezo:
⅓ **de taza de vinagre**
½ **taza de azúcar**
1 **taza de aceite vegetal**
½ **cucharadita de sal**
½ **cebolla mediana, picada**
1 **cucharadita de mostaza seca**
2 **Cucharas de agua**

1. Coloque la lechuga, las pacanas, y las naranjas en un tazón de ensalada.

2. Combine los ingredientes del aderezo en una licuadora. (Usted puede hacer esto con anticipación y refrigerarlo.)

3. Mezcle el aderezo con los ingredientes de la ensalada justo antes de servir.

Ensalada de espínaca y fresa

Pat Bechtel
Dillsburg, Pennsylvania
Sarah M. Balmer
Manheim, Pennsylvania

Rinde 6–8 porciones

Tiempo de preparación: 20 minutos

12 onzas de espinacas frescas
1 cuarto de galón de fresas
    frescas, rebanadas
2 Cucharas de semillas de sésamo
1 Cuchara de semillas de
    amapola

Aderezo:
½ **taza de aceite vegetal**
½ **taza de azúcar**
1½ **cucharadita de cebolla rayada**
¼ **de cucharadita de salsa**
    Worcestershire
¼ **de cucharadita de paprika**
¼ **de taza de vinagre de cidra**

1. Coloque la espinaca, las fresas, las semillas de sésamo y las semillas de amapola en un tazón de ensalada grande.

2. Combine los ingredientes de aderezo en una licuadora. Licue durante 2 minutos.

3. Justo antes de servir vierta el aderezo sobre la espinaca y mezcle ligeramente para cubrir la espinaca y las fresas.

Ésta es una de nuestras ensaladas favoritas. Yo hago el aderezo y lo guardo en el refrigerador. Luego hago la cantidad de ensalada que yo quiera y solo añado tanto aderezo como sea necesario.

Variaciones:

1. Para el aderezo, use ¼ de taza de miel, calentada hasta que se suavice, en lugar de la ½ taza de azúcar.
    — Ellie Oberholtzer
    Smoketown, Pennsylvania

2. Para la ensalada misma, añada una taza de queso Monterey Jack deshilachado y ½ taza de nueces picadas.
    — Tina Snyder
    Manheim, Pennsylvania

Ensalada con queso *mozzarella*, tomates y albahaca

Rinde 6 porciones

Tiempo de preparación: 8 minutos

1 pinta de bolas de queso *buffalo*
    mozzarella, ó ¼–½ libra de
    queso *buffalo mozzarella*,
    rebanadas
2 tomates grandes, rebanados y
    cortados en 4 partes
½ **taza de aceitunas negras,**
    rebanadas
½ **taza de hojas de albahaca,**
    cortadas
1 Cuchara de aceite de oliva
1 Cuchara de vinagre de vino rojo
¼ **de cucharadita de sal**
⅛ **cucharadita de pimienta**

1. Si las bolas de queso *mozzarella* están en líquido, enjuáguelas y drene. Coloque en un tazón de mezcla.

2. Añada los tomates, las aceitunas negras y las hojas de albahaca. Mezcle suavemente.

3. Mezcle el aceite de oliva, el vinagre, la sal y la pimienta. Vierta sobre los ingredientes de la ensalada y mezcle suavemente.

Variaciones:

1. Añada una cebolla dulce Vidalia, rebanada, en el paso 2.

2. Sirva la ensalada con aderezo en una capa de hojas de arugula.
    — Bonita Ensenberger
    Albuquerque, New Mexico

Ensalada crujíente de guisante

Dottie Schmidt

Kansas City, Missouri

Rinde 4 porciones

Tiempo de preparación: 20 minutos
Tiempo de enfriamiento: 30 minutos

---

1 paquete de 10 onzas de
  guisantes congelados
1 taza de apio cortado en cubos
1 taza de cogollos frescos de
  coliflor, picados
¼ de taza de cebolla verde
  cortada en cubos
1 taza de anacardos picados
¼ de taza de tocino cocido
  quebradizo y desmenuzado
¼ de taza de crema agria
½ taza de aderezo de ensalada
  tipo *Ranch*
¼ de cucharadita de mostaza
  Dijon
1 diente de ajo pequeño, picado

1. Descongele los guisantes.
Drene.

2. En un tazón de mezcla grande,
combine los guisantes, el apio, la coliflor, la cebolla, los anacardos y el
tocino con la crema agria.

3. En un tazón pequeño, mezcle
el aderezo *Ranch,* la mostaza y el ajo
picado.

4. Comience vertiendo solo la
mitad del aderezo sobre la mezcla de
ensalada. Mezcle suavemente. Añada
más si es necesario. (La cantidad de
aderezo es suficiente.)

5. Enfríe antes de servir.

Ensalada de frutas, preparación fácil

Shirley Sears

Tiskilwa, Illinois

Rinde 12 porciones

Tiempo de preparación: 20–25 minutos
Tiempo de enfriamiento: 3–4 horas

---

1 lata de 20 onzas de trozos de
  piña, drenados y divididos por
  la mitad
1 lata de 11 onzas de mandarinas,
  drenadas
1 lata de 15 onzas de mitades de
  albaricoque, drenadas y
  cortadas en cuatro pedazos
1 lata de 15 onzas de rebanadas
  de durazno, drenadas y
  cortadas en cuatro pedazos
2 tazas de uvas verdes frescas,
  divididas por la mitad
3 plátanos, rebanados
1 lata de 20 onzas de relleno de
  pastel de durazno
½ taza de pacanas partidas en
  dos, *opcional*

1. En un tazón de mezcla grande,
revuelva toda la fruta enlatada, y
drenada.

2. Añada las uvas verdes y los
plátanos rebanados.

3. Mezcle con el relleno de pastel
de durazno.

4. Refrigere varias horas antes de
servir.

5. Acompañe con mitades de
pacanas justo antes de servir, si usted
lo desea.

Consejos:
  1. Drene bien las frutas.
  *2. Si usted necesita una ensalada
más grande, solo añada latas más
grandes o más latas de frutas. Usted
podría añadir malvaviscos o manzanas
también, si usted lo desea.*

*Esto es rápido de hacer. Yo guardo
estos ingredientes enlatados a la mano
todo el tiempo para preparaciones de
último minuto. Yo necesito comprar
sólo uvas frescas y plátanos. Mi madre
me enseñó esta receta en 1968, y yo la
he compartido con otras personas
muchas veces.*

Postres

Melba de durazno hecha a la parrilla

Stacy Schmucker Stoltzfus

Enola, Pennsylvania

Rinde 4 porciones

Tiempo de preparación: 10 minutos
Tiempo de preparación en parrilla: 5–10 minutos

4 duraznos grandes sin pelar *o* nectarinas
2 cucharaditas de azúcar
2 tazas de frambuesas rojas, frescas *o* congeladas
azúcar, *opcional*
helado de vainilla

1. Parta en dos y deshuese los duraznos o nectarinas.

2. Presione las frambuesas frescas o descongeladas a través de un tamiz. Guarde el jugo y deseche las semillas. Endulce al gusto con azúcar, si es necesario.

3. Ase los duraznos sin pelar con el área de corte hacia abajo durante aproximadamente 2 minutos. Voltee

los duraznos. Con el área de corte hacia arriba, llene cada cavidad con ½ cucharadita de azúcar, y continúe asando hasta que las marcas de la parrilla aparezcan en la cáscara.

4. Sirva inmediatamente con una bola de helado de vainilla y salpique con la salsa de frambuesa.

Tarta de cereza y baya

Carol DiNuzzo,

Latham, New York

Rinde 6 porciones

Tiempo de preparación: 20 minutos
Tiempo de horneado: 45 minutos

1 lata de 21 onzas de relleno de pastel de cereza
1 paquete de 10 onzas de frambuesas rojas congeladas, descongeladas y drenadas
1 cucharadita de jugo de limón
½ taza de harina
¼ de taza de azúcar
⅛ de cucharadita de sal
½ barra (¼ de taza) de mantequilla

1. En una cacerola, combine el relleno de pastel, las frambuesas y jugo de limón. Deje hervir en fuego medio.

2. Vierta en una cazuela de ¼ de galón engrasada.

3. En un tazón, mezcle la harina, el azúcar y la sal. Mezcle con la mantequilla hasta que se desmenuce con facilidad. Espolvoree sobre la fruta.

4. Hornee a 350° durante 45 minutos, o hasta que la mezcla esté dorada e inflada.

5. Sirva tibia (no caliente) sola, o sobre helado.

Plátanos (bananas) de ron de mantequilla

Shari Jensen

Fountain, Colorado

Rinde 4 porciones

Tiempo de preparación: 5 minutos
Tiempo de cocción: 10 minutos

2 Cucharas de mantequilla
½ taza de azúcar
2 Cucharas de agua
2 Cucharas de ron ligero
½ Cuchara de jugo de limón cáscara rayada de ½ limón
½ cucharadita de vainilla, *o ron, condimento
4 plátanos pequeños, pelados y divididos por la mitad
crema batida, *o* crema de helado

1. Derrita la mantequilla en un sartén grande. Añada azúcar y agua. Revuelva bien. Cocine hasta que se reduzca a almíbar espeso, mezclando ocasionalmente de forma que la mezcla no se pegue al fondo del sartén.

2. Añada el ron, el jugo de limón, la cáscara rayada y su elección de condimento. Cocine 2 minutos, o hasta que tome color dorado.

3. Retire de la estufa y añada los pedazos de plátano. Sumérjalos en el almíbar, cubriéndolos tanto como sea posible.

4. Sirva tibio, no caliente, cubierto con una Cuchara de crema batida o bolas de crema de helado.

Torta crujíente de manzana máxíma

Judi Manos,
West Islip, New York

Rinde 6–8 porciones

Tiempo de preparación: 15 minutos
Tiempo de horneado/cocción: 25 minutos

6–8 manzanas (use manzanas de
 hornear si usted las consigue)
1 taza de azúcar morena
1 taza de avena seca, de
 preparación rápida o en
 hojuelas (ambas funcionan,
 pero la de hojuelas tiene más
 textura)
1 taza de harina
1 Cuchara de canela
1½ barras (¾ de taza) de
 mantequilla, derretida
½ barra (¼ de taza) de
 mantequilla,
cortada en pedazos

1. Quite el corazón, pele si usted
desea y rebane las manzanas.
Colóquelas en un plato para horno
de microondas y estufa (un plato tipo
Pirex funciona bien).
2. En una taza separada, mezcle
el azúcar morena, la avena, la harina
y la canela. Añada la mantequilla
derretida y mezcle con una tenedor
hasta que esté completamente mezclado.
3. Coloque la mezcla encima de
las manzanas. Coloque en el horno
de microondas en "Alto", sin cubrir,
durante 10 minutos.
Deje reposar por 2 minutos.
4. Corte media barra de mantequilla, y coloque encima de la mezcla
de manzana calentada.
5. Coloque en el horno y hornee
a 350° durante 15 minutos.

Pudín de *tapíoca*

Miriam Christophel
Goshen, Indiana

Rinde 5 porciones

Tiempo de preparación: 10 minutos
Tiempo de cocción: 5 minutos
Tiempo de enfriamiento:
 20 minutos–2 horas

3 Cucharas de tapioca seca
 instantánea
⅓ de taza de azúcar
⅛ de cucharadita de sal
1 huevo, batido
3 tazas de leche
¾ de cucharadita de vainilla

1. En una cacerola de 2 cuartos
de galón, combine todos los ingredientes excepto la vainilla. Deje
reposar 5 minutos.
2. Permita que los ingredientes
hiervan, mezclando constantemente.
Hierva durante 1 minuto.
3. Retire del calor. Revuelva en
vainilla.
4. Revuelva una vez después de
enfriar durante 20 minutos.
5. Sirva tibio o frío.

Esto es bueno así como está, o con
un plátano rebanado y un poco de
crema batida mezclada. Éste es el
postre favorito de nuestros hijos. A mí
me gusta porque no es tan dulce como
algunos pudines.

Pastel con especías soleado

Karla Baer,
North Lime, Ohio

Rinde 15–20 porciones

Tiempo de preparación: 10 minutos
Tiempo de horneado: 35 minutos
Tiempo de enfriamiento: 30–60 minutos

1 paquete de 18¼ onzas de
 mezcla seca de especias para
 pastel
1 paquete de 3⅝ onzas de pudín
 instantáneo de *butterscotch*
2 tazas de leche
2 huevos
mitades de durazno, drenadas
aderezo batido congelado,
 descongelado

1. En a un tazón de mezcla, licue
la mezcla para pastel, la mezcla para
pudín, la leche y los huevos.
2. Vierta en un molde engrasado
para hornear de 9 x 13 pulgadas.
Hornee a 350° durante 35 minutos.
3. Enfríe.
4. Cuando esté listo para servir,
corte en pedazos del tamaño de una
porción. Coloque una mitad de
durazno en cada porción de pastel.
Cubra con una Cuchara de crema
batida.

Suposiciones sobre ingredientes en
Fix-It and Forget-It:
Platos Favoritos con 5 ingredientes

harina = sin blanquear o blanca, y multiuso

harina de avena o avena = seca, rápida o integral (tradicional), a menos que se especifique

pimienta = negra, molida fina

arroz = regular, grano largo (no de minuto o instantáneo, a menos que se especifique)

sal = sal de mesa

manteca = sólida, no líquida

azúcar = azúcar granulada (no morena y no de confitería)

Tres sugerencias

1. Si a usted le gustaría cocinar más en casa—sin estar apurada—váya solo con su libro de cocina alguna tarde y haga una semana de menús. Entonces haga una lista de comestibles de ello. Haga compras de su lista de comestibles.

2. Descongele comida congelada en un tazón en el refrigerador (no en el mesón). Si se le olvida poner la comida en el refrigerador para descongelarse, póngala en un tazón aprobado para uso en el microondas y descongélela en el microondas justo antes que esté listo para usarla.

3. Deje que la carne asada, así como también los platos de pasta con queso, se asienten por 10–20 minutos antes de cortarlos o servirlos. Esto permitirá que los jugos se redistribuyan por toda la comida cocinada. Usted tendrá carne más jugosa, y una mejor presentación de su plato de pasta.

Medidas equivalentes

pizca = un poco menos que ⅛ cucharadita.

3 cucharaditas = 1 Cuchara

2 Cucharas = 1 onza

4 Cucharas = ¼ taza

5 Cucharas más 1 cucharadita = ⅓ taza

8 Cucharas = ½ taza

12 Cucharas = ¾ taza

16 Cucharas = 1 taza

1 taza = 8 onzas líquido

2 tazas = 1 pinta

4 tazas = 1 cuarto de galón

4 cuartos de galón = 1 galón

1 barra de mantequilla = ¼ libra

1 barra de mantequilla = ½ taza

1 barra de mantequilla = 8 Cucharas

Frijoles, 1 libra seca = 2–2½ tazas (dependiendo del tamaño de los frijoles)

Pimientos, 1 grande = 1 taza picado

Queso, duro (por ejemplo, chedar, Suizo, Monterey Jack, mozzarella), 1 libra rallado = 4 tazas

Requesón, 1 libra = 2 tazas

Chispas de chocolate, paquete de 6 onzas = 1 taza escasa

Galletas (galletitas de mantequilla, galletitas saladas, galletitas de bocadillo), 20 galletas individuales = 1 taza migajas

Hierbas, 1 Cuchara fresca = 1 cucharadita seca

Limón (amarillo), 1 mediano = 2–3 Cucharas jugo

Limón (amarillo), 1 mediano = 2–3 cucharaditas cáscara rallada

Mostaza, 1 Cuchara preparada = 1 cucharadita mostaza seca o molida

Harina de avena, 1 libra seca = como 5 tazas seca

Cebolla, 1 mediana = ½ taza picada

Pasta

Macarrones, pennes y otras formas pequeñas o tubulares, 1 libra seca = 4 tazas crudas

Fideos, 1 libra seca = 6 tazas crudas

Espagueti, linguini, fettucine, 1 libra seca = 4 tazas crudas

Papas, blancas, 1 libra = 3 papas medianas = 2 tazas puré

Batatas, 1 libra = 3 batatas medianas = 2 tazas puré

Arroz, 1 libra seca = 2 tazas crudo

Azúcar, confitería, 1 libra = 3½ tazas tamizada

Crema de leche, 1 taza sin batir = 2 tazas batidas

Capa de crema batida, recipiente de 8 onzas = 3 tazas

Levadura seca, 1 sobre (¼ onza) = 1 Cuchara

Ingredientes sustituibles—para cuando está en apuros

Para una taza de **suero de leche**—utilice 1 taza yogur sencillo; o eche 1⅓ Cucharas de jugo de limón o vinagre en una medida de 1 taza. Llene la taza con leche. Bata y deje reposar por 5 minutos. Bata de nuevo antes de usar.

Para 1 onza de **chocolate sin azúcar para hornear**—bata juntos 3 Cucharas de cacao en polvo sin azúcar y 1 Cuchara mantequilla, ablandada.

Para 1 Cuchara **maicena**—utilice 2 Cucharas de harina multiuso; ó 4 cucharaditas de tapioca de minuto.

Para 1 **diente de ajo**—utilice ¼ cucharadita sal de ajo (reduzca la sal en la receta por ⅛ cucharaditas); ó ⅛ cucharadita polvo de ajo.

Para 1 Cuchara **hierbas frescas**—utilice 1 cucharadita de hierbas secas.

Para ½ libra de **hongos frescos**—utilice 1 lata de hongos de 6 onzas, drenada.

Para 1 Cuchara **mostaza preparada**—utilice 1 cucharadita de mostaza seca o molida.

Para 1 **cebolla fresca** mediana—utilice 2 Cucharas de cebolla seca picada; ó 2 cucharaditas de sal de cebolla (reduzca la sal en la receta por 1 cucharadita); ó 1 cucharadita de polvo de cebolla. Nota: Estas sustituciones funcionarán para albóndigas y rollos de carne, pero no para sofreír.

Para 1 taza **leche agria**—utilice 1 taza yogur sencillo; o eche 1 Cuchara de jugo de limón amarillo o vinagre en una medida de una taza. Llene con leche. Bata y deje reposar por 5 minutos. Bata de nuevo antes de usar.

Para 2 Cucharas de **tapioca**—utilice 3 Cucharas de harina multiuso.

Para una taza de **tomates enlatados**—utilice 1⅓ tazas de tomates frescos picados, cocinados suavemente por 10 minutos.

Para 1 Cuchara de **puré de tomate**—utilice 1 Cuchara de salsa de tomate ketchup.

Para 1 Cuchara de **vinagre**—utilice 1 Cuchara de jugo de limón amarillo.

Para 1 taza de **crema espesa**—añade ⅓ taza de mantequilla derretida a ¾ taza de leche. Nota: Esto funcionará para hornear y cocinar, pero no para batir.

Para 1 taza de **crema de leche**—enfríe completamente ⅔ taza de leche evaporada, el tazón y los batidores; entonces bata; o utilice 2 tazas de capa de crema batida comprada.

Para ½ taza **vino**—eche 2 Cucharas de vinagre de vino en una medida de ½ taza. Llene con caldo (pollo, res o verduras). Bata y deje reposar por 5 minutos. Bata de nuevo antes de usar.

Utensilios de cocina y equipo que usted pudo haber pasado por alto

1 Asegúrese que tenga un pequeño picador de verduras eléctrico, el tamaño que maneje 1 taza de ingredientes a la vez.

2 No trate de cocinar sin un buen cuchillo pelador que esté filoso (y que mantenga su filo) y que quepa en su mano.

3 Casi igual en importancia—un buen cuchillo de cocinero (lo llamabamos un cuchillo de carnicero) con una hoja ancha y filosa que tiene como 8 pulgadas de largo, adecuada para hacer cortadas firmes a través de las carnes.

4 Usted realmente debería tener un cuchillo aserrado adecuado con una hoja larga, perfecta para cortar pan.

5 Invierta en una espátula ancha, flexible y resistente al calor. Y también en una estápula estrecha.

6 Usted debería tener un mínimo de 2 cucharas de madera, cada una con una agarradera de 10–12 pulgadas. Son perfectas para batir sin raspar.

7 Consiga un tablero lavable para cortar. Usted todavía lo necesitará, aunque tenga un picador de verduras eléctrico (Nº 1 arriba).

8 Un batidor de mano de tamaño mediano puede solucionar los grumos en las masas, aderezos y salsas cuando no deben de haber ningunos.

9 Consígase un centrifugador de lechuga.

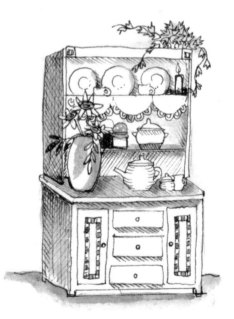

Índice alfabético

Acerca del Autor

Phyllis Pellman Good es una autora de mayor venta del New York Times, cuyos libros han vendido más de 9.2 millón de copias.

Good ha escrito el libro de cocina de mayor venta de primer lugar nacional *Fix-It and Forget-It Cookbook: Feasting with Your Slow Cooker* (Fix-It and Forget-It: **Banqueteando con su Olla de Cocción Lenta**) (**con Dawn J. Ranck**), el cual apareció en la lista de mayor venta del, *The New York Times,* así como también las listas de mayor venta de *USA Today, Publishers Weekly y Book Sense*. Ella también es autora de *Fix-It and Forget-It Lightly: Healthy, Low-Fat Recipes for Your Slow Cooker* (**Fix-It and Forget-It ligeros en grasas: Recetas saludables bajas en grasas, para su olla de cocción lenta**), el cual también ha aparecido en la lista de mayor venta de *The New York Times*. Además, Good ha escrito *Fix-It and Forget-It Recipes for Entertaining: Slow Cooker Favorites for All the Year Round* (**Fix-It and Forget-It para dar fiestas: Favoritos de la olla de cocción lenta para todo el año**) (**con Ranck**) y *Fix-It and Forget-it Diabetic Cookbook* (**Fix-It and Forget-It: Libro de cocina para los diabéticos**) con la **American Diabetes Association (Asociación Americana de la Diabetes**), en la misma serie.

Good ha escrito además *Fix-It and Enjoy-It Cookbook: All-Purpose, Welcome-Home Recipes* (**Fix-It and Enjoy-It: Recetas de bienvenida al hogar, multiuso**), para uso en la estufa y en el horno. *Fix-It and Enjoy-It Cookbook* (**Fix-It and Enjoy-It libro de cocina**) es el primero en una serie "prima" de los libros Fix-It and Forget-It.)

Los otros libros de cocina de Good incluyen *Favorite Recipes with Herbs, The Best of Amish Cooking,* (**Recetas favoritas con hierbas: Lo mejor de la cocina Amish**) y *The Central Market Cookbook* (**El libro de cocina del Central Market**).

Phyllis Pellman Good es la Editora Principal en Good Books. (Good Books ha publicado cientos de otros títulos por más de 125 diversos autores.) Good recibió su B.A. (Bachiller en Artes) y su M.A. (Maestría) en Inglés de New York University. Vive con su esposo Merle en Lancaster, Pennsylvania. Son los padres de dos hijas jóvenes-adultas.

Para un lista completa de libros por Phyllis Pellman Good, así como también extractos y críticas, visite www.Fix-ItandForget-It.com.